James W. Heisig / Timothy W. Richardson / Robert Rauther
Traditionelle Hanzi lernen und behalten 1

James W. Heisig
Timothy W. Richardson
Robert Rauther

Traditionelle Hanzi lernen und behalten 1

Bedeutung und Schreibweise der häufigsten chinesischen Schriftzeichen

Klostermann**RoteReihe**

Titel des Ursprungswerks:
Remembering Traditional Hanzi
How not to forget the meaning and writing of Chinese characters
Book 1
von James W. Heisig und Timothy W. Richardson
Copyright © 2009 University of Hawai'i Press

Die deutsche Ausgabe wurde nach der Vorlage des Ursprungswerks
von Robert Rauther erstellt, übersetzt und in enger Zusammenarbeit mit
James W. Heisig und Timothy W. Richardson bearbeitet.

Bibliographische Information der Deutschen Nationalbibliothek

Die Deutsche Nationalbibliothek verzeichnet diese Publikation in der
Deutschen Nationalbibliographie; detaillierte bibliographische Daten sind
im Internet über *http://dnb.d-nb.de* abrufbar.

© 2009, James W. Heisig, Timothy W. Richardson und Robert Rauther
© 2011, Vittorio Klostermann GmbH · Frankfurt am Main
Alle Rechte vorbehalten, insbesondere die des Nachdrucks und der
Übersetzung. Ohne Genehmigung des Verlages ist es nicht gestattet,
dieses Werk oder Teile in einem photomechanischen oder sonstigen
Reproduktionsverfahren zu verarbeiten, zu vervielfältigen und zu
verbreiten.
Satz: Nanzan Institute for Religion and Culture, Nagoya, Japan
Druck und Bindung: Hubert & Co., Göttingen
Gedruckt auf Alster Werkdruck der Firma Geese, Hamburg.
Alterungsbeständig ∞ ISO 9706 und PEFC-zertifiziert.

Printed in Germany
ISSN 1865-7095
ISBN 978-3-465-04120-7

Inhalt

Vorwort 7
Einleitung 9
   Vorurteile über das Zeichenlernen ausräumen 10
   Eine kurze Entstehungsgeschichte des Kurses 15
   Die Grundlagen der Methode 21
   Wie dieses Buch angelegt ist 23
   Abschließende Anmerkungen 25
   Danksagungen 26

Erzählungen (Lektionen 1–12) 27

Entwürfe (Lektionen 13–19) 147

Elemente (Lektionen 20–55) 217

Indizes
   I. Handgeschriebene Zeichen..................................... 427
   II. Primitivelemente 441
   III. Zeichen nach Strichfolge 445
   IV. Aussprachen der Schriftzeichen 453
   V. Schlüsselwörter und Primitivbedeutungen 462

Vorwort

> «Lernen und es von Zeit zu Zeit wiederholen –
> ist das nicht auch eine Freude?»
> — Konfuzius

ALS *Prof. Dr. James W. Heisig* die Übertragung dieses Werkes ins Deutsche anregte, zögerte ich angesichts der beständigen Last sich biegender Schreibtische einige Augenblicke. Die vorliegende Ausgabe zeigt, dass ich der Versuchung erlegen bin. Dabei habe ich versucht, es mit dem Ausspruch zu halten, dass ein Jurist, der nichts ist als Jurist, «ein arm' Ding» sei (*M. Luther*).

Es erscheint mir einer Erwähnung wert, dass ich mich den chinesischen Schriftzeichen dabei von den japanischen Kanji aus genähert habe – gleichsam als Reise in das Land der chinesischen «Mutterzeichen». Kenner des Bandes *Die Kanji lernen und behalten 1* werden die vielfältigen Gemeinsamkeiten, aber auch die markanten Unterschiede bemerken.

An dem in jenem Buch (oder unter *www.kanji-lernen.de*) ausführlich nachzulesenden grundlegenden Vorgehen hat sich wenig geändert: Nach umfangreichen Vorarbeiten in Deutschland vervollständigte sich während eines Aufenthaltes in Nagoya, Japan, am *Nanzan Institute for Religion and Culture* in enger Zusammenarbeit mit *Prof. Dr. Timothy W. Richardson* und Professor *Heisig* die Liste der deutschen Schlüsselwörter. Professor *Richardson* eröffnete mir dabei viele hilfreiche und notwendige Einsichten in die besonderen Verknüpfungen zwischen Zeichen und Sprache. Weitere Arbeiten an der in diesem Buch enthaltenen Liste erfolgten erneut in Deutschland.

Aus dem Vorwort zu «*Die Kanji lernen und behalten 1*» möchte ich hier zitieren: «Bei der abschließenden, nicht immer ganz einfachen Aufgabe, jedes [Zeichen] zu didaktischen Zwecken auf ein einziges Wort – sozusagen auf eine Registerlasche oder ein Etikett – festzulegen, wurde […] die stärkste Konnotation gewählt, die mit keinem anderen Begriff auf der Liste kollidierte und der Etymologie des Zeichens Rechnung trug.» (dort S. 8).

Die im englischen Band zu findende Klassifizierung der Schlüsselwörter nach Wortarten war im Deutschen aufgrund seiner diesbezüglichen Eindeutigkeit in den allermeisten Fällen nicht vorzunehmen.

Dieses Gerüst galt es dann mittels Übertragung der einprägsamen englischsprachigen Vorlage unter Berücksichtigung der Besonderheiten der deutschen Sprache und unserer Kultur einzukleiden. Wortwitz und Verspieltheit der Vorlage habe ich dabei so weit wie möglich zu erhalten versucht.

Das Ergebnis wird nicht zuletzt in der Hoffnung vorgelegt, dass die Leser und Sprecherinnen der deutschen Sprache – auch unter dem Eindruck der sich weltweit verschiebenden Gewichte – gut und vor allem gern auf ihre Muttersprache zurückgreifen, um sich den kommenden Herausforderungen zu stellen.

Der in der folgenden Einleitung gegebene Hinweis, gegebenenfalls mit dem Erlernen der traditionellen Zeichen zu beginnen (S. 17), kann mit dem Vorlegen auch dieses Bandes nunmehr beherzigt werden.

Mein besonderer Dank gilt den Professoren *Timothy W. Richardson* und *James W. Heisig* für die frucht- und freudvolle Zusammenarbeit, dem Hause *Vittorio Klostermann* für die in so hohem Maße engagierte Förderung des Erscheinens sowie viele hilfreiche Anregungen und – wie immer und vor allem – meiner Familie. Diese Übertragung widme ich in Liebe und Dankbarkeit meinen Eltern *Gerhard und Susanne Rauther* – in bester Tradition haben sie Zeichen für vollkommene Elternschaft gesetzt.

Verbliebene Fehler sind die meinen. Für Anregungen und Kritik, am einfachsten unter *www.hanzi-lernen.de*, bin ich jederzeit dankbar.

Robert Rauther
Aumühle, den 31.10.2010

Einleitung

Ziel dieses Kursus ist es, Ihnen dabei zu helfen, sich so schnell und wirksam wie möglich die Bedeutung und Schreibweise der 3.000 meistgebräuchlichen chinesischen Schriftzeichen selbständig beizubringen. Der Kursus richtet sich nicht nur an Anfänger. Er ist auch für fortgeschrittene Lernende, die nach einer Möglichkeit suchen, das bereits Gewusste zu systematisieren und sich eine Entlastung beim fortwährend frustrierenden Vergessen der Zeichenschreibung verschaffen. Indem die Methode zeigt, wie man die Vielschichtigkeiten der Schriftzeichen auf ihre Grundelemente herunter bricht, diesen Elementen eine Bedeutung zuweist und die Zeichen in einer besonderen und rationellen Reihenfolge anordnet, zielt sie darauf ab, die Strukturmerkmale des Schriftsystems selbst zu nutzen, um die Gedächtnislast zu reduzieren.

Die 55 Lektionen, aus denen Band 1 besteht, decken die 1.000 gebräuchlichsten Schriftzeichen des chinesischen Schriftsystems ab. Dazu kommen weitere 500, die entweder benötigt werden, um die logische Reihenfolge des Materials zu wahren, oder weil sie in dieser frühen Phase besonders leicht zu erlernen sind. Band 2 wird weitere 1.500 Zeichen hinzufügen, und die Gesamtzahl damit auf 3.000 steigern – sämtlich ausgewählt auf der Grundlage der Häufigkeit, mit der sie in der chinesischen Schriftsprache auftreten. Was Sie hier hingegen *nicht* lernen werden, ist, wie man diese Schriftzeichen ausspricht oder zu neuen Wörtern zusammensetzt. Da dies einen Bruch mit den herkömmlichen Methoden des Zeichenlehrens bedeutet, ist es wichtig, dass Sie die hinter diesem Ansatz stehende *ratio* verstehen, bevor Sie sich ans Werk machen.

Für Lernende, die sich dem Chinesischen aus einer mit einem Alphabet geschriebenen Muttersprache nähern, stellen die Schriftzeichen ein abschreckendes Hindernis dar, welches das Auswendiglernen tausender komplexer Konstellationen erfordert. Jede von ihnen muss überdies jeweils noch an einen bestimmten Klang und eine bestimmte Bedeutung oder Funktion gekoppelt werden. Wir wollen uns für einen Moment einmal allein darauf konzentrieren, was es bedeutet, die geschriebenen Formen dem Gedächtnis einzuprägen. Stellen Sie sich vor, Sie hielten, so ruhig wie möglich, ein Kaleidoskop gegen das Licht und versuchten, das besondere, vom Zusammenspiel der Strahlen, Spiegel und farbigen Steine geschaffene Muster in Ihrem Gedächtnis zu fixieren. Ihr Geist ist an die Verarbeitung von derlei Informationen wahrscheinlich nicht gewöhnt, und es dürfte einige Zeit benötigen, sich das Muster so zu organisieren, dass Sie es behalten und sich daran erinnern können. Wir wollen jedoch annehmen, dass Sie es nach zehn Minuten oder einer Viertelstunde geschafft hätten. Sie schließen die Augen, zeichnen das Muster im Kopf nach und vergleichen es dann mit dem Original. Diesen Prozess wiederholen Sie so lange, bis Sie sicher sind, alles fest im Gedächtnis gespeichert zu haben.

Dann geht jemand an Ihnen vorüber und stößt an Ihren Ellenbogen. Das Muster ist für immer verloren, und an seiner Stelle erscheint ein neues Durcheinander. Ihre Erinnerung beginnt sofort zu bröckeln. Sie legen das Kaleidoskop beiseite, setzen sich hin und versuchen zu zeichnen, was Sie sich gerade eingeprägt hatten, aber es ist vergeblich. Es befindet sich einfach nichts mehr in Ihrem Gedächtnis, was Sie fassen könnten. So verhält es sich mit den Schriftzeichen. Man kann am Schreibtisch sitzen und ein bis zwei Stunden lang einen Satz Zeichen pauken, nur um am nächsten Morgen festzustellen, dass die alte Erinnerung beim Erblicken von etwas Ähnlichem gelöscht wird oder mit der neuen Information heillos durcheinander gerät. Kein Wunder also, dass Lernende bald glauben, sie hätten einfach kein gutes Gedächtnis für Schriftzeichen, oder dass sie gar beschließen, das Schreibenlernen der Zeichen sei sowieso nicht so wichtig.

In vielen Fällen hat der Misserfolg beim Behalten des Erlernten jedoch viel weniger mit einem Mangel an Fähigkeiten zu tun als vielmehr mit dem Fehlen einer Lernmethode, die an die Umstände des Lernenden angepasst ist. Natürlich vergessen wir, und einige von uns vergessen mehr als andere. Aber manches Vergessen beruht auf einem schlichten Fehlgebrauch, gar Missbrauch, der Kräfte unseres Gedächtnisses und ist damit vermeidbar. Der erste Schritt zur Vorbeugung besteht darin, mit gewissen vorgefertigten Vorstellungen davon zu brechen, wie man Chinesisch schreiben lernt.

VORURTEILE ÜBER DAS ZEICHENLERNEN AUSRÄUMEN

Ein unter Lehrern und Schülern der chinesischen Sprache umgehendes Vorurteil ist, dass *Bedeutung, Aussprache und Schreibweise eines jeweiligen Schriftzeichens zugleich erlernt werden müssen*. Lehrbücher des Chinesischen enthalten typischerweise alle drei Informationsbestandteile für jedes Zeichen oder jeden Kompositbegriff, sobald diese eingeführt werden. Hinzu kommen noch Details über die grammatische Funktion sowie Gebrauchsbeispiele. Natürlich sind diese Dinge wichtig. Sie jedoch alle zugleich lernen zu müssen, bürdet dem Gedächtnis eine unzumutbare Last auf. Kein Wunder, dass das Gehirn langsamer wird oder gar knirschend zum Stehen kommt.

Die Chinesen selbst stehen nicht vor diesem Problem. Als Kinder sind sie zunächst der gesprochenen Sprache ausgesetzt und lernen dabei, wie man

Klänge mit Bedeutung verbindet. Wenn es dann an der Zeit ist, lesen zu lernen, steht ihnen bereits eine solider Grundstock an Wörtern zur Verfügung, deren Klänge und Bedeutungen ihnen vertraut sind. Sie müssen diese Wörter dann nur noch mit geschriebenen Formen verbinden. Das eröffnet ihnen den Zugang zu gedruckten Texten, was dann wiederum dabei hilft, neue Wörter und Schriftzeichen in sich aufzunehmen. Jene von uns, die sich der Sprache als Erwachsene nähern, können sich einen ähnlichen Vorteil verschaffen, indem sie jede der Zeichenformen an eine bestimmte Aussprache- und Bedeutungseinheit binden – an ein «Schlüsselwort» auf Deutsch, das uns bereits vertraut ist.

Bevor Sie die Idee von vornherein verwerfen, an chinesischen Schriftzeichen deutsche Wörter festzumachen, bedenken Sie bitte: Alle chinesischen Dialekte, ungeachtet wie unverständlich sie beim Sprechen untereinander auch sein mögen, benutzen für das Schreiben dieselben Schriftzeichen. Diese Zeichen vermitteln dieselbe Bedeutung, unabhängig davon, wie sie ausgesprochen werden. Wenn sie die chinesischen Zeichen in ihrer Sprache verwenden, weisen darüber hinaus die Japaner wiederum andere Aussprachen zu. Mit anderen Worten: Es liegt nichts in der Natur eines Schriftzeichens, was vorschriebe, dass es auf diese oder jene Weise auszusprechen sei. Anders als Studenten, die von einer alphabetisch geschriebenen Sprache zum Chinesischen kommen, kennen die Japaner bereits Bedeutung und Schreibweise einer großen Anzahl Schriftzeichen. Wenn Sie mit diesem Kursus fertig sind, werden Sie sich in einer ähnlichen Position befinden. Natürlich werden Sie letztlich die chinesischen Aussprachen zu lernen haben, so wie die japanischen Lernenden das auch müssen. Aber schwierige und ungewohnte Klänge einer soliden Kenntnis der geschriebenen Formen hinzuzufügen, ist bei weitem leichter zu bewältigen, als zu versuchen, Bedeutung, Aussprache und Schreibweise zugleich zu erlernen.

Wenn nun also ein gewisses Auftrennen der Lernaufgaben vernünftig erscheint, warum sich dann nicht zuerst einen anständigen Wortschatz von chinesischen Aussprachen und Bedeutungen zulegen – so, wie die chinesischen Kinder es tun – und mit dem Schreiben erst später beginnen? Schließlich handelt es sich bei gesprochener Sprache um das ältere, allgemeinere und gebräuchlichere Verständigungsmittel. Auf solchem Denken beruht das Vorurteil, dass, *wenn schon etwas aufzuschieben ist, es die Einführung des Schreibsystems sein sollte.* In Wahrheit jedoch stiften die geschriebenen Zeichen ein hohes Maß an Klarheit unter der Vielzahl der Bedeutungen, die durch Homophone (Gleichlaute) vermittelt werden. Beispielsweise zählt bereits ein normales Taschenwörterbuch des Mandarin um die 60 Schriftzeichen auf, die sich in ihrer einen oder anderen Tonvariante *yi* aussprechen – mit mindestens 30 verschiedenen Zeichen allein für den vierten Ton. Jedes dieser Schriftzeichen hat eine oder auch mehrere eigene Bedeutungen, welche die einfache Silbe *yi* allein nicht vermitteln kann. Mit den Schriftzeichen und ihren Bedeutungen anzufangen, reduziert diese Mehrdeutigkeit enorm.

Die Vorstellung, dass das Schreiben nach dem Sprechen kommen sollte, wird auch durch ein anderes, noch weiter verbreitetes Vorurteil bestärkt: *Das Schreiben der Zeichen sei der komplizierteste Teil des Spracherwerbs.* Tatsächlich jedoch stellt es, wie das vorliegende Buch zu zeigen hofft, eine weitaus einfachere Aufgabe dar, als oft angenommen wird. Hinzu kommt, dass mit dem Schreiben zu beginnen, dem Lernenden feste Form- und Bedeutungseinheiten zur Verfügung stellt, an denen anschließend chinesische Aussprachen festgemacht werden können. Noch wichtiger: Es kann nur zum Weitermachen mit der Sprache motivieren, wenn man zunächst dasjenige meistert, was allgemein als die größte Herausforderung gilt – und zwar innerhalb einer relativ kurzen Zeitspanne – anstatt dass man es auf später verschiebt. In Anbetracht der hohen Zermürbungsrate unter Chinesischlernenden im Westen ist die Rolle solch positiver Bestärkung nicht als gering abzutun.

Noch ein weiteres Vorurteil, mit dem aufgeräumt werden muss, ist die Vorstellung, dass *Schriftzeichen nur durch beständiges Pauken und Wiederholen gemeistert werden könnten.* Die traditionellen Methoden, das chinesische Schriftsystem anzugehen, sind bislang dieselben geblieben wie beim Lernen von Alphabeten: jedes Zeichen einzeln für sich schreiben zu üben, immer und immer wieder, solange es nun einmal dauert. Welch asketischer Wert solcher Übung auch innewohnen mag, handelt es sich dabei jedoch kaum um die wirtschaftlichste Weise, das Zeichenlernen anzugehen. Die Ursache für dieses bei Chinesischlernenden so tief verankerte Vorurteil liegt darin, dass Menschen ohne jegliche Kenntnisse des chinesischen Schriftsystems sich ganz selbstverständlich auf Lehrer verlassen, welche die Schriftzeichen von Kindesbeinen an erlernt haben. Selbstverständlich verdiene eine Pädagogik mit einer jahrhundertelangen Geschichte und über einer Milliarde Nutzern unseren Respekt. Aber auch hier ist die herrschende Meinung trügerisch.

Muttersprachler des Chinesischen sind natürlich eindeutig in der Lage, eine große Vielzahl von Dingen über ihre Sprache zu lehren. Sie sind allerdings nicht auch notwendigerweise qualifiziert, Fragen von Nicht-Muttersprachlern zu dem Thema zu beantworten, wie man die Schriftzeichen am besten erlernt. Der Grund dafür liegt ganz einfach darin, dass sie sich selbst nie in der Situation befunden haben, eine solche Frage auch nur stellen zu müssen. Da sie ihr Lernen als Kinder begonnen haben – bei denen das Abstraktionsvermögen noch nicht entwickelt war, und für die Auswendiglernen die einzige Möglichkeit darstellte –, kann von ihnen nicht erwartet werden, das Lernpotenzial vollständig zu erfassen, das ein Erwachsener für das Zeichenlernen mitbringt. Als Kinder sind wir alle gute *Nachahmer* gewesen und haben kaum Angewohnheiten gehabt, die dem Erwerb neuer Fähigkeiten hätten zuwiderlaufen können. Aber wir sind solange keine guten *Lernenden* gewesen, bis wir nicht die Fähigkeit erworben hatten, Einzelinformationen zu klassifizieren, zu kategorisieren und in größeren Blöcken zu organisieren. Und das ist genau das, was junge Kinder mit Zeichenformen nicht tun können, und warum sie keine andere Wahl haben, als auf das Nachahmen und Wiederholen zu verfallen. Ungeachtet der erzieherischen und gesellschaftlichen Vorteile, die sich daraus ergeben mögen, jedem Schuljahrgang die chinesischen Schriftzeichen durch stetig wiederholtes Schreiben beizubringen – für den Erwachsenen, der sich der Sprache von außen nähert, handelt es sich dabei um nicht viel mehr als eine kolossale Zeitverschwendung. Wenn man ein wenig Respektlosigkeit gegenüber den heutigen pädagogischen Konventionen walten lässt und die Weise, auf welche Schriftzeichen studiert, sowie die Reihenfolge, in der sie erlernt werden, ein wenig überdenkt, lassen sich weitaus bessere Resultate erzielen, als wenn man schlicht auf Methoden vertraut, die für den Unterricht von Kindern entworfen worden sind.

Der auf diesen Seiten verfolgte Ansatz bezieht wichtige Elemente aller drei großen Bereiche ein, in welche man kognitive Lernstrategien gemeinhin einordnet – nämlich Organisation, Elaboration und Wiederholung – und führt dabei zu einem starken Rückgriff auf Gedächtnis- oder «mnemonische» Techniken. Bereits dieser bloße Begriff rührt zwangsläufig an Vorbehalte gegen die Verwendung solcher Techniken im Allgemeinen und beim Lernen chinesischer Schriftzeichen im Besonderen. Auch hier gibt es tief verwurzelte Vorurteile, und wir können in diesen einleitenden Anmerkungen nicht viel mehr tun als den Versuch zu unternehmen, sie zu benennen und eine kurze Antwort auf sie anzubieten.[1]

Bei manchen gründen Vorbehalte gegen Gedächtnistechniken auf dem schlechten Ruf von Scharlatanen, die teure Kurse in Gedächtnistraining als Schlüssel zu beruflichem Erfolg und überhaupt einem besseren Leben überhöhen. Nun trifft zwar zu, dass überzogene Behauptungen aufgestellt worden sind. Jedoch haben empirische Studien im Laufe der letzten Jahrzehnte eindeutig erwiesen, dass wohlentworfene Mnemotechniken für bestimmte Gedächtnisaufgaben sehr nützlich sein können. Dies hat viele Wissenschaftler dazu bewegt, sie als berechtigte Lernstrategien zu empfehlen.

---

[1] Ausführlichere Plädoyers für Gedächtnistechniken finden sich bei: K. L. Higbee, *Your Memory: How it Works and How to Improve it* (Prentice-Hall, New York 1988); siehe auch T. W. Richardson, «Chinese Character Memorization and Literacy: Theoretical and Empirical Perspectives on a Sophisticated Version of an Old Strategy» in: Andreas Guder, Jiang Xin, und Wan Yexin (Hrsg.), 对外汉字的认知与教学 [Das Erkennen, Lernen und Lehren chinesischer Schriftzeichen] (Beijing Language and Culture University Press, Peking 2007).

Diese wissenschaftlichen Entwicklungen führen uns hilfreicherweise auch dazu, eine weitere Besorgnis anzusprechen: *Mnemotechniken seien einfach zu bizarr oder zu kindisch, um sie zu verwenden.* In Wirklichkeit können sie recht durchdacht und elegant daherkommen. Die entscheidendere Frage ist aber sicherlich, ob sie funktionieren oder nicht. Das ganze Spektrum an Möglichkeiten – vom Kindischen bis hin zum Ausgeklügelten – lässt breiten Spielraum für den persönlichen Geschmack oder Vorlieben beim Herausfinden, was das Lernen am ehesten erleichtert.

Weiterhin könnten manche befürchten, dass *Mnemotechniken den Geist vermüllen und den Lernenden von der Lernmaterie entfernen.* Ganz im Gegenteil. Soweit diese Techniken Sinn und Struktur stiften, die sonst nicht vorhanden wären, vermögen sie den Geist sogar aufzuräumen. Sobald außerdem die Erinnerung an ein bestimmtes Element in Fleisch und Blut übergegangen ist, fällt normalerweise das ursprünglich zu seiner Verankerung verwendete mnemonische Element von selbst weg.

Das herrschende Vorurteil gegen die Verwendung von Mnemotechniken beim Erlernen chinesischer Schriftzeichen ist, dass *es unangebracht sei, die Grenzen der gegenwärtigen etymologischen Kenntnisse zu überschreiten – dies umso mehr, wenn derlei Freiheiten in Anspruch genommen werden, ohne gesondert darauf hinzuweisen. So zu verfahren bedeute, nicht die «Wahrheit» über das Schriftzeichen zu vermitteln.* Diese Beschwerde bezieht sich unmittelbar auf das, was Ihnen auf diesen Seiten begegnen wird. Einerseits beruht vieles in diesem Kursus auf wissenschaftlichem Konsens über die Geschichte der Schriftzeichen. Andererseits haben wir nicht gezögert, etablierte Etymologien zu ignorieren, sobald dies pädagogisch nützlich erschien. Tatsächlich greift der Kursus in hohem Maße auf von uns selbst erdachte Fiktionen zurück. Mindestens zwei Gründe sprechen für diese Entscheidung. Zum einen können auch die umfassendsten Darlegungen darüber, wie bestimmte Zeichen ihre Form erhalten haben, weit von der vollständigen sie betreffenden «Wahrheit» entfernt sein. Vieles bleibt spekulativ oder unbekannt. Zum anderen sind, so verlässlich sie auch sein mögen, die etymologischen Informationen für die meisten Chinesischlernenden nicht so entscheidend wie die Unterstützung des Gedächtnisses – die wir hier zu leisten versucht haben. Sollten Lernende sich später etymologischen Studien zuwenden, wird das von uns verfolgte Vorgehen durchschaubarer werden und dürfte der Umstand, dass wir nicht jede Abkehr von einer etablierten Etymologie gekennzeichnet haben, kein Hindernis beim Lernen darstellen. Damit verlassen wir die Frage der Mnemotechnik.

Zwei letzte und miteinander verwandte Vorteile erfordern eine kurze Anmerkung: (1.) *Das Lernen einzelner Schriftzeichen für sich, ohne Komposita und grammatische Gebrauchsmuster, sei falsch,* und (2.) *ein einzelnes Schlüs-*

selwort sei oftmals unzureichend, um die Bedeutung eines Schriftzeichens abzudecken.

Wir erkennen an, dass effektives Lesen eine Kenntnis von Komposita und grammatischen Mustern erfordert. Gleichzeitig stimmen wir allerdings mit jenen überein, welche den Wert betonen, die einzelnen Schriftzeichen gründlich zu erlernen, um «das Netz möglicher Morpheme, auf denen alle Zwei- und Mehrzeichenwörter beruhen»[2] zu festigen. Auf ähnliche Weise sind wir uns bewusst, dass Ein-Wort-Definitionen nur von begrenztem Wert sind. Zugleich stimmen wir allerdings denjenigen zu, die sie als soliden Ausgangspunkt betrachten, um ein reichhaltigeres und nuancierteres Verständnis zu entwickeln. Das Studieren einzelner Schriftzeichen, jedes von ihnen mit einer klaren Bedeutung, ist nur ein erster Schritt zur Schriftkundigkeit im Chinesischen. Für den Rest wird nur ein breit angelegter und längerer Kontakt mit der geschriebenen Sprache hinreichen.

EINE KURZE ENTSTEHUNGSGESCHICHTE DES KURSUS

Als James Heisig vor ungefähr 30 Jahren in Japan eintraf, kam er ohne Vorkenntnisse der Sprache. Reisen durch Asien hatten seine Ankunft an der Sprachschule, an der seine Förderer ihn vorab eingeschrieben hatten, verzögert. Er entschied sich, auf die Unterrichtsstunden zu verzichten und auf eigene Faust «aufzuholen», indem er einen Stapel von Büchern über Grammatik und Sprachstrukturen durcharbeitete. In Gesprächen mit Lehrern und anderen Studenten wurde ihm bald klar, dass er das Erlernen der Kanji (wie die chinesischen Zeichen auf Japanisch heißen) nicht aufschieben sollte. Es stellte, wie sich alle einig waren, die größte Aufgabe von allen dar. Obwohl er keine Vorstellung davon hatte, wie die Kanji in der Sprache «funktionierten», hatte er jedoch bald seine eigene Geschwindigkeit gefunden und beschloss – gegen den Rat von nahezu allen um ihn herum – alleine weiter zu lernen, anstatt sich einer der Anfängerklassen anzuschließen. Er begann mit dem Studium der Kanji einen Monat nach seiner Ankunft.

Die ersten Tage verbrachte er mit einem Überblick über alles, was er über die Geschichte und Etymologie der japanischen Schriftzeichen finden konnte, und der Untersuchung einer breiten Vielzahl von Systemen, die zu ihrem Erlernen auf dem Markt waren. Während dieser Tage kam ihm die Grundidee, auf der die Methode dieses Buches beruht. Die folgenden Wochen widmete

---

[2] E. B. Hayes, «The Relationship between 'Word Length' and Memorability among Non-Native Readers of Chinese Mandarin», *Journal of the Chinese Language Teacher's Association* 25/3 (1990), S. 38.

er sich Tag und Nacht dem Experimentieren mit der Idee. Das funktionierte gut genug, um sich zum Weitermachen zu ermutigen. Noch bevor der Monat um war, hatte er die Bedeutung und Schreibweise von ungefähr 1.900 Zeichen erlernt und sich vergewissert, dass er behalten würde, was er sich eingeprägt hatte. Es dauerte nicht lange, bis ihm klar wurde, dass etwas Außergewöhnliches geschehen war.

Ihm selbst erschien die von ihm verfolgte Methode so einfach, gar kindisch, dass es ihm fast peinlich war, darüber zu reden. Und alles hatte sich auf so natürliche Weise ereignet, dass er auf die Reaktionen nicht recht vorbereitet war. Einerseits bezichtigten einige an der Schule ihn, über ein kurzzeitiges fotografisches Gedächtnis zu verfügen, welches mit der Zeit verblassen würde. Auf der anderen Seite standen jene, die ihn bedrängten, seine «Methoden» auch zu ihren Gunsten aufzuschreiben, was er tat. Das daraus resultierende Buch, ursprünglich betitelt als *Adventures in Kanji-land* und in späteren Auflagen in *Remembering the Kanji* umbenannt, hat mittlerweile zahlreiche Neuauflagen erreicht und ist für das Deutsche, Spanische, Französische und Portugiesische adaptiert worden.[3]

Timothy Richardson, ein Sprachlehrer, der Chinesisch auf Universitätsniveau studiert hatte, stieß in den frühen 1990er Jahren auf ein Exemplar von *Remembering the Kanji*. Er interessierte sich alsbald für die Möglichkeit, das Werk für Chinesischlernende zu adaptieren. In einem anschließenden Promotionsstudium an der University of Texas in Austin konzentrierte er sich zum Zwecke seiner Dissertation auf die Methode und unterwarf sie einer umfangreichen Untersuchung im Hinblick auf relevante Theorie und Forschung.[4] Das erforderte sorgfältige Berücksichtigung nicht nur der zu Grunde liegenden kognitiven Abläufe, derer sich die Methode erwartungsgemäß bedienen würde, sondern auch der Vernünftigkeit der Methode was den vorherrschenden Blickwinkel auf Wortschatzaufbau und Lesen betraf. Seine Arbeit brachte zudem die Aufstellung einer neuen Liste von 1.000 häufig verwendeten chi-

---

[3] *Adventures in Kanji-Land* (1978), später neu herausgegeben als *Remembering the Kanji* (University of Hawai'i Press, Honolulu 2007, 5. Auflage). Ausgaben in anderen Sprachen sind: *Kanji para recordar 1: Curso mnemotécnico para el aprendizaje de la escritura y el significado de los caracteres japoneses,* mit Marc Bernabé und Verònica Calafell (Editorial Herder, Barcelona 2005, 3. Auflage); *Die Kanji lernen und behalten 1. Bedeutung und Schreibweise der japanischen Schriftzeichen,* mit Robert Rauther (Vittorio Klostermann Verlag, Frankfurt am Main 2006, 2. Auflage); *Les Kanji dans la tête: Apprendre à ne pas oublier le sens et l'écriture des caractères japonais,* Yves Maniette (2005, 2. Auflage); *Kanji: Imaginar para aprender,* mit Rafael Shoji, (JBC Editora, São Paulo 2009).

[4] T. W. Richardson, *James W. Heisig's System for Remembering Kanji: An Examination of Relevant Theory and Research, and a 1,000-Character Adaptation for Chinese.* (Diss.), The University of Texas at Austin, 1998.

nesischen Schriftzeichen mit sich, sowie ihre Einbettung in das Gerippe einer chinesischen Version von Heisigs ursprünglichem Buch. Die Ergebnisse waren so ermutigend, dass Richardson ein Exemplar an Heisig übersandte und vorschlug, dass sie ihre Kräfte für eine vollständige chinesische Ausgabe vereinen sollten. Und somit begann unsere Zusammenarbeit.

Zwei Probleme machten sich sogleich bemerkbar: Erstens, zu entscheiden, ob man die traditionelle chinesische Schreibweise wählen oder den vereinfachten Formen des chinesischen Festlandes folgen sollte. Zweitens, zu bestimmen, wie viele und welche Zeichen enthalten sein sollten.

Das erste Problem wurde schließlich mit der Entscheidung gelöst, zwei parallele Kurse zu schaffen, einen für jedes Schreibsystem. Argumente dafür, mit welchem Kursus ein Lernender nun beginnen möge, gibt es für beide Seiten. Wir möchten uns nicht auf eine von ihnen schlagen – obwohl wir beide mit traditionellen Zeichen begonnen haben. Gleichwohl sollte die Lernende wissen, dass gewisse Überschneidungen in den Büchern nur zu Verwirrung führen würden, wollte man mit beiden Versionen zugleich arbeiten. Falls es Ihr Ziel sein sollte, beide Systeme fließend zu beherrschen, ist es vorzuziehen, mit dem traditionellen zu beginnen. Falls Sie bereits wissen, dass es Ihnen ausreichen wird, die traditionellen Zeichen erkennen und die vereinfachten schreiben zu können, dann beginnen Sie mit den Letzteren.

Der erste Schritt zur Lösung unseres zweiten Problems bestand darin, die 3.000 meistbenutzten Schriftzeichen festzulegen, die wir vollständig vorstellen wollten. Diese Anzahl mag hinter den 3.500 bis 4.500 Zeichen zurückbleiben, die generell zur vollständigen Sprachbeherrschung als notwendig erachtet werden. Wie allerdings breit angelegte Häufigkeitszählungen zeigen, umfasst sie zugleich auch ungefähr 99,5% der Schriftzeichen, die in chinesischen Fließtexten vorkommen. Darüber hinaus sind Studierende, die das Schreiben dieser 3.000 Schriftzeichen erlernt haben, mit dem Rüstzeug gewappnet, weitere Zeichen schreiben zu lernen, wenn es nötig wird. Da die ersten 1.000 Einträge in unserer vollständigen Häufigkeitsliste circa 90% der Schriftzeichen in Fließtexten ausmachen,[5] entschieden wir als nächstes, sie alle in den ersten Band sowohl für den traditionellen als auch für den vereinfachten Satz aufzunehmen.

---

[5] Wie aus drei der von uns herangezogenen Listen, die derlei Daten enthalten, hervorgeht, machen die 3.000 am häufigsten verwendeten Zeichen 99,56%, 99,18% und 99,43% der gesamten Zeichenanzahl in der jeweiligen Datenbank aus, wobei auf die häufigsten 1.000 Zeichen 90,3%, 89,14% und 91,12% entfallen. Die drei Quellen sind, der Reihenfolge nach: 新聞語料字頻統計表——語料庫爲本研究系列之一 [Korpus-basierte Häufigkeitszählung von Schriftzeichen in periodiziertem Chinesisch: Korpus-basierte Forschungsreihe Nr. 1]. Technischer Bericht Nr. 93-01) (Academia Sinica Institute of Information Science, Taipei 1993); J. Da, «Modern Chinese Character Frequency List 现代语单字频率列表», Chinese text com-

Ungeachtet Fragen der Häufigkeit, eröffnet die Anzahl von 3.000 Zeichen zudem gewisse «Größenvorteile» der Methode, welche mit weniger Zeichen nicht möglich wären. Im Wirtschaftsleben spricht man von Größenvorteilen, wenn eine Steigerung des Produktionsumfangs zu einem Sinken der Stückkosten führt. Wenn wir etwas produzieren, sinken die Kosten pro Einheit, je mehr wir davon herstellen, weil die Anfangsinvestition in den Maschinenpark bereits getätigt worden ist. Auf ähnliche Weise führt die auf diesen Seiten dargelegte Methode beim Erlernen von 3.000 Schriftzeichen – anstatt zum Beispiel 1.000 – zu einem Absinken der Lernkosten pro Zeichen, weil die Investition in den grundlegenden geistigen «Maschinenpark» größtenteils frühzeitig getätigt worden ist. Mit anderen Worten wirft die am Anfang aufgewendete Zeit und Arbeit um so bessere Erträge ab, je mehr Zeichen erlernt werden.

Als wir zu entscheiden hatten, welche Zeichen wir nun aus welchen Gründen berücksichtigen sollten, erwies sich die Herausforderung als weitaus größer, als wir erwartet hatten. Zwar bestehen von Experten erstellte Häufigkeitslisten. Einige führen nur traditionelle Zeichen auf und andere nur vereinfachte, einige sind mehr und andere weniger offiziell, einige eher fachbezogen und andere nicht so sehr und so weiter. Was wir jedoch wollten, war eine Liste von 3.000 Schriftzeichen für den allgemeinen Gebrauch, die auf die ganze chinesischsprachige Welt anwendbar sein würde. Genau genommen, ist eine solche Liste gar nicht möglich. Wenn Sie zwei Seiten eines identischen chinesischen Texts nebeneinander legen würden – den einen in vereinfachten Zeichen, den anderen in traditionellen – hätten ungefähr zwei Drittel aller Zeichen auf beiden Seiten exakt die gleiche Form. Mit anderen Worten unterscheiden sich ungefähr ein Drittel der allgemein gebräuchlichen Schriftzeichen in beiden Sätzen voneinander. Manchmal sind die Abweichungen leicht, manchmal erheblich. Gelegentlich werden zwei oder mehrere häufig benutzte traditionelle Schriftzeichen auf ein einziges vereinfachtes Schriftzeichen reduziert. Unter Berücksichtigung solcher Inkongruenzen erstellten wir eine Kernliste, die dann angepasst wurde, um zu 3.000 Zeichen für jeden der beiden Kurse zu gelangen.

Einen vollständigen Bericht über die mechanischen Einzelheiten beim Erfüllen dieser Aufgabe möchten wir dem Leser ersparen, ganz zu schweigen von den vielen Umwegen und Sackgassen, auf die wir unterwegs stießen. Im Wesentlichen verliefen die von uns unternommenen Schritte allerdings wie folgt: Wir verglichen vier große Häufigkeitslisten miteinander, zwei traditionelle und zwei vereinfachte,[6] und ergänzten unsere Erkenntnisse mit noch

---

puting. <http://lingua.mtsu.edu/chinese-computing> (2004) und C. H. Tsai, «Frequency of Usage and Number of Strokes of Chinese Characters». <http://technology.chtsai.org/charfreq/> (1996).

[6] Vgl. zusätzlich zu den zuvor in Fußnote 5 erwähnten Listen auch 现代汉语频率词典

einer weiteren Häufigkeitsliste.[7] Alle Schriftzeichen, die sich unter den häufigsten 3.050 auf wenigstens drei der vier großen Listen befanden – einschließlich der Zeichen von exakt gleicher Form und derer von unterschiedlicher Form aber gleicher Bedeutung auf beiden Seiten des Traditionell-vereinfacht-Grabens – wurden auf eine Hauptliste gesetzt. Circa 2.860 traditionelle Zeichen – und knapp 2.800 ihrer Gegenstücke auf der vereinfachten Seite – erfüllten diese Kriterien. Von ihnen fand sich die große Mehrheit sogar auf allen vier Listen unter den häufigsten 3.050 Zeichen.

Bei der Auswahl der zusätzlichen Zeichen, die benötigt wurden, um diese allgemeine Hauptliste auf 3.000 Zeichen aufzustocken, war eine Vielzahl anderer Faktoren unter einen Hut zu bringen. So erfüllten beispielsweise einige Zeichen eindeutig die Kriterien auf zwei Listen, blieben jedoch auf zwei anderen Listen knapp hinter ihnen zurück. Andere Zeichen hingegen qualifizierten sich auf nur zwei der vier großen Listen, nahmen jedoch zugleich einen hohen Rang auf der oben erwähnten Ergänzungsliste ein. In manchen Fällen sind Zeichen, die das Häufigkeitskriterium knapp verfehlten, als Bestandteile anderer Zeichen von Bedeutung, oder tauchen häufig in Anfängerlehrbüchern des Chinesischen auf. (Das Schriftzeichen 餃/饺, welches als erste Hälfte des Kompositums für «Chinesische Klöße» auftritt, ist ein deutliches Beispiel hierfür und wurde in Band 2 beider Kurse aufgenommen.) Wir haben alle diese Faktoren berücksichtigt und der Hauptliste deshalb mehr als 100 neue Zeichen hinzugefügt. Weitere 14 Zeichen, die für nützliche Substantive stehen und das Häufigkeitskriterium nicht ganz erfüllten, brachten die Gesamtzahl dann auf 3.000 Schriftzeichen auf der traditionellen Seite. Die vereinfachte Liste zu vervollständigen, erforderte ungefähr 75 weitere Schriftzeichen. Mit ihnen wurden Zeichenverschmelzungen kompensiert, die aus dem Vereinfachungsprozess stammen.

Der nächste Schritt bestand darin, eine Auswahl von 1.000 Schriftzeichen zu extrahieren, die als Grundlage für Band 1 beider Kurse dienen konnte. Bei den Forschungen für seine Dissertation war Richardson auf 580 Zeichen gestoßen, die in fünf verschiedenen Quellen[8] jeweils unter den häufigsten 1.000 Zei-

---

[Häufigkeitswörterbuch des modernen Chinesisch] (Beijing Language Institute, Peking 1986), zitiert bei J. E. Dew, *6000 Chinese Words: A Vocabulary Frequency Handbook for Chinese Language Teachers and Students* (SMC Publishing Inc., Taipei 1999).

[7] 国家语言文字工作委员会汉字处 [Nationales Arbeitskomitee für die Schriftsprache], 现代汉语常用字表 [Liste der häufig benutzten Schriftzeichen im modernen Chinesisch] (Yuwen Press, Peking 1988).

[8] *Korpus-basierte Häufigkeitszählung von Schriftzeichen in periodiziertem Chinesisch*; M. K. M. Chan und B. Z. He, «A Study of the 1,000 Most Frequently Used Chinese Characters and their Simplification», *Journal of the Chinese Language Teachers Association* 23/3 (1988), 49–68; R. M.-W. Choy, *Read and Write Chinese* (China West Book, San Francisco, Califor-

chen vorkamen. Diese dienten als Ausgangspunkt. Weitere 199 kamen hinzu, indem wir Zeichen heranzogen, die in vier dieser Quellen unter den häufigsten 1.000 standen und sich auf zwei weiteren, bei der Originalrecherche nicht herangezogenen, Häufigkeitslisten auf ähnlichen Rangplätzen befanden.[9] Wiederum 74 wurden hinzugefügt durch Heranziehen von Zeichen, die in der Reihe der Originalquellen unter den häufigsten 1.000 erschienen und ähnlich hoch auf *beiden* der neuen Listen rangierten, was die Gesamtzahl auf 853 brachte. Zusätzliche 74 Zeichen, die auf wenigstens drei der vier großen Listen unter den häufigsten 1.000 Einträgen erschienen waren, verschafften uns 927.

Bei jedem Schritt auf diesem Weg waren wir bemüht, Willkür zu vermeiden. Die Herausforderung bestand allerdings darin, die Häufigkeitskriterien nur exakt so weit aufzuweichen, dass die von uns benötigte Anzahl von Schriftzeichen erfasst wurde. Bei der Auswahl der verbleibenden 73 Schriftzeichen für die Gesamtzahl von 1.000 hatten wir das Gefühl, dass pädagogischen Belangen und persönlichen Einschätzungen größeres Gewicht zukommen sollte, weil die Verwendung der Häufigkeitskriterien allein einige Anomalien erzeugt hatte, um die sich zu kümmern war. Zum Beispiel diktierte die Häufigkeit, die Zeichen für «Winter» und «Frühling» zu berücksichtigen, aber nicht diejenigen für «Sommer» und «Herbst», dasjenige für «Mama», aber nicht das für «Papa». Daher konsultierten wir eine Liste der 969 Zeichen, die in den ersten vier Grundschuljahren in der Republik China (RC) unterrichtet werden.[10]

Von diesen waren 810 genau dieselben wie die 927, die wir allein auf Grundlage der Häufigkeit ausgewählt hatten. Die übrigen 73 Zeichen zogen wir aus der RC-Liste, immer mit einem Blick auf die grundlegenden Häufigkeitslisten. Als zusätzliche Überprüfung der vereinfachten Seite verglichen wir unsere Liste mit einer der Originalquellen, einer Liste der 1.000 am häufigsten verwendeten Schriftzeichen in Lehrbüchern für Grund- und weiterführende Schulen in der Volksrepublik China (VRC).[11]

Die beiden Listen hatten 904 Zeichen gemeinsam, was den pädagogischen Wert der endgültigen Liste bestätigte. Natürlich wurden alle Einträge sowohl der RC- als auch der VRC-Liste, die es nicht auf unsere Liste der 1.000 meist-

---

nia 1990); *Chinese Vocabulary Cards* (Far Eastern Publications, Yale University, New Haven, o.J.); Tsai, «Frequency of Usage and Number of Strokes of Chinese Characters». Hinweis: Choys Häufigkeitsdaten scheinen einer Studie von Chen Hegin aus dem Jahre 1928 entnommen zu sein.

[9] Siehe *Häufigkeitswörterbuch des modernen Chinesisch;* Da, «Modern Chinese Character Frequency List».

[10] «Target Characters by School Grade: Taiwan», aufgezählt bei J. Lau at 黃橋 [YellowBridge] <http://www.yellowbridge.com/language/fc-options.php?deck=tw>.

[11] Vgl. Chan und He, «A Study of the 1.000 Most Frequently Used Chinese Characters».

verwendeten Schriftzeichen geschafft hatten, an anderer Stelle in die Hauptliste der 3.000 übernommen. Viele von ihnen sind Teil der 500 ergänzenden Schriftzeichen, die sich in Band 1 sowohl des vereinfachten als auch des traditionellen Kursus befinden.

DIE GRUNDLAGEN DER METHODE

Es gibt keine bessere Weise, die auf den folgenden Seiten angewandte Methode zu verstehen, als mit ihrer Anwendung zu beginnen. Trotzdem haben die Leser ein Recht darauf zu erfahren, worauf sie sich einlassen. Also erscheint eine kurze Erläuterung angebracht.

Zunächst einmal bestehen alle Zeichen aus Einzelteilen oder «Primitivelementen», wie wir sie hier nennen werden. Bei ihnen handelt es sich um die grundlegenden Bausteine, aus denen alle Zeichen aufgebaut werden. Mehr als 200 hat man als «Radikale» isoliert, anhand derer Zeichenwörterbücher organisiert werden. Es gibt jedoch noch viele weitere. Auch einzelne Schriftzeichen können als Primitivelemente in anderen, komplizierteren Schriftzeichen dienen. Wenn man ernsthaft entschlossen ist, Chinesisch schreiben zu lernen – und nicht nur eine kleine Anzahl von Zeichen für Schulzwecke auswendig lernen will – ist es sinnvoll, diese Komponenten vollständig auszunutzen, indem man die Schriftzeichen in der für das Gedächtnis am besten geeigneten Reihenfolge anordnet.

Deswegen beginnt dieser Kursus mit einer Handvoll unkomplizierter Primitivelemente und kombiniert sie zu so vielen Zeichen wie möglich. Dann werden der Mischung neue Elemente hinzugefügt, jeweils nur einige auf einmal, was das Erlernen neuer Zeichen gestattet – und so weiter, bis die ganze Liste erschöpft ist. Diese Vorgehensweise hat einige wichtige Vorteile. Nicht zuletzt verstärkt das Erlernen neuer Elemente und Schriftzeichen so unweigerlich auch die Kenntnis des bisher Gelernten.

Da wir den Kurs in zwei Bücher von jeweils 1.500 Zeichen aufteilen und die wichtigsten 1.000 Zeichen im ersten Band behandeln, werden nicht alle Zeichen, die zum jeweiligen Zeitpunkt erlernt werden könnten, auch tatsächlich in ihrer logischen Reihenfolge vorgestellt. Einige von ihnen sparen wir für später auf. Darin liegt auf lange Sicht keine wirkliche Einschränkung der Effizienz. Vielmehr ist es Folge davon, weniger häufig verwendete Zeichen erst in Band 2 zu behandeln.

Jedem Primitivelement wird zunächst ein eigenes konkretes Bild zugewiesen. Im Anschluss daran werden die Bilder zu Gesamtarrangements angeordnet, welchen wir wiederum eine Definition geben – jeweils ein einmaliges «Schlüsselwort», das für jedes Zeichen benannt wird. Das Schlüsselwort soll eine der Hauptbedeutungen des Schriftzeichens erfassen, oder wenigstens eine seiner wichtigeren Bedeutungen. Häufig ist es konkret und optisch suggestiv, aber es kann auch konzeptionell und abstrakt sein. In jedem Fall bereitet das Schlüsselwort, oder seine Verwendung in einem vertrauten deutschen Ausdruck, dem Zusammensetzen der Elemente zu einer einzigen «Erzählung» die Bühne. Wie Sie sehen werden, zielen die Erzählungen darauf ab, Ihre Fantasie herauszufordern und Sie nahe genug an das Schriftzeichen heranzubringen, um Sie Freundschaft mit ihm schließen, es Sie überraschen, inspirieren, aufklären, herausfordern und verführen zu lassen, Sie zum Lächeln, Schaudern oder anderen emotionalen Reaktionen zu veranlassen und so auf diese Weise das Bilderwerk im Gedächtnis zu verankern.

Das ganze Vorgehen bedient sich eines Phänomens, das wir *erfinderisches Gedächtnis* nennen können – womit wir die Fähigkeit meinen, sich an Bilder zu erinnern, die ausschließlich im Geiste entstanden sind, ohne dass tatsächliche oder erinnerte optische Reize hinter ihnen stünden. Wir sind an Hügel und Straßen gewöhnt, an Gesichter von Menschen und an Silhouetten von Städten, an Blumen, Tiere und die Phänomene der Natur, die mit dem *optischen Gedächtnis* in Verbindung stehen. Und obwohl sich nur ein Bruchteil des Gesehenen ohne weiteres wieder abrufen lässt, gehen wir davon aus, dass wir uns – ein rechtes Maß an Aufmerksamkeit vorausgesetzt – an alles erinnern können, was wir wollen. Diese Zuversicht kommt in der Welt der Schriftzeichen abhanden. Sie weisen im allgemeinen einen bemerkenswerten Mangel an Verbindungen zu normalen optischen Mustern auf, mit denen wir umgehen könnten. Es ist jedoch möglich, die Macht der Fantasie dafür zu nutzen, Zeichenelemente – die das optische Gedächtnis zu erinnern eingeräumtermaßen schlecht ausgestattet ist – mit Bedeutungen zu versehen. Tatsächlich tun dies die meisten Schüler des chinesischen Schriftsystems von Zeit zu Zeit eigenständig und entwerfen ihre eigenen fantasievollen Hilfsmittel, ohne aber je einen organisierten Verwendungsansatz zu entwickeln.

Die Erzählungen und Entwürfe, denen Sie auf diesen Seiten begegnen werden, sind alle mit Wörtern gezeichnet; Sie werden keine Abbilder oder Cartoons finden, die Ihre Fantasie beim Umgang mit der bereitgestellten Information kontrollieren oder begrenzen. Es gibt keine richtige Weise, sich Dinge vorzustellen – alleiniges Kriterium ist, dass es für Sie funktioniert (obwohl wir häufig Anregungen geben werden). Das Einzige, was Sie tatsächlich zu zeichnen aufgefordert werden, sind die Schriftzeichen selbst. Was Sie aber *sehen*, wenn Sie Ihre Zeichnung anfertigen, wird ganz allein Ihnen überlassen bleiben und mit größter Sicherheit anders sein als das, was Gelehrte und Historiker sehen, wenn sie die Zeichen analysieren. Eine ganze Fantasiewelt wird für Sie aus den Primitivelementen entstehen. Je lebhafter Sie sich die Dinge vorstellen, die diese Welt bewohnen, desto weniger werden Sie wiederholen müssen, was

Sie gelernt haben. Viele, falls nicht gar die meisten, der Schriftzeichen können so bei der ersten Begegnung erlernt werden – ohne sie später noch einmal auf andere Weise als durch normale Verstärkung infolge tatsächlichen Benutzens einpauken zu müssen.

Während Sie die Zeichen dann in der Praxis zunehmend öfter schreiben, werden Sie feststellen, dass sie sich fast wie von selbst schreiben, sobald Sie den Stift auf das Papier setzen – ganz ähnlich, wie Ihnen das Alphabet bereits jetzt von der Hand geht. Wie wir zuvor erwähnt hatten, werden Sie mit der Zeit bemerken, dass der Großteil des Bilderwerks sowie die meisten Schlüsselwort-Bedeutungen ihren Zweck irgendwann erfüllt haben und aus dem aktiven Gedächtnis verblassen. Manche hingegen, so sollten wir Sie warnen, werden für immer bei Ihnen bleiben.

WIE DIESES BUCH ANGELEGT IST

Zwar werden Sie auf jedem Schritt des Weges geführt, aber einige Dinge über die Gestaltung dieses Buches sollen vorausgeschickt sein. Wir haben Zeichengruppen zu Lektionen verschiedener Länge zusammengestellt. Viele, aber nicht alle, legen einen Schwerpunkt auf eine bestimmte Klasse von Primitivelementen. Damit ist lediglich beabsichtigt, die Monotonie ein wenig aufzubrechen und Ihnen ein Gefühl für Ihren Gesamtfortschritt zu geben. Jedes einzelne Schriftzeichen wird einen eigenen Rahmen bekommen, der so aussieht:

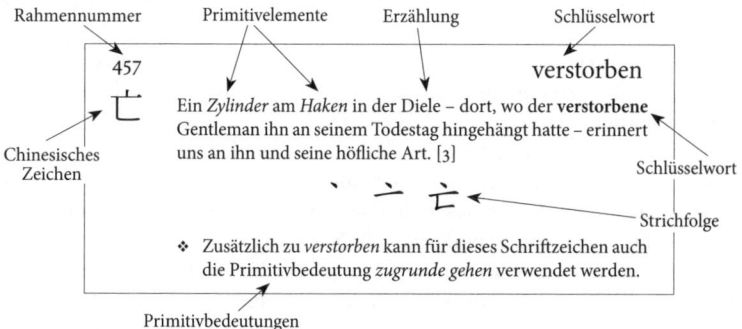

Das Ziel besteht nun nicht einfach darin, sich eine feste Anzahl von Schriftzeichen einzuprägen. Vielmehr soll man erlernen, *wie* man sich an sie (und an andere, die in diesem Kursus nicht vorkommen) erinnert. Deshalb umfasst dieses Buch drei Teile. Der erste, *Erzählungen*, bietet eine vollständige assoziative Erzählung für jedes Zeichen. Indem wir die Aufmerksamkeit des Lernenden zumindest während des Lesens der Erläuterung und des Beziehens auf die geschriebene Zeichenform anleiten, erledigen wir einen Großteil der Arbeit, wenngleich der Lernende dabei bereits ein Gefühl für die Methode erwirbt. Im nächsten Teil, *Entwürfe*, werden nur skelettartige Vorgaben für Erzählungen präsentiert, was es der Leserin überlässt, die Details anhand ihrer persönlichen Erinnerungen und Fantasie auszufüllen. Der letzte Teil, *Elemente*, umfasst den größten Teil des Buches und stellt lediglich das Schlüsselwort sowie die Primitivbedeutungen bereit. Das wird den Lernenden den Rest des Prozesses überlassen.

Die Strichfolgen sind in einem handschriftlichen Zeichensatz dargestellt. Hin und wieder werden Sie Abweichungen zwischen der gedruckten und der handgeschriebenen Form ein- und desselben Schriftzeichens bemerken. Das beruht zum einen darauf, dass historische Varianten mancher Zeichen, insbesondere auf der traditionellen Seite, allgemein gebräuchlich sind. Zum anderen ist nie eine strikte Standardisierung der Formen erfolgt. Ein Element tritt innerhalb desselben chinesischen Zeichensatzes gelegentlich variierend auf. Anstatt jedes Mal gesondert darauf hinzuweisen, und um dem Nutzer unnötige Frustration zu ersparen, haben wir allen Zeichen eine durchgängige Form gegeben, sofern nicht die allgemeine Verwendungsweise dagegen sprach. Am besten ist man sich solcher Zeichen- und Zeichensatz-Unstimmigkeiten von Anfang an bewusst, da man früher oder später in gedruckter Form auf sie stoßen wird und daher wissen muss, wie man mit ihnen umgeht. Auf jeden Fall empfehlen wir, dass Sie sich als Schreibmuster an die handschriftlichen Formen halten.

Band 2, also die zweiten 1.500 Schriftzeichen, wird so angeordnet sein, dass jene Leser, die beide Bände zugleich durcharbeiten wollen, auch so werden vorgehen können. Die ersten 55 Lektionen von Band 2 werden nur Schriftzeichen enthalten, die sich aus in den entsprechenden Lektionen von Band 1 behandelten Primitivelementen zusammensetzen werden. Die übrigen 194 Zeichen werden in neuen Lektionen behandelt werden und die Einführung neuer Primitivelemente erfordern.

Am Ende jedes Bandes befinden sich jeweils fünf Indizes; jene in Band 2 beziehen sich kumulativ auf den gesamten Kurs. Index I zeigt alle Zeichen in ihrer handschriftlichen Form und der Reihenfolge, in der sie in diesem Buch vorgestellt werden. Da Unstimmigkeiten mit den gedruckten Formen vorkommen, tut der Lernende gut daran, im Zweifelsfall diesen Index zu konsultieren. Unter jedem Schriftzeichen in Index I findet sich seine Aussprache, die hier zu Nachschlagzwecken aufgeführt wird. Die in Index II zusammengetragene Liste von eigens als Primitiven ausgesonderten Elementen beschränkt sich auf

Grundelemente, die ihrerseits keine Schriftzeichen sind oder zumindest in diesem Kursus nicht als solche behandelt werden. Index III ordnet die Zeichen zunächst nach der Strichzahl und dann nach ihrem ersten Strich. Index IV sortiert die Schriftzeichen nach ihrer Aussprache und soll die Suche nach einem bestimmten Zeichen erleichtern. Schließlich enthält Index V alle Schlüsselwörter und Primitivbedeutungen.

ABSCHLIESSENDE ANMERKUNGEN

Bevor Sie dem Kurs der kommenden Seiten folgen, möchten wir Ihre Aufmerksamkeit noch auf einige letzte Punkte lenken. Seien Sie zunächst davor gewarnt, die Sache zu schnell anzugehen. Es darf nicht angenommen werden, die ersten Zeichen könnten aufgrund ihrer großen Einfachheit hastig übergangen werden. Die hier dargelegte Methode muss Schritt für Schritt erlernt werden, damit Sie sich nicht später gezwungen sehen, zu den ersten Anfängen zurückzukehren und von vorne zu beginnen. Circa 20 bis 25 Zeichen pro Tag sollten sich als nicht übermäßig erweisen für jemanden, der täglich nur ein paar Stunden auf das Lernen verwenden kann. Wenn Sie sie in Vollzeit studieren wollten, bestünde kein Grund, warum Sie nicht alle 1.500 Zeichen aus Band 1 innerhalb von vier bis fünf Wochen erfolgreich erlernen können sollten. Eine derartige Behauptung wird bei erfahrenen Lehrern zwangsläufig eher hochgezogene Augenbrauen als hochfliegende Hoffnungen hervorrufen, aber Heisigs eigene Erfahrungen mit den japanischen Kanji und Berichte von Studenten aus aller Welt bestätigen diese Einschätzung. Auf jeden Fall sollten Sie, sobald Sie die ersten 200 Zeichen erlernt haben, eine der Ihnen zur Verfügung stehenden Zeit angemessene Geschwindigkeit ermittelt haben.

Zweitens sollte der wiederholte Rat, die Zeichen mit Block und Bleistift zu studieren, ernstgenommen werden. Zwar erfordert, wie Sie bald herausfinden werden, das bloße Einprägen der Zeichen nicht, dass diese dabei auch geschrieben werden. Es steht Ihnen jedoch wirklich kein besserer Weg zur Verfügung, das ästhetische Erscheinungsbild Ihrer Schrift zu verbessern und ein «natürliches Gefühl» für das Fließen der Zeichen zu erwerben, als sie zu schreiben. Die Methode dieses Kurses wird Ihnen die Mühe ersparen, dasselbe Zeichen zum Zwecke des Lernens immer und immer wieder zu schreiben. Aber sie wird Ihnen nicht das flüssige Schreiben vermitteln, das nur mit konstanter Übung einhergeht. Falls Stift und Papier unpraktisch sind, können Sie sich immer mit einer Handfläche behelfen, wie es die Chinesen selbst auch tun. Sie bietet einen praktischen rechteckigen Platz, um Schriftzeichen mit Ihrem Zeigefinger nachzuzeichnen, während Sie im Bus sitzen oder die Straße entlang gehen.

Drittens werden die Zeichen am besten wiederholt, indem man mit dem Schlüsselwort beginnt, von dort zur entsprechenden Erzählung fortschreitet und dann das Zeichen selbst schreibt. Wenn Sie diese Schritte erst einmal leisten können, folgt die umgekehrte Reihenfolge ganz von selbst. Hierüber wird später im Buch noch mehr gesagt werden.

Viertens ist es wichtig zu beachten, dass die beste Reihenfolge zum *Erlernen* der Zeichen keineswegs auch die beste Reihenfolge ist, *sich an sie zu erinnern*. Sie müssen vielmehr abrufbar sein, wann und wo man auf sie stößt, und nicht in der Abfolge, in der sie hier präsentiert werden. Aus diesem Grunde werden in Lektion 5 Empfehlungen für das Erstellen von Lernkarten zur zufälligen Wiederholung gegeben werden.

Letztens weiß vielleicht nur jemand, der die Methode vollständig angewandt hat, zu schätzen, wie wahrhaft unkompliziert und naheliegend sie ist, und wie zugänglich für jeden auch bloß durchschnittlichen Studenten, der nur bereit ist die nötige Zeit und Arbeit zu investieren. Aber während die Methode zwar *einfach* ist und einen großen Teil an Ineffizienz beseitigt, ist die Aufgabe immer noch keine *leichte*. Sie erfordert so viel Durchhaltevermögen, Konzentration und Fantasie, wie man nur aufzubringen vermag. Auch davon sind wir überzeugt.

DANKSAGUNGEN

Wir möchten Robert Roche unsere Dankbarkeit für seine großzügige Unterstützung ausdrücken, die es uns ermöglicht hat, diese Bücher fertigzustellen. Auch danken wir ihm für den konstanten Anreiz und die vielen nützlichen Vorschläge, die er uns in den vergangenen Jahren gegeben hat. Ein besonderes Dankeswort auch an die Mitarbeiter und Forscher des *Nanzan Institute for Religion and Culture*. Sie haben die Hilfsmittel und das Umfeld zur Verfügung gestellt, eine schwierige Aufgabe zu erleichtern. Gleiches gilt für die *Brigham Young University Hawaii*, die unsere Zusammenarbeit in *Nanzan* während des Wintersemesters 2007 einfacher gemacht hat. Von jenen, die diesem Vorhaben ihr Fachwissen zur Verfügung gestellt haben, waren Tsu-Pin Huang und Dr. Yifen Beus besonders hilfsbereit und großzügig mit ihrer Zeit. Schließlich möchten wir die Unterstützung und das Interesse hervorheben, das Pat Crosby, Keith Leber und die Redaktion der *University of Hawai'i Press* gezeigt haben.

James W. Heisig
Timothy W. Richardson
Nagoya, Japan, den 9. August 2007

Erzählungen

Lektion 1

Beginnen wir mit einer Gruppe von 15 Schriftzeichen, die Ihnen wahrscheinlich alle schon vor dem ersten Aufschlagen dieses Buchs bekannt gewesen sind. Jedes Zeichen ist mit einem Schlüsselwort versehen, das seine Grundbedeutung angibt. Einige Zeichen werden uns später mit anderer Bedeutung auch als sogenannte Primitivelemente bei der Zusammensetzung anderer Zeichen helfen. Obwohl es in dieser Phase noch nicht erforderlich ist, sich die besonderen Primitivbedeutungen jener Zeichen einzuprägen, fügen wir jeweils hinter einem Sonderzeichen (❖) eine besondere Anmerkung ein, um Sie auf die veränderte Bedeutung aufmerksam zu machen.

Die *Anzahl der Striche* ist am Ende jeder Erklärung in eckigen Klammern angegeben. Ihr folgt die *Strichfolge* beim Schreiben. Es kann nicht hinreichend betont werden, wie wichtig es ist, jedes Zeichen in seiner korrekten Abfolge schreiben zu lernen. So einfach diese ersten Zeichen auch erscheinen mögen, sollten sie doch alle mit Block und Bleistift studiert werden, damit man es sich von Anfang an in Fleisch und Blut übergehen lässt.

Noch eine Anmerkung zum Schluss: Beachten Sie bitte, dass jedes Schlüsselwort mit Bedacht gewählt worden ist. Sie sollten es daher unbedingt unverändert lassen, um spätere Verwirrung zu vermeiden.

---

1 eins

一 Bei den chinesischen Schriftzeichen ist das Zahlzeichen **eins** auf die Seite gelegt – anders als die aufrecht stehende römische Ziffer I. Wie Sie erwarten würden, wird es von links nach rechts geschrieben. [1]

一

❖ Bei der Verwendung dieses Zeichens als Primitivelement beachten wir die Bedeutung des Schlüsselworts nicht länger, und der einzelne waagerechte Strich erhält – abhängig von seiner Position – die Bedeutung *Fußboden* oder *Zimmer-*

decke: Über einem anderen Primitivelement bedeutet er *Zimmerdecke*, unter einem anderen Element *Fußboden*.

Nehmen Sie sich in diesem ersten Rahmen einen Moment Zeit, um sich zu vergewissern, dass Sie den Unterschied zwischen Schlüsselwörtern und Primitivbedeutungen verstehen. Das SCHLÜSSELWORT steht für die tatsächliche Bedeutung des Zeichens. PRIMITIVBEDEUTUNGEN – die aus dem Schlüsselwort, der Erzählung oder der Form des Zeichens selbst gewonnen werden – kommen hin und wieder dazu, um das Bild eines Schriftzeichens konkreter auszugestalten, wenn es als Bestandteil eines anderen Schriftzeichens fungiert. Sie werden bald feststellen, wie sehr diese Primitive Ihre Optionen beim Erfinden einprägsamer Erzählungen vermehren. Merken Sie sich nur, dass AUSSCHLIESSLICH das Schlüsselwort die eigentliche Bedeutung des Zeichens wiedergibt; Primitivbedeutungen existieren lediglich, um beim Erlernen weiterer Schriftzeichen zu helfen.

---

2   zwei

二

So, wie die römische Ziffer II das Zahlzeichen I verdoppelt, ist auch das Schriftzeichen für **zwei** eine schlichte Verdopplung des waagerechten Strichs der *Eins*. Die Schreibfolge verläuft von oben nach unten, wobei der erste Strich ein wenig kürzer ist. [2]

— 二

---

3   drei

三

Und so einfach, wie das römische Zahlzeichen III die I verdreifacht, tut es auch das Schriftzeichen für **drei** mit dem waagerechten Strich. Denken Sie beim Schreiben an «1 + 2 = 3» (— + 二 = 三), um den mittleren Strich kürzer zu halten. [3]

— 二 三

---

4   vier

四

Dieses Schriftzeichen setzt sich aus zwei Primitivelementen zusammen: *Mund* 口 und *Menschenbeinen* 儿, die uns beide in künftigen Lektionen begegnen werden. Da wir davon ausgehen, dass Sie bereits wussten, wie man dieses Zeichen schreibt, werden wir die mit ihm verbundene «Erzählung» fürs Erste übergehen.

Beachten Sie, wie der zweite Strich von links nach rechts und dann von oben nach unten geschrieben wird. Das stimmt mit dem überein, was wir bereits bei den ersten drei Zahlen beobachtet haben. So können wir ein allgemeines Prinzip feststellen, das Sie später beim Schreiben komplizierterer Zeichen im Hinterkopf behalten sollten: SCHREIBEN SIE VON NORDEN NACH SÜDEN, VON WESTEN NACH OSTEN, VON NORDWESTEN NACH SÜDOSTEN. [5]

丨 冂 门 四 四

---

5 — fünf

五

Wie bereits bei *vier*, werden wir das Erlernen der Primitivelemente in diesem Schriftzeichen auf später verschieben. Achten Sie darauf, wie das im vorigen Rahmen gelernte allgemeine Prinzip auch beim Schreiben des Zeichens für **fünf** Anwendung findet. [4]

一 丁 兀 五

---

6 — sechs

六

Die Primitivelemente sind *Zylinderhut* und *Tierbeine*. Einmal mehr übergehen wir sie zunächst. [4]

丶 亠 宀 六

---

7 — sieben

七

Beachten Sie, wie der erste Strich deutlich durch den zweiten «schneidet». Das unterscheidet **sieben** vom Schriftzeichen für *altertümlicher Löffel* 匕 (RAHMEN 419), bei dem der waagerechte Strich entweder früher endet oder sich, abhängig von dem verwendeten Zeichensatz, nur knapp über den senkrechten Strich erstreckt. [2]

一 七

❖ Als Primitiv nimmt dieses Zeichen die Bedeutung *gewürfelt* an, soll heißen: «*in Würfelchen geschnitten*». Das ist zum einen stimmig mit der Schreibweise dieses Zeichens und wird zum anderen seiner Nähe zu jenem für *schneiden*  gerecht, das wir in einer späteren Lektion lernen werden (RAHMEN 81).

8 acht

八

So, wie die arabische Zahl «8» sich aus einem kleineren und einem größeren Kreis zusammensetzt, besteht das Schriftzeichen für **acht** aus einem kürzeren und einem längeren Strich, die einander zuneigen, sich aber nicht berühren. Und ebenso, wie die liegende **Acht** ∞ das mathematische Zeichen für «unendlich» ist, kommt dem sich unter den beiden Strichen eröffnende Raum im Chinesischen bisweilen die Bedeutung etwas «Allumfassenden» zu.

Beachten Sie, wie das gedruckte Zeichen links und das handgeschriebene unten sich von der Form her ein wenig unterscheiden. Vergewissern Sie sich, dass Sie die handgeschriebene Form imitieren, wenn Sie das Schreiben üben. [2]

丿 八

9 neun

九

Wenn Sie sich die Strichfolge dieses Schriftzeichens sorgfältig einprägen, werden Sie es später mühelos vom Zeichen für *Kraft* 力 (RAHMEN 687) unterscheiden können. [2]

丿 九

❖ Als Primitiv werden wir dieses Zeichen mit der Bedeutung *Kegler*, *Kegelbahn* oder einfach *kegeln* verwenden. Das rührt zum einen von den *neun* Kegeln her, zum anderen von der graphischen Ähnlichkeit des Zeichens mit einem Kegler. Schauen Sie, wie er mit geübtem Arm die Kugel auf die Bahn bringt.

10 zehn

十

Drehen Sie dieses Schriftzeichen um 45° in eine beliebige Richtung, und Sie erhalten das x der römischen Ziffer zehn. [2]

一 十

❖ Als Primitiv behält dieses Zeichen manchmal seine Bedeutung *zehn*, bei anderer Gelegenheit wird es zu einer *Nadel*, was sich vom Zeichen für *Nadel* 針 (RAHMEN 264) ableitet. Da das Primitiv im Schriftzeichen selbst vorkommt, besteht kein Anlass zur Sorge, man könnte beide miteinander verwechseln. Auf diese Weise werden wir sogar regelmäßig verfahren.

11 Mund

口

Wie etliche der ersten Zeichen, die wir lernen, ist das Schriftzeichen für **Mund** ein eindeutiges Piktogramm (Sinnbild). Da es in der Welt der Zeichen keine runden Formen gibt, muss der Kreis mittels eines Quadrats dargestellt werden. [3]

丨 冂 口

❖ Als Primitiv bedeutet diese Figur ebenfalls *Mund* oder *Mündung*. Die volle Bandbreite von Bildern, an die das denken lässt, kann für die Primitivbedeutung herangezogen werden: eine Öffnung oder ein Eingang zu einer Höhle, einer Flasche oder einem Schacht, eine Fluss*mündung* – sowie eben auch die größte Öffnung im Kopf.

12 Tag

日

Dieses Zeichen soll ein Piktogramm der Sonne abgeben. Wenn wir uns daran erinnern, was wir im vorigen Rahmen über runde Formen gesagt haben, können wir leicht den Kreis und das große Lächeln ausmachen, die unsere einfachsten Abbildungen der Sonne kennzeichnen. Zur gedanklichen Verknüpfung mit dem Schlüsselwort müssen Sie nun nur noch an den schönsten aller **Tage** denken, den Sonn-**Tag**! [4]

丨 冂 月 日

❖ Als Primitivelement kann dieses Zeichen entweder *Sonne*, *Tag* oder *plappernde* beziehungsweise *trällernde Zunge* bedeuten. Letztere Bedeutung rührt von einem alten Schriftzeichen außerhalb der Standardliste her. Es bedeutet so etwas wie «Redensart» (siehe RAHMEN 1499) und wird nahezu gleich geschrieben, bis auf den Umstand, dass letzteres etwas quadratischer ist (曰) als die *Sonne* (日). Auf jeden Fall wird sich als Primitivelement die Form entsprechend ihrer Position in dem Gesamtzeichen ändern, und die Unterscheidung damit gleichgültig werden.

13 Monat

月

Dieses Schriftzeichen ist ein Abbild des Mondes, wobei die beiden waagerechten Linien linkes Auge und Mund des sagenumwobenen «Mannes im Mond» darstellen sollen. (Die Chinesen sehen im Mond zwar eigentlich einen Hasen, aber es wäre ein wenig zu weit hergeholt, einen solchen in dem Zeichen finden zu wollen.) Und bei einem **Monat** handelt es sich natürlich um einen Zyklus eben dieses Mondes. [4]

丿 刀 月 月

❖ Als Primitivelement kann das Zeichen die Bedeutung *Mond*, *Körperteil* oder *Fleisch* annehmen. Der Grund für die letzten beiden Bedeutungen wird in einem späteren Kapitel erläutert.

14 Reisfeld

田

Als ein weiteres Piktogramm sieht dieses Zeichen so aus wie ein in vier Parzellen unterteiltes **Reisfeld** aus der Vogelperspektive. Achten Sie beim Schreiben sorgfältig auf die Strichfolge. Sie werden feststellen, dass sie vollkommen mit dem in RAHMEN 4 dargelegten Prinzip in Einklang steht. [5]

丨 冂 日 甲 田

❖ Wenn das Zeichen als Primitivelement benutzt wird, dann am häufigsten mit der Bedeutung *Reisfeld*. Hin und wieder wird es jedoch auch für *Gehirn* stehen, weil es ein wenig an das Gewirr aus grauen Zellen erinnert, das sich unter unser Schädeldach schmiegt.

15 Auge

目

Wenn wir hier einmal mehr die Ecken abrunden und die Mittelstriche in Form einer Iris biegen, erhalten wir ein Gebilde, das einem **Auge** ähnelt. [5]

丨 冂 冃 冃 目

❖ Als Primitiv behält das Schriftzeichen die Bedeutung *Auge*, oder genauer gesagt eines *Augapfels*. Im Umfeld eines komplexen Schriftzeichens kann das Primitiv auf die Seite gedreht sein (ᵐᵐ) und die zusätzliche Bedeutung eines *Netzes* annehmen.

Obwohl nur zehn der in dieser Lektion behandelten 15 Schriftzeichen förmlich als Primitivelemente – diejenigen Elemente, aus denen sich weitere Zeichen zusammenfügen – angeführt worden sind, können auch einige der anderen bisweilen diese Funktion übernehmen. Das wird allerdings nicht so häufig geschehen, als dass es sich rechtfertigen ließe, sie eigens als Primitivelemente zu lernen und mit einer besonderen Bedeutung zu belegen. Anders ausgedrückt: Wird ein bereits erlerntes Zeichen in einem anderen verwendet, behält es die Bedeutung seines Schlüsselworts, sofern wir ihm keine spezielle Bedeutung als Primitiv zugewiesen haben. Auch in solchen Fällen kann jedoch ebenso die ursprüngliche Schlüsselwort-Bedeutung Verwendung finden.

Lektion 2

In dieser Lektion erfahren wir nun genauer, was ein «Primitivelement» ist, indem wir die ersten 15 Schriftzeichen als Bauteile beim Zusammenfügen neuer Schriftzeichen benutzen (16 neuer Zeichen, um exakt zu sein.) Wenn die Primitivbedeutung vom Schlüsselwort abweicht, können Sie zum ursprünglichen Rahmen zurückkehren, um Ihr Gedächtnis aufzufrischen. Von jetzt an sollten Sie jedoch immer gleich *sowohl* das Schlüsselwort *als auch* die Primitivbedeutung jedes neuen Zeichens auswendig lernen. Index ii enthält eine vollständige Liste aller Primitivelemente in diesem Buch.

---

16   altertümlich

古

Die Primitivelemente, aus denen sich dieses Zeichen zusammensetzt, sind *zehn* und *Mund*. Aber vielleicht finden Sie es leichter, es sich als Piktogramm eines Grabsteins mit einem Kreuz darauf zu merken. Denken Sie einfach zurück an einen der Friedhöfe, die sie früher besucht haben – oder besser noch: auf denen Sie als Kind zu spielen pflegten – mit **altertümlichen** Gruftfiguren und Inschriften auf den Grabsteinen.

Eine solche Abkehr von den Primitivelementen zugunsten eines Piktogramms wird sich auf diesen frühen Stufen hin und wieder ergeben, und danach fast nie mehr. Machen Sie sich also keine Sorgen, Sie könnten Ihr Gedächtnis mit zu vielen «Zeichen-Zeichnungen» verstopfen. [5]

❖ Wenn es als Primitivelement verwendet wird, behält dieses Zeichen die Bedeutung des Schlüsselworts *altertümlich*, aber Sie sollten besondere Sorgfalt darauf verwenden, diesen abstrakten Begriff so anschaulich wie möglich zu gestalten.

---

17   leichtsinnig

胡

Sorgfalt in allen Dingen gehört zu den alten Tugenden. Die **Leichtsinnigen** unter uns, die der Nachlässigkeit frönen, halten Sorgfalt allerdings für eine *altertümliche* Verhaltensweise, die ihnen einmal im *Mond*schein begegnen kann – zusammen mit den vermeintlich *altertümlichen* Gestalten, die nicht so **leichtsinnig** und unverantwortlich sind wie sie selbst. (Noch anschaulicher können Sie werden, indem Sie sich vorstellen, wie die **Leichtsinnigen** die *Altertümlichen* gleich ganz «auf den *Mond* schießen».) [9]

古　胡

18　　　　　　　　　　　　　　　　　　　　　　　　ich (literarisch)

吾

Für das Wort **ich** gibt es eine ganze Reihe von Zeichen, aber dieses ist im Chinesischen auf den **literarischen** Gebrauch beschränkt. Wir brauchen also eine hinreichend hochgestochene Konnotation für das Schlüsselwort, wobei uns die Bedeutung eines «wahrnehmenden Subjekts» gerade recht kommt. Nun ist derjenige Ort unseres Körpers, an dem sich die fünf Sinne der Wahrnehmung konzentrieren, der Kopf – er weist nicht weniger als *fünf Mündungen* auf: zwei Nasenlöcher, zwei Ohren und einen Mund. Daher ergeben *fünf Mündungen* = **ich**. [7]

一　丁　丆　五　吾　吾　吾

19　　　　　　　　　　　　　　　　　　　　　　　　　　　　Gefährte

朋

Die erste **Gefährtin**, die Gott schuf, war der biblischen Geschichte nach Eva. Als Adam sie erblickte, rief er laut aus: «*Fleisch* von meinem *Fleische*!» Und das ist genau das, was uns dieses Zeichen mit seinen vielen Strichen erzählt. [8]

月　朋

20　　　　　　　　　　　　　　　　　　　　　　　　　　　　　　hell

明

Unter den **hellen** Lichtern der Natur gibt es zwei, die Gott laut biblischem Mythos am Firmament befestigt hat: Die Sonne, um den *Tag* zu regieren, und den *Mond*, um über die Nacht zu herrschen. Jedes von ihnen ist zum Repräsentanten einer geläufigen Konnotation dieses Schlüsselworts geworden: Die Sonne, das **helle** Licht des *Tages*, und der *Mond*, die **helle** Freude des Poeten und des Sehers. [8]

日　明

21

日日日

Waren

Die Verdreifachung eines einzelnen Elements in diesem Zeichen bedeutet «überall» oder «massenhaft». Wenn wir an **Waren** in der modernen Industriegesellschaft denken, stellen wir uns etwas Massenproduziertes vor – hergestellt für die «Massen» offener Münder, die wie Küken in einem Nest darauf warten, alles zu «verbrauchen», was ihres Weges kommt. [9]

口　　口　　品

22

日日日

funkelnd

An was könnte uns das Wort **funkelnd** eher denken lassen als an einen riesigen Kristall? Denn wenn Sie jemals einen Diamanten gegen das Licht gehalten haben, wird Ihnen aufgefallen sein, wie sich jede seiner Facetten in eine kleine *Sonne* verwandelte. Dieses Zeichen ist das Bild einer winzigen *Sonne* an drei Stellen (soll heißen: «überall»), um zu zeigen, dass ein solch **funkelnder** Kristall die *Sonne* in alle Richtungen bricht. Beachten Sie beim dreimaligen Schreiben des Primitivelements wieder, wie die in Rahmen 4 gegebene Schreibregel nicht nur für die Striche in jedem einzelnen Element, sondern auch für die Anordnung der Bestandteile des Schriftzeichens als Ganzes gilt. [12]

日　　日　　日日
　　　　日　　日日

23

昌

gedeihlich

Was wir in zwei vorigen Rahmen über die Bedeutung eines verdreifachten Zeichens als «überall» oder «massenhaft» gesagt haben, darf nicht auf die leichte Schulter genommen werden. In diesem Zeichen sehen wir zwei *Sonnen*, eine über der anderen, was – wenn wir nicht aufpassen – im Gedächtnis leicht mit den drei *Sonnen* von *funkelnd* verwechselt werden kann. Konzentrieren Sie sich wie folgt auf die Anzahl: Da wir von **gedeihlichen** Zeiten auch als sonnigen Zeiten sprechen… wo ließe es sich **gedeihlich**er leben, als unter einem Himmel mit zwei *Sonnen*? Stellen Sie nur sicher, die beiden auch wirklich dort zu SEHEN. [8]

日 昌

---

24 singen

唱

Dieses Zeichen ist ganz leicht! Sie haben einen *Mund*, der keinen Ton von sich gibt (den Chorleiter) und zwei *Münder mit trällernden Zungen* (der Mindestanzahl für einen Chor). Denken Sie also beim Schlüsselwort **singen** an die Wiener Sängerknaben oder den Chor des Mormonischen Tabernakels, und dieses Schriftzeichen ist für immer das Ihre (siehe RAHMEN 12).

Beachten Sie, dass wir hier auf die ursprünglichen Primitivelemente zurückgreifen, anstatt das Schriftzeichen aus dem vorangegangenen Rahmen als Primitiv zu verwenden. Gelegentlich werden Sie das hilfreich finden. [11]

口　吧　唱

---

25 früh

早

Dieses Schriftzeichen ist ein Bild der ersten Blume des Tages, die wir – aller botanischen Wissenschaft zum Trotz – als *Sonnen*blume identifizieren werden. Denn das Zeichen beginnt mit dem Element *Sonne* und wird von einem Stängel mit Blättern getragen (dem Piktogramm der letzten beiden Striche). Diesmal werden wir das Sinnbild allerdings ignorieren und uns *Sonnen*blumen mit *Nadeln* als Stängeln vorstellen, die man ausrupfen und zum Stopfen seiner Socken verwenden kann.

An die Bedeutung **früh** erinnert man sich leicht, wenn man von der *Sonnen*blume als der **Früh**aufsteherin in einem Sommergarten denkt. Denn die *Sonne* bevorzugt ihre Namensvetterin und bescheidet sie mit ihren Strahlen vor allen anderen Gewächsen (siehe RAHMEN 10). [6]

日　旦　早

❖ Als Primitivelement erhält das Zeichen die Bedeutung *Sonnenblume*, mit der wir soeben das abstrakte Schlüsselwort *früh* veranschaulicht haben.

---

26 | aufgehende Sonne

旭

Dieses Schlüsselwort lässt sofort an die Inseln im Osten Chinas denken, die damit – aus der Sicht Chinas – zum Land der **aufgehenden Sonne** werden: ein Name, der auch ohne weiteres mit der japanischen Nationalflagge in Verbindung gebracht wird. Aber zurück zu den Primitivelementen: Falls Sie sich schon einmal gefragt haben, warum eigentlich jeden Morgen die *Sonne* wieder aufgeht, sehen Sie hier endlich den kosmischen *Kegler*, der unseren Feuerball am Ende jeder Nacht wieder auf die himmlische Bahn schleudert. [6]

丿　九　九　旭　旭　旭

---

27 | Generation

世

Im Allgemeinen denken wir bei einer **Generation** an einen Zeitraum von dreißig (oder *zehn* plus *zehn* plus *zehn*) Jahren. Wenn Sie dieses Zeichen in seiner vollendeten Form – nicht von seiner Strichfolge her – betrachten, werden Sie drei *Zehnen* erkennen. Denken Sie beim Schreiben von den unteren waagerechten Strichen als «Additionslinien», die unter zu summierende Zahlen gezogen werden. Damit ergeben dann *zehn* «plus» *zehn* «plus» *zehn* = dreißig. Es ist mit einem Bleistift übrigens viel leichter gemacht als in einem Buch gelesen. [5]

一　十　卄　卅　世

---

28 | Magen

胃

Für die spezielle Bedeutung der beiden Primitivelemente, aus denen dieses Schriftzeichen besteht, werden Sie noch einmal zu Rahmen 13 und 14 zurückkehren müssen: *Fleisch* (*Körperteil*) und *Gehirn*. Dann verrät die Betrachtung dieses Zeichens

Ihnen, dass der **Magen** das *Körperteil* ist, welches das *Gehirn* in Gang hält. Um die Elemente in der richtigen Reihenfolge zu halten, denken Sie beim Schreiben ans *Gehirn* als vom *Fleisch* «unterstützt». [9]

29 Tagesanbruch

日

Das offensichtliche Zeichen des **Tagesanbruchs** ist die *Sonne*, die einen ersten Blick über den Horizont wirft – was dieses Schriftzeichen ziemlich genau abbildet. Falls Sie sich nun allerdings vorstellen können, wie die *Sonne* ihren Kopf durch ein Loch in Ihrem *Fußboden* zwängt, werden Sie es leichter finden, sich daran zu erinnern. [5]

日 旦

Wir beenden diese Lektion mit zwei letzten piktographischen Schriftzeichen, die zu jenen gehören, die anhand ihrer Form am einfachsten wieder zu erkennen, aufgrund ihrer Schreibweise aber am schwierigsten zu behalten sind. Wir stellen sie hier vor, um bereits früh zu prüfen, ob Sie bisher auch sorgfältig auf die Strichfolge der gelernten Zeichen geachtet haben.

30 konkav

凹

Ein besseres Schlüsselwort für dieses Zeichen könnten wir uns nicht wünschen! Werfen Sie nur einen Blick darauf: das vollkommene Abbild einer **konkaven** Linse, vollständig mit ihrer eigenen kleinen Einbuchtung (wobei man selbstverständlich im Kopf zu behalten hat, dass die Schriftzeichen runde Gegenstände mit Ecken versehen). Nun müssen Sie nur noch lernen, es zu schreiben. [5]

丨 𠄌 𠃊 𦥑 凹

31 凸 konvex

Vielleicht hilft Ihnen dieses Zeichen zu verstehen, warum die Chinesen keine Schwierigkeiten haben, **konvex** und *konkav* auseinander zu halten. Achten Sie auf das sonderbare Gefühl beim vierten Strich. Falls er sich jetzt noch gar nicht so merkwürdig anfühlt, wird er das mit Sicherheit tun, wenn Sie mit diesem Buch fertig sind. Sie werden ihn nur sehr wenige Male schreiben müssen. [5]

丨 𠃌 𠃌 凸 凸

Lektion 3

Nach lektion 2 sollten Sie nun eine gewisse Vorstellung davon haben, wie man ein scheinbar komplexes und schwieriges Schriftzeichen auf einfache Elemente herunterbrechen kann, die anschließend sehr dabei helfen, es sich zu merken. Nach dem Durcharbeiten dieser Lektion dürften Sie ein noch klareres Konzept davon gewonnen haben, wie der Kurs angelegt ist. Wir fügen stets bloß ein paar Primitivelemente zu den bereits bekannten Zeichen hinzu, schauen, wie viele neue Zeichen wir formen können – im Falle dieser Lektion insgesamt 18 – und werfen neue Primitive ein, wenn sie uns ausgehen. Das machen wir so lange, bis keine Schriftzeichen mehr übrig sind.

In dieser Lektion 3 werden Ihnen auch erstmals Primitivelemente bekannt gemacht, die selbst keine Schriftzeichen sind, sondern nur als deren Bausteine Verwendung finden. Sie sind mit einem Sonderzeichen [❖] anstatt einer Nummer gekennzeichnet. Es besteht kein Grund, sich die Elemente mit besonderem Aufwand einzuprägen. Die schiere Häufigkeit, mit der die meisten von ihnen auftreten, sollte automatisch dazu führen.

❖   ein Tropfen

′

Die Bedeutung dieses Primitivs ist bereits auf den ersten Blick offensichtlich, der Stoff jedoch, von dem es einen **Tropfen** darstellt, kann von Fall zu Fall variieren. Wichtig ist, dass Sie nicht an etwas Unbedeutendes wie einen «**Tropfen** auf den heißen Stein» denken, sondern an etwas so Entscheidendes, dass es das ganze Bild verändern kann – wie einen **Tropfen** Arsen im Kaffee der Schwiegermutter. [1]

′   ヽ

❖ In den ersten nun folgenden Beispielen wird dieses Primitiv von rechts nach links geschrieben, es kann aber auch von links nach rechts gekippt sein. Zusätzlich werden wir beobachten, dass die hier verwendete handschriftliche Form bisweilen nicht mit der gedruckten übereinstimmt. Schließlich kann der *Tropfen* gelegentlich auch ein wenig gestreckt werden (in Fällen, in denen es Ihnen schwer fällt, sich das zu merken, hilft es vielleicht, an eine *Pipette* zu denken, aus der *Tropfen* eines beliebigen Stoffes geträufelt werden können). Wenn Sie den hier angegebenen handschriftlichen Formen folgen, werden Sie keine Fehler machen. Beispiele folgen in dieser Lektion.

Spazierstock

❖

|

Dieses Primitivelement spricht als Bild für sich: ein **Krück-** oder **Spazierstock**. Er trägt den Anklang von Lahmheit und all jenem, was man mit der Benutzung eines Stocks so verbindet. Selten – aber nur sehr selten – wird er auf die Seite gelegt. Wenn das passiert, ist er IMMER durch die Mitte eines anderen Primitivelements gesteckt. Auf diese Weise müssen Sie sich keine Sorgen machen, ihn mit den Primitivbedeutungen der *Eins* zu verwechseln. [1]

32 selber

Bei diesem Zeichen können Sie an das stilisierte Piktogramm einer Nase denken, jenen kleinen *Tropfen*, den Mutter Natur zwischen Ihre *Augen* hat fallen lassen – oder das, was sich im Winter zwischen Ihren *Augen* rötet und große *Tropfen* fallen lässt. Die Chinesen zeigen auf sich **selber**, indem sie mit dem Finger auf die eigene Nase deuten. Das verschafft uns eine einfache Möglichkeit, das Zeichen für **selber** zu behalten. [6]

′　 ⼃　 ⼧　 ⽉　 ⾃　 自

❖ Dieselbe Bedeutung *selber* kann beibehalten werden, wenn das Zeichen als Primitivelement verwendet wird. Sie dürften es jedoch regelmäßig vorziehen, ihm die Bedeutung *Nase* oder *Nüstern* zuzuweisen – sowohl, weil das mit der obigen Erzählung übereinstimmt, als auch, weil es den ersten Teil des Schriftzeichens für *Nase* darstellt (RAHMEN 575).

33 weiß

Weiß ist die Vereinigung aller Primärfarben. Das sehen wir, wenn ein Prisma die Strahlen der *Sonne* zerlegt. Daher ergibt ein einzelner *Tropfen Sonne* **weiß**. [5]

′ 亻 白 白 白

❖ Als Primitiv kann dieses Zeichen entweder seinen Sinn *weiß* behalten oder die plastischere Bedeutung eines *weißen Vogels* oder einer *weißen Taube* annehmen. Letzteres ergibt sich daraus, dass das Zeichen an der Spitze des Schriftzeichens für Vogel erscheint, zu dem wir später kommen werden (RAHMEN 1396).

| 34 | hundert |

百

Als die Japaner die chinesischen Schriftzeichen übernahmen, spielten sie oftmals mit den Formen herum, um interessante Verbindungen zu finden. So tauften sie zum Beispiel den 99. Geburtstag als Beginn eines «*weißen* Jahres», weil *weiß* das Schriftzeichen ist, das übrig bleibt, wenn man *eins* von **hundert** abzieht. [6]

一 丆 丆 百 百 百

| 35 | Seife |

皂

Was auch immer die Farbe der **Seife** sein mag, auf die sich dieses Zeichen bezieht – sie erfüllt ihre Aufgabe und macht einen sauberen *Schnitt* mit Schmutz und Dreck. Das ist allerdings zu abstrakt und überdies ein Wortspiel mit dem zweiten Primitivelement, und so wollen Sie sich vielleicht lieber vorstellen, dass Sie die **Seife** unter einem Mikroskop betrachten und dabei wirbelnde kleine Messerchen erkennen, welche die Dreckklumpen nach und nach *in* kleine *Würfelchen schneiden*, bis alles wieder *weiß* ist. [7]

白 皀 皂

| 36 | Mitte |

中

Die Elemente sind hier *Spazierstock* und *Mund*. Die besondere Konnotation des Schlüsselworts werden wir mit der Lebens**mitte** in Verbindung bringen, die auch deswegen so heißt, weil es die Zeit in Ihrem Leben ist, in der Sie mit einer zunehmenden **Mitte** zu kämpfen haben. Diese Zunahme beruht häufig darauf, dass man mehr isst und sich weniger bewegt. Dieses Schriftzeichen zeigt das groteske Bild eines Menschen mit einem in den *Mund* gekeilten *Spazierstock*. Auf diese Weise kann er leichter Essen hineinschaufeln, ohne sich von anstrengenden Kaubewegungen stören zu lassen. [4]

Hier ist ein Wort zur Grammatik der Schlüsselwörter angebracht. Das Zeichen für **Mitte** als Substantiv können Sie beispielsweise auch adjektivisch verwenden (also als «**mitt**ig» oder «zentral»). Die in diesem Buch verwendeten Wortarten sind jeweils ein guter Ausgangspunkt hinsichtlich der Bedeutung des jeweiligen Schriftzeichens. Sie sollten sich jedoch bewusst sein, dass bisweilen auch eine Verwendung als andere Wortart möglich ist. Sich diese weiteren Verwendungsmöglichkeiten zu erschließen, ist Teil des fortgesetzten Sprachstudiums.

丨 冂 口 中

37 tausend

千

Dieses Zeichen ist beinahe zu simpel, um es auseinander zu nehmen, aber werfen Sie zu Übungszwecken dennoch einen Blick auf die *Pipette* oben und die *Zehn* unten. Fügen Sie nun die Elemente zusammen, indem Sie sich vorstellen, aus einer *Pipette* zwei weitere Nullen neben die Zahl *zehn* zu träufeln, um aus ihr eine **Tausend** zu machen. [3]

38 Zunge

舌

Das Primitiv *Mund* und das Schriftzeichen für *tausend* ergeben wie von selbst das Abbild einer **Zunge**, wenn man an *tausend Münder* denkt, die alle gleichzeitig dasselbe sagen. Denn dann sprechen sie, wie wir es zu nennen pflegen, «mit einer **Zunge**». Es ist leicht, die Verbindung zwischen der Redewendung und dem Schriftzeichen zu sehen, wenn Sie das Bild ganz wörtlich nehmen: Eine einzige **Zunge** wird von *Mund* zu Mund herumgereicht. [6]

39 — Liter

升

Denken Sie an eine Ein-**Liter**-Karaffe (von der Art, in der man Getränke serviert), die jedoch nicht mit Milch oder Wein gefüllt ist, sondern mit *tausend* spitzen *Nadeln*. Sie mögen sich fragen, was die dort machen, aber die Antwort ist einfach: Es handelt sich um eine Art Sportgetränk für einen Roboter (vgl. für Menschen später auch RAHMEN 138). [4]

′ 二 チ 升

40 — aufsteigen

昇

Im Einklang mit dem vorangegangenen Rahmen haben wir hier eine *Liter*-Karaffe mit einer *Sonne* darüber. Die Vorstellung, aus einem *Liter*-Maß die *Sonne* **aufsteigen** zu sehen, kommt uns nicht so fremd vor, wenn wir an das Oktoberfest mit seinen *Liter*gefäßen und die **steigende** Stimmung in den Festzelten denken: Sehen Sie hier die *Sonne* der Bierseligkeit in die Gesichter der Feiernden **steigen** und sie röten wie bei einem *Sonnen*-Brand. [8]

日 昇

41 — Pille

丸

Eine Geißel der modernen Sportarten ist das Aufputschen (auch «Doping» genannt) mit leistungssteigernden Drogen geworden – winzige kleine **Pillen**, die aus ehrlichem Wettkampf ein mörderisches Geschäft gemacht haben. Zu unserem Schrecken stellen wir fest, dass diese Unsitte nun auch das *Kegeln* erreicht hat – am Gürtel dieses *Keglers* erkennen Sie ein **Pillen**döschen, aus denen der Gute sich vor jedem Wurf bedient, als handele es sich um Tic-Tacs. Dann macht er sich ans Pulverisieren der *Kegel*. [3]

丿 九 丸

❖ Als Primitivelement nimmt dieses Zeichen die Bedeutung eines *Pillendöschens* oder *-fläschchens* an.

Wir haben bereits ein Beispiel dafür gesehen, wie man Primitive mittels anderer Primitive herstellt, als wir den *Tagesanbruch* aus *Sonne* und *Fußboden* zusammengesetzt haben (RAHMEN 29). Wir wollen dieses Vorgehen gleich noch anhand zweier weiterer Beispiele demonstrieren, damit wir von nun an so verfahren können, ohne gesondert darauf hinzuweisen.

---

42   Weissagung

卜

Dies ist das Bild einer Wünschelrute, zusammengesetzt aus einem *Spazierstock* und einem *Tropfen*, jedoch einfach genug, um es sich als Piktogramm zu merken. Stattdessen können Sie auch an einen *Zauberstab* denken. In beiden Fällen sollte das Zeichen Bilder von **Weissagung** oder Magie heraufbeschwören. [2]

丨 卜

❖ Wenn wir dieses Zeichen als Primitiv verwenden, bleiben wir bei der Bedeutung einer *Wünschelrute* oder eines *Zauberstabs*.

---

43   wahrsagen

占

Hier handelt es sich um eines jener Schriftzeichen, deren Einfachheit eine schiere Freude ist: Eine *Wünschelrute* mit einem *Mund* steht für das **Wahrsagen**.

Beachten Sie, wie der Verlauf von oben nach unten (in dem die Zeichen generell geschrieben werden) auch die Reihenfolge der Elemente unserer Erzählung und des Schlüsselworts selbst wiedergibt: zuerst die *Wünschelrute*, die auf magische Weise der Zukunft ge**wahr** macht, dann der *Mund*, der ausspricht, was sie be**sagt**. So etwas wird nicht immer möglich sein, aber wo es das ist, hat das Gedächtnis fast nichts mehr zu tun. [5]

卜 占

---

44   oben

上

In Richtung der beiden Präpositionen «oben» und «unten» deuten wir üblicherweise mit dem Finger. Die Schriftzeichen folgen dieser Usance jedoch nicht, so dass wir etwas anderes leicht zu Behaltendes wählen müssen. Die Primitive zeigen einen *Zauberstab*, der **oben** auf dem *Fußboden* steht – «magisch», sozusagen. Gehen Sie gleich weiter zum nächsten Rahmen, da diese beiden zusammengehören und am besten als Einheit gelernt werden – so wie auch die Worte **oben** und *unten* jeweils aneinander denken lassen. [3]

| ├ 上

| 45 | unten |

下

Hier sehen wir unseren famosen Zauberstab aus eigener Kraft **unten** an der Zimmerdecke hängen – vermutlich haben Sie schon geahnt, dass so etwas passieren würde. Die Formen in diesem und dem vorigen Rahmen liefern uns nicht nur zwei neue Schriftzeichen, sondern dienen auch dazu, den Unterschied zwischen den Primitiven *Zimmerdecke* und *Fußboden* zu illustrieren: Alles hängt davon ab, ob der einzelne waagerechte Strich über oder unter dem zugehörigen Primitivelement steht. [3]

─ T 下

| 46 | Steckkarte |

卡

Das Schlüsselwort **Steckkarte** steht üblicherweise für jene Bestandteile eines Rechners, die man mit wenig Aufwand ein- oder ausbauen kann. Es soll hier zudem auch für andere Karten stehen, die man irgendwo hineinstecken kann, wie Kunden- oder Kreditkarten (tatsächlich wird das Zeichen mit all diesen Bedeutungen verwendet). Als Bild bietet sich vielleicht am nächstliegenden das einer Ladeninhaberin an, die Ihre Kredikarte in ihrem Lesegerät heftig von *oben* nach *unten* und zurück schiebt, um Ihren Kauf abzurechnen. Stellen Sie sich nun vor, wie sie dies mit wachsender Ungeduld so schnell und heftig tut, bis Ihre arme kleine **Karte** sich zu einem dünnen Streifen Plastik abgerieben hat. Alternativ können Sie sich vorstellen, wie Sie dasselbe mit Ihrer neuen, aber leider nicht ganz passenden Grafik**karte** tun, bis Sie sie zu rauchendem Elektronikschrott verarbeitet haben. [5]

丨　卜　上　十　卡

| 47 | hervorragend |

卓　Das Wort **hervorragend** beschreibt besondere Leistungen und Verdienste. Also müssen Sie – anhand der Primitivelemente *Zauberstab* und *Sonnenblume* – nur an den **hervorragendsten** Magier denken, dessen Markenzeichen eine *Sonnenblume* als *Zauberstab* ist – mit der er wie ein Blumenkind die Welt in Liebe und Frieden taucht. Oder stellen Sie sich einen *Zauberstab* vor, der aus einer *Sonnenblume* in Ihrem Garten **hervorragt**. Pflücken Sie ihn und amüsieren Sie sich damit! [8]

Die beiden letzten Zeichen dieser Lektion sind ein gutes Beispiel dafür, wie man aus einem Primitivelement ein neues Schriftzeichen bilden kann, welches dann wiederum zu einem neuen Primitiv für ein weiteres Zeichen wird. Dies wird häufig geschehen, so dass es gut ist, von Anfang an darauf zu achten.

| ❖ | Sprühregen |

卓　Hier ist unser erstes von vielen Beispielen für ein Primitiv, das aus anderen Primitiven besteht, ohne selbst als Schriftzeichen behandelt zu werden Unten befindet sich das Element (zugleich ein Schriftzeichen) für *früh* oder *Sonnenblume*. Oben steht eine *Nadel*. Praktischerweise fällt nun der **Sprüh**- oder **Nieselregen** oft schon *früh* morgens auf die *Sonnenblumen* und sticht wie kleine feuchte *Nadeln* in die Gesichter und durch die Hemden von Wanderern, die im «*Früh*regen» durch die *Sonnenblumen* ziehen, vallera! [8]

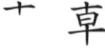

| 48 | Dynastie |

朝　Es fällt leicht, sich eine der großen chinesischen **Dynastien** mit all ihrer Glorie vorzustellen. Nun müssen wir nur noch herausarbeiten, was die Elemente *Mond* und *Sprühregen* damit zu tun haben.

Dies wird jedoch möglich, wenn wir uns vor Augen führen, dass sich der Erfolg einer Herrscher-**Dynastie** stets nach der Fruchtbarkeit des Landes bemaß, da gute Ernten als Zeichen vom Himmel gewollter Herrschaft galten. Um also an der Macht zu bleiben, mußte sich das Oberhaupt der **Dynastie** einen Trick einfallen lassen. Sein ganzes, riesiges Land versorgte er regelmäßig mit feinem *Sprühregen*, indem er diesen in der Sichel des nächtlichen *Mondes* sammeln ließ. Neben seinem Thron befand sich ein Hebel mit einem Seil, das am oberen Ende jener Sichel befestigt war. Bei *Mond*schein zog der **dynastische** Herrscher dann an seinem Hebel und tauchte das Land in feinen *Sprühregen* – das Volk war's wegen der guten Ernten zufrieden, und die **Dynastie** blieb aufrecht erhalten. [12]

| 49 | verhöhnen |

Wenn Sie die Elemente dieses Schriftzeichens ablesen, erhalten Sie etwas wie: «sich das *Maul* über die *Dynastie* zerreißen». Wenn wir daran denken, wie gern die Menschen aller Zeiten ihre Herrschenden **verhöhnt** haben – wenn auch oftmals hinter vorgehaltener Hand – könnte uns kaum ein besseres Bild für das Schlüsselwort einfallen. Damit die Erklärung aber grafisch bleibt und nicht zu rational gerät, können Sie sich das Zerreißen des *Mundes* natürlich auch als grausame Strafe für das **Verhöhnen** vorstellen, wenn die Vertreter der herrschenden *Dynastie* davon erfahren hatten und ihrerseits allen Menschenrechten Hohn sprachen. [15]

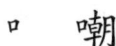

Lektion 4

Auch auf die Gefahr hin, ein wenig zu schnell fortzuschreiten, werden wir jetzt drei neue Primitivelemente einführen, die sich aufgrund ihrer Häufigkeit oder Form alle sehr leicht merken lassen. Behalten Sie aber stets im Kopf: Es besteht kein Anlass, die Primitive als solche zu studieren. Sie werden systematisch präsentiert, um ihr Erlernen zu automatisieren.

❖ Tierbeine

丷 Wie die beiden, die ihm noch folgen, ist dieses Primitiv kein eigenständiges Schriftzeichen, obwohl es sich mutmaßlich von 八 herleitet – dem Schriftzeichen, das wir bereits für *acht* gelernt haben. Es befindet sich NORMALERWEISE unter dem Primitiv, auf das es sich bezieht. Es kann für die **Beine** einer beliebigen **Tier**art stehen: alles von den säulenartigen Stampfern eines Elefanten über die Tentakel eines Oktopoden bis hin zu den Spindelbeinchen einer Spinne. (Das einzige nicht erlaubte «Tier» ist unser Freund «Homo sapiens», dessen Beine ihren Auftritt im nächsten Rahmen haben werden.) Selbst dort, wo der Begriff «Beine» metaphorisch für die Beine eines Möbelstücks verwendet wird, entscheidet man sich am besten für die Assoziation mit **Tierbeinen**. [2]

丿 丷

❖ Menschenbeine

 Beachten Sie, dass diese **Menschenbeine** ein wenig wohlgeformter und höher entwickelt sind als die der so genannten «niederen Tiere». Das linke, das zuerst gezeichnet wird, ist gerade, während sich das rechte anmutig beugt und in einem Haken endet. Obwohl es unwahrscheinlich ist, dass diese **Beine** Sie an irgendeinen Ihnen bekannten Menschen erinnern, sehen sie doch ein wenig nach jemandem aus, der umherschlendert – insbesondere, wenn man sie mit den *Tierbeinen* vergleicht.

Falls Sie Schwierigkeiten mit dem Schriftzeichen für die Zahl *vier* hatten, wäre jetzt eine gute Zeit, zu ihm zurückzukehren (RAHMEN 4). [2]

丿 几

❖ **Wind**

几 Dieses Primitiv ist eigentlich ein Schriftzeichen mit der Bedeutung «Tischlein», aber aus etymologischen Gründen, die zu kompliziert sind, um sie hier darzulegen, kann es auch *Wind* bedeuten. Dabei kann es die obige Form annehmen oder aber den zweiten Strich etwas gezackter «abhaken» (冂\). Auf das vollständige Schriftzeichen für *Wind* werden wir erst in RAHMEN 483 treffen. Auch werden wir wenigstens eine Gelegenheit erhalten, die Primitivbedeutung *Tischlein* heranzuziehen.

Dieses Primitiv kann als «Einfassung» dienen – ein Element, in dessen Mitte andere Elemente geschrieben werden können – es kann aber auch komprimiert sein, so dass in ihm kein Platz mehr für etwas anderes besteht. Beispiele folgen in dieser Lektion. [2]

丿 几

❖ **gefesselt**

勹 Bei dem Element mit der Bedeutung **gefesselt** handelt es sich um eine Einfassung, die andere Elemente umschließen oder selbst komprimiert werden kann, falls es nichts einzufassen gibt. Wenn Letzteres der Fall ist – üblicherweise, weil nicht genug Platz ist – und das Zeichen oben steht, wird der kleine Haken am Ende weggelassen, so wie hier: .

Die Bedeutung ist im Sinne von «gefesselt und geknebelt» zu verstehen. Wenn Sie Schwierigkeiten haben, sich zu merken, wann dieses Element als Einfassung dient (mit Haken) und wann nicht (ohne Haken), können Sie im ersten Fall an ein Seil und im zweiten an eine Kette (im Sinne von «angekettet») denken. [2]

丿 勹

| ❖ | Hörner |

` ´   Dieses Primitiv erscheint NORMALERWEISE über dem Element, auf das es sich bezieht, und es ist üblicherweise am ersten waagerechten Strich befestigt, oder beinahe befestigt, der unter ihm kommt. Die **Hörner** können nie einfach in der Luft hängen. Wenn kein Strich verfügbar ist, wird eigens ein waagerechter (wie eine *Eins*) hinzugefügt. Das letzte Schriftzeichen in dieser Lektion zeigt ein Beispiel.

Der Bedeutungsumfang des Elements ist weit genug, um die Hörner von Stieren, Widdern, Ziegen oder gar das Geweih eines Elchs einzuschließen, hingegen nicht die gleichnamige Familie von Musikinstrumenten. Wie bei anderen Elementen mit derart «offener» Bedeutung legen Sie sich am besten auf eine einzige fest, die Sie am anschaulichsten finden, und bleiben dann bei diesem Bild. [2]

`   ´´

50   nur

只

Wenn wir auf abstrakte Schlüsselwörter wie dieses treffen, erhalten wir am besten ein Bild, indem wir uns einen umgangssprachlichen und prägnanten Satz vergegenwärtigen, in dem das Wort vorkommt. Denken wir zum Beispiel an den Ausdruck: «Das gibt's **nur** einmal!» Stellen wir uns dazu dann einen Anreißer vor einer Schaubude vor, der in seinem Zelt eine sonderbare Kreatur ausstellt, die **nur** aus einem riesigen *Mund* und zwei dünnen *Tierbeinchen* besteht. [5]

口   只

51   Muschel

貝

Um die Primitivelemente, aus denen sich dieses Schriftzeichen zusammensetzt, im Kopf zu behalten – ein *Auge* und *Tierbeine* – könnten Sie versucht sein, an das Piktogramm einer **Muschel** zu denken, mit einer geriffelten Schale oben und zwei herausragenden *Beinchen* unten. Das aber dürfte Ihnen später kaum dabei helfen, sich daran zu erinnern, wie viele Riffel nun genau auf die Schale zu zeichnen waren. Stellen Sie sich daher besser eine mutierte **Muschel** mit einem einzigen riesigen *Auge* vor, die auf ihren kleinen dünnen *Tierbeinchen* den Strand unsicher macht und die Sonnenanbeter zu Tode erschreckt. [7]

目 貝

- Bei der Benutzung als Primitiv wird, zusätzlich zu jeder Art von *Muscheln*, oft die Bedeutung *Geld* gelegen kommen, da in altertümlichen Gesellschaften *Muschel*schalen häufig als Währung im Tauschhandel Verwendung fanden.

---

52   貼   aufkleben

Hier haben wir eine *Muschel* (gestalten Sie sich das so konkret wie möglich und denken Sie deshalb beispielsweise an eine Auster, die Sie schon einmal gesehen haben), die ihrem Panzer ein Poster **aufklebt**, um damit ihre Dienste in der dubiosen *Wahrsager*-Branche anzubieten. Stellen Sie sich die Schwierigkeiten vor, die sie dabei hätte, ihren Rücken mit dem Leimpinsel einzustreichen, und sehen Sie sie dann durch die Gegend stapfen und rufen: «*Sage wahr! Sage wahr!*» [12]

貝

---

53   貞   keusch

Nehmen Sie nun das vorige Primitiv (die *Muschel*), stellen Sie einen *Zauberstab* darauf, und Sie erhalten das Zeichen für **keusch**. Denken Sie an ein Liebespaar von *Venusmuscheln*, von denen eine auf Reisen gehen muss. Um sicherzustellen, dass die geliebte andere während der Abwesenheit ihrem «*Auster*ogen»-Überschuss nicht nachgibt und auch **keusch** bleibt, klopft die abreisende beim Aufbruch mit einem *Zauberstab* auf die noch schlafende Partnerin, um sie bis zur Rückkehr wie magisch zu versiegeln. [9]

ㅏ 貞

54 Mitglied

員

Wie erreichen wir es, dass ein *Mund* über einer *Muschel* **Mitglied** bedeutet? Ganz einfach. Denken Sie daran, dass gestandene Senioren eines Vereins sich von Neumitgliedern ungern Ratschläge erteilen lassen – die Traditionen könnten ins Wanken geraten! Übertreiben Sie diese Erkenntnis und machen Sie sie plastischer, indem Sie sich eine Sitzung vorstellen, auf der allen einfachen **Mitgliedern** der *Mund* mit einer *Muschel* zugeklemmt worden ist. So herrscht angenehme Ruhe, und kein **Mitglied** vermag die Ausführungen der Altvordern im Vorstand zu stören. [10]

55 sehen

見

Die Elemente, aus denen sich das Schriftzeichen für **sehen** zusammensetzt, sind das *Auge*, das fest auf zwei *Menschenbeinen* steht. Sicherlich befindet sich unter Ihren Erfahrungen ein lebhaftes Bild, das nur darauf wartet, zum Erlernen dieses Zeichens herangezogen zu werden… [7]

56 Ursprung

元

Die Genesis, das erste jener erstaunlichen Sammlung von Büchern, die wir die Bibel nennen, erzählt uns vom **Ursprung** aller Dinge. Sie berichtet uns, wie alles erschaffen wurde, und dass, als der Schöpfer sich des Menschen annahm, er *zwei* von ihnen machte – einen Mann und eine Frau. Während wir zwar annehmen, dass auch zwei von jeder anderen Kreatur erschaffen wurden, wird uns desgleichen nicht berichtet. Daher benötigen wir nur eine *Zwei* und ein Paar *Menschenbeine*, um zu dem Schriftzeichen für **Ursprung** zu gelangen. [4]

57 Buchseite

頁

Hier müssen wir eine *Muschel* in eine **Buchseite** verwandeln. Die *Eins* obenauf verrät uns, dass es sich um ein recht kurzes Buch handeln wird (mit sogar nur einer einzigen **Seite**). Stellen Sie sich einfach vor, auf der Schale einer *Auster* befände sich ein Titel – zum Beispiel: «Perle der Weisheit» – und öffnen Sie dann die eine **Seite** Ihres wundersamen Buches, auf der *ein* einziger strahlender *Tropfen* Weisheit Sie erwartet, ein meisterhaftes Gedicht von Mutter Natur. [9]

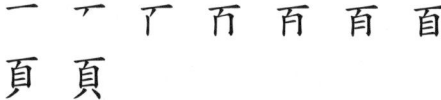

❖ Als Primitiv erhält dieses Zeichen die unverwandte Bedeutung *Kopf* (vorzugsweise eines vom Körper abgetrennten), was sich vom Schriftzeichen für Kopf ableitet (RAHMEN 1067).

58 starrköpfig

頑

Dieses Schriftzeichen bezieht sich auf die unveränderliche Haltung in den *Köpfen* derer, die an ihren *ursprünglichen* Ideen oder Planungen festhalten, ohne sich von zwischenzeitlichen Ereignissen auch nur im mindesten beirren zu lassen. Diese Erklärung ergibt zwar einen Sinn, ist jedoch schwierig zu behalten, weil das Wort «*ursprünglich*» zu abstrakt ist. Gehen Sie daher zurück zum im vorletzten Rahmen verwendeten Bild – Adam und Eva im Garten Eden – und versuchen Sie es noch einmal: Alle **Starrköpfigkeit** geht unmittelbar auf den *Ursprung* zurück – auf zwei Brüder, von denen jeder **starrköpfig** seine Lebensweise verteidigte und den gemeinsamen Gott bat, sie zu segnen. Abel hielt am Ackerbau fest, Kain an der Viehzucht. Stellen Sie sich die beiden mit riesigen, angeschwollenen *Köpfen* vor, wie jeder mit zum Zerreißen gespannten, starren Halsmuskeln um die himmlische Gunst wetteifert. Kein Wunder, dass bald darauf etwas Schlimmes geschah! [13]

元 頑

| 59 | gewöhnlich |

凡

Während wir etwas Unzureichendes als «*Tropfen* auf den heißen Stein» bezeichnen, schlägt uns das Schriftzeichen für **gewöhnlich** das Bild eines «*Tropfens* im *Wind*» vor. Um das Bild so haften zu lassen wie jenes mit dem Stein, halten Sie inne, denken an etwas wirklich durch und durch **Gewöhnliches** und sagen dann «Das ist doch nur ein *Tropfen* im *Wind*»– und stellen sich vor, wie das eigentlich aussehen würde. [3]

丿 几 凡

| 60 | Muskel |

肌

Zu den geläufigeren Arten der Kraftprobe zählt, den örtlichen **Muskel**protz zum Armdrücken auf einem *Tischlein* herauszufordern. Das stellt das hier gezeigte Bild mit den Elementen *Körperteil* und *Tischlein* dar. Der **Muskel** ist also jener *Teil des Körpers*, den Sie dadurch testen, dass Sie ihn wortwörtlich auf das *Tischlein* legen müssen. [6]

月 肌

| 61 | belastet |

負

Oben haben wir die verdichtete Form von *gefesselt*, unten die vertraute *Muschel*. Stellen Sie sich nun zwei *Austern* vor, die einen Kampf bis auf die letzte Schale ausgetragen haben. Die Unterlegene, wird – wie im Schriftzeichen dargestellt – mit Seetang im Haushalt des triumphierenden Siegers *angekettet* und dort in Sklaverei mit allen Aufgaben des Haushalts **belastet**. (Stellen Sie sich den Besiegten von der Last der Kette – und der Arbeit – gebeugt vor, um die Belastung und den entsprechenden Gesichtsausdruck deutlich herauszustellen.) [9]

 負

| 62 | gleichmäßig |

勻

Die beiden Primitivelemente *gefesselt* und *zwei* (in der handgeschriebenen Form klarer zu erkennen) verbinden sich hier, um die Bedeutung **gleichmäßig** darzustellen. Wenn Sie *zwei* Leute aneinander *fesseln* müssen, sollten Sie darauf achten, dass Sie sie **gleichmäßig** umwickeln, damit es keine Lücken in der *Fesselung* gibt und die beiden ihre Kräfte nicht vereinen und so die *Fesseln* sprengen können. Deswegen zeigt dieses Schriftzeichen Ihnen hier eine spezielle *Fesselungs*-Technik, mittels derer Sie das Seil in schön **gleichmäßigen** Wicklungen abrollen. Sehr nützlich, falls es einmal dazu kommen sollte. [4]

勹 勻

63 Satz

句

Kombinieren wir die beiden Primitive *gefesselt* und *Mund* miteinander, erkennen wir auch, wie das Schriftzeichen die Bedeutung eines **Satzes** annehmen kann. Schließlich besteht ein **Satz** aus nichts als Worten, die wir nach den Regeln der Orthographie und Grammatik *gefesselt* haben, damit wir sie in den *Mund* nehmen können. [5]

勹 句

64 Zeitraum von zehn Tagen

旬

«Primidi, duodi, tridi…», so lasen sich die französischen Wochentage ab 1793. Der Mathematiker Gilbert Romme hatte eigens für die «Republikanische Ära» einen Kalender entworfen, der die Monate in jeweils drei «Wochen» zu **zehn Tagen** aufteilte. Einen solchen **Zeitraum von zehn Tagen** kennen auch die chinesischen Zeichen, wenngleich natürlich schon ein wenig länger und aus anderem Grund. In Frankreich befreite Napoleon Bonaparte die auf so ungewöhnliche Weise *gefesselten Tage* bereits 1806 wieder, indem er die Rückkehr zur vertrauten Siebenerfolge anordnete. [6]

勹 旬

65 Schöpflöffel

勺

Wenn Sie die *Tropfen* einer Flüssigkeit – wie Wasser, Suppe, Limonade – *fesseln* wollen, benutzen Sie dazu am besten einen **Schöpflöffel**. Erkennen Sie den letzten *Tropfen* im **Schöpflöffel**? [3]

勹 勺

66   das «Schwarze»

的

Die Elemente *weißer Vogel* und *Schöpflöffel* lassen ohne weiteres an **das «Schwarze»**, den Mittelpunkt einer Zielscheibe, denken, wenn Sie sich einen rostigen alten *Schöpflöffel* vorstellen, in dessen Mitte ein winziger *weißer Vogel* gemalt ist. Jedes Mal, wenn Sie treffen (dann natürlich eigentlich ins «*Weiße*»), stößt er ein heiseres «Piep» aus.

Es handelt sich um das am häufigsten benutzte Schriftzeichen im Chinesischen, das eine Reihe allgemeiner grammatischer Funktionen erfüllt – allerdings bedeutet es eben AUCH **das «Schwarze»**. [8]

白   的

67   Haupt

首

Wenn wir dieses Schriftzeichen von oben nach unten lesen, erhalten wir: *Hörner . . . Nase*. Diese Elemente beschwören einen ausgestopften Elchkopf mit riesigem *Geweih* und langen *Nüstern* vor unser inneres Auge. Statt des Wortes «Kopf» (vergleiche RAHMEN 57) wählen wir hier jedoch «**Haupt**», um die häufige metaphorische Verwendung für allerlei Ober**häupter** zu betonen, einschließlich der Staatsober**häupter**. Es könnte daher helfen, neben dem Elch eine Anzahl von diesen an der Wand hängen zu sehen, jeweils ebenso ausgestattet mit einem *Geweih* und einer Mords*nase*.

Hier erhalten wir einen guten Blick darauf, was wir bei der Einführung des Elements *Hörner* bereits gesagt hatten: Sie können niemals frei in der Luft hängen, sondern benötigen gegebenenfalls einen waagerechten Sonderstrich um solches – wie hier – zu verhindern. [9]

Lektion 5

Das ist so ziemlich alles, was wir im Rahmen unseres Vorhabens mit den bislang angesammelten Teilen zustande bringen können. Wenn wir jedoch Stück für Stück neue Primitivelemente zu den uns schon bekannten hinzufügen, steigt die Anzahl der formbaren Schriftzeichen sprunghaft an.

Es mag Sie interessieren, dass Sie mit den Ihnen schon zur Verfügung stehenden Primitiven bereits weitere Zeichen erlernen könnten, die jenseits der Grenze der 1.500 Zeichen dieses Buches für Band 2 vorgesehen sind. Derzeit wären es nur sechs, aber die Anzahl wird sprunghaft ansteigen, wenn mehr Primitive hinzukommen. Es handelt sich um diese:

叭	咕	罩	串	咱	囂
1501	1502	1503	1504	1505	1506

Während viele Erzählungen aus den vorigen Lektionen komplexer sind als die meisten aus den späteren Kapiteln, bleiben sie doch die *ersten*, die Sie je gelernt haben, und werden Ihnen deshalb vermutlich kaum Schwierigkeiten bereiten. Allerdings fragen Sie sich mittlerweile vielleicht, wie Sie an eine Wiederholung des Gelernten herangehen sollen. Es reicht eindeutig nicht aus, nur die bereits bearbeiteten Seiten durchzublättern, weil schon die Reihenfolge der Zeichen zu verräterisch wäre. Die für viele Leute beste Methode ist, sich einen eigenen Satz Karteikarten anzufertigen, den man beim Durcharbeiten des Buchs vervollständigen kann.

Falls Sie nicht bereits von sich aus damit begonnen haben, können Sie Folgendes versuchen: Besorgen Sie sich dünnen Karton (von ungefähr der doppelten Dicke normaler Karteikarten), unliniert und halbmatt. Schneiden Sie ihn zu Karten von 9 cm Länge und 6 cm Breite zurecht. Auf die eine Seite zeichnen Sie in den oberen zwei Dritteln der Karte mit Kugelschreiber eine große Darstellung des Schriftzeichens (mit Füllfederhaltern oder Filzstiften Geschriebenes neigt zum Verschmieren durch Feuchtigkeit, wenn Sie die Karte lange in den Händen halten). In der rechten unteren Ecke notieren Sie die Nummer des Rahmens, in dem das Zeichen steht.

Auf die Rückseite schreiben Sie in die obere linke Ecke die Schlüsselwort-Bedeutung des

Schriftzeichens. Ziehen Sie anschließend einen Strich entlang der Kartenmitte und einen zweiten Strich ungefähr 2 cm darunter. Den Platz zwischen beiden Linien können Sie für Notizen verwenden, die Sie vielleicht später dafür benötigen, sich an Primitivelemente oder Erzählungen zu erinnern, welche Sie zum Erlernen des Schriftzeichens verwendet haben. *Füllen Sie ihn nur aus, wenn es nötig ist, aber fertigen Sie eine Karte für jedes Zeichen an*, sobald Sie es gelernt haben.

Den Rest des Platzes auf der Karte werden Sie jetzt noch nicht brauchen. Wenn es später daran geht, sich die Lesungen der Schriftzeichen anzueignen, können Sie den Raum über den Doppelstrichen dazu benutzen. Die untere Kartenhälfte kann auf beiden Seiten frei gelassen werden, um Zeichen-Komposita (Vorderseite) und ihre Lesungen und Bedeutungen (Rückseite) hinzuzufügen.

Eine letzte Anmerkung zum Wiederholen. Sie haben sich wahrscheinlich bereits angewöhnt, das Schriftzeichen beim Einprägen mehrmals zu schreiben – ob es nötig ist oder nicht – und Zeichen, die Sie sich nur schwer merken können, NOCH ÖFTER zu schreiben. Es ist wirklich nicht erforderlich, ein Zeichen öfter als einmal zu schreiben, es sei denn, Sie haben Schwierigkeiten mit der Strichfolge und wollen ein besseres «Gefühl» für sie entwickeln. Wenn Ihnen ein Zeichen Schwierigkeiten bereitet, verwenden Sie Zeit darauf, die Bildersprache seiner Erzählung klarer auszugestalten. Das Zeichen einfach noch einmal zu schreiben, wird einen bei Ihnen vielleicht noch verbliebenen latenten Verdacht bestärken, dass die «erprobte und bewährte Methode» des Lernens durch Wiederholung die einzig verlässliche sei – was genau das Vorurteil ist, das wir ausräumen wollen. WIEDERHOLEN SIE AUSSERDEM NUR VOM SCHLÜSSELWORT ZUM ZEICHEN, NICHT ANDERSHERUM. Die Begründung dafür wird, zusammen mit weiteren Anmerkungen zum Thema Wiederholung, später folgen.

Nun sind wir bereit, wieder an die Arbeit zu gehen, indem wir nach und nach neue Primitive hinzufügen und schauen, welche weiteren Schriftzeichen sie uns formen lassen. In dieser Lektion werden wir 23 neue Zeichen behandeln.

68 gerade

Stellen Sie sich vor, die ersten beiden Elemente, *zehn Augen*, würden sich auf eine Gruppe von fünf Wissenschaftlern beziehen, die gemeinsam an einem streng geheimen, mit Millionen von Euro geförderten Projekt arbeiten. Es geht darum, ohne die Hilfe besonderen Geräts einen **geraden** Strich auf dem Fußboden zeichnen zu können. Am Ende bestätigen alle zehn

Augen, dass er vollkommen **gerade** ist – was keinen Zweifel daran lässt, dass die Verwendung der Regierungsgelder gerechtfertigt war. Zeit, sich um weitere Forschungsmittel zu bemühen.

Achten Sie darauf, wie die ersten beiden Striche des Elements *Auge* ein wenig verlängert werden, damit sie den letzten Strich berühren können. Das gleiche wird in den folgenden drei Schriftzeichen geschehen, sowie auch später, so dass Sie die unten stehende Strichfolge genau beachten sollten. [8]

一 十 十 市 市 首 首 直

69 置 — installieren

Stellen Sie sich vor, Sie müßten für ein Feder- oder Volleyball-Spiel ein *Netz* **installieren**. Eines der Hauptprobleme liegt dann darin, das Netz so *gerade* zu spannen, dass es in der Mitte nicht durchsackt. Was dieses Schriftzeichen uns hier zeigt. [13]

丶 冂 冂 冂 四 置

❖ — Werkzeug

Obwohl dieses Primitiv nicht besonders verbreitet ist, kann es – wie die folgenden Beispiele zeigen – recht praktisch sein. Bequemerweise wird es immer ganz am unteren Rand jedes Schriftzeichens geschrieben, in dem es vorkommt. Der erste Strich (der waagerechte) steht getrennt von allem darüber, aber man muss **Werkzeug** und *Tierbeine* gut auseinander halten.

Das Element steht für **Werkzeug** eines Tischlers oder Schreiners, was von der piktographischen Wiedergabe eines kleinen Tischchens mit Beinchen, einer Werkbank, herrührt (machen Sie sie zu *Tierbeinen*, falls ein plastischeres Bild erforderlich ist). Jedes Element, das auf der Werkbank liegt, werden wir daher als **Werkzeug** in den Händen eines Tischlers ansehen. [3]

70 Werkzeug
具

Hier sehen wir das vollständige Schriftzeichen, von dem sich das Primitiv im vorigen Rahmen ableitet. Wenn Sie an eine Werkbank voll von **Werkzeugen** eines Tischlers denken, dann sehen Sie hier, dass jedes ein eigenes Auge hat. Auf diese Weise können die **Werkzeuge** überwachen, was Sie mit ihnen anstellen – und Sie können Primitiv und Schriftzeichen auseinanderhalten. [8]

丨 冂 冂 冃 目 且 具 具

71 wahr
真

Hier begegnet uns ein Beispiel dafür, dass die Primitivelemente eines Zeichens auf unterschiedliche Weise ausgemacht werden können. Zunächst fallen uns *gerade* und *Tierbeine* ins Auge, aber das Schriftzeichen könnte ebenso gut in *zehn* und *Werkzeug* zerlegt werden. Wir wollen uns für letzteres entscheiden.

Wonach beurteilen Sie, ob etwas **wahr** ist oder falsch? Was, wenn es einen Satz von *zehn* verlässlichen *Werkzeugen* als Prüfstein gäbe? Nun, auch in säkularisierten Gesellschaften sind die *zehn* Gebote – auf denen übrigns der Aufbau des deutschen Strafgesetzbuches basiert – ein guter Ausgangspunkt. [10]

❖ an der Seite
ナ

Dieses Primitiv sieht aus wie die *Zehn*, bis auf den Umstand, dass der linke Strich nach links unten gebogen ist. Es zeigt, wo Ihre Hände (alle *zehn* Finger) hängen, wenn Sie die Arme sinken lassen: **an Ihrer Seite**. (Verstehen Sie es räumlich – das «zur *Seite* stehen» wird später in RAHMEN 466 vorkommen.) [2]

72 Arbeit
工

Das Piktogramm eines Stahlträgers, wie er auf dem Bau für Gebäude und Brücken benutzt wird, liefert uns das Schriftzeichen für **Arbeit**. [3]

一 T 工

❖ Da das Schlüsselwort zu abstrakt sein kann, wenn das Zeichen als Primitiv verwendet wird, werden wir oft auf das klarere Bild eines *Stahlträgers* zurückkommen.

---

73 links

左

Wenn wir die beiden vorangegangenen Rahmen miteinander kombinieren und das Ergebnis ablesen, erhalten wir: *an der Seite . . . Stahlträger*. Denken Sie an einen außergewöhnlich starken Bauarbeiter, der sich einen *Stahlträger* schnappt und ihn *an seiner Seite* zum Verwendungsort trägt – scheinbar mit **links**! [5]

一 ナ 左

---

74 rechts

右

Um beim Gedanken an das Schlüsselwort **rechts** eine Verwechslung mit dem vorhergehenden Rahmen zu vermeiden, machen Sie sich die Doppelbedeutung der «rechten» Seite zunutze. Stellen Sie sich einen kleinen *Mund* vor, der *an Ihrer Seite* herabhängt und Ihnen – wie eine kleine Stimme des Gewissens – sagt, was zu tun das **Rechte** ist. [5]

ナ 右

---

75 besitzen

有

Dieses Bild zeigt jemanden, *an dessen Seite* eine Scheibe *Fleisch* herabhängt, vielleicht von einer um die Hüfte gebundenen Kordel. Während wir normalerweise an die Dinge denken, die wir haben und **besitzen**, gibt es auch Dinge, die uns haben und **besitzen**. So etwas kann mit einem bösen Geist verglichen werden, der Besitz von jemandes Seele ergriffen hat. Dieses Schriftzeichen schlägt eine Art zur Austreibung vor: Der **Besessene** hänge eine Scheibe frisches Fleisch *an seine Seite*, bis es anfängt zu verfaulen und so übel riecht, dass der Dämon ausfährt. Beachten Sie die Strichfolge sorgsam. [6]

ナ 𠂇 冇 冇 有

76
贿
Bestechung

Zur Linken haben wir das Primitiv *Muschel* und zur Rechten das Schriftzeichen, das wir gerade für *besitzen* gelernt haben. Halten Sie sich an die Konnotation des Worts *besessen* aus dem letzten Rahmen, und erstrecken Sie Ihr Bild von *Muscheln* auf den Wert, den sie im Altertum als Geld hatten (vergleichen Sie RAHMEN 51). Nun wird jemand, der von solchen *Muscheln besessen* ist, wahrscheinlich alle höheren Prinzipien aufgeben, um immer mehr von ihnen zu erlangen. Das sind diejenigen Menschen, deren **Bestechung** mit ein paar zusätzlichen *Muscheln* am leichtesten fällt. [13]

贝 贿

77
贡
Abgabe

Zwangsweise beigetriebenes Geld als **Abgabe** zu bezeichnen, ist ein gelungener Kunstgriff. Denn während das Wort «abgeben» eine altruistische Note hat, vermag es diejenigen, die sich ihretwegen von ihren sauer verdienten *Muscheln* verabschieden müssen, häufig nicht so recht vom hehren Sinn zu überzeugen. Denn schließlich ist auch die wohlklingende **Abgabe** nur Teil der uralten staatlichen *Arbeit*, Geld einzutreiben. [10]

工 贡

78
项
Punkt 1, 2, 3 (etc.)

Zur Rechten sehen wir die *Buchseite* und zur Linken das Element *Stahlträger*. Die «**Punkte**», um die es hier geht, beziehen sich auf diejenigen einer Liste, beispielsweise Tagesordnungs-**Punkte** oder dergleichen. Jeder dieser **Punkte** hängt an einem kleinen *Stahlträger* auf der *Buchseite* – nicht einer Zeichnung eines *Trägers*, sondern einem echten aus Metall. Nach dem Abarbeiten eines **Punkts** sägen Sie seinen **Träger** einfach ab. Eine sehr solide Liste, allerdings nicht gerade geeignet zum Erledigen der Einkäufe im nächsten Supermarkt! [12]

工 项

| 79 | Schwert |

刀

Obwohl dieses Schriftzeichen nicht mehr allzu sehr nach einem **Schwert** aussieht, weist es doch noch gewisse Ähnlichkeit mit einem **Schwert**GRIFF auf. Wie sich herausstellt, ist das insofern zu unserem Vorteil, als es uns bei der Unterscheidung zweier Primitivelemente hilft, die auf diesem Schriftzeichen aufbauen. [2]

フ 刀

❖ In der Form des Schriftzeichens bedeutet das Primitiv *Dolch*. Wenn es zur Rechten eines anderen Elements erscheint, ist es gemeinhin ausgestreckt, wie hier: 刂, und wie hier: 刂, wenn es links von einem anderen Element steht. In diesen Fällen nimmt es die Bedeutung eines großen blitzenden *Säbels* an, welche es von einem Zeichen ableitet, das wir in Buch 2 kennen lernen werden.

| 80 | Klinge |

刃

Stellen Sie sich vor, einen *Dolch* als Rasier**klinge** zu benutzen. Dann sollte es nicht schwer sein, vor sich zu sehen, wie Sie sich schneiden. Erkennen Sie den kleinen Blut*stropfen*, der von der **Klinge** tropft? [3]

フ 刀 刃

| 81 | schneiden |

切

Zur Rechten sehen wir den *Dolch* und neben ihm die Zahl *sieben*, deren Primitivbedeutung wir als *in Würfelchen geschnitten* bestimmt hatten (RAHMEN 7). Beim Schneiden mit einem Messer ist es schwer, nicht an einen jener geschickten japanischen Köche zu denken. Lassen Sie uns nur annehmen, unser Schnellschneider hätte auf einer Party zu viel getrunken, ergriffe den auf dem Kaminsims ausgestellten Dolch und begänne, alles in seiner Nähe in Würfelchen zu schneiden. Er fängt an mit den Hors d'œuvres, fährt fort mit den Möbeln und Teppichen und so weiter... [4]

一　十　切

82　einberufen

召

Ein *Schwert* oder *Dolch* über einem Mund – so wird das Schriftzeichen für «**einberufen**» oder «zu sich kommen lassen» geschrieben. Im militärischen Bereich können wir den Begriff der **Einberufung** damit verbinden, dass Ihnen für Ihre nun anstehende Zeit in den Streitkräften gleichsam ein *Dolch* auf den *Mund* gelegt wird – denn fortan, so ist es gewünscht, sollen Sie zu kämpfen wissen und nicht diskutieren. [5]

刀　召

- ❖ Die Bedeutung des Primitivelements bleibt dieselbe. Seien Sie nur ganz sicher, es mit einem sehr konkreten Bild zu verbinden, wie von obiger Zeremonie oder dem Ihres *Einberufungs*bescheids in der Post.

83　deutlich

昭

Was macht Dinge **deutlicher**, als wenn der Schein der *Sonne* auf sie fällt? Daher stellen Sie sich hier etwas Undeutliches vor, auf das Sie die Strahlen der *Sonne einberufen*, um es für alle zu «erhellen» und endgültig **deutlich** zu machen. [9]

日　昭

84　Regel

則

Das Schriftzeichen zeigt eine *Muschel* längsseits eines großen blitzenden *Säbels*. Stellen Sie sich vor, in einem Gebiet nach *Muscheln* zu fischen, in dem Fang**regeln** vorschreiben, wie groß ein Fund mindestens sein muss, bevor Sie ihn behalten dürfen. Also nehmen Sie Ihren guten alten *Säbel*, den Sie sorgsam wie einen Zollstock eingekerbt haben, knacken eine *Muschel* und messen das arme Tierchen damit, um festzustellen, ob es auch so lang ist, wie die **Regeln** es vorschreiben. [9]

貝　則

Reichtum

畐

Um uns auf den folgenden Rahmen vorzubereiten, führen wir hier ein recht seltenes Primitiv ein, das **Reichtum** bedeutet. Es leitet seine Bedeutung von der populären Darstellung der **Reichen** als wohlgenährt ab. Genauer gesagt, zeigt uns das Zeichen *einen* einzigen *Mund*, der die gesamte Ernte der *Reisfelder* verschlingt, während diejenigen, die auf ihnen arbeiten, vermutlich hungrig bleiben müssen. Denken Sie an genau diesen Satz, wenn Sie das Zeichen schreiben, und die Anordnung der Elemente fällt leicht. [9]

85 Vize-

副

Das Schlüsselwort **Vize-** hat die Bedeutung eines nachrangigen Nebeninhabers. Der große blitzende *Säbel* auf der rechten Seite (seiner normalen Position, so dass Sie von nun an nicht mehr darüber nachdenken müssen, wohin man ihn schreibt) und der *Reichtum* auf der linken verbinden sich zu folgendem Bild: Man teilt seinen *Reichtum*, um seinem **Vize**-Reichtumsverwalter etwas davon abzugeben. [11]

86 viertens

丁

Dieses Schriftzeichen ist das **vierte** in einem numerischen System vom «ersten» bis zum «zehnten», das auf dem alten Mondkalender basiert und als «die zehn Himmelsstämme» bezeichnet wird. Es zeigt uns jemanden, der als **vierter** in einer Schlange wartet und dabei einen riesigen *Nagel* als provisorischen Hocker verwendet. [2]

❖ Bei der Benutzung als Primitiv ändert sich die Bedeutung des Zeichens in *Nagel* oder *Reißzwecke*.

87 stechen

叮

Sicherlich wissen Sie, wie eine Biene **stechen** kann. Sie treibt den kleinen, mit einem Widerhaken versehenen *Nagel* ihres Hinterteils in Ihre Haut und zieht sich dann zurück. Wie wir in RAHMEN 11 angemerkt hatten, kann sich das Primitivelement *Mund* natürlich auf alle Arten von Öffnungen beziehen. Aber stellen Sie sich nur einmal den Schaden vor, den eine Biene anrichten würde, wenn Sie tatsächlich zugleich auch noch mit ihrem *Mund* **stechen** könnte – in einer Art doppelpoligen Attacke. [5]

口　叮

88 können

可

Zunächst einmal werden Sie bemerken, dass dieses Schriftzeichen aus exakt denselben Elementen besteht wie das zuvor. Nur ihre Anordnung weicht voneinander ab.

Denken Sie nun an einen Schwertschlucker, der hier zur Entspannung einmal an einem *Nagel* demonstrieren will, was er **kann**. Selbstverständlich **kann** ein solch erfahrener Künstler seine Aufführung auch mit einem derart schlichten Objekt absolvieren – und doch spüren Sie für einen kurzen Augenblick Zweifel am Ausgang dieser **Könnens**probe, wenn Sie sich die hier wiedergegebenen Größenverhältnisse von *Mund* und *Nagel* ansehen. [5]

丁　可

89 großer Bruder

哥

Der **große Bruder** wird hier dargestellt als Verdoppelung des Schriftzeichens für *können*. Das passt zu vielen **großen Brüdern**, die ihre jüngeren Geschwister etliche leidvolle Jahre spüren lassen, dass sie nicht nur immer alles besser wissen, sondern auch so tun, als würden sie doppelt so viel *können*. Um diese abstrakte Idee zu veranschaulichen, denken Sie an einen **großen Bruder**, der alles, was die Kleineren tun, gleich doppelt ausführt und dabei krakeelt: «*Kann* ich schon zweimal, *kann* ich schon zweimal.» [10]

可 哥

90 Scheitelpunkt

頂

Dieses Schriftzeichen bezieht sich eigentlich auf Spitzen und Gipfel aller Art, aber das Schlüsselwort «**Scheitelpunkt**» funktioniert hier aufgrund seines Bezuges zum *Kopf* am besten. Das erste Bild, an das wir dabei denken, ist der Kamm eines Hahnen- oder Kakadu*kopfes*. Von dort aus ist es nur ein kurzer Schritt zu den punkigen Irokesenschnitten. Sie versuchen einen solchen Kamm zu imitieren, indem sie Haare zu einer Reihe steil aufragender *Nägel* formen. Diese *Nägel* am *Kopf* befinden sich üblicherweise auf dem **Scheitelpunkt** desselben. [11]

丁 頂

Lektion 6

Die letzte Gruppe von Primitiven hat uns recht weit geführt und Sie vermutlich dazu gebracht, genauer auf die Funktionsweise Ihrer Vorstellungskraft zu achten. In dieser Lektion werden wir uns auf Primitive konzentrieren, die mit Menschen zu tun haben.

Vergessen Sie nicht, dass Schriftzeichen, die als Primitive eine besondere Bedeutung bekommen haben, ihr eigentliches Schlüsselwort auch dann beibehalten können, wenn sie als Primitive herangezogen werden. So werden wir nicht nur verfahren, weil es beim Erstellen von Erzählungen praktisch ist, sondern auch, weil es dabei hilft, die ursprüngliche Bedeutung des Schriftzeichens zu wiederholen und zu festigen.

---

91 — zweitens
乙

Dieses Schriftzeichen gehört ebenso zu den «zehn Himmelsstämmen» wie das in Rahmen 86 der vorangegangenen Lektion. Die **zweite** Person in der Schlange sitzt auf etwas, das aussieht wie ein Schaukelstuhl (also sitzt es sich entgegen allgemeiner Angaben in der **zweiten** Reihe besser – und auch komfortabler als unter *viertens!*). [1]

乙

❖ Da dies auch das Piktogramm eines *Hakens* oder *Angelhakens* ist, wollen wir diese als Primitivbedeutungen verwenden. Nur selten wird es genau die Form des Schriftzeichens aufweisen. Erscheint der *Haken* unter einem anderen Primitiv, wird er begradigt – beinahe so, als ob das Gewicht des oberen Elements ihn verbogen hätte: ⌊. Steht er hingegen zur Rechten eines anderen Elements, wird der kurze waagerechte Strich am Anfang weggelassen und das Element selbst gestreckt und geschmälert – alles aus ästhetischen und Platzgründen: ㄴ.

---

92 — Kind
子

Dieses Schriftzeichen ist das Piktogramm eines **Kindes**, das in einen jener praktischen Kokons gehüllt ist, wie sie sich indianische Squaws auf den Rücken schnallen. Damit werden **Kinder** getragen, die noch zu jung sind, um alleine herumlaufen zu können. Der erste Strich gleicht einem Köpfchen, das zum Luftholen herausragt, der zweite zeigt den vollständig eingewickelten Körper und die Beine, und der letzte Strich stellt die Arme dar, die frei bleiben, um sich am Hals der Mutter festzuklammern. [3]

❖ Als Primitiv halten wir an der Bedeutung *Kind* fest, obwohl Sie es sich ruhig etwas älter vorstellen können, so dass es besser herumtollen und Unfug anstellen kann.

93 Aushöhlung

孔 An nichts vermag sich eine Zunge so zu reiben, wie an einem hohlen Zahn. Bei einer solchen **Aushöhlung** im Gebiss denken wir natürlich sofort an den Zahnarzt. Die Chinesen mögen das Zeichen nicht in diesem Sinne verwenden, aber was sollte uns davon abhalten?

Den Dentistenstuhl fürchten die meisten *Kinder* vermutlich mehr als alles andere auf der Welt. Hat ein *Kind* erst einmal die langen glänzenden *Haken* des Zahnarztes erfahren, mit denen er die Zähne von Menschen untersucht, die noch zu klein sind, um sich zu wehren, werden Sie es aufgrund lauter Angst vor weiteren solchen **Aushöhlungen** vermutlich erst einmal überall suchen müssen, sobald der nächste Termin ansteht. [4]

子 孔

94 brüllen

吼 Ein *Mund* und eine *Aushöhlung* verbinden sich zum Schriftzeichen für **brüllen**. Es sollte Ihr Gedächtnis nicht allzu sehr herausfordern, sich daran zu erinnern, wie Sie heulten und **brüllten**, als Sie ihr erstes Loch von einem Zahnarzt gestopft bekamen, der mit seinen Waffen dentaler Zerstörung in Ihrem *Mund* herumfuhrwerkte. [7]

口 吼

95 了 — (Perfek)-t

Das merkwürdig anmutende Schlüsselwort wählen wir für ein Zeichen, welches am häufigsten als grammatikalische Partikel benutzt wird. Weil es die Vollendung einer Handlung anzeigen kann, wollen wir ihm hier die Bezeichnung «*(Perfek)*-t» zuweisen (vom lateinischen Wort für «vollendet»). Lernen Sie dieses Schriftzeichen, indem Sie zu Rahmen 92 und dem dortigen Bild zurückkehren. Der einzige Unterschied ist, dass hier die «Arme» weggelassen werden (tatsächlich sind sie lediglich hineingesteck-t). So wird ein Kind, dessen Arme in den Rucksack gewickel-t sind, zum Sinnbild einer Aufgabe, welche die Mutter soeben erfolgreich beende-t hat.

Übrigens möchten wir Sie darauf hinweisen, dass diese grammatische Partikel bereits Gegenstand umfangreicher Debatten unter Fachleuten gewesen ist. [2]

96 女 — Frau

Wahrscheinlich haben Sie irgendwo schon einmal die Zeichnung einer hockenden **Frau** hinter diesem Schriftzeichen gesehen, mit zwei Beinen unten, zwei Armen in der Mitte (der waagerechten Linie) und dem Kopf, der oben herausragt. Das mag ein wenig weit hergeholt erscheinen, bis Sie das Schriftzeichen selber zeichnen und die Anmut und das Fließen der einfachen drei Striche spüren. Das Schriftzeichen zu behalten ist leicht; es schön schreiben zu lernen, ist eine andere Sache. [3]

く ㄑ 女

❖ Die Bedeutung als Primitivelement ist dieselbe: *Frau*. Es ist hilfreich, dabei an eine bestimmte Person zu denken.

97 好 — gut

Die von diesem Schriftzeichen beförderte Bedeutung **gut** ist sehr weit. Und welch' besseres Bild könnte es dafür geben als eine *Frau*, die ihr *Kind* in den Armen hält und flüstert: «Alles ist **gut**»? [6]

女 好

98 so wie

如 Gemeint ist mit diesem Schlüsselwort ein Vergleich: «**So wie** zum Beispiel...» oder «**so wie** früher». Nehmen wir ersteren Ausdruck und denken an einen kleinen alten Professor, der nach jahrzehntelanger Forschung die Quelle der Weisheit in seinem Leben entdeckt hat. «**So wie** meine *Frau* immer sagt...», ist jeder zweite Satz, den Sie von ihm hören. Konzentrieren Sie sich dabei darauf, welchen Teil seiner *Frau* er damit genau meint, und sehen Sie einen *Frauen-Mund* stets über ihm schweben, während er seine Beispiele anführt. [6]

女 如

99 Mutter

母 Sehen Sie sich dieses Schriftzeichen genau an, und Sie werden darin den Umriss des Zeichens für *Frau* erkennen. Der zweite Strich ist dabei erweitert worden, um Platz für die beiden Brüste zu schaffen, die einer **Mutter** dabei helfen, auch eine **Mutter** zu sein. [5]

乚 ⺋ ⺋ 母 母

❖ In Übereinstimmung mit dem oben Gesagten werden wir bei der Verwendung als Primitiv die Bedeutung *Brüste* hinzufügen. Achten Sie sorgfältig darauf, wie sich die Form geringfügig ändert, wenn dieses Zeichen als Primitiv dient. Dann vereinigen sich die beiden Punkte zu einem längeren Strich: ⺟. Ein Beispiel dafür folgt im nächsten Rahmen.

100 durchbohren

貫 Soll man an Assoziationen zum Wort **durchbohren** denken, ist eine der ersten das **Durchbohren** der Ohrläppchen, um Schmuck zu tragen – eine recht primitive Form der Selbstverstümmelung, die sich bis ins 21. Jahrhundert erhalten hat. Das Schriftzeichen hier liest sich von oben nach unten:

Mutter ... Auster. Sie müssen sich also nur vorstellen, wie Sie ein Ohr **durchbohren**, damit es dem frisch aus einer *Auster* gewonnenen Perl*mutter* Halt bietet. [11]

∟   口   ⽇   ⺫   貫

| 101 | älterer Bruder |

兄

Der Unterschied zwischen dem «großen Bruder» (RAHMEN 89) und dem «**älteren Bruder**» ist im Deutschen hauchfein, wobei letzterer ein kleines bisschen weniger umgangssprachlich klingt. Dasselbe gilt im Chinesischen.

Mittlerweile sollten Schriftzeichen wie dieses für Sie «nach etwas aussehen», obwohl es sich hier eher um ein «Ideogramm» als um ein «Piktogramm» handelt. Der große *Mund* oben und die *Menschenbeine* unten springen als geradezu perfekte Karikatur des **älteren Bruders** von der Seite – derjenige mit der «großen Klappe» (oder, etwas freundlicher, der «das Sagen» unter den Geschwistern hat). [5]

口   兄

❖ Als ein Primitiv erhält dieses Schriftzeichen die Bedeutung *Teenager*, passend zum vertrauten Bild des großen *Mundes* und der langen, unbeholfenen *Beine*.

| 102 | überwinden |

克

In diesem Rahmen haben wir gleich Gelegenheit, das soeben erlernte Schriftzeichen mit der Primitivbedeutung *Teenager* zu verwenden. Die *Nadel* oben zeigt eines der größten Probleme, denen sich in der heutigen Welt aufwachsende *Teenager* stellen müssen: Drogen. Viele von ihnen fallen während ihrer zarten Jahre einmal unter den Schatten der *Nadel* – und erst, wenn eine ganze Generation aufsteht und beschließt, die Plage zu **überwinden**, wird die *Nadel* aufhören, wie ein Damoklesschwert über ihr zu hängen, so wie sie es in diesem Schriftzeichen tut. [7]

Lektion 7

In dieser Lektion wenden wir uns Primitivelementen zu, die sich mit Mengenangaben befassen. Wir werden auch die erste einer Vielzahl von «überdachenden» Figuren einführen. Diese oben stehenden «Einfassungen» gibt es in vielfältigen Formen, von denen jede ihre eigene unverwechselbare Bedeutung erhalten wird. Aber wir wollen langsam anfangen und uns nicht selbst vorgreifen. Denn erst, wenn Sie die einfachen Figuren beherrschen, lösen sich die scheinbar undurchdringlichen Verwicklungen späterer Primitive auf. Aus den Primitiven, die wir hier vorstellen, werden sich auf der Grundlage des bereits Gelernten unmittelbar weitere ergeben. Daraus folgt die etwas zufällig anmutende Reihenfolge der Rahmen in dieser Lektion.

| 103 | klein |

小

Dieses Bild besteht aus drei kleinen Tropfen, von denen der erste (der mittlere) größer geschrieben wird, damit das Schriftzeichen ein bisschen an Form gewinnt. Den Tropfen dreimal zu schreiben, soll die Sache ganz deutlich machen: **klein, klein** und nochmals **klein**. [3]

亅　亅　小

❖ Das Primitiv bedeutet dasselbe, *klein*. Über einen waagerechten Strich geschrieben, ändert sich seine Gestalt ein wenig: Die beiden letzten Striche wenden sich dann nach innen, wie hier: ⺌.

| 104 | wenig |

少

Als Erstes müssen wir uns den vierten Strich ansehen, den *Tropfen* unten, der sich zu einer längeren, nach links geneigten Diagonalen ausstreckt. Das tut er, weil ein einzelner isolierter *Tropfen* niemals in normaler Größe unter seinem Primitiv erscheint. Es stünde nämlich zu befürchten, er könnte abfallen und verloren gehen. Bezüglich der Bedeutung lassen Sie den winzigen *Tropfen* für eine weitere Verkleinerung dessen stehen, was bereits klein ist – womit wir bei **wenig** von etwas *Kleinem* wären. [4]

小　少

- Beachten Sie, dass dieses Zeichen bei der Verwendung als Primitiv unter einem anderen Element den dritten Strich verliert und sich dann schreibt. Ein Beispiel dafür wird uns erst in RAHMEN 354 begegnen.

105　　　　　　　　　　　　　　　　　　　　lärmend

吵

Beim **Lärmen** würden Sie vielleicht erwarten, dass mehrere gleichzeitig herumzanken, aber das Konzept dieses Schriftzeichens ist viel philosophischer als das: Wenn die Dinge **lärmend** werden, schrumpft das Vokabular der Beteiligten auf ein eher steinzeitliches Niveau. Und so kommt es, dass **lärmend** den *wenigen* Dingen zugeordnet wird, die ein *Mund* noch auszudrücken vermag, wenn das Gezänk voll ausgebrochen ist. Versuchen Sie, sich laut **Lärmende** dabei vorzustellen, wie sie sich Goethe-Zitate um die Ohren hauen wollen, es aber nicht schaffen – und schon sehen Sie, wie zutreffend dieses Schriftzeichen ist. [7]

106　　　　　　　　　　　　　　　　　　　　　groß

大

Hier haben wir das einfache Sinnbild eines Menschen, das den Platz des gesamten Schriftzeichens einnimmt und ihm so die Bedeutung **groß** verleiht. Es sollte nicht schwer sein, die beiden Beine und die ausgestreckten Arme zu erkennen. [3]

一　ナ　大

- Für das Primitiv brauchen wir eine andere Bedeutung, weil das Element *Mensch* später noch vorkommt. Daher wird diese Figur zu einem *großen Hund* oder, wenn Sie es vorziehen, einem *Bernhardiner*. In RAHMEN 225 werden wir diese Wahl erklären.

| 107 | Spitze |

尖

Die **Spitze** in diesem Schriftzeichen bezieht sich auf das zulaufende Ende von so unterschiedlichen Objekten wie Stiften oder Pagoden. Die Zusammenstellung der Elemente, *klein* und *groß*, passt perfekt zum Bild einer *kleinen* **Spitze** am Ende von etwas *Größerem*. [6]

小　尖

| 108 | Tagesende |

夕

Stellen Sie sich vor, wie Sie an jedem **Tagesende** das Lied von Matthias Claudius singen: «Der *Mond* ist aufgegangen», bis Sie es auswendig können. Aber anders als die vollendete Gegenwart im Gedicht es andeutet, sehen wir den *Mond* hier erst zur Hälfte, da seine untere Hälfte – der letzte Strich – noch vom **Ende** des **Tages** verborgen wird. (Jedenfalls lohnt es sich, das Gedicht am heutigen **Tagesende** einmal herauszusuchen und zu lesen.) [3]

丿　ク　夕

| 109 | viele |

多

«**Viele** Monde ist es her...», beginnen etliche indianische Volksmärchen. Das ist sowohl eine blumige Ausdrucksweise für «Es war einmal...» als auch eine große Hilfe beim Erlernen dieses Schriftzeichens. Hier haben wir zwei *Monde* (drei *Monde* brächten uns zurück zum Anbeginn aller Zeiten, und so weit wollen wir nicht). [6]

夕　多

| 110 | genug |

夠

«**Genug** ist **genug**.» Wer ist in seiner Jugend nicht mit diesen Worten eines Elternteils oder Lehrers gescholten worden, wenn sie die Geduld verloren hatten! Wenn Sie sich daran erinnern können, wie Sie selbst dies schon gesagt haben, dann stellen Sie sich vor, dass sich dieser kurze *Satz* zu einer unkontrollierbaren Obsession steigert: Sehen Sie sich in den Sonnenuntergang schreiten und ihn *viele* Male vor sich hinmurmeln – immer und immer wieder. [11]

多　夠

---

111   draußen

外

Auf der linken Seite steht das Zeichen für *Tagesende*, auf der rechten das für *Zauberstab*. Wie nun jeder Zauberer, der sein Abrakadabra wert ist, weiß, stärkt das Spazierenführen eines *Zauberstabes* in der kühlen Luft am *Ende des Tages* dessen magische Kräfte weitaus mehr, als wenn man ihn zu Hause ließe. Daher weisen uns *Tagesende* und *Zauberstab* ganz selbstverständlich den Weg nach **draußen**. [5]

夕　外

---

112   Name

名

Vielleicht haben Sie schon einmal von einem Brauch gehört, der von einigen afrikanischen Stämmen immer noch gepflegt wird: In der Geburtsnacht eines Neugeborenen kriecht der Vater ins Zelt oder die Hütte und flüstert seinem Nachwuchs den beschlossenen **Namen** ins Ohr, bevor er seine Wahl öffentlich bekannt gibt. Es handelt sich um ein eindrucksvolles **Namens**ritual, das hervorragend zum Aufbau dieses Schriftzeichens passt: *Tagesende . . . Mund*. Am *Endes des Geburtstages* spricht ein *Mund* den **Namen**, der einen das ganze Leben hindurch begleiten wird. [6]

夕　名

                                                 Klippe

Dieses Primitiv bedeutet genau das, wonach es aussieht: eine steile **Klippe**. Sicherlich können Sie sich jemanden am Rand stehend vorstellen, der in den Abgrund unter sich blickt. [2]

113   dick

厚

Zunächst fragen wir uns, wofür **dick** stehen mag. Ganz einfach: Es soll uns als Schlüsselwort dienen für den Umfang, die Dichte oder Stärke von etwas. Anders als das deutsche Adjektiv hat das chinesische Schriftzeichen hingegen nichts mit der Leibesfülle zu tun (dafür erlernen wir später ein eigenes Zeichen).

Es zeigt vielmehr ein *Kind*, das auf den rauen *Klippen* zurückgelassen worden und dort der heißen *Sonne* ausgeliefert ist. Wir können nur hoffen, dass seine Windeln, seine Haut und der Flaum auf seinem Kopf schon **dick** genug sind, um es vor den Einwirkungen zu schützen (das Fell seiner Eltern dürfte es jedenfalls sein). [9]

厂 厃 厚

114   Stein

石

Eine *Öffnung* unter einer *Klippe* – was sonst sollten wir hier vor uns haben, wenn nicht den Eingang zu einer geheimen Kaverne? Vor ihn hat man einen großen **Stein** gerollt, um anderen den Zutritt zu verwehren. Vielleicht handelt es sich um das Versteck, in dem Ali Baba und seine vierzig Räuber ihre Schätze lagern. Dann sollte die jedem mit den Märchen aus 1001 Nacht vertrauten Schulkind bekannte Zauberformel ausreichen, um den **Stein** beiseite zu schieben. Aber seien Sie vorsichtig – die *Klippe* ist steil, und jeder Ausrutscher könnte Sie in die Schlucht darunter stürzen lassen.

Dies ist das erste von zwei Vorkommnissen (das zweite finden Sie in RAHMEN 902), bei dem der zweite Strich der Klippe ganz leicht rechts unter dem waagerechten Strich ansetzt. Wenn Sie daran denken, dass der obere Strich (im Einklang mit obiger Erzählung) wie ein Felsvorsprung nach außen ragt, sollte dieses Problem jedoch behoben sein. [5]

一 厂 石

❖ Der *Stein* ist ein recht häufig vorkommendes Primitivelement, das sich nicht auf große Brocken beschränkt, sondern für *Gestein* jeder Form und Größe verwendet werden kann.

115 Kies

砂

In diesem Schriftzeichen erhalten *wenige Steine* die Bedeutung **Kies**. Stellen Sie sich vor, wie Sie in Ihrem örtlichen Steinbruch eine Schubkarre *Steine* bestellen und stattdessen eine ganze Wagenladung in Ihre Auffahrt geschüttet bekommen. Sehen Sie vor sich, wie verärgert Sie wären: «Ich sagte, *wenige Steine*, ein bisschen **Kies** für meine Auffahrt – nicht einen ganzen Gebirgszug, zum Kuckuck!» [9]

116 wundervoll

妙

Das Primitiv *Frau* steht links (Sie werden sie immer entweder hier oder unter einem anderen Primitiv finden), das Element *wenig* rechts. Wenn wir einer *Frau* sagen, sie sei **wundervoll**, wollen wir ihr ein Kompliment zollen, wie es aus unserer Sicht nur *wenige* Frauen verdient haben. [7]

女　妙

117 ähneln

肖

Das Verb **ähneln** sollte, unter anderem, an die Familienähnlichkeit eines Sohnes mit seinem Vater denken lassen. «Sie **ähneln** sich wie ein Ei dem anderen», sagen wir, oder: «Er ist ihm wie aus dem Gesicht geschnitten.» Das Schriftzeichen demonstriert, was bei letzterer Operation geschieht – ein *kleines* Stück *Fleisch* fällt herunter. Ist es der Sohn? [7]

亅　丷　⺍　肖

❖ Wird das Zeichen als Primitiv verwendet, ändert sich die Bedeutung zu *Funken* oder *Kerze*.

118 schälen

Mangels eines Küchenmessers beschließen Sie, einen Apfel mit einem *Säbel* zu **schälen**. Sie nehmen Kriegerhaltung an, werfen den Apfel in die Luft und schwingen mit kehligem Aufschrei blitzschnell Ihren verlässlichen *Säbel* durch die Luft. Können Sie sehen, wie dabei die *Funken* stieben und die Schale zu Boden fällt? [9]

肖　削

119 Licht

光 Eigentlich haben wir hier nur zwei Primitive, *klein* und *Menschenbeine*. Der vierte Strich, der die beiden trennt, wird aus ästhetischen Gründen eingefügt. (Falls Sie das nicht überzeugt, versuchen Sie einmal, das Zeichen ohne ihn zu schreiben, und schauen Sie, wie hässlich das Ergebnis auch Ihrem noch wenig geübten Auge erscheinen dürfte.)

Falls Sie sich nun schon einmal gewundert haben, woraus jene kleinen «Staubpartikel» bestehen, die im durchs Fenster auf Ihren Schreibtisch fallenden Licht tanzen, stellen Sie sie sich als *kleine* abgetrennte *Menschenbeine* vor. Dann sollten Sie keine Schwierigkeiten mehr mit diesem Schriftzeichen haben. [6]

120 allzu

太 Schön und gut, werden Sie sagen, aber **allzu** was? Wenn wir vom legendären Temperament eines *Bernhardiners* ausgehen, können wir annehmen, dass es sich um **allzu** zuneigungsvoll handelt. Daher stammt der große *Tropfen* Sabber – igitt. [4]

大　太

121 sparen

 Sobald wir uns entschließen, zu **sparen**, wissen wir, dass wir unseren Appetit in Zukunft ein *wenig* zügeln müssen. Denn wenn die *Augen* «größer als der Magen» sein können, dann können sie auch größer als das Portemonnaie sein. Oder, wie dieses Schriftzeichen andeutet, nicht zu groß, sondern zu viele! Stellen Sie sich vor, Ihr Kopf wäre vollständig mit *Augen* übersät, so dass Sie zum **Sparen** die meisten herausreißen müssen, bis nur noch einige *wenige Augen* übrig sind. [9]

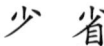

---

122 seltsam

奇

Die uns hier zum Arbeiten überlassenen Primitive lauten *Bernhardiner* und *können*. Dazu würden einem eine Menge Ausdrücke einfallen, mittels derer sich die Wörter mit dem Schlüsselwort verbinden lassen, aber sie alle sind aufgrund des Wortes *können* letztlich zu abstrakt.

In solchen Fällen (und davon wird es während unseres Fortschreitens eine ganze Reihe geben) hilft es, sich eng an die grundlegenderen Elemente zu halten – in diesem Fall *Mund* und *Nägel*. Nun müssen wir uns nur noch eine Zeitungskolumne unter der Überschrift «**Seltsam** aber wahr» vorstellen, wie sie vorwiegend in Boulevardblättern zu finden ist. Die heutige Ausgabe berichtet dort von einer Gebirgswacht, die ihrem *Bernhardiner* den Mund zu*nageln* musste, da er sich allzu häufig aus dem Schnapsfässchen um seinen Hals bedient hatte. [8]

Lektion 8

Aus vier Grundelementen, so glaubte man früher, würde sich unser ganzes Universum zusammensetzen: Erde, Wind, Feuer und Wasser. Das Element *Wind* haben wir bereits kennen gelernt. In einer Lektion, die etwas länger ist als sonst, führen wir nun nach und nach auch noch die anderen ein.

Zu unserer Phantasie Glück spielen diese anregenden und konkreten Primitive eine große Rolle bei der Zusammensetzung der Schriftzeichen. Sie werden uns dabei unterstützen, einprägsame Bilder zu ersinnen und auf diese Weise einige der nun folgenden komplexen Strichanhäufungen zu entwirren.

---

123 Fluss

川

Ein **Fluss** fließt ziemlich genau so wie das Schriftzeichen, das Sie in diesem Rahmen sehen. Gewellte Linien gibt es aus dem einfachen Grunde nicht, weil sie in chinesischen Zeichen nicht mehr verwendet werden. [3]

))l)l|

❖ Als Primitiv wird dieses Zeichen für einen *Fluss* oder eine *Flut* stehen. Beachten Sie jedoch, dass sich bei der Schreibweise dieses Elements gewisse kleine Veränderungen ergeben, die davon abhängen, wo es im Verhältnis zu anderen steht:

Links wird es 丿l| geschrieben,
oben wird es ⦀ geschrieben,
unten wird es 𣲱 geschrieben.

---

124 Staat

州

Hier sehen wir *Tropfen* von Land (kleine Inselchen), die sich aus einem *Fluss* erheben und eine Art Sandbank oder natürlichen Wellenbrecher formen. Haben Sie sich je gefragt, wie die **Staats**grenze zwischen zwei **Staaten** gezogen wird, wenn beide durch einen *Fluss* voneinander getrennt sind? Wenn sich, wie in diesem Schriftzeichen, kleine *Tropfen* von Land im *Fluss* befinden, ist gar nichts dabei. [6]

丶 丿 少 刕 州 州

125 順 — befolgen

In der Sprache der Primitive würde sich dieses Schriftzeichen lesen als: *Fluss . . . Kopf*. Das stellt sich als recht bequem heraus, um seine Bedeutung **befolgen** zu behalten. Entweder **befolgt** man Anweisungen blind, indem man den eigenen *Kopf* ausschaltet, oder man schwimmt im *Fluss* der herrschenden Meinung mit – in jedem Falle fügt man sich.

Falls Ihnen diese Kombination zu abstrakt ist, stellen Sie sich eine Kompanie Soldaten vor, die den Befehl **befolgt**, ihren Vorgesetzten durch einen *Fluss* zu tragen – der so tief ist, dass nur noch dessen *Kopf* hinausschaut, während der Zug sich dem anderen *Fluss*ufer nähert. [12]

川 順

126 水 — Wasser

Dieses Schriftzeichen, das ein bisschen nach einer Schneeflocke aussieht, stellt ein Piktogramm für **Wasser** dar – nicht für eine spezielle **Wasser**masse oder -bewegung, sondern schlicht für die stoffliche Bezeichnung. Sollten Sie Schwierigkeiten haben, es zu behalten, denken Sie einfach an einen Spazierstock, der senkrecht ins **Wasser** fallen gelassen wird und dabei Tropfen in alle vier Richtungen spritzen lässt. Dann müssen Sie nur noch lernen, das Zeichen in der richtigen Strichfolge zu Papier zu bringen. [4]

亅 才 才 水

❖ Als Primitiv kann dieses Zeichen seine Form behalten, oder aber mit drei *Wassertropfen* zur Linken eines anderen Primitivs geschrieben werden, so wie hier: 氵. Letzteres ist, wie wir sehen werden, weitaus üblicher. Es kann auch steif mit fünf Strichen geschrieben werden, als 氺, in welchem Falle wir es als *Schneeflocke* verstehen wollen. Ein Beispiel wird in Kürze folgen. Schließlich kann, wie wir später in Rahmen 380 sehen werden, in gedruckter Form die *Schneeflocke* begradigt werden und sieht dann so aus: 艹.

127 Ewigkeit

永

Auch dieses Schriftzeichen verwendet die vollständige Form von *Wasser*, doch seine Bedeutung scheint rein gar nichts damit zu tun zu haben. Der englische Maler und Dichter William Blake schrieb im 18. Jahrhundert: «Die Welt zu seh'n im Korn aus Sand… und **Ewigkeit** in einer Stunde.» Also, wenn wir dieses Schriftzeichen von oben nach unten lesen, erkennen wir das «*Ewige* in einem *Tropfen Wasser*».

Beachten Sie, wie die Einführung des *Tropfens* es erforderlich macht, den ersten Strich des *Wassers* mit einer kurzen waagerechten «Startlinie» zu versehen. Lassen Sie sie doch einmal weg und schauen Sie, wie wenig sinnvoll das wäre. [5]

丶 亅 永

128 nachfragen

求

Gemeint ist hier nicht wiederholtes Sich-Erkundigen, sondern das **Nachfragen** wie in «Angebot und **Nachfrage**». Um diesen Sinn im Kopf zu behalten, denken Sie an einen Skihütten-Besitzer, der größtes Interesse daran hat, jeden fallenden *Tropfen* in eine *Schneeflocke* zu verwandeln. Wenn es Ihnen gelingt, eine entsprechende Maschine zu bauen (oder einen wirksamen Schnee-Tanz zu ersinnen), werden Sie in Anbetracht immer wärmerer Verhältnisse bald ein äußerst **nachgefragter** Experte sein – was uns zu der *Eins* bringt, die *Tropfen* und *Schneeflocke* verbindet. Denn ohne jede Frage wäre der Erfinder einer solchen Methode bald die unangefochtene Nr. **1** in der Befriedigung von Skiläufern und Schneemannbauern, die so etwas **nachfragen**. [7]

一 丁 寸 寸 才 求 求

129 Springquell

泉

Dieses ein wenig ungewöhnlich anmutende Schlüsselwort soll vor unser inneres Auge das Bild eines frischen, aus dem Boden schießenden Wasserstrahls werfen – eines natürlichen Springbrunnens, sozusagen. Sie werden vermutlich bemerken, dass der **Springquell** *weiß* ist, wo sein *Wasser* am heftigsten sprudelt. Zum Glück steht das *Weiß* genau dort, wo es sich befinden sollte, nämlich oben, und das *Wasser* befindet sich darunter. [9]

❖ Wir werden am Bild eines *Springquells* festhalten, wenn wir dieses Zeichen als Primitiv verwenden, nicht ohne jedoch zuvor auf eine kleine Veränderung aufmerksam gemacht zu haben, die das Primitiv vom Schriftzeichen unterscheidet: Die letzten vier Striche (das Element *Wasser*) werden zu den drei kleinen Tropfen abgekürzt, die wir bereits als Zeichen für *klein* gelernt haben – was uns 泉 verschafft.

---

130 Ebene

原 Dieses Schriftzeichen bezeichnet Grundlagen aller Art, für unsere Zwecke am plastischsten sind allerdings jene Hoch- und Tief**ebenen**, die der – bisweilen spärlichen – Vegetation als Grundlage dienen.

Hier sehen wir eine Hoch**ebene** im Gebirge. Stellen Sie sich lauter kleine *Springquellen* vor, die aus der **Ebene** emporsprudeln und so eine Art Pfad bilden, der geradewegs an den Rand einer steilen *Klippe* führt.

Wenn Sie sich nun noch zusammenreimen können, wie Johanna Spyris «Heidi» diesen Pfad fröhlich entlangeilt, dabei um die *Springquellen* herum- und hindurchhüpft und schließlich kopfüber mit einen Jodler die *Klippe* hinabstürzt, haben Sie eine schockierende und gleichzeitig alberne Erzählung, die dabei helfen sollte, dieses Schriftzeichen für immer in Ihrem Gedächtnis zu fixieren. [10]

厂 厉 原

---

131 wollen

願 *Ebene* und *Haupt* ist alles, was uns hier zur Arbeit mit dem Schriftzeichen für **wollen** zur Verfügung steht. Wir **wollen** also an ein gigantisches *Haupt* denken – wie jenes des Zauberers von Oz im Märchen «Das zauberhafte Land». Es steht inmitten der *Ebene* aus dem letzten Rahmen. Vielleicht ähnelt es den berühmten Köpfen auf den Osterinseln? Denken Sie sich dann Personen hinzu, die hoffnungsvoll davor knien. «Was **wollt** ihr?», donnert das *Haupt*, dass die *Ebene* wackelt. (Die Vogelscheuche **wollte** Verstand, der Löwe Mut und der Blechmann ein Herz. Was **wollen** Sie?) [19]

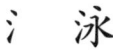

| 132 | spülen |

沖

Stellen Sie sich ein paar harmlos aussehende *Wassertropfen* vor, die auf Sie zukriechen, um Sie dann in die *Mitte* des Ozeans zu spülen. Unmöglich, werfen Sie ein? Nicht, wenn die *Wassertropfen* aus dem Bermudadreieck vorbeischauen, wo sie eine Menge Erfahrung mit dem Fort**spülen** von Yachten bis hin zu Ozeandampfern gesammelt haben. Hier höhlt nicht steter Tropfen den Stein, sondern **spülen** *Wassertropfen* in die *Mitte*. [7]

| 133 | schwimmen |

泳

Bei dem Primitiv links handelt es sich erneut um *Wassertropfen*. Rechts sehen wir das Zeichen für *Ewigkeit*. Das passt gut zusammen, denn sicher wissen Sie noch, wie Sie als Kind schiere *Ewigkeiten* im *Wasser* verbrachten, um **schwimmen** zu lernen – bis Hände und Füße ganz verschrumpelt und die Lippen blau waren. [8]

| 134 | Kontinent |

洲

Während *Staaten* durch kleinere *Gewässer* getrennt werden, liegen zwischen **Kontinenten** große Ozeane. Die *Wassertropfen* zur Linken des *Staates* erfüllen diese Funktion. [9]

氵 洲

| 135 | Morast |

沼 Anders als die Ebene oberhalb der Klippe ist der **Morast** ebenerdig und nahe am *Wasser* gelegen, das ihn so lange speist, bis er völlig durchweicht ist. Dass trockenes Land sich bisweilen in **Morast** verwandelt, ist vermutlich darauf zurückzuführen, dass es durstig wird und am Ende kurzerhand mit rauher Kehle Wasser *einberuft*, das seinen Durst stillen möge! Aber das herrische Verhalten bleibt nicht folgenlos, und der Zustand ist am Ende weitaus schlimmer als zuvor. Daher rührt der glucksende **Morast**. [8]

氵 沼

| 136 | Sand |

沙 Lernen Sie dieses Schriftzeichen im Zusammenhang mit jenem für *Kies* aus RAHMEN 115. Den Unterschied zwischen **Sand** und *Kies* kennen Ihre Füße sehr gut vom Spazierengehen am Strand. Der **Sand** ist feiner, und der *Kies* schneidet in die Haut. Deswegen sticht das Element *Stein* im *Kies* hervor, wohingegen das *Wasser* (welches schließlich in jahrhundertelanger Arbeit den *Stein* zermahlen hat) sich hier im **Sand** zeigt. [7]

氵 沙

| 137 | Yangtse |

江 Chinas Gegenstück zur Blauen Donau oder zu Vater Rhein ist der **Yangtse** (wobei sich neben diesem drittgrößten Fluss der Welt unsere recht klein ausnehmen). Allgemein bedeutet das Schriftzeichen in diesem Rahmen «Fluss» oder «Strom», kann jedoch auch als Abkürzung für eben jenen **Yangtse** verwendet werden. Die Elemente, aus denen es besteht, zeigen *Wasser* und einen *Stahlträger*. Der *Stahlträger* wird hier nämlich von einem etwas unterbelichteten Fluss-Schiffer als Floß zu *Wasser* gelassen, um damit auf dem **Yangtse** herumzukreuzen. Wenn Sie diesen armen Zeitgenossen ablegen sehen und sich vorstellen können, was danach geschieht, mag Ihnen das dabei helfen, die Elemente in Ihrem Gedächtnis zu verankern. [6]

氵 江

| 138 | Saft |

汁 Dies ist nicht irgendein gewöhnlicher **Saft**, sondern ein Gebräu aus *Wasser* und *Nadeln*. Sein auffallend stechender Geschmack stillt Ihren Durst, indem er ihn mit grauenvollen Schmerzen ablenkt, während Ihnen der **Saft** die Kehle hinunterprickelt. [5]

氵 汁

| 139 | Gezeiten |

潮 Bevor wir uns daran machen, dieses Schriftzeichen zu erklären, werfen Sie einen Blick darauf und schauen Sie, ob Sie die Primitivelemente allein erkennen können… Links steht das *Wasser* – so weit, so gut. Rechts haben wir nur ein einziges Primitiv: die *Dynastie*, die wir in Rahmen 48 erlernt hatten. Sehen Sie, wie ein scheinbar komplexes Schriftzeichen sauber in handliche Teile zerfällt?

Um die Bedeutung des Schlüsselwortes zu verstehen, denken Sie an Ebbe und Flut, an das Auf und Ab einer *Dynastie* – und zwar wörtlich. Sehen Sie zu, wie alle Reichtümer des Reiches bei Flut in den Kaiserhof fließen und werden Sie Zeuge, wie sich alles bei Ebbe wieder in das Volk entleert.

Falls Sie übrigens die Frage nach der Anzahl der Primitive nicht beantworten konnten, ist Ihnen vermutlich entfallen, was wir zuvor erwähnt hatten: Ganze Schriftzeichen können unabhängig von ihren Bestandteilen zu eigenständigen Primitiven werden. Halten Sie als Grundregel Ausschau nach dem größten Zeichen, das Sie schreiben können, und schreiten Sie von dort aus zu einsam gestrandeten Primitiven fort. [15]

氵 潮

| 140 | Quelle |

源 Den Ratschlag aus dem letzten Rahmen beherzigend, ist es ein Leichtes, in diesem Schriftzeichen das *Wasser* und die *Ebene* zu erkennen. Sowohl im alltäglichen Gebrauch als auch etymologisch bedeutet **Quelle** einen Punkt, an dem *Wasser* austritt («quillt»). In diesem Schriftzeichen liegt er unter der Hoch*ebene*, auf der wir es vorhin in sprudelnden kleinen *Springquellen* an die Oberfläche schießen gesehen haben. [13]

氵　源

---

141   lebendig

活

Sprechen wir von einer **lebendigen** Unterhaltung, einem **lebendigen** Temperament oder einer **lebendigen** Veranstaltung, denken wir fast automatisch an das damit einhergehende Gerede. Auch dieses Schriftzeichen veranschaulicht den Gedanken **lebendig** mit *Zungen*, die herummurmeln und -rauschen wie fließendes *Wasser* (bis schließlich auch der **lebendigste** Austausch irgendwann nur noch so dahinplätschert). [9]

氵　活

---

142   tilgen

消

Das Schlüsselwort **tilgen** hat die Bedeutung, etwas punktgenau auszulöschen. Das bringt uns zum Element *Wasser* auf der linken Seite, das wir uns hier bildlich als eine Reihe von *Wassertropfen* vorstellen wollen. Rechts haben wir das Element *Funken*. Nun ist es ein hervorragendes Bild für das punktgenaue **Tilgen** eines beginnenden Feuers, wenn jeder Tropfen *Wasser* genau einen *Funken* auslöscht, bevor Schlimmeres passieren kann. Sicherlich eine utopische Vorstellung von Brandbekämpfung – aber sehr hilfreich, um diesem Schlüsselwort seine Primitive zuzuordnen. [10]

氵　消

---

143   Situation

況

Hier haben wir eine «peinliche **Situation**». Der Teenager der Familie hat das ganze *Wasser* für ein Bad verbraucht, und nun ist nichts mehr übrig, um Tee zuzubereiten. Was soll's, es bleibt ja in der Familie, sagen Sie sich. Und bevor Sie nun den *Teenager* mit dem Bade ausschütten, beschließen Sie, die

Situation geheimzuhalten und trotzdem Tee zu kochen. Die Gäste werden ja nie erfahren, dass der Tee nicht das einzige ist, was in dem heißen *Wasser* gezogen hat. **Situation** gerettet. [8]

氵 況

144 Strom

河

Das Schriftzeichen in diesem Rahmen steht eine Stufe über dem *Fluss* aus RAHMEN 123. Es bezeichnet einen ausgewachsenen **Strom**, genau wie das Schriftzeichen für Yangtse in RAHMEN 137 (das *Wasser* auf der linken Seite verrät uns, dass wir es nicht etwa mit Elektrizität zu tun haben). Das «können» auf der rechten will uns sagen, dass eine Überquerung zwar nicht generell ausgeschlossen ist, aber nur mit entsprechendem *Können* angegangen werden kann. Anders als es beispielsweise den Römern erging, die mit ihrer noch recht primitiven Ausrüstung vor 2.000 Jahren an der Elbe Halt machen mussten. Die Überquerung eines solch reißenden **Stroms** («albus», daher der Name, sollte auf Latein für «wild schäumend» stehen) kann nämlich erst mit dem technischen *Können* der modernen Zeit, den Spannbrücken und motorisierten Fähren, vollbracht werden. [8]

氵 河

145 See

湖

Bei all den Sportarten, die heute auf einem (nicht: der) **See** betrieben werden können, wird Ihnen sicherlich etwas einfallen, um *Wasser* und *leichtsinnig* miteinander zu verbinden. Aber Sie können die Elemente auch einzeln verwenden: *Wasser … altertümlich … Fleisch*. Sicher haben Sie von den Legenden gehört, in denen Menschen in den Bergen zurückgelassen wurden, wenn sie zu alt zum Arbeiten geworden waren. Hier nun sehen wir Menschen, die auf dem *Wasser* eines stürmischen **Sees** dahintreiben, weil ihr *Fleisch* einen zu *altertümlichen* Eindruck auf die Jüngeren ihres Dorfes gemacht hatte. [12]

146 vermessen (v.)

測

Das Schriftzeichen für das Verb **vermessen** beginnt mit dem *Wasser*. Rechts daneben sehen wir das Zeichen für «*Regel*» (RAHMEN 84), das wir im Sinne von «Fang*regeln*» erlernt hatten. Wenn wir die Tiefe von *Wasser* **vermessen** wollen, dann müssen wir in der Tat anderen *Regeln* folgen, als wenn wir die Fische **vermessen**, die wir aus ihm herausziehen. Stellen Sie sich nun vor, wie Sie ein tiefes G*ewässer* zu **vermessen** haben und sich dabei an ein komplexes *Regel*werk halten müssen, das Ihnen nur die Verwendung eines amtlich zugelassenen Maßbandes erlaubt. Jegliche Verwendung elektronischer Hilfsmittel ist untersagt. [12]

氵　測

147 Erde

土

Es gefällt uns ebenso wenig wie Ihnen, aber dieses Schriftzeichen will einfach nicht so recht das Piktogramm abgeben, als das es häufig dargestellt wird: ein Häuflein **Erde** auf dem Boden. Wir können daher nur empfehlen, es so auswendig zu lernen, wie es hier steht. Ohnehin wird es derart häufig vorkommen, dass sich kaum eine Chance ergibt, es zu vergessen – selbst wenn Sie das versuchen sollten. [3]

一　十　土

❖ Als Primitiv werden der Sinn *Erde* beibehalten und, je nach imaginärem Feuchtigkeitsgehalt und Konsistenz, die zusätzlichen Bedeutungen *Lehm* oder *Dreck* hinzugefügt. Im Anklang an die lateinische Bezeichnung für *Erde*, «Terra», und aufgrund der Verbindung mit dem Zeichen für *Erdboden* (RAHMEN 478) kann das Zeichen auch *Terrain* bedeuten.

148 ausgewogen

均

In diesem Schriftzeichen kommt *gleichmäßig* zusammen mit einem Haufen *Erde* vor. Das passt sehr gut. Stellen Sie sich vor, Sie müssten einen Haufen *Erde gleichmäßig* aufteilen. Dann sollten Sie das Resultat nicht nur mit Blicken, sondern auch objektiv mit einer Waage überprüfen und anschließend ein **ausgewogenes** Ergebnis zu Protokoll nehmen. [7]

土　均

149　Bauch

肚

Hier sehen wir ein *Körperteil*, das wie ein Haufen *Erde* aussieht. Was sollte das sein außer dem riesigen Komposthaufen, den Vielfraße dort mit sich herumtragen, wo einmal ihre Taille gewesen ist? Stellen Sie sich die Beerdigung eines solchen Schlemmers vor, bei welcher der **Bauch** als prominentes *Körperteil* zuletzt nur unter einem großen Haufen *Erde* zur Ruhe gebettet werden kann. [7]

月　肚

150　ausfüllen

填

Wenn Sie ein Formular **ausfüllen**, wird erwartet, dass die Angaben *wahr* sind. Gleichwohl machen sich die meisten Leute weniger Gedanken um die Vollständigkeit und *Wahr*heit ihrer Angaben als um die Wahrung ihrer Privatsphäre – wohingegen die Ersteller der Formulare sich oft mehr dafür interessieren, all die *dreckigen* Details herauszufinden. Wenn Sie sich nun vorstellen können, auf einige der gestrichelten Linien schaufelweise echten *Dreck* zu häufen, um ihnen den Wunsch zu erfüllen, schaffen Sie damit eine recht konkrete Metapher. [13]

土　填

151　spucken

吐

Hier haben wir einen ziemlich kleinen *Mund* (der immer komprimiert wird, wenn er auf der linken Seite steht) neben einem viel größeren Klumpen *Erde*. Es ist nicht schwer, sich vorzustellen, was Sie tun würden, wenn Sie den *Mund* voller *Erde* hätten. Wir zumindest wüssten, was wir täten: das Zeug aus**spucken**, und zwar so schnell und so weit wie möglich! [6]

口 吐

❖ 圭	**Ziegel**

Die beiden Zeichen für *Erde* übereinander verschaffen uns das Element **Ziegel**. Da **Ziegel**steine aus Lehm, und damit aus *Erde*, bestehen und aufeinander geschichtet werden, sollte es nicht viel Mühe kosten, dieses Element zu behalten (es sieht ja sogar ein wenig nach einem Blick auf eine **Ziegel**wand aus). [6]

土 圭

152 哇	**Uäääh!**

Die schrillen Schreie eines heulenden Kindes können durchdringender sein als jeder von Erwachsenen erzeugte Lärm. Deswegen ist es so schwer, sie zu ignorieren. In diesem Schriftzeichen sehen wir den Klang des Heulens, **Uäääh!**, dargestellt als einen *Mund*, der *Ziegelsteine* speit, um die Stille unseres Schlafes zu zertrümmern. [9]

口 哇

153 寸	**Chinesischer Zoll**

Mit dem Schlüsselbegriff **Chinesischer Zoll** meinen wir keine Grenzkontrolle auf eingeführte Waren, sondern eine alte Maßeinheit, die vor der Einführung des metrischen Systems Verwendung fand. Sie misst ein bisschen weniger als 3⅓ Zentimeter und damit ein Zehntel eines chinesischen Fußes (dem wir später, in Buch 2, begegnen werden). Somit steht dieses Zeichen passenderweise für den *Tropfen* einer *Zehn* (mit einem Haken!). [3]

一 十 寸

❖ Als Primitiv werden wir dieses Zeichen mit der Bedeutung *Leim*, beziehungsweise *geleimt* oder *aneinander geleimt*, verwenden. Wir müssen uns dafür keine Erzählung ausdenken, weil das Primitiv so häufig auftauchen wird, dass Sie sich große Mühe geben müssten, es nicht zu behalten.

154 versiegeln

封

Denken Sie beim Schlüsselwort **versiegeln** an einen Brief, den Sie geschrieben haben und nun verschließen wollen. Anstelle des traditionellen Siegels aus Wachs *leimen* Sie jedoch einen *Ziegelstein* über die Kuvertlasche und ver*ziegeln* ihn stattdessen. Auf diese Weise verleihen Ihnen die Elemente *Ziegelstein* und *Leim* eine interessante und einprägsame Art, Ihre geheimsten Briefe zu **versiegeln**. Das Porto dürfte Sie allerdings ruinieren. [9]

圭　封

155 buddhistischer Tempel

寺

Haben Sie schon einmal davon gehört, wie stark Menschen einer bestimmten Sekte «anhängen» können? Hier ist Ihre Gelegenheit, diese Metapher wörtlich zu nehmen und sich jemanden vorzustellen, der einen **buddhistischen Tempel** in der Absicht betritt, sich dauerhaft an diesen Ort zu binden. Da im Innenhof noch genügend freies *Terrain* zur Verfügung steht, sucht er sich einen geeigneten Fleck, bestreicht die Sohlen seiner Füße mit *Leim*, tritt zweimal fest auf die *Erde* und verbleibt als «ständiges Mitglied» im **buddhistischen Tempel**. [6]

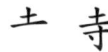

156 Zeit

時

«Was ist **Zeit**?», meditiert der Heilige Augustinus in seinen Erinnerungen. «Frage mich nicht, und ich weiß es. Frage mich, und ich kann es dir nicht sagen.» Hier haben wir die Antwort der Schriftzeichen auf dieses immerwährende Rätsel: **Zeit** ist die *Sonne*, die über einem *buddhistischen Tempel* aufgeht. Das klingt beinahe wie ein Zen-Kōan, dessen ständige Wiederholung dem Eingeweihten bisweilen ein tiefes Geheimnis zu erschließen vermag. Unserer Erinnerung an dieses Schriftzeichen kann es jedenfalls nicht schaden, wenn wir uns einen über diesen Satz grübelnden Mönch in Meditationshaltung vorstellen. [10]

日　時

157 Feuer

火　So, wie vor dem **Feuer** zu sitzen die Phantasie anregt, und man nach Belieben alles in den Flammen erblicken kann, ist dieses Schriftzeichen dermaßen schlicht, dass sich in ihm fast jede gewünschte Art von Feuer erkennen lässt. Es gibt kein gutes Piktogramm mehr ab, aber wir laden Sie dazu ein, Papier und Bleistift zur Hand zu nehmen und mit der Form zu spielen (indem Sie es erst wie unten gezeigt schreiben und dann hier und da Striche hinzufügen). Schauen Sie, was Ihnen so einfällt. Von Streichholzschachteln über Zigarettenanzünder und Vulkanausbrüche bis hin zur Zerstörung von Sodom und Gomorrha hat sich dabei schon alles ergeben. Kein Zweifel, dass auch Sie etwas Interessantes herausarbeiten werden, das sich Ihr Gedächtnis um diese vier einfachen Striche schlingen lässt. [4]

丶　丷　少　火

❖ Obwohl die allgemeine Bedeutung *Feuer* auch auf die Primitivbedeutung übertragen werden kann, erweist es sich normalerweise als am besten, die Bedeutung auf *Flammen* oder *Kamin* zu beschränken. Ein anderes Primitivelement für *Feuer*, das hierauf beruht, schreibt sich ⺣ und wird *Herd-* oder *Ofenfeuer* bedeuten.

158 Asche

灰　Das Schriftzeichen für **Asche** enthält selbstverständlich das Primitiv *Feuer*, oder genauer gesagt: *Kamin*. Was tun Sie nun mit dem Eimer voller **Asche**, den Sie gerade aus der *Feuerstelle* gekehrt haben? Sie schnallen ihn sich an den Gürtel und laufen mit ihm *an Ihrer Seite* so lange umher, bis ein laues Lüftchen die **Asche** in ausgleichender Gerechtigkeit auch über alle anderen Grundstücke verteilt hat. [6]

一　ナ　灰

159 verdrossen

煩

Lässt man sich zu sehr verdrießen, ist's wie Öl ins *Feuer* gießen – das Zeichen für **verdrossen** zeigt allerdings vielmehr, wie **Verdrossen**heit *Feuer* in den *Kopf* gießt. Denken Sie daher immer an die alte *Brand*schutzregel: Mensch, sei nicht **verdrossen** – bewahr' Dir einen kühlen *Kopf*! (Und stellen Sie sich jemanden vor, bei dem es bereits zu kokeln beginnt, weil er sich nicht daran hält.) [13]

火　煩

160 Entzündung

炎

Ein *Feuer* gehört IN den *Kamin*, nicht DARÜBER. Denn wenn es sich darüber hinaus ausbreitet, kann es schnell zu einer schlimmen Haus-**Entzündung** kommen. Wie bei **Entzündungen**, die unseren Körper befallen, besteht dann die Gefahr, dass es immer weiter um sich greift, wenn man ihm nicht schleunig Einhalt gebietet. Dieser Sinn steckt hinter der Verdopplung des Schriftzeichens für *Feuer*. [8]

火　炎

161 blass

淡

Die Primitive in diesem Schriftzeichen bedeuten: *Wasser . . . Entzündung*. Nun ist es normalerweise so, dass eine Entzündung eher zu einer kräftigen Rötung führt. Hier aber handelt es sich um das Gegenteil einer solchen Erkrankung, nämlich um die seltene *wässrige Entzündung*. Wer unter ihr leidet, so dieses Schriftzeichen, wird nicht rot, sondern seine Farben verdünnen sich und werden **blass** und immer **blasser**. [11]

氵　淡

162 Katastrophe

災

Von allen natürlichen **Katastrophen** sucht sich dieses Schriftzeichen zwei der schlimmsten heraus: *Flut* und *Feuer*. Um sich die Anordnung der Elemente zu merken, denken Sie an die Lösung der Natur für ein selbst geschaffenes Problem: eine enorme *Flut*, die sich über einen ebenso riesigen Wald*brand* ergießt. [7]

⟍⟍⟍ 災

163 | leuchten

照 Obwohl die Bandbreite an möglichen Bedeutungen für das Schriftzeichen **leuchten** sehr groß ist, müssen wir uns hier auf eine festlegen. Denken wir also an eine kleine Warnleuchte, die uns *deutlich* macht, dass das *Herdfeuer* noch an ist, damit wir nicht unachtsam das Haus verlassen. Gerade im Zeitalter der Ceran-Kochfelder ist es wichtig, dass diese kleinen Birnchen **leuchten**. Aber auch im Stein- oder Lehmofen-Zeitalter wäre das eine einleuchtende Erfindung gewesen! [13]

昭 照

164 | Fisch

魚 Die Zusammensetzung dieses Schriftzeichens zeigt drei Elemente, die wir in der Reihenfolge der Schreibweise aufzählen: *gefesselt . . . Reisfeld . . . Herdfeuer*. Wir können sie kombinieren, indem wir uns eine dreiteilige Erzählung ausdenken: Zunächst wird der **Fisch** gefangen und für den Transport zusammen mit seinen bedauernswerten Schulkameraden *gefesselt* (auf einen Ring gezogen wie die Glieder einer Kette). Wenn der Fischer zu Hause ankommt, schneidet er den Kopf ab und wirft ihn zusammen mit den Eingeweiden als Dünger auf die *Reisfelder*. Der Rest kommt als Abendbrot in die Kasserolle über dem *Herdfeuer*. [11]

165 | Fischfang

漁 Zur soeben ersonnenen Erzählung über den *Fisch* fügt dieses Schriftzeichen für **Fischfang** noch ein weiteres Element vor die anderen – nämlich das *Wasser*, in dem der *Fisch* einmal glücklich zu Hause war, bevor man ihn fing, ausweidete und kochte. Gehen Sie ganz sicher, ein deutliches Bild des *Wassers* einzuflechten, um einen klaren Eindruck des **Fischfangs** zu erlangen. [14]

Wir beschließen diese Lektion, indem wir ein Schriftzeichen einführen, das bereits früher hätte erlernt werden können. Wir haben es aber aber bis jetzt aufgehoben, um zwei Beispiele für seine Verwendung als Primtivelement zu demonstrieren. Das Schriftzeichen selbst befindet sich knapp außerhalb der 3.000 meistverwendeten Zeichen, aber da wir es als Primitivelement benötigen, können wir es ebenso gut auch als Schriftzeichen lernen. Wir werden so noch einige weitere Male verfahren, wenn der Bedarf besteht.

---

166 堯 | Kaiser Yao

Dieses Schriftzeichen wird als Familienname verwendet und am besten mit dem legendären Philosophen**kaiser Yao** in Verbindung gebracht. Er lebte ungefähr 2300 vor der christlichen Zeitrechnung und wurde zum Vorbild für Herrscher im alten China. Eine historische Tatsache über **Yao** ist, dass man ihm zuschreibt, er habe das Go-Spiel erfunden, um den Verstand seines nicht allzu schlauen Sohnes zu schärfen. Hier sehen wir den *Sohn* als bloßes (hirnloses) Paar *Menschenbeine*, wie er auf dem *Fußboden* Go mit kleinen *Dreck*klumpen (anstatt der üblichen Steine) spielt. [12]

❖ Als Primitiv wird dieses Zeichen einfach für einen *Schmutzfinken* stehen. Denken Sie an ein besonders übles Exemplar aus Ihrer Schul- oder Kindergartenzeit. Die Verbindung sollte offenkundig sein: lauter *Dreck* und ein *Paar Menschenbeine*.

167 fiebern

燒

Hier **fiebert** unser kleiner *Schmutzfink*. Stellen Sie sich vor, wie er so heiß wird, dass echte *Flammen* auf ihm züngeln – ihm aber nichts passiert, weil *Dreck* glücklicherweise nicht brennt. [16]

火　燒

168 Morgendämmerung

曉

Wenn Sie an die **Morgendämmerung** denken, stellen Sie sich vor, wie die *Sonne* beim Aufgehen alles in goldene Farben taucht. Sehen Sie unseren kleinen *Schmutzfinken* inmitten eines Feldes sitzen und vom Licht der *Sonne* blitzeblank geputzt werden, sein Haar ordentlich gekämmt und gescheitelt, seine Hosen gebügelt und sein Hemd frisch und weiß. Aber kaum ist die **Morgendämmerung** vorüber, fängt unser *Schmutzfink* wieder an, herumzutollen und sieht in Windeseile wieder so aus, wie wir ihn uns ursprünglich vorgestellt haben. Aber morgen dämmert es ja wieder. [16]

日　曉

LEKTION 9

OBWOHL UNS DAS Studium der vier Grundelemente in der letzten Lektion eine ganze Menge neuer Schriftzeichen eingetragen hat – insgesamt 46 – haben wir bezüglich *Wasser, Erde, Wind* und *Feuer* bislang nur an der Oberfläche gekratzt. Vielleicht wird mittlerweile deutlich, warum wir gesagt hatten, wir könnten uns ob des häufigen Vorkommens dieser Zeichen glücklich schätzen. Die Bandbreite an Bildern, die sie nahe legen, ist schier endlos.

In dieser Lektion wollen wir uns auf ein paar neue «Dach-» und «Einfassungsprimitive» konzentrieren. Zunächst wenden wir uns aber noch einem Schriftzeichen zu, das wir auch in der letzten Gruppe hätten behandeln können, dort jedoch übergangen haben, um uns nicht von den vier Elementen ablenken zu lassen.

169		*Li*

里

Das ist richtig – ein *Li*. Versuchen Sie nicht, im Duden nachzuschlagen; es handelt sich um eine chinesische Einheit zur Entfernungsmessung. Ein *Li* entspricht ungefähr einem halben Kilometer. Das Schriftzeichen zeigt, wie es einst zur Verwendung dieser Maßeinheit kam. Oben steht das *Reisfeld* und darunter das Element *Erde*. Denken Sie bei den vier Abschnitten, die Sie im *Reisfeld* erkennen können (und die wir bei der Einführung des Schriftzeichens in RAHMEN 14 erwähnt hatten), an Maßeinheiten für *Erde*, ähnlich unseren Katasterparzellen. Die Unterteilung eines *Terrains* anhand der Größe eines *Reisfeldes* heißt folglich *Li*. [7]

丶　冂　日　曰　旦　甲　里

❖ Um eine konkretere Primitivbedeutung für das Zeichen zu gewinnen, werden wir es *Computer* nennen. Diese Bedeutung leitet sich vom Schriftzeichen für *Logik* ab, auf das wir in Lektion 12 treffen werden. Um sie sich besser merken zu können, könnte es helfen, an die Alternativbedeutung des Primitivs an der Spitze zu denken: *Gehirn*.

| 170 | Menge |

量

Konzentrieren Sie sich darauf, dass eine **Menge** mit dem Messen von Zeit und Entfernung zu tun hat, und der Rest ist einfach: Wir verfügen über eine bestimmte **Menge** an Zeit in einem Tag – der mit dem *Tagesanbruch* beginnt – und über eine bestimmte **Menge** an Entfernung im ländlichen *Li*. [12]

旦 量

| 171 | begraben |

埋

Wenn wir davon sprechen, etwas (oder auch jemanden) zu **begraben**, meinen wir, sie unter die *Erde* zu bringen. Nur dass wir hier unseren geliebten *Computer* **begraben**, der uns in den letzten Jahren so treue Dienste geleistet hat. Hinter uns singt ein Chor das «Dies irae, dies illa», und unter den Umstehenden ist viel Klage und Trauer, während sie am Grab vorbeidefilieren um ein kleines Schäufelchen *Erde* in die letzte Ruhestätte zu schippen. Requiescat in pace. [10]

土 埋

Bevor wir fortfahren, sollten wir einen Augenblick innehalten, um zu betrachten, wo genau die Primitivelemente im Schriftzeichen des letzten Rahmens platziert worden sind: die *Erde* links und der *Computer* rechts. Weder die eine noch die andere Position sind ein- für allemal vorgegeben. Das Schriftzeichen für *spucken* 吐 (RAHMEN 151) setzt die *Erde* zum Beispiel auf die rechte Seite, in jenem für *wild* 野 (RAHMEN 939) wird der *Computer* links stehen. Obwohl es keinen Grund gibt, sich mit dem Auswendiglernen irgendwelcher «Regeln» aufzuhalten, kann ein schneller Blick auf einige wenige verallgemeinerte Prinzipien hilfreich sein. Wenden Sie sie an, sofern sie helfen. Falls nicht, ändern Sie die Erzählung für ein Problemzeichen so um, dass sie Ihnen dabei hilft, sich an die Positionen der Elemente im Verhältnis zueinander zu erinnern.

Jedenfalls sind hier die Prinzipien, die aus den bisher behandelten Schriftzeichen folgen:

1. Viele regelmäßig als Primitive benutzte Zeichen haben eine oder zwei «starke» Positionen, aus denen heraus sie dem Schriftzeichen einen grundlegendes «Aroma» verleihen können. Zum Beispiel weist *Erde* auf der linken Seite (oder unten) normalerweise auf eine Verbindung mit Erdboden,

Land und so weiter hin; *Feuer* unten in der Form der vier Tüpfel – oder links in seiner komprimierten Zeichenform – verrät uns üblicherweise, dass wir es mit Hitze, Leidenschaft und Ähnlichem zu tun haben; ein *Mund* zur Linken zeigt normalerweise an, dass es sich um Essen, Husten, Spucken, Schnarchen, Schreien und so fort handelt. Erscheinen diese Elemente an anderer Stelle in den Schriftzeichen, haben sie in der Regel nicht denselben umfassenden Einfluss auf die Bedeutung.

2. Einige Primitivelemente stehen IMMER an derselben Position in einem Schriftzeichen. Wir haben das bereits im Fall des Primitivs mit der Bedeutung *Kopf* 頁 (Seite 57) und den drei *Wasser*tropfen 氵 (Seite 86) gesehen.

3. Einfassungen wie *Klippe* 厂 (Seite 80) und *gefesselt* 勹 (Seite 53) stehen immer oberhalb dessen, was sie umschließen. Andere, wie wir später sehen werden, «wickeln» ein Zeichen von unten her ein.

4. Unter ansonsten gleichen Bedingungen hat das Element mit weniger Strichen (normalerweise das verbreitetere Element) das Vorrecht auf die «starke» Position links oder unten. (Beachten Sie, dass links und unten NICHT BEIDE die dominanten Positionen desselben Schriftzeichens sein können. Entweder die eine oder die andere wirkt beherrschend, normalerweise die linke.) Die Schriftzeichen für *Kies* 砂 (RAHMEN 115) und *singen* 唱 (RAHMEN 24) verdeutlichen diesen Aspekt.

172	schwarz

黑

Drei Rahmen zuvor haben wir angemerkt, dass es helfen könnte, sich den oberen Teil des Primitivs *Computer* als *Gehirn* vorzustellen. In diesem Schriftzeichen werden Sie sehen, warum. Beachten Sie, wie der dritte Strich, der sich normalerweise als eine einzige waagerechte Linie schreibt, hier in der Mitte des Elements in ein Paar *Tierhörner* zerlegt wird. Denken Sie dabei an ein *Gehirn*, das von einem starken Problem (wortwörtlich) auf die *Hörner* genommen wird – oder, noch besser, es seinerseits auf die *Hörner* nimmt.

Wenn das getan ist, gibt es kein Problem mit diesem Schriftzeichen. Wie die meisten elektrischen Geräte kann auch ein *Computer* überhitzen – und oftmals passiert dies, wenn sein *Gehirn* versucht, ein schweres Problem auf die *Hörner* zu nehmen. Sehen Sie mit Ihrem geistigen Auge nun genau hin, und Sie können die *Hörner* aus dem Zentralprozessor ragen und

Flammen aus dem *Computer* züngeln sehen, welche Tastatur, Monitor und Ihren Schreibtisch mit einer rußigen **schwarzen** Schicht überziehen. [12]

丶 冂 冂 冂 囗 曱 甲
里 黑

---

173 Punkt

點

Wenn Madame Cheng **wahrsagt**, erzählt sie nicht nur von den hellen und schönen Dingen, die Sie erwarten, sondern auch von den dunklen, nein: *schwarzen*, Augenblicken, die Ihre Zukunft bedrohen. Wenn Sie die kleinen *schwarzen* **Punkte** in der Kristallkugel gedanklich miteinander verbinden, dann erhalten Sie ein Abbild der dunklen Konstellationen und können fortan versuchen, sie **punkt**genau zu meiden. [16]

黑 點

---

174 schwarze Tusche

墨

Neben seiner eigenständigen Bedeutung von **schwarzer Tusche** erscheint dieses Schriftzeichen auch im Wort für einen tintengetränkten Faden, den man zum Markieren straff zieht und auf eine Oberfläche schnellen lässt – ähnlich wie eine eingekreidete Schnur. Hier wird ein solcher **schwarzer Tusche**faden verwendet, um die *Erde* mit *schwarzen* Linien für ein Fußballfeld zu versehen. [15]

黑 墨

❖ Haube

冂

Dieses Gebilde kann nicht nur mit der Grundbedeutung **Haube**, sondern auch als **Glasglocke** verwendet werden (so wie diejenige, die man über Käse stülpt). Beachten Sie den Unterschied zum Element *Wind*: Der zweite Strich endet in einem nach INNEN weisenden Haken. Um sich an dieses Detail besser erinnern zu können, denken Sie beim *Wind* an «herauswehen» und bei der **Glasglocke** an «drinnenhalten». Zu den weiteren verwandten Bildern, an die das Primitiv denken lässt, gehören zudem: eine Reiter**haube**, eine Mönchs**kapuze**, ein **Helm** und sogar eine Motor**haube**. [2]

丿 冂

175   riskieren

冒

Um nicht die Entdeckung zu **riskieren**, tragen Einbrecher oft eine Maske oder ähnliches über dem Gesicht. Wenn Sie sich das Schriftzeichen aus der Nähe ansehen und die Primitivelemente «ablesen», gelangen Sie zu einer *Haube* mit *zwei* Schlitzen für die *Augen*. Es würde fast Spaß machen, eine anzuprobieren, wenn nicht ein Einbrecher weitaus mehr **riskieren** würde, als bloß entdeckt zu werden.

Auch wenn Sie der obigen Erklärung gefolgt sind, möchten wir wiederholen, dass die oberen vier Striche NICHT mit dem Primitiv *Sonne* oder *Tag* oder *plappernde/trällernde Zunge* identisch sind. Der Unterschied ist subtil, darf aber nicht übersehen werden. [9]

冂 曰 冒

176   identisch

同

Die Primitive in diesem Schriftzeichen zeigen uns *eins* und *Mund* unter einer *Kapuze*. Lassen Sie uns mit diesem Schlüsselwort die Gleichförmigkeit benennen, die das Leben in einem Mönchsorden kennzeichnet: **identisches** Leben, **identische** Routinen, **identisches** Essen und **identische** Ideale. Alle Mönche haben **identische** Gepflogenheiten, bis hin zur Wahl ihres Habits. In diesem Bild sehen wir die *Kapuze* tief über die Augen eines Mönchs gezogen, so dass Sie, wenn Sie ihn anschauen, nur seinen *Mund* erkennen können. Und da Mönche auch ihre Gebete gemeinsam sprechen, ist es von dort nur noch ein kleiner Schritt, bei einem *Mund* unter einer *Kapuze* an das Schriftzeichen für den **identischen** Ablauf mönchischen Lebens zu denken. [6]

❖ Als Primitiv wird dieses Zeichen *Mönche* in *identischem Habit* bedeuten.

---

177 Grotte

洞

Frühzeitliche Eremiten-*Mönche* lebten oft in **Grotten**, in denen sie jahrelang beteten und fasteten. Das einzige, was sie nicht entbehren konnten, war *Wasser*. Um dieses Bild zu verankern, stellen Sie sich einen *Mönch* vor, der seine **Grotte** mit so viel *Wasser* gefüllt hat, dass es ihm bis zum Hals steht. Das macht es ihm zwar sehr schwer, zu schlafen, schützt ihn aber immerhin vor dem Austrocknen. [9]

氵 洞

---

178 Orientierung

向

Dieses Schriftzeichen beginnt mit einem rätselhaften *Tropfen* hinten am Horizont. Dann sehen wir eine Art durchsichtigen *Helm* ohne Augen oder Nase, aber mit einem deutlich erkennbaren *Mund* darunter – offensichtlich einen Außerirdischen! Und warum richtet er sich mit seinem offenen *Mund* und seinem fremdartigen Geplapper an Sie? Weil er den ganzen Weg von seinem gestrandeten Raumschiff (dem *Tropfen* in der Ferne) gelaufen ist, dessen Tanks völlig leergeflogen sind. Gastfreundlich wie es Ihre Art ist, zeigen Sie dem armen Geschöpf, wo es auf unserem Planeten langgeht, drücken ihm ein paar Scheine in die Hand und geben ihm mit irdischer Zeichensprache eine **Orientierung** zur nächsten Tankstelle, damit er sich dort an eine Zapfsäule richten kann. [6]

丿 冂 向

---

179 wertschätzen

尚

Oben sehen wir das Primitiv *klein* auf einer *Glasglocke* – jener Art, in der man Familienerbstücke ausstellt. Das «klein» ist wichtig, denn hier wird nur der geschrumpfte, ausgestopfte und staffierte *Mund* eines Vorfahren ausgestellt, um auf diese Weise auszudrücken, wie sehr man ihn **wertschätzt**. Wir mögen es gewohnt sein, bereits die Worte unserer Ahnen **wertzuschät-**

zen, aber hier kommt solches auch noch dem bloßen *Mund* zu, der sie einst sprach. Wir überlassen es Ihnen, für solch ein ungewöhnliches Konversationsstück einen passenden Platz in Ihrem Wohnzimmer zu finden. [8]

| ❖ | Haus |

宀

Dieses äußerst nützliche Primitivelement zeigt das Dach eines **Hauses**. Ohne große Schwierigkeiten können Sie den Schornstein oben und die Dachrinnen an beiden Seiten erkennen. Es handelt sich um ein «Kronenelement», was bedeutet, dass es immer über anderen Dingen steht. Beispiele folgen sogleich. [3]

| 180 | Schriftzeichen |

字

Hier ist das Schriftzeichen für **Schriftzeichen**. Nicht nur für chinesische, sondern für alle geschriebenen **Zeichen** von Hieroglyphen über Sanskrit bis hin zu unserem lateinischen Alphabet. Es zeigt uns schlicht ein *Kind* in einem *Haus*. Dabei kann es sich nur um die nachmittägliche Verrichtung der *Haus*aufgaben handeln, bei denen das Kleine eifrig seine **Schriftzeichen** durchgeht (nicht viel anders, als wir es gerade tun). [6]

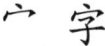

| 181 | bewachen |

守

Wenn Sie etwas **bewachen** wollen, stellen Sie am besten einen Posten auf, wie zum Beispiel die königlichen Soldaten vor dem Buckingham Palace oder die Schweizer Garde des Papstes. Der ganze Sinn des Anheuerns von Wachleuten zum **Bewachen** besteht darin, dass sie wie *angeleimt* am *Haus* stehen sollen, um es vor unerwünschten Störenfrieden zu schützen. Sorgen Sie also genau dafür, und *leimen* Sie in Ihrer Phantasie einen Posten an Ihr *Haus*, um es zu **bewachen**. [6]

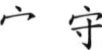

182

完 — vollenden

Damit Sie das Schlüsselwort **vollenden** nicht mit anderen, nahezu gleichbedeutenden, verwechseln, nehmen Sie es auseinander: **Voll-enden** bedeutet, dass etwas zur Gänze – nämlich bis zu seinem «vollen Ende» – betrieben worden ist. Schauen Sie nun auf das Schriftzeichen: Wir sehen ein *Haus*, das von seinem unten stehenden *Ursprung* (dem Fundament) bis hin zu seinem oben thronenden Dach mitsamt Schornstein **vollendet** worden ist. Bei genauerem Nachdenken trifft das auf alles zu, was wir anfangen und **vollenden**. [7]

183

實 — Wirklichkeit

Dieses scheinbar komplexe Schriftzeichen ist in **Wirklichkeit** ganz einfach. Es besteht aus nur zwei Elementen: *Haus* und *durchbohren*. Das Problem liegt vielmehr beim Schlüsselwort, welches trotz seines Anklangs an handfeste Realitäten überaus abstrakt ist. Stellen Sie sich ein altes herrschaftliches *Haus* vor, mit würdevollen Säulen und vornehm gestutzten Hecken vor der Tür. In **Wirklichkeit** jedoch handelt es sich um eine üble Kaschemme, in der sich die Töchter und Söhne der feinen Nachbarschaft bei Tag und bei Nacht Ohrläppchen, Nasen und Bauchnabel *durchbohren* lassen – nichts weiter als ein gut getarnter «Piercing-Salon»! Bringen Sie die **Wirklichkeit** unbedingt auf der nächsten Gemeindeversammlung zur Sprache. [14]

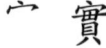

184

宣 — verkünden

Denken Sie an das Schlüsselwort im Sinne missionarischen Predigens: «Allen Nationen weltumspannend die frohe Botschaft **verkünden**!» und «Es von den *Haus*dächern rufen!», und zwar tagein, tagaus. Das nachfolgende Element *Tagesanbruch* hat oben einen zusätzlichen Strich. Erinnern wir uns daran, was wir über die Sonne gesagt hatten, die bei *Tagesanbruch* (RAHMEN 29) über den Horizont (*Fußboden*) lugt. Der zusätzliche Strich kann dann für den anderen Horizont stehen, auf den sich die Sonne zubewegt, was uns «Sonnenaufgang und Sonnenuntergang» verschafft, und damit das Dauerhafte. Das sollte ausreichen, um Ihnen mit der Erinnerung an dieses Schriftzeichen zu helfen, das in der Tat sowohl für Missionsarbeit als auch für deren zeitgenössischen Ersatz verwendet wird: Propaganda. [9]

185 in den Puppen

宵

Wir wählen diese Redensart, um einen Schlüsselbegriff für die späten Nacht- oder frühen Morgenstunden zu haben, in denen man längst zu Bett sein und schlafen sollte. Gezeigt wird ein *Haus* mit einer *Kerze* darin. Der Grund dafür liegt auf der Hand: Wer auch immer dort lebt, schuftet Nacht für Nacht **bis in die Puppen** wie die sprichwörtliche «an beiden Enden brennende *Kerze*».

(Der Ausdruck, falls Sie ihn noch nicht kannten, stammt übrigens von im Berlin des 18. Jahrhunderts aufgestellten Statuen, den «Puppen», zu denen man eine lange Zeit unterwegs und daher auch erst spät wieder zu Hause war.) [10]

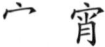

186 friedlich

安

Sich sagen zu lassen, der Platz einer *Frau* sei im *Haus*, mag mit einer modernen Denkweise nicht mehr vereinbar sein. Aber wie alle kulturellen Überlieferungen zeigen die chinesischen Schriftzeichen Spuren ihres hohen Alters. Führen Sie sich hier daher ein Kitschgemälde **friedlicher** Häuslichkeit zu Gemüte: Die zerzauste und erschöpfte *Haus-Frau* ist im Wohnzimmersessel eingeschlafen, das Haar in Lockenwickler gedreht und einen Staubwedel auf dem Schoß. Was für ein **friedlicher** Anblick! [6]

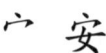

187 Festmahl

宴

Um an den letzten Rahmen anzuknüpfen, richten wir hier unseren Blick auf den ganzen *Tag* voller Arbeit, der zwischen eine *Frau* und ihr *Haus* gerät, wenn sie ein abendliches **Festmahl** vorbereiten will – die *friedliche* Atmosphäre wird davon geradezu bildhaft gestört. [10]

宀　宧　宴

188 per Post senden

寄

Nun ist nichts besonders *Seltsames* an einem normalen Postkasten, aber bei dem hier dargestellten handelt es sich um ein *seltsames Haus*, das man tatsächlich betreten muss, um dort einen Brief zu hinterlegen und **per Post** zu **senden**. Denken Sie an das gespenstische *Haus* Usher, das Edgar Allen Poe unsterblich gemacht hat, oder das verwunschene Lebkuchen*haus*, dem Hänsel und Gretel sich mit Armen voller Briefen nähern, um sie von dort **per Post** zu **senden**. [11]

宀　寄

189 reich

富

Hier haben wir das ursprüngliche Schriftzeichen, auf dem das Primitivelement *Reichtum* basiert. Denken Sie in Übereinstimmung mit der dort vorgestellten Erzählung daran, wie viele Leute einfach durch Erbschaft **reich** werden – indem sie nämlich in den *Reichtum* ihres Eltern*hauses* hineingeboren werden. [12]

宀　富

190 aufbewahren

貯

Dieses Schriftzeichen zeigt eine Familie, die ihre *Muscheln* **aufbewahrt**, indem sie einige unter dem Dach des *Hauses* versteckt und andere unter den Dielenbrettern des *Fußbodens*. [12]

貝　貯　貯

Lektion 10

Von den etlichen Primitivelementen, die mit Pflanzen und Gräsern zu tun haben, stellen wir in dieser Lektion zwei der gebräuchlichsten vor: *Bäume* und *Blumen*. Wir werden sehen, dass in den meisten Fällen ihre Stellung in einer «starken» Position (links für *Bäume* und oben für *Blumen*) dabei hilft, dem Schriftzeichen seine Bedeutung zu verleihen.

191	Holz

木

Dies ist das Piktogramm eines Baumes, das den Stamm mit einem langen senkrechten Strich und die Äste mit einem langen waagerechten Strich wiedergibt. Und woraus sonst sollte ein Baum bestehen, wenn nicht aus **Holz**? (Tatsächlich hat das Schriftzeichen beide Bedeutungen, aber wir werden später noch ein gesondertes Zeichen für «Baum» kennen lernen.)

Die zwei letzten Striche schwingen sich in beide Richtungen nach unten. Obwohl das Schriftzeichen auf den ersten Blick dem für *Wasser* (Rahmen 126) ähneln mag, ist seine Schreibfolge völlig anders, was auch das endgültige Erscheinungsbild beeinflusst. [4]

一 十 才 木

❖ Als Primitiv kann dieses Zeichen sowohl mit der Bedeutung von *Holz* als auch von *Baum* verwendet werden. In den Fällen, in denen die beiden letzten Striche vom Stamm getrennt sind (朩), werden wir seine Bedeutung in *Holzpfahl* oder einfach *Pfahl* abändern.

192	Forst

Falls Sie sich das etwas abstraktere Wort **Forst** angesichts zweier *Bäume* nicht auf Anhieb merken können, denken Sie an einen **Först**er, der nicht weiß, ob er sich jetzt zunächst um den linken oder um den rechten *Baum* kümmern soll, und damit sozusagen zwischen den *Bäumen* steht. [8]

193 — Wald

森

Ein **Wald** ist eine große Ausdehnung von *Bäumen* oder «*Bäume, Bäume überall*», um den Ausdruck aus RAHMEN 22, 23 und 166 zu gebrauchen – so dass man hier den **Wald** vor läuter *Bäumen* kaum sieht. [12]

木　朩　森

194 — pflanzen

植

Zweifellos haben Sie schon einmal gesehen, wie Anhänger der japanischen Bonsaikunst hilflose kleine Schösslinge nehmen und zu verkrüppelten Zwergen verformen, bevor sie auch nur die leiseste Chance gehabt haben, sich ihrer Bestimmung gemäß zu entfalten. Die anständigere Art, einen jungen *Baum* zu **pflanzen** und ihm ein gerechtes Lebenslos zuteil werden zu lassen, ist, ihn so in die Erde zu setzen, dass er *gerade* nach oben in den Himmel wachsen kann. [12]

195 — Aprikose

杏

Da **Aprikosen** einfach so gegessen werden können, wie sie vom Baum fallen, stellen Sie sich hier einen weit geöffneten *Mund* unter einem *Baum* vor (genau wie die Elemente es zeigen), der nur darauf wartet, dass **Aprikosen** hineinregnen. [7]

木　杏

196 — dumm

呆

Der **dumme** Schlaraffe in diesem Schriftzeichen hockt mit weit aufgesperrtem *Mund* AUF den obersten Zweigen eines *Baumes* und wartet darauf, dass Früchte hineinfallen – aber alles, was passiert, ist… gar nichts. Zu **dumm**. [7]

口 呆

197 verdorrt

枯

Was einen *Baum* zu einem **verdorrten** werden lässt, ist eine Art Arteriosklerose, die den freien Fluss seiner Säfte behindert. Normalerweise liegt das daran, dass er einfach in die Jahre gekommen ist. Dieses Schriftzeichen zeigt uns allerdings, dass wir von einem **verdorrten** *Baum* erst so richtig sprechen können, wenn er faltig und mit schwachem Kreislauf im Altersheim seine *altertümlichen* Ansichten zum Besten gibt. Damit geht er dem Pflegepersonal auf die Nerven, das dreimal täglich seine **verdorrte** Borke eincremen muss. [9]

木 枯

198 Dorf

村

Das Schriftzeichen für **Dorf** zeigt eine Reihe von *aneinander geleimten Bäumen* – wie jener Palisadenzaun, der das legendäre kleine unbesiegbare **Dorf** in Gallien umgibt. [7]

木 村

199 einander

相

Das Schlüsselwort **einander** weckt Assoziationen an das zwischenmenschliche Zusammenleben. Wenn wir die Elemente ablesen, *Baum* ... *Auge*, bekommen wir eine Idee, wie wir dieses Zusammenleben friedlich gestalten können: Sie rufen uns das biblische Sprichwort in Erinnerung, zunächst den *Baum* aus dem eigenen *Auge* zu entfernen, bevor man sich anschickt, seinem Nächsten mit dem Splitter in dessen *Auge* behilflich zu sein. [9]

木 相

200 Schreibheft

Wenn wir daran denken, dass *Bücher* aus Papier hergestellt werden, und Papier wiederum aus *Holz* besteht, können wir bei einem **Schreibheft** auch an ein «Stückchen *Baum*» denken. Sehen Sie den Querstrich am *Baum*stamm? Stellen Sie ihn sich als eine Kettensäge vor, mit der Sie ein paar **Hefte** heraussägen – um damit zur Schule zu gehen. [5]

201 Rechtsfall

Das Schriftzeichen zeigt die unterschiedliche Einstellung der Beteiligten in einem **Rechtsfall**. Während Sie mit den Nerven am Ende sind, beantwortet Ihre Anwältin alle Anrufe mit «Ich arbeite gerade an Ihrem **Rechtsfall**», liegt aber stattdessen seelen-*ruhig* in einer Hängematte zwischen den *Bäumen* ihres Gartens. Stellen Sie sich das nur vor: Wie sie ihre Stundensätze dafür abrechnet, es sich gutgehen zu lassen, während Sie sich die ganzen Sorgen machen! [10]

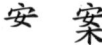

202 noch nicht

Wie der Schlüsselbegriff bereits besagt, hat dieses Schriftzeichen mit Dingen zu tun, die **noch nicht** vollständig abgeschlossen sind. Konkreter formuliert, zeigt es uns einen *Baum*, der **noch nicht** ausgewachsen ist. Der zusätzliche kurze Strich nahe der Krone steht für neu sprießende Zweige, die den Eindruck vermitteln, der *Baum* habe bis zur vollen Größe noch ein ordentliches Stück zurückzulegen. Mit anderen Worten: Dieses Schriftzeichen versinnbildlicht seine Bedeutung, indem es das vorherige Piktogramm des *Baumes* entsprechend abwandelt. [5]

203

letzter

Dieses Schriftzeichen erlernt man am besten im Zusammenhang mit dem aus dem vorigen Rahmen. Der erste Strich zeigt einen Zweig, der länger als der Hauptzweig ist. Er ist der längste, dünnste und damit **letzte** Zusatz am *Baum* und zeigt an, dass das Wachstum ein Ende erreicht hat. Die oberen Zweige hören auf, sich auszubreiten, und beginnen, als das **Letzte** herabzuhängen. Behalten Sie dieses Bild fest im Kopf, um zu vermeiden, dass Sie dieses Schlüsselwort mit später auftretenden Synonymen verwechseln. [5]

204

沫

Schaum

Der **Schaum** aus diesem Schriftzeichen bezieht sich auf *Wasser*, welches zu guter *Letzt* die Küste erreicht und dort schäumend auf Strand und Felsen trifft. Wenn Sie sich den zurückbleibenden **Schaum** als das *Letzte* vorstellen können, was übrig bleibt, nachdem das *Wasser* versickert ist, ist dieses recht seltene (aber dafür um so leichter zu erlernende) Schriftzeichen für immer das Ihre. [8]

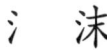

205

Geschmack

Solange ein Baum noch nicht ausgewachsen ist, haben seine Früchte einen besonders vollen **Geschmack**. Sobald der offizielle Vorkoster (der hauptamtliche *Mund* auf der linken Seite) darauf erkennt, dass dieses Niveau erreicht ist, wird der *Baum* zurückgeschnitten, so dass er dauerhaft in noch nicht ausgewachsenem Zustand verharrt. Es handelt sich sowohl um einen kleinen hortikulturellen Trick als auch einen einfachen Kniff, die in diesem Schriftzeichen versteckte Bedeutung **Geschmack** zu erkennen. [8]

206 — jüngere Schwester

妹

Die **jüngere Schwester** ist jene *Frau* in der Familie, die – wie der jüngste Zweig eines Baums – *noch nicht* alt oder reif genug ist, all das zu tun, was ihre ältere Schwester bereits darf (siehe RAHMEN 1298). [8]

女　妹

207 — überprüfen

查

Etwas zu **überprüfen** bedeutet, erkannten Dingen auf den Grund zu gehen. Das kann oft den ganzen Tag in Anspruch nehmen. Und so sehen wir in diesem Schriftzeichen Sir Isaac Newton, der seit dem *Tagesanbruch* das von ihm gestern neu entdeckte Gesetz der Physik **überprüft**, welches ihm einen Apfel auf den Kopf fallen ließ. Stellen Sie sich vor, wie er beständig Äpfel den *Baum* hinaufwirft und **überprüft**, ob anschließend stets dasselbe Ergebnis herauskommt (wobei sich noch vor der Mittagspause gravitätischer Kopfschmerz einstellt). [9]

木　查

208 — Bodensatz

渣

Dieses Schriftzeichen lässt Sie in Ihrem Taucheranzug am Grunde eines *Wasser*-Reservoirs *überprüfen*, woraus der **Bodensatz** besteht, der das *Wasser* verdirbt. Sehen Sie sich im **Bodensatz** herumstochern und dabei alle möglichen Überreste von Müll und Schlacken finden. Hoffentlich wird jemand den «gesellschaftlichen **Bodensatz**» aufspüren, der dafür verantwortlich ist, und seine Betriebsgenehmigung *überprüfen*. [12]

　渣

209 — färben

染

Immer auf derselben Bahn zu *kegeln*, ist monoton und macht keinen Spaß. Sehen Sie daher hier einen *Kegler*, der einen Behälter mit **gefärbt**em *Wasser* auf dem Rücken trägt. In der Hand, mit der er sonst die Kugel schwingt, hält er einen

Schlauch mit einer Tülle und sprüht damit die **Färbe**-Lösung auf das *Holz* der Bahn, um diese regelmäßig in einem schönen Ton neu einzu**färben**. [9]

210	Pflaume
李	Es hing eine Blaufrucht im *Baume*, die erkannte ein *Kind* gleich als **Pflaume**. Legt sich's *Kind* untern *Baum*, und – dort wartet es kaum – trägt der Wind sie herab wie im Traume. [7]

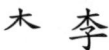

211	Tisch
桌	Weder *Tischlein* (Seite 53) noch *Werkbank* (Seite 63) – sondern ein **Tisch**. Sie könnten hier an eine Gruppe von Zauberern denken, die um einen magischen **Tisch** herum sitzen. Er besteht aus einem *Baum*stumpf und hat das Bild einer großen *Sonne* auf seine Platte geschnitzt. Die Zauberer lassen den *Zauberstab* herumgehen, um zu sehen, wer von ihnen die *Sonne* zum Scheinen bringen kann. Schließlich hat einer von ihnen Erfolg, und die *Sonne* beginnt zu glühen (wobei sie dann ein Loch in den **Tisch** brennt). [10]

❖	Blume
艹	Wir verfügen noch nicht über sämtliche Bestandteile, die nötig wären, um das Schriftzeichen für **Blume** zu erlernen. Deshalb müssen wir hier mit seinen ersten drei Strichen vorlieb nehmen, aus denen sich dieses Primitiv mit derselben Bedeutung zusammensetzt. Konzentrieren Sie sich auf die Blätter insbesondere der **Blumen**BLÜTE, und haben Sie dabei eine spezielle **Blume** vor Augen. Probieren Sie Rose, Tulpe oder Gänseblümchen, weil keine davon ihr eigenes Schriftzeichen bekommen wird. Bedenken Sie es wohl – wenn Sie sich einmal für die **Blume** Ihrer Wahl entschieden haben, werden Sie sie später in einer großen Anzahl von Erzählungen verwenden. [4]

Heutzutage geht die Tendenz dahin, das Primitivelement **Blume** in der oben gezeigten Weise zu drucken, obwohl die geschriebene Form der älteren, traditionelleren folgt:

丶　一ㅏ　㇀丨　㇀丨㇀

---

212   als ob

若

Hier sehen wir eine *Blume*, die mit der *rechten* Hand gehalten wird. Das erinnert uns an die berühmte Geschichte von Buddha, der mit der *rechten* Hand einer kleinen Zahl seiner Jünger eine *Blume* entgegenhielt. Die meisten waren verwundert, aber Kasyapa lächelte, und Buddha reichte ihm die *Blume*, **als ob** er etwas verstanden hätte, das allen anderen entgangen war. Bis heute bleibt es ein Geheimnis, was der Buddha dem Kasyapa zu verstehen gegeben hatte, aber jeder behandelt diese Geschichte, **als ob** sie von entscheidender Bedeutung sei. [9]

㇀丨㇀　若

---

213   Gras

草

Vielleicht kennen Sie den Brauch, auf **Gras** willkürlich oder nach Mustern Krokusse auszusäen, die *früh* in jedem Jahr ein paar Tage blühen. Sobald das **Gras** beim Scheiden des Winters wieder grün wird, recken sich die winzigen *Blumen* hie und da empor. Schauen Sie jetzt aus dem Fenster auf Ihren Rasen und stellen Sie sich vor, was für eine nette Idee es wäre, dort im **Gras** Ihren Namen mit *Blumen* buchstabiert zu finden – als eine Art *frühen* Boten des Frühlings. [10]

㇀丨㇀　草

---

214   Leid

苦

Das Bild des **Leids**, das sich uns hier bietet, ist das einer *altertümlichen Blume*. Das ist nicht schwer zu verstehen (insbesondere dann nicht, wenn wir uns an unsere Erzählung aus RAHMEN 197 erinnern): Wie sollte es anders sein, als dass *Blumen* mit ihren *altertümlichen* Ansichten im Altersheim verbittern und viel **Leid** erfahren? Niemand verschenkt sie mehr an eine holde Maid oder stellt sie in einer Prunkvase auf eine Festtafel. Hoffen wir nur, dass aus diesen *altertümlichen Blumen* des **Leides** vor lauter Bitterkeit nicht noch *Blumen* des Bösen werden. [9]

艹 苦

---

215   breit

寬

Hier sehen wir einen Transporter, der zu **breit** für jede Durchfahrt ist und dadurch den Verkehr erheblich behindert. Er hat ein ganzes *Haus* geladen und fährt es im Schleichtempo an einen neuen Standort.

Beim Näherkommen erkennen Sie, dass Sie durch das Haus hindurch*sehen* können, weil es ganz aus Glas besteht. Es handelt sich nämlich nicht um ein *Haus* für Menschen, sondern um ein Gewächs*haus* für *Blumen*, die auf diese Weise genügend Licht bekommen (und aus ihrem Glas*haus* heraus nie mit Steinen werfen würden).

Versetzen Sie sich dann noch in die Rolle des Fahrers und *sehen* Sie zu (durch Ihre durchsichtige Fracht hindurch), dass Sie nicht zu **breit** für die Brücken unterwegs sind. Auch sollte beim Einparken am Bestimmungsort weit und **breit** niemand herumstehen. Sonst splittert's. [15]

❖   Stammbaum

枼

Das Element **Stammbaum**, das wir hier einführen, besteht aus den Elementen für *Generation* und *Baum*. Gegenwärtig können wir das Element nur zum Erlernen eines einzigen Schriftzeichens verwenden, aber es wird sich in Buch 2 als nützlich erweisen. [9]

世 枼

---

216   Blatt

葉

Die beiden Elemente, mit denen wir hier arbeiten sollen, sind *Blume* und *Stammbaum*. Nun wissen wir alle, dass man auch «faules Obst» in seinem *Stammbaum* haben kann – weswegen viele ihre Familienchronik besonders *blumig* darzustellen versuchen, um selbst als möglichst unbeschriebenes **Blatt** durchzugehen. Jenes sollten Sie sich in Abgrenzung zu RAHMEN 57 tatsächlich als botanisches **Blatt** vorstellen. [13]

217 niemand

葉

Ein verwittertes altes Schild mit einer Aufschrift baumelt über dem Eingang zu einem Friedhof: «**Niemand**, aber auch **niemand** verlässt diesen Ort.» Aber anders als Sie erwarten würden, handelt es sich um einen durch und durch modernen Friedhof. Die Spinnweben und knorrigen Bäume, die schiefen Grabsteine und die dunklen, mondlosen Nächte, vor denen wir uns in unseren Kindheitsphantasien fast um den Verstand gegruselt haben, gehören der Vergangenheit an. Stattdessen sehen wir vor den Grabsteinen *Blumen* in hellen Farben wachsen, die *Sonne* herrlich vom Himmel herabstrahlen und einen knuffigen *Bernhardiner* als riesenhaften Wachhund an der Pforte sitzen. Damit auch wirklich **niemand** auf die Idee kommt, zu gehen. [11]

❖ Wenn dieses Schriftzeichen als Primitivelement verwendet werden wird, werden wir das abstrakte Schlüsselwort gegen den konkreteren *Friedhof* eintauschen.

218 nachahmen

模

Sind nicht aber diese modernen *Friedhöfe* zu einer schieren **nachahm**erischen Parodie ihrer würdevollen Vorgänger geworden? Die Blumen bestehen aus Plastik, die Inschriften auf den Steinen wirken einfallslos und kalt, und das Ganze sieht eher nach einem marmornen Obstgarten als nach einem richtigen, ordentlichen Friedhof aus. Dieses Schriftzeichen setzt den Trend zur Modernisierung noch fort, indem es künstliche *Bäume* auf dem *Friedhof* zeigt. Aber sicher, wie bequem! Man muss sie nicht beschneiden oder düngen, ihre Blätter fallen nie ab und behalten das ganze Jahr über dieselbe Farbe. Aber anstatt das Original getreulich **nachzuahmen**, bleiben sie doch einfallslose Imitation. [15]

朩　模

219　Wüste

漠

Denken Sie bei diesem Schlüsselwort an eine Fata Morgana in einer **Wüste**. Vom **Wüsten**sand aufsteigende heiße Luft schafft die Illusion einer *Wasser*fläche in der Ferne. Während Sie auf diese zukriechen, zieht sich die Fata Morgana immer weiter in die Fläche zurück, die bald zu Ihrem *Friedhof* werden wird. Um das Bild fest zu verankern, stellen Sie sich vor, wie Sie die Fata Morgana schließlich erreichen und zur Kenntnis nehmen müssen, dass es sich bei ihr tatsächlich um einen *Friedhof* handelt – in dessen Mitte ein großer Stein mit Ihrem Namen drauf steht. [14]

氵　漠

220　Grab

墓

*Erd*hügel mit kruden Holzkreuzen am Kopfende erinnern uns an **Gräber** auf den aus Cowboysagas bekannten *Friedhöfen* des Wilden Westens. Das einzig Merkwürdige an diesem Schriftzeichen ist, dass die *Erde* UNTER dem *Friedhof* liegt und nicht links von ihm steht, wo wir sie erwarten würden. Vielleicht hilft es Ihnen, wenn Sie an den Ausdruck «unter die *Erde* bringen» denken, der sich im Umgangston der Cowboys aufgrund des Kautabaks jedoch zu «UNTEN die *Erde* bringen» abgeschliffen hat. Wie gesagt, vielleicht hilft es.

Es handelt sich hier übrigens weder um das erste noch um das letzte Mal, dass uns folgendes geschieht: Wir erlernen ein Schriftzeichen, dessen Schlüsselwort ähnlich (oder gar dasselbe) ist wie der Name des Primitivelements, das auf ihm beruht, und dessen Form sich doch gleichzeitig ein wenig von ihm unterscheidet. Dies gibt jedoch keinen Anlass zur Sorge. Indem wir das Primitiv auch in einer Reihe anderer Schriftzeichen verwenden – wie wir es hier getan haben – wird die Verwirrung auf natürliche Weise vermieden. In den meisten Fällen, wie hier, ist das Primitivelement einfach Teil des umfangreicheren Originalzeichens. [14]

莫 墓

| 221 | Setzling |

苗

Weil wir eine Verwechslung mit später erscheinenden Bildern echter **Setzlinge** vermeiden wollen, werden wir diese **Setzlinge** aus ihrem landwirtschaftlichen Zusammenhang, den *Reisfeldern*, herausreißen und sie in eine Huxley'sche «Schöne-Neue-Welt-Chirurgie» verpflanzen: Dort werden Werte und Ideen wie **Setzlinge** in *Gehirne* getopft, um eine harmonische Gesellschaft zu garantieren. Dann müssen Sie sich nur noch vorstellen, wie die **Setzlinge** dort Wurzeln schlagen und mitten auf der Straße durch die Schädeldächer der Menschen brechen, um *Blüten* zu treiben (was nebenbei auch eine schöne Metapher abgibt). [9]

艹 苗

❖ Wenn wir dieses Zeichen als Primitivelement verwenden, ändern wir seine Bedeutung zu *Tomatensetzling* ab.

| 222 | zielen |

瞄

Um mit einem Gewehr zu **zielen**, richten Sie Ihr *Auge* über Kimme und Korn. Hier ist die Kimme jedoch völlig unnützerweise gegen die gezackten Blätter kleiner *Tomatensetzlinge* ausgetauscht worden. Die stechen Ihnen ins *Auge* und erschweren es Ihnen erheblich, zu **zielen** – ganz offenbar der Sabotageversuch eines Pazifisten in der Gewehrfabrik. [14]

目 瞄

LEKTION 11

NUN, DA WIR uns durch mehr als gut 200 Schriftzeichen hindurchgearbeitet haben, ist es Zeit, einmal innezuhalten und darüber nachzudenken, wie Sie mit der in diesem Buch vorgestellten Methode zurechtkommen. Da diese Lektion nur kurz ist (mit lediglich 18 neuen Schriftzeichen), werden Sie vielleicht ein wenig Zeit darauf verwenden wollen, Ihren Fortschritt einmal im Licht der folgenden Anmerkungen zu betrachten. In ihnen versuchen wir, die Hauptprinzipien darzulegen, die von Rahmen zu Rahmen und von Lektion zu Lektion in den Text eingewoben worden sind. Wir tun das, indem wir jeweils einen Blick auf einige der typischen Probleme werfen, die auftreten können:

Sie können sich an das Schlüsselwort erinnern, wenn Sie das Schriftzeichen sehen, haben aber Schwierigkeiten, sich an das Schriftzeichen zu erinnern, wenn Ihnen nur das Schlüsselwort zur Verfügung steht...

Wahrscheinlich haben Sie den Rat nicht ernst genug genommen, die Erzählungen mit Block und Bleistift zu studieren. Wenn Sie den Prozess abzukürzen versuchen, indem Sie lediglich die Schriftzeichen anhand ihrer Bedeutung erkennen lernen, ohne sich Gedanken über die Schreibweise zu machen, werden Sie feststellen, dass Sie eine Fliege mit zwei Klappen verfehlen, wo sie zwei mit einer hätten erschlagen können. Lassen Sie es uns noch einmal wiederholen: Lernen Sie nur vom Schlüsselwort zum Schriftzeichen; umgekehrt geht es von allein.

Sie stellen fest, dass Sie nach dem Schreiben zu einem Schriftzeichen zurückkehren müssen, um Korrekturen oder Zusätze zu machen...

Wir würden vermuten, dass Sie eine Arbeit von Ihrem optischen Gedächtnis verlangen, für die eigentlich Ihr erfinderisches Gedächtnis zuständig wäre. Nach Lektion 12 werden Sie mehr Spielraum zum Ersinnen eigener Bilder und Erzählungen bekommen, so dass es wichtig ist, dieses Problem vor dem Fortfahren zu eliminieren. Ein kleiner Schritt in die falsche Richtung auf einer Reise von 3.000 Schriftzeichen wird Sie in kürzester Zeit in große Schwierigkeiten bringen. Hier sind die Schritte, denen Sie immer folgen sollten, wenn Sie zu einem neuen Rahmen gelangen:

1. Lesen Sie das Schlüsselwort und bedenken Sie seine besondere Konnotation. Es gibt nur eine solche Bedeutung, manchmal verbunden mit einem umgangssprachlichen Ausdruck, manchmal mit einer von mehreren Anklängen des Wortes, manchmal mit einem weithin bekannten

kulturellen Phänomen. Denken Sie an jene und wiederholen Sie sie für sich. Sind Sie sicher, dass Sie die richtige haben, fahren Sie fort.

2. Lesen Sie die besondere kleine Erzählung, die zum Schlüsselwort gehört, und lassen Sie das ganze Bild sich klar aufbauen.

3. Schließen Sie nun Ihre Augen, konzentrieren Sie sich auf die zum Schlüsselwort und den Primitivelementen gehörenden Symbole in der Erzählung und geben Sie das Steuer aus der Hand. Es mag ein paar Sekunden dauern, manchmal sogar bis zu einer Minute, aber das Bild wird anfangen, sich von selbst zu verwandeln. Die übertriebenen Brennpunkte werden ein Eigenleben entwickeln und es mit Ihren eigenen besonderen Erfahrungen und Erinnerungen anreichern. Sie werden wissen, dass Ihre Arbeit getan ist, wenn es Ihnen gelungen ist, ein einprägsames Bild zu schaffen, das sowohl kurz und knapp als auch vollständig, sowohl nahe an der ursprünglichen Erzählung als auch Ihr ganz eigenes ist.

4. Öffnen Sie die Augen und wiederholen Sie das Schlüsselwort und die Primitivelemente, wobei Sie das Bild vor Ihrem inneren Auge festhalten. Das wird jeden Nebel vertreiben und zugleich sicherstellen, dass Sie beim Abgeben der Kontrolle nicht auch die ursprüngliche Erzählung losgelassen haben.

5. Stellen Sie in Ihrem Geist die Elemente in dem Verhältnis nebeneinander, das sie auch in Ihrem Bild haben, oder in dem sie normalerweise in dem Schriftzeichen erscheinen.

6. Nehmen Sie Papier und Bleistift zur Hand und schreiben Sie das Schriftzeichen ein einziges Mal, wobei Sie noch einmal die Erzählung wiedergeben.

Das sind im Grunde dieselben Schritte, durch die Sie bisher beim Lesen der Erzählungen geführt worden sind, auch wenn wir sie vorher nicht so deutlich dargelegt haben. Wenn Sie an das Schriftzeichen zurückdenken, das bei Ihnen am besten «funktioniert» hat, werden Sie feststellen, dass jeder dieser Schritte perfekt vollzogen worden ist. Und wenn Sie auf jene zurückblicken, die Sie immer wieder vergessen, dürften Sie auch in der Lage sein, den von Ihnen übersprungenen Schritt auszumachen. Beim Wiederholen sollten genau dieselben Schritte befolgt werden, wobei das Schlüsselwort der einzige Hinweis sein darf, um die Phantasie in Gang zu setzen.

Sie stellen fest, dass Sie die relative Position der Elemente in einem Schriftzeichen vergessen...

Bevor Sie irgendetwas anderes unternehmen, gehen Sie zurück und lesen Sie noch einmal den Rahmen des betreffenden Schriftzeichens, um zu schauen, ob dort irgendwelche hilfreichen Hinweise oder erläuternden Anmerkungen gestanden haben. Falls nicht, kehren Sie zu den Rahmen zurück, in denen die fraglichen Primitive zuerst vorgestellt worden waren, um zu sehen, ob dort eine Spur zu finden ist. Und falls auch das nicht das Problem ist, erdenken Sie die Erzählung noch einmal von vorne und derart, dass das Bild jedes Elements tatsächlich die Position einnimmt, die es auch im Schriftzeichen selbst innehat. Seien Sie dabei vorsichtig, keine neuen Wörter oder Brennpunkte zur Erzählung hinzuzufügen (da solche sich später selbst als Elemente herausstellen könnten). All das sollte nicht oft passieren, aber wenn es vorkommt, ist es ein paar Minuten wert, die Dinge zu klären.

Sie verwechseln zwei Schriftzeichen miteinander...

Sehen Sie sich beide Erzählungen sorgfältig an. Vielleicht haben Sie eine von ihnen so lebendig ausgestaltet, dass sie fremde Elemente angezogen hat, die beide Zeichenbilder zu einem haben verschmelzen lassen. Oder aber es könnte sein, dass Sie nicht genügend Aufmerksamkeit darauf verwendet haben, nur eine einzige Konnotation für das Schlüsselwort klarzustellen.

Ob Sie nun alle, einige oder gar keines dieser Probleme gehabt haben, ist es jetzt an der Zeit, die ersten zehn Lektionen zu wiederholen und dabei auf diese Schwierigkeiten zu achten. Legen Sie jeden Zeitplan, den Sie sich gemacht haben mögen, beiseite, bis Sie diese Lektionen perfekt beherrschen. Das heißt: bis Sie für jedes Schriftzeichen alle sechs oben dargelegten Schritte durchlaufen können, ohne zu stocken. Das Wichtigste an dieser Wiederholung besteht nicht wirklich darin, zu sehen, ob Sie sich an die Schriftzeichen erinnern, sondern zu lernen, wie man Probleme ausfindig macht und mit ihnen umgeht.

Eine letzte Anmerkung, bevor Sie das Buch schließen und mit Ihrer Wiederholung beginnen: Die Phantasie jedes Menschen arbeitet auf unterschiedliche Weise. Jede hat ihre eigenen Begabungen und Schwächen. Je mehr Sie darauf achten, wie Sie sich Dinge vorstellen, desto wahrscheinlicher werden Sie herausfinden, was für Sie am besten funktioniert – und, wichtiger noch, *warum*. Das Eine, dem Sie unbedingt misstrauen müssen, damit das in diesem Buch beschriebene System bei Ihnen Wirkung zeigen kann, ist Ihre Fähigkeit, Schriftzeichen einfach so zu behalten, wie sie sind, ohne Arbeit auf sie zu verwenden. Fangen Sie erst einmal mit Ausnahmen für Schriftzeichen an, die Sie «kennen», mit denen Sie «keine Schwierigkeiten haben» oder mit denen Sie «nicht all diese Schritte durchexerzieren müssen», laufen Sie geradewegs in eine Frustration hinein, aus der Sie sich mühsam wieder herauswühlen werden müssen. Mit anderen Worten: Wenn Sie damit anfangen, die Methode nur als eine «Krücke» zu benutzen, um sich lediglich bei denjenigen Schriftzeichen zu helfen, mit denen Sie Schwierigkeiten haben, werden Sie sehr schnell schlimmer humpeln als je zuvor. Was wir hier anbieten, ist keine Krücke, sondern eine andere Art zu laufen.

Nachdem das nun gesagt ist, wollen wir dort weitermachen, wo wir aufgehört haben. Wir wenden uns jetzt von den Primitivelementen, die mit Pflanzen zu tun gehabt haben, jenen zu, die sich mit Tieren befassen (insgesamt vier an der Zahl).

223	Vorzeichen
兆	Hier haben wir das Piktogramm eines Schildkrötenpanzers. Die zwei geschwungenen senkrechten Striche stellen den mittleren Kamm dar, die vier kurzen das Muster. Denken Sie beim Lesen von Schildkrötenpanzern an eine Methode, die Zukunft vorauszusagen – insbesondere von Dingen, die ein schlechtes **Vorzeichen** bedeuten. (Heutige Archäologen interpretieren in Gotengräbern gefundene Schildkrötenpanzer allerdings auch als Glücksbringer.) [6]

丿　丿　丬　扎　兆　兆

224	Pfirsich
桃	Um den **Pfirsich** mit dem Primitiv *Vorzeichen* zu verbinden, erinnern Sie sich an die berühmte japanische Sage von «Momotarō», dem **Pfirsich**kind. Es waren einmal ein Fischer und seine Frau, die sich sehnlichst ein Kind wünschten, aber keines bekamen. Eines Tages fing der alte Mann einen riesigen **Pfirsich**, aus dem ein gesunder kleiner Knabe sprang. Folgerichtig nannten sie ihn **Pfirsich**kind. Obwohl es dem Jungen bestimmt war, große Heldentaten zu vollbringen, bedeutete sein Entspringen zugleich auch ein *Vorzeichen* großen Unglücks. (Wie sonst hätte er ein Held werden können?) Der **Pfirsich** stammt also von jenem *Baum*, dessen Frucht ein *Vorzeichen* kommender Übel ist. [10]

225 Hündchen

Wir haben bereits gelernt, dass das Schriftzeichen für *groß* die Bedeutung *Bernhardiner* annimmt, wenn es als Primitiv verwendet wird. In diesem Rahmen sehen wir endlich, warum. Der als vierter und letzter Strich hinzugefügte *Tropfen* zeigt uns, dass wir es hier mit einem viel kleineren Haushund zu tun haben, sozusagen einem **Hündchen**. Verglichen mit dem *Bernhardiner* nimmt er er sich wie ein bloßer *Tropfen* in der Hütte aus. [4]

大　犬

❖ Als Primitiv kann dieses Schriftzeichen zwei Bedeutungen annehmen. In der hier angegebenen Form wird es für einen sehr kleinen Hund stehen (den wir der Einfachheit halber einen *Chihuahua* nennen werden). Wenn es auf der linken Seite eines Schriftzeichens die Form 犭 annimmt, werden wir ihm die Bedeutung *ein Rudel wilder Hunde* verleihen.

226 besonders

Dieses nächste Schriftzeichen lernen wir hier schlicht, weil dies der einfachste Ort ist, es zu lernen. Später wird es als Element anderer, komplexerer Zeichen auftreten.

Das einzige, was dieses Schriftzeichen vom *Hündchen* unterscheidet, ist sein besonderes Bein: ein *Menschenbein*. Wie man sich erzählt, verlor das arme Geschöpf sein Bein bei einem Autounfall und humpelte mitleiderregend umher, bis eines Tages ein verrückter Wissenschaftler es erblickte, es auf sein Schloss verschleppte und ihm das abgetrennte *Menschenbein* einer örtlichen Tanzdame annähte. (Deren *Bein* hatte sich während einer Vorstellung auf rätselhafte Weise von ihrem Chassis gelöst und einen französischen Touristen am Kopf getroffen.) Und somit haben wir es hier vor uns: das ganz **besondere** Franken*hündchen* (mit seinem Franken*bein*). [4]

❖ Als Primitive wird dieses Zeichen die Bedeutung *Frankenhündchen mit Frankenbein* behalten.

227 still

默

Es ist merkwürdig, aber das Schriftzeichen für **still** zeigt uns einen *schwarzen Chihuahua*. Da er viel zu klein ist, um Einbrecher zu verjagen, muss er sich vor ihnen verstecken. Natürlich kann man ihn im Dunkeln nicht sehen. Nun müssen wir ihm nur noch beibringen, auch ja mucksmäuschen-**still** zu sein, wenn jemand eindringt, mit dem er sich besser nicht anlegen sollte. [16]

黑　默

228 -artig

然

Das Schlüsselwort in diesem Rahmen bezieht sich auf ein Suffix, das dem Wort davor die Qualität eines Adjektivs verleiht. Daher nennen wir es «**-artig**». Versetzen wir uns in ein Land, in dem *Hunde* im Kochtopf landen, was für unsere Verhältnisse fremd-**artig** erscheint. Dort sehen wir das *Fleisch* eines armen *Chihuahuas* über einem *Herdfeuer* rösten. Sie wenden dieser Ihnen wenigstens neu-**artig** anmutenden Szene schnell den Rücken zu, denn Hot Dog mochten Sie noch nie. [12]

丿　ク　タ　タ　䏝　然

❖ Quasselstrippe

口口

Wir führen dieses Element hier ein, obwohl wir bislang nur ein einziges Schriftzeichen haben, in dem wir es benutzen können. Die anderen Beispiele sind über das Buch verstreut. Die beiden *Münder* ergeben auf natürliche Weise eine **Quasselstrippe**, wenn Sie an Mark Twains berühmte Worte denken: «Wenn es so gedacht gewesen wäre, dass wir mehr reden als zuhören, hätten wir zwei *Münder* und ein Ohr.» Es hilft, wenn Sie hier an eine bestimmte **Quasselstrippe** denken, die Sie kennen – eine jener Personen, die so unablässig daherreden, dass sie glatt zwei *Münder* damit auslasten könnten. (Achten Sie allerdings darauf, sie nicht mit der plappernden Zunge aus RAHMEN 12 zu verwechseln.)

Alternativ können Sie auch an ein mittels einer Schnur verbundenes Dosentelefon denken, so dass die **Strippe** zwischen beiden Dosen-*Mündern* eine plastische Bedeutung erhält (auch wenn Sie sie im Primitivelement selbst nicht sehen können). So oder so werden wir immer das Wort **Quasselstrippe** verwenden, um dieses Zeichen zu benennen. [6]

口　口口

---

229 weinen

哭

Hier sehen wir eine kleine *Chihuahua-Quasselstrippe*. Hören Sie ihm zu, wie er mit seinem hohen, schrillen Stimmchen daherwinselt, und Sie haben einen guten Eindruck davon, wie es klingt, wenn Sie **weinen**. [10]

口口　哭

---

230 Gerät

器

In diesem Schriftzeichen erkennen wir ein unschönes Bild. Vier übereifrige Chirurgen (mit weißem *Mund*schutz) stehen bei der Notoperation eines winzigen *Chihuahuas* an allen vier Ecken des Operationstisches und streiten sich um die **Geräte** – und damit darum, wer den ersten Schnitt in das kleine Tierchen machen darf. [16]

口　口口　哭　哭　器

---

231 übelriechend

臭

Dieses Schriftzeichen zeigt sich ein wenig tierlieber als das zuvor. Unser Freund, der *Chihuahua*, befindet sich bei bester Gesundheit und schnüffelt mit erhobener *Nase* misstrauisch **übelriechenden** Dingen hinterher. [10]

自　臭

---

232 Hund

狗

Dies ist das allgemeine Schriftzeichen für **Hund**, dargestellt von den Elementen *Rudel wilder Hunde* und *Satz*. Üblicherweise hört ein **Hund** aufs Wort – und zwar auf ein einziges, sei es:

«Sitz!», «Platz!» oder «Aus!» Bei einem *Rudel wilder Hunde* hingegen ist es mit einem einzigen Wort nicht getan. Sie benötigen entsprechend mehr Wörter, nämlich für jeden **Hund** eines, was Sie dazu zwingt, einen ganzen *Satz* zu sprechen. Erst wenn Sie das *Rudel wilder Hunde* eines Tages gezähmt haben werden, wird es wie ein einziger **Hund** auf ein einziges Wort hören. [8]

犭 狗

---

233   verabscheuen

厭

Wir wollen bei diesem Schlüsselwort an jemanden denken, der zu einem Menschen geworden ist, welcher alles und jeden **verabscheut**, für den alle Lebensdinge wertlos geworden sind. Das erinnert uns an ein plastisches Abbild der Verzweiflung in Nietzsches «Also sprach Zarathustra», das uns dieses Schriftzeichen auf einfache Weise erlernen lässt.

Bei einem nächtlichen Spaziergang entlang einer *Klippe* hört Zarathustra ein *Hündchen* winseln. Er nähert sich und sieht im blassen Licht des *Mondes* einen Schäfer am Boden liegen, dem der klappernde Schwanz einer dicken schwarzen Schlange aus dem Mund hängt (wie eine lange, *plappernde Zunge*). Die Schlange war dort hineingekrochen, während der Knabe schlief, und hatte sich in der Kehle festgebissen. Zarathustra heißt den Schäfer, den Kopf der Schlange abzubeißen und sich damit von der ihn qualvoll gefangen haltenden Verzweiflung zu befreien – sowie aufzuhören, die Dinge des Lebens zu **verabscheuen**. [14]

厂 尸 肙 厭

---

234   Druck

壓

Ein beständiger **Druck** im Magen, der leicht auch zu nächtlichem Alb**druck** führen kann, ist wirksam durch die Einnahme einer speziellen sauren Heil*erde* zu bekämpfen. Stellen Sie sich nun allerdings vor, dass Sie den starken **Druck** nur dann in den Griff bekommen, wenn Sie gleich einen ganzen Berg *Erde* verspeisen – und sehen Sie Ihren Gesichtsausdruck über dem Berg, der deutlich zeigt, wie sehr Sie das nun Kommende *verabscheuen*. [17]

厭 壓

235 | Kuh

牛

Können Sie die Strichzeichnung einer **Kuh** erkennen, die gerade von einer Dampfwalze überrollt worden ist? Der erste Tüpfel zeigt den auf die Seite gedrehten Kopf, die nächsten beiden Striche die vier Beine. [4]

丿 ⺧ 𠂒 牛

- Als Primitiv behalten wir die Bedeutung *Kuh* bei. Beachten Sie nur, dass in der Position ÜBER einem anderen Element der Schwanz abgetrennt wird, was uns mit 𠂉 zurücklässt. In einem solchen Fall, und wenn das Element links steht (牜), ändert sich die Reihenfolge der letzten beiden Striche.

236 | speziell

特

Legen Sie dem Schlüsselwort **speziell** die Bedeutung einer **speziellen**, von allem anderen losgelösten Kategorie bei – wie jene der heiligen *Kühe* Indiens, die frei umherwandern dürfen und nicht fürchten müssen, geschlachtet und zu Hackfleisch verarbeitet zu werden. Obwohl es sich dabei eigentlich um eine hinduistische Praxis handelt – und auch von der Mehrheit der Mönche des Mahayana-Buddhismus nicht mehr befolgt wird –, entspricht es doch ganz der Weigerung des Buddhas selbst, empfindende Wesen zu töten, dass das Schriftzeichen die **speziellen** *Kühe* hier auf dem heiligen Boden eines *buddhistischen Tempels* unterbringt.

Bei der Abgrenzung zu *besonders* (RAHMEN 226) kann Ihnen vielleicht helfen, dass die Erzählung für **speziell** sich auf eine Gattung, also lateinisch eine «Spezies», von Tieren bezieht, während in jener für *besonders* nur ein einzelnes, ge«*sonder*»tes (und «*sonder*»bares) Tierchen vorkam. [10]

丿 ⺧ 牜 牛 特

237 ansagen

告

Seit jeher berichten Fabeln auf der ganzen Welt von sprechenden Tieren. Diese Tradition hat sich ihren Weg direkt in die Comic-Hefte und Zeichentrickfilme unseres Jahrhunderts gebahnt. Das Schriftzeichen stellt den *Mund* einer *Kuh* dar (am besten einer im Anzug, wenn Sie den Fernseher einschalten), die in klarer Sprache etwas **ansagt** – ob es sich dabei um Nachrichten, die Programmvorschau oder gar eine Werbebotschaft handelt, bleibe Ihrer Phantasie überlassen.

Beachten Sie, wie sich die Strichfolge des *Kuh*-Elements in der verkürzten Form, die es hier annimmt, ändert. [7]

丿 ⺧ 牛 生 告

238 gewaltig

浩

Das Wort **gewaltig** wollen wir hier zunächst auf das linke Element beziehen: Wir haben eine **gewaltige** *Wasser*fläche – nämlich das größte Schwimmbecken der Welt, das sich so weit erstreckt, dass Sie von seiner Mitte aus keinen Beckenrand mehr erkennen können. Wie soll man sich hier zurechtfinden? Natürlich mittels der *Ansagen* des Bademeisters, die dieser in entsprechend **gewaltiger** Lautstärke alle 15 Minuten über die *Wasser*fläche schallen lässt. [10]

氵 浩

239 voraus

先

Verstehen Sie dieses Schlüsselwort im räumlichen, nicht im zeitlichen Sinn (obwohl es sich auf beides beziehen kann). Grenzen Sie es zudem von der statischen Präposition «vor» ab, der wir später begegnen werden (RAHMEN 277). Wenn Sie eine *Kuh* mit *Menschenbeinen* haben, wie die Elemente sie uns hier zeigen, ist das nur möglich, weil zwei Menschen in einem *Kuh*-Kostüm stecken. In einer solchen Situation würden wir es immer für vorteilhafter halten, als Kopfteil **voraus**zugehen, anstatt das Hinterteil hochzuhalten und sich darin «zum Letzten» zu machen. [6]

𠂉 𠂇 先

240 waschen

洗

Dieses Schriftzeichen ist so logisch, dass man versucht ist, seine Elemente für sich selbst sprechen zu lassen: *Wasser . . . voraus*.

Aber wir wollen sehen, wie wir es noch einprägsamer machen können. Denken wir uns also stattdessen eine merkwürdige Art aus, das Geschirr abzu**waschen**. Bestellen Sie sich Feuerwehrmänner, die unter lautem Gebrüll die Schläuche auf Ihre Spüle richten und dabei nicht «*Wasser* marsch!» schreien, sondern: «*Wasser voraus!*» Dann folgen sie selbst dem Schwall nach und zertrümmern mit ihren Brandäxten die Reste Ihres Porzellans. [9]

氵 洗

Lektion 12

In dieser letzten Lektion der Erzählungen führen wir das nützliche Kompositprimitiv für Metalle ein, sowie die Elemente, die erforderlich sind, um es zusammenzusetzen. Zusätzlich sammeln wir eine Reihe von verirrten Schriftzeichen ein, die rechts und links am Wegesrand liegen.

❖   Schirm

Das eigentliche Schriftzeichen, auf dem dieses Primitiv mit der Bedeutung Schirm basiert, wird uns nicht vor der Arbeit mit Buch 2 begegnen. Bis dahin können wir bei ihm an einen großen, grellbunten **Sonnenschirm** denken. Wenn Sie dieses Zeichen mit Rahmen 8 vergleichen, werden Sie feststellen, dass die beiden Striche sich hier berühren, während das Schriftzeichen für acht oben ein Leck klaffen ließ. [2]

---

241   einführen

Hier sehen wir das Erzeugnis eines stolzen Tüftlers, der versucht, das Resultat seiner technischen Bemühungen in den Markt **einzuführen**. Auf der Jahrestagung des Vertriebsverbandes vielversprechender Verletztenverkehrsmittel (vvvvvv) kommt es zur Einführung des *Krückenschirms:* nämlich zweier *Krücken*, die durch einen überspannenden *Regenschirm* miteinander verbunden sind. Der Einführung scheint allerdings entgegen zu zustehen, dass die Konstruktion bei jedem Schritt auch stets einen Schwall kalten Regens in den Kragen der humpelnden Benutzer **einführt**. [4]

---

242   Welt

界

Dieses Schlüsselwort bezieht sich auf einen umgrenzten Bereich (wie in «die akademische **Welt**» oder «die politische **Welt**»).

Denken wir in diesem Sinne an die **Welt** der Insekten, Nagetiere und Lurche, die alle zwischen den Halmen und Furchen eines *Reisfeldes* hausen. Der Umstand, dass das Zeichen für *einführen* wie ein Pfeil auf die Unterteilungen des *Reisfeldes* weist, darf Sie nicht davon abhalten, sich auch bildlich vorzustellen, wie Sie Nase und Kamera tief in die Halme *einführen* und die dort existierende geheimnisvolle **Welt** erkunden. Drehen Sie einen entsprechend betitelten Dokumentarfilm, um auch andere in die faszinierende kleine **Welt** des *Reisfelds einzuführen*. Passen Sie jedoch auf, dass Sie nicht ausrutschen und sich dabei vollständig selbst *einführen*. [9]

| 243 | Tee |

茶   Wie jeder weiß, wird **Tee** aus Teeblättern gebrüht. Die **Tee**pflanze hat jedoch auch *Blüten*, die hübsch anzusehen sein können und – wie die Chinesen bereits vor über 4.600 Jahren herausfanden – dem **Tee** einen besonderen Geschmack verleihen. Mit dem Bild einer Terrasse blühender **Tee**sträucher im Kopf, stellen Sie sich hier und da in ihrer Mitte aufgestellte, bunt angemalte, sehr la…a…a…nge *Holzpfähle* (RAHMEN 191) mit einem *Sonnenschirm* darauf vor, die den köstlichen **Tee***blüten* Schatten spenden. [10]

| ❖ | Zusammenkunft |

 Dieses zusammengesetzte Primitiv stellt eine **Zusammenkunft** als Menschenauflauf unter *einem* einzigen *Schirm* dar. Das vollständige Schriftzeichen, von dem es sich ableitet, wird im nächsten Rahmen vorgestellt. Hier ist es wichtig, sich die gerade beschriebene Szene vorzustellen und mit dem Wort **Zusammenkunft** in Verbindung zu bringen. [3]

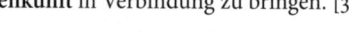

244 Zusammenkunft

Hier haben wir das vollständige Schriftzeichen für das im vorigen Rahmen eingeführte Primitivelement. Die beiden sich darunter befindenden Elemente – *Gehirne*, die Probleme auf ihre *Hörner* nehmen (siehe RAHMEN 172) sowie *plappernde Zungen* – schaffen eine ebenso einprägsame wie gelungene Beschreibung etlicher **Zusammenkünfte**, wie zum Beispiel Konferenzen. [13]

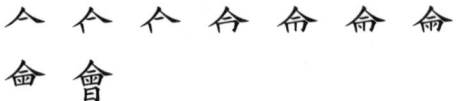

245 passen

Das Schriftzeichen für **passen** liest sich von oben nach unten wörtlich als *Zusammenkunft* der *Münder* – eine recht nüchterne Art, von einem romantischen Kuss zu sprechen. Wir wissen, was passiert, wenn die Vorstellungen und Ideen von Menschen nicht zueinander **passen**. Versuchen Sie sich aber nun einmal vorzustellen, wie es einem armen Paar ergehen muss, dessen *Münder* nicht aufeinander **passen**! [6]

246 Ha!

Dies ist das «Klangzeichen» für den Klang des Lachens. Schreiben Sie es zweimal und es liest sich – wie sollte es anders sein – **ha ha!** Nun *passt* nichts besser in einen Menschen*mund* als ein herzhaftes Lachen, eines der wenigen Dinge, die uns aus wissenschaftlicher Sicht von den Primaten unterscheidet. Kann es da ein Zufall sein, dass der Klang des Lachens kulturübergreifend derselbe ist? Ein weiterer Grund zu sagen, dass es perfekt in den *Mund passt*. [9]

247 Pagode

Links sehen wir einen Haufen *Lehm* und rechts in Farbe und Größe zueinander *passende Blumen*. Beide Seiten vereinen sich zu einer großen **Pagode**, die aus *Lehm* gebaut ist und deren Dächer auf jeder Ebene mit zehntausenden passender *Blumen* gedeckt sind. Versetzen Sie sich selbst in die Szene und *passen* Sie noch ein paar *Blumen* ein, damit das Bild mit voller Kraft in Ihr Gedächtnis dringt. [13]

扌　扩　塔

| 248 | König |

王

Versuchen Sie hier, ein Piktogramm des **königlichen** Zepters herauszuarbeiten, das Ihren eigenen Vorstellungen vom Aussehen eines solchen am besten entspricht. Sie könnten sogar mit dem Grundelement *Stahlträger* beginnen und dann versuchen, den übrigen dritten Strich einzufügen. [4]

一　二　千　王

❖ Als Primitiv kann dieses Zeichen sowohl *König* als auch *Zepter* bedeuten, wird aber normalerweise als Abkürzung für *Edelstein* oder *Ball* verwendet (was von den Schriftzeichen aus den nächsten beiden Rahmen herrührt).

| 249 | Jade |

玉

Beachten Sie hier den Tropfen im Zepter des *Königs*, bei dem es sich um genau das handelt, was Sie erwarten würden: Einen güldenen Stab mit einem großen **Jade**-Juwel am Knauf, dem Symbol von Reichtum und Macht. [5]

王　玉

❖ Wenn dieses Schriftzeichen als Primitiv verwendet wird und seine ursprüngliche Form beibehält, bleibt es bei der Bedeutung *Jade*. Steht es jedoch auf der linken Seite, wird ihm der letzte Strich fehlen, was es zum gleichen Zeichen wie im vorangegangenen Rahmen macht: 王. In solchen Fällen wird seine Bedeutung *Edelstein* oder *Ball* lauten.

250 Ball

球

Kaum sind wir dem Primitivelement *Ball* (oder *Kugel*) begegnet, schon treffen wir auf das vollständige Schriftzeichen für **Ball**, auf dem es basiert. Denken Sie an den klassischen Eck-**Ball** auf dem Fuß**ball**-Rasen. Der Spieler sieht sich starker *Nachfrage* von seiten der Feldspieler ausgesetzt, die zumindest so tun, als ob sie angespielt werden wollen. Stellen Sie sich dies nun plastisch wie an der Börse vor, indem Sie vor sich sehen, wie die Spieler die Hände mit ausgestreckten Fingern in die Luft heben und damit wie auf dem Börsenparkett signalisieren, wieviel sie bereit sind, für den *Ball* zu bezahlen. Bedauerlich, dass letztlich auch der gekonnteste Eck-**Ball** nur die *Nachfrage* eines einzigen befriedigen kann. [11]

王 球

251 gegenwärtig

現

Dieses Schriftzeichen stellt uns eine *Kugel* zur Verfügung, mit der wir Dinge *sehen* können, die sich **gegenwärtig** an weit entfernten Orten ereignen – offensichtlich eine magische Kristall*kugel*. [11]

王 現

252 spielen

玩

Der *Ursprung* aller **gespielten** Spiele ist ein *Ball*. Das überrascht uns wenig. Um diese Erkenntnis etwas anschaulicher zu gestalten, gehen wir zurück zum *Ursprung* aller Dinge, in den paradiesischen Garten Eden. Denken wir dort an das Kinder**spiel** «Heiße Kartoffel»: Man wirft einen *Ball* so schnell wie möglich in einer Gruppe umher, ohne ihn wirklich festzuhalten. Wer den *Ball* als erstes fallen lässt, hat verloren. So war es auch mit der Erbsünde. Adam und Eva werfen eine Frucht vom verbotenen Baum hin und her und rufen «Es ist nicht meine, es ist seine» – «Nein, sie hatte sie zuerst…» Falls Sie in all dem eine Erbsünde sehen, dann haben die beiden die Sache für uns alle klar ver**spielt**. [8]

王　玩

253 verrückt

狂

Vollends **verrückt** geworden ist, wer, weil er sich für einen Werwolf hält, bei Vollmond aus seiner Anstalt ausbricht und sich ungefragt zum *König* eines *Rudels Wildhunde* krönt, das durch unschuldige Vorstädte streift und sie terrorisiert. [7]

犭　狂

254 Kaiser

皇

Ein **Kaiser**, das wissen wir alle, ist ein mächtiger Gebieter: jemand wie ein *König*, aber von noch höherem Rang. Der *weiße Vogel*, der über dem *König* hockt und ihm **kaiser**liche Weihen verleiht, ist der Botschafter, den er zu den Göttern schickt, um Rat und besondere Gunstzeichen zu erbitten – eine Aufgabe, der *weiße Vögel* in den Sagen der Welt schon seit jeher nachgekommen sind. [9]

白　皇

255 brillant

煌

Der «Wilde Kaiser» mag manchen bekannt sein, in diesem Schriftzeichen sehen wir jedoch den *Feurigen Kaiser*, der keine Robe in **brillanten** Farben mehr braucht. Er brilliert ganz von selbst, denn er ist nicht ein *Kaiser*, der über das *Feuer* herrscht, sondern einer, der ganz und gar aus *Feuer* besteht! Seine Ansprachen, sein Temperament, seine Augen – alles an ihm glüht und ist «*feurig*-**brillant**». [13]

火　煌

256 einreichen

呈

Die Aufzeichnungen, die uns über das höfische Leben der Vergangenheit zugänglich sind, berichten von rauschenden Bällen, Festen und Gelagen. Das alles verschlang einen großen Teil der Staatsfinanzen, was die Teilnehmer jedoch selten im Blick behielten. Sehen Sie sich hier als *könig*lichen Hofkämmerer, bei dem der Herrscher die ganzen Quittungen und Belege **eingereicht** hat. Im Gegenzug **reichen** Sie beim *König* nunmehr die gesamte erschreckende Bilanz (und gleichzeitig Ihren Rücktritt) **ein**. Kein Wunder, dass der *Mund* des *Königs* vor Schreck weit offen steht. [7]

口 呈

* Beachten Sie, dass bei der Verwendung des Zeichens als Primitiv in manchen Zeichensätzen der erste Strich des *Königs* von rechts nach links gezogen wird und nach unten neigt. Das ersetzt den hier gezeigten üblichen waagerechten Strich von links nach rechts.

257 全 ganz

Sicherlich haben Sie schon einmal vom englischen *König* Johann Ohneland aus dem 12. Jahrhundert gehört, der von seinem Vater aufgrund von Familienstreitigkeiten keine Ländereien übernehmen konnte. Gar so schlecht geht es unserem hier dargestellten *König* nicht, denn man hat ihm immerhin ein Königreich von der Größe seines *Regenschirms* zugestanden. Leider ist er so beleibt, dass er allein schon sein **ganzes** Hoheitsgebiet ausfüllt. Hören Sie ihn sagen: «Der **ganze** Staat bin ich.» (Man kann es am Schriftzeichen unschwer erkennen.) [6]

258 理 Logik

Auf dieses Schriftzeichen haben wir uns das erste Mal in RAHMEN 169 bezogen, zu dem Sie jetzt vielleicht auf einen kurzen Blick zurückkehren möchten. Das sich hier bietende Bild der **Logik** zeigt eine Art zentralen *Edelstein* in einem Computer – ähnlich dem Quarz in einer Uhr. Versuchen Sie sich vorzustellen, wie Sie sich einen Weg durch die vielen ROMS und RAMS bahnen und dabei beständig dem leuchtenden *Edelstein* entgegenstreben. Ein Chor von Stimmen und ein Fanfarenstoß im Hintergrund künden vom großartigen Sitz alles beherrschender **Logik** und unbestechlicher Vernunft. Faszinierend. [11]

王 理

259 Herr

主

Zu Zeiten, in denen der Mann sich noch als **Herr** des Hauses fühlte, gehabte er sich daheim wie ein *König*. Dazu zählte auch, sich darauf bisweilen einen guten *Tropfen* zu genehmigen. Wenn Sie diesen «*Tropfen* AUF das *Hausherren*dasein» in den Mittelpunkt Ihrer Erzählung stellen, werden Sie ihn nicht nach unten setzen, wo er das Zeichen in *Jade* verwandeln würde. [5]

 主

❖ Bei der Verwendung als Primitivelement lassen wir das Schlüsselwort beiseite und verstehen das Zeichen als Piktogramm eines schweren bronzenen *Kerzenständers* (mit dem Tropfen oben als Flamme).

260 gießen

注

Stellen Sie sich vor, Sie müssten Ihre Hand ruhig halten, um *Wasser* aus einem brennenden *Kerzenständer* zu **gießen**. Was könnte abwegiger und zugleich einfacher zu behalten sein? [8]

 注

261 Gold

金

Wenn dies nicht ohnehin eines der geläufigsten Schriftzeichen wäre, die Sie jemals zu schreiben haben werden, würden wir uns für die folgende, etwas sperrige Erklärung entschuldigen. Wir wollen **Gold**barren darstellen, über denen ein *Sonnenschirm* steht, um die Hitze fernzuhalten (und vielleicht auch, um sie zu verstecken). Für diese **Gold**barren sind alle *Zepter* des Königreichs *Tropfen* für *Tropfen* eingeschmolzen und gegossen worden. [8]

丿 人 へ 今 仐 全 余 金

❖ Als Primitiv bedeutet dieses Zeichen nicht nur *Gold*, sondern steht für jedes beliebige *Metall*.

262 Kupfer

銅

Vielleicht haben Sie sich schon einmal gefragt, woher all die kleinen, hübsch verzierten Münzen aus **Kupfer** in Ihrem Portemonnaie stammen (zumindest sind sie **kupfer**farben). Dieses Schriftzeichen weiß die Antwort: Es zeigt uns einen *Mönch*sorden, dessen Angehörige jedes einzelne der *Metall*stücke liebevoll mit Prägungen verzieren. Nehmen Sie ein paar heraus und betrachten Sie sie in stiller Meditation. [14]

丿 ㇏ ⺈ 人 𠂉 𠂊 𠂋 金 金 銅

263 angeln

釣

Das Schriftzeichen, das wir für *Fischfang* (Rahmen 165) gelernt haben, bezieht sich auf die Netze auswerfende, professionelle Zunft, während das Schlüsselwort in diesem Rahmen für den Zeitvertreib oder Sport steht. Es ist allerdings schon seltsam, dass Sie hier mit einem *goldenen Schöpflöffel* statt einer Rute über der Schulter **angeln** gehen, mit der Sie dann *Gold*fische aus einem Fluss schöpfen. [11]

金 釣

264 Nadel

針

In Rahmen 10 hatten wir im Voraus auf dieses vollständige Zeichen hingewiesen, von dem sich das Primitiv *Nadel* (auf der rechten Seite) ableitete. Da wir ohnehin erwarten, dass **Nadeln** aus *Metall* bestehen, lassen Sie uns an einen Satz massiv *goldener* Stopf**nadeln** denken, um das Schriftzeichen zu vervollständigen. [10]

金 針

265 Nagel

Hier haben wir das vollständige Schriftzeichen für **Nagel**, von dem sich das Primitiv gleichen Namens ableitet (siehe Rahmen 86). Solange Sie sich den **Nagel** als aus purem *Gold* bestehend vorstellen, wie er sich jedes Mal verbiegt, wenn Sie ihn einschlagen wollen, sollten Sie keine Probleme haben, es sich zu merken. [10]

金 釘

266 — Inschrift

銘

Verstehen Sie diese **Inschrift** im Sinne eines *Namens*, den Sie beim Juwelier auf ein *goldenes* Armband oder in einen *Gold*ring gravieren lassen. So lässt sich der Eigentümer identifizieren oder eine emotionale Botschaft vermitteln. Es hilft, wenn Sie sich an das erste Mal erinnern, als Sie so einen Auftrag erteilten – und an das, was Sie damals dabei empfanden. [14]

金 銘

267 — gelassen

鎮

Die ersten Lügendetektoren des 20. Jahrhunderts funktionierten, indem man *Metall*stücke am Körper des Befragten befestigte, um die Menge des beim Verhör abgesonderten Schweißes zu messen. Man fand heraus, dass Nervosität zu mehr Schweiß und damit besserem Kontakt mit dem *Metall* führte. Das verriet unterbewusste Reaktionen, wenn die Fragen der *Wahr*heit unangenehm nahe kamen. Die einzige Chance gegen den Apparat besteht darin, ganz **gelassen** zu bleiben. Stellen Sie sich vor, wie Sie das probieren, während Ihre Verhörer Ihnen Fragen stellen, die Ihnen ansonsten mit Sicherheit eimerweise Schweiß entlocken würden. [18]

金 鎮

Damit kommen wir zum Ende des ersten Teils dieses Buches. Bevor wir zum nächsten Abschnitt übergehen, wäre es eine gute Idee, zur Einleitung zurückzukehren und sie noch einmal zu lesen. Alles, was anfangs keinen Sinn ergeben haben mag, müsste nun klar sein.

Mittlerweile sollten Sie zudem mit dem Gebrauch der Indizes vertraut sein. Falls nicht, nehmen Sie sich ein paar Minuten Zeit, um sie sich anzusehen. Sie werden Ihnen auf den kommenden Seiten zweifellos gute Dienste leisten.

Entwürfe

Lektion 13

Wenn Sie der Methode bis hierher Rahmen für Rahmen gefolgt sind, werden Sie bei dem Gedanken, mehr als 3.000 dieser kleinen Erzählungen lesen zu müssen, vielleicht ein wenig ungeduldig. Mittlerweile möchten Sie vermutlich schnelleren Schrittes und auf eigene Weise vorgehen. Fassen Sie Mut, denn genau damit werden wir von nun beginnen. Sollten Sie jedoch zu denjenigen gehören, die völlig zufrieden damit sind, andere die ganze Arbeit tun zu lassen, wappnen Sie sich für die anstehende Aufgabe.

Wir leiten die Entwöhnung ein, indem wie die Erzählungen zu einfachen Entwürfen abkürzen und es Ihnen überlassen, gemäß den vorangegangenen Lektionen die notwendigen Details hinzuzufügen. Wie bereits in der Einleitung erwähnt, sollten die längeren Erzählungen Ihnen die Wichtigkeit verdeutlichen, in der Phantasie ein vollständiges Bild nachzubilden, und sicherstellen, dass Sie nicht bloß versuchen, Wörter mit *anderen Wörtern* zu verbinden, sondern mit *Bildern*. Dasselbe gilt für die noch übrigen Schriftzeichen.

Bevor wir uns wieder auf den Weg machen, ist ein Wort der Warnung angebracht. Auf sich allein gestellt, wird Ihre Phantasie automatisch dazu neigen, Elemente hinzuzufügen und Verbindungen zu sehen, die sich langfristig als kontraproduktiv erweisen könnten. Zum Beispiel würden Sie es vielleicht für völlig harmlos und zulässig halten, das Primitiv *Kind* in *Kleinkind* umzubenennen, oder das für *Klippe* in *Höhle*. Tatsächlich aber würden sich solche Veränderungen als verwirrend herausstellen, wenn Sie später den Schriftzeichen und Primitiven mit diesen Bedeutungen begegnen. Dann müssten Sie jeweils zu den früheren Zeichen zurückkehren und feststellen, dass alles völlig durcheinander geraten ist.

Es kann sein, dass Sie bei der einen oder anderen Gelegenheit bereits auf dieses Problem gestoßen sind, als Sie möglicherweise den Entschluss gefasst haben, eine Erzählung Ihren eigenen Assoziationen anzupassen. Das sollte Ihnen einzuschätzen erlauben, wie schwierig es ist, eine Erzählung wieder zu löschen, sobald man sie sich einmal eingeprägt hat – insbesondere, wenn sie sehr anschaulich gewesen ist. Um sich davor zu schützen, halten Sie sich zum einen vertrauensvoll an die vorgegebenen Schlüsselwörter. Versuchen Sie zum anderen nicht, über die Bandbreite der angegebenen Primitivbedeutungen hinauszugehen. Wo derlei Verwirrungsgefahr absehbar ist, präsentieren wir zur Vorbeugung eine längere Erzählung – um den Rest werden Sie sich jedoch selber kümmern müssen.

Wir beginnen unsere Entwürfe mit einer Gruppe von 20 Schriftzeichen, die sich mit Reisen befasst, und den damit einhergehenden Primitiven: einer *Straße*, einem *Wagen* und einem Paar *umherwandernder Beine*.

❖ Straße

辶

Lassen Sie es sich bei der hier gezeigten **Straße** um eine Autobahn, eine Schnell- oder eine Land**straße** handeln, da wir später noch ein Element namens «*Stadtstraße*» kennen lernen werden. Der natürliche Schwung der drei einfachen Striche sollte einfach zu behalten sein, weil sie so oft erscheinen. [3]

丶 氵 辶

---

268 Weg

道

Das Schlüsselwort bedeutet zwar sowohl «Pfad» als auch «Art und Weise», aber die erste Bedeutung ist für ein Bild besser geeignet. Die Primitive lesen sich: *Haupt* und *Straße*. Das ist hervorragend, denn wenn Sie jemand nach dem **Weg** fragen sollte, empfehlen Sie einfach, doch nur immer der *Haupt-Straße* zu folgen. Das ist zumeist ein breiter und guter **Weg** – wenn auch nicht notwendigerweise einer in die richtige Richtung. [12]

首 道

---

269 leiten

導

Wenn wir erlauben, dass man uns **leitet**, gestatten wir, auf einen *Weg geleimt* zu werden. Wir hoffen natürlich, dass es sich um den richtigen handelt, und wir nicht ir**regeleitet** werden – womit man uns dann auch im übertragenen Sinne «*geleimt*» hätte. [15]

道 導

270 rasch

迅

Dieses Schriftzeichen zeigt uns einen rücksichtslosen Fahrer, der mit seiner Kiste **rasch** die *Landstraße* hinunterdonnert – nur, um ebenso **rasch** zum Stehen gebracht zu werden. Denn die Polizei hat auf der *Landstraße* jede Menge Wider*haken* und *Nadeln* verteilt, um die Reifen zu zerstechen und zu bremsen. Stellen Sie sich zur Untermalung das Geräusch vor, das die Gummischläuche dabei machen: **raschhhhh**... [6]

乁　凡　迅

271 erschaffen

造

Denken Sie beim Schlüsselwort **erschaffen** daran, dass etwas aus dem Nichts entsteht. Dann stellen Sie sich vor, wie militante Autogegner einen Radiosender kapern, Fahrer mit falschen *Ansagen* umleiten und so wunschgemäß Staus und Behinderungen auf allen Land*straßen* **erschaffen**. [10]

告　造

272 patrouillieren

巡

Die Motorradeinheit der Polizei übt hier ihre Pflicht aus, auf den *Straßen* zu **patrouillieren**, was in diesem Schriftzeichen dargestellt wird wie eine virtuelle *Flut*welle, welche die *Landstraße* heruntergerauscht kommt. [6]

巛　巡

273 einen Bummel machen

逛

Der Schlüsselbegriff ist gemeint im Sinne eines Schaufenster- oder Einkaufs**bummels**. Ein *Verrückter* beschließt, **einen** solchen während der Hauptverkehrszeit auf einer stark befahrenen *Straße* zu **machen** – vermutlich, um sich seinen Lieblings-Mittelstreifen auszusuchen. [10]

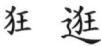

274 Wagen

車

Sie können am gesamten Bedeutungsspektrum dieses Schlüsselworts festhalten, sofern es sich mit dem Piktogramm verträgt. Sehen Sie sich die vorderen und hinteren Achsen (den ersten und letzten waagerechten Strich) sowie den Sitz auf dem Fahrwerk in der Mitte an. [7]

❖ *Wagen, Karren, Waggon* und *Fahrzeug* können alle als Primitivbedeutungen verwendet werden.

275 hintereinander weg

連

Dieser Schlüsselbegriff, den wir auch «einen nach dem anderen» nennen könnten, soll für eine Reihe von aufeinander Folgendem stehen, mag es miteinander verbunden sein oder nicht. Stellen Sie sich einen Konvoi großer Last*wagen* vor, der vor Ihnen auf der *Landstraße* die Spur ausfüllt. Über Dutzende Kilometer folgen sich diese Fahrzeuge Stoßstange an Stoßstange **hintereinander weg** und machen Ihnen jeden Überholversuch von vornherein unmöglich. [10]

車 連

276 Lotos

蓮

Stellen Sie sich vor, Sie säßen in den frühen Morgenstunden am Rande eines **Lotos**teichs, und plötzlich würden sanft die rosafarbenen und weißen **Lotos**-*Blüten hintereinander weg* aufspringen. Da sie dabei ein nahezu unhörbares Geräusch machen, überrascht es kaum, dass eine sich öffnende **Lotos**-*Blüte* buddhistischen Mönchen jahrhundertelang als Sinnbild des Augenblicks spiritueller Erleuchtung gedient hat. [14]

刖	## Schlachter Die Elemente *Fleisch* und *Säbel* setzen sich hier zum Verbundelement für einen **Schlachter** und sein Gewerbe zusammen. [6] 月　刖
277 前	## vor Stellen Sie sich ein ordentliches Paar *Hörner* vor, das stolz **vor** einer *Schlachterei* hängt. [9]  ❖ Wenn dieses Zeichen als Primitivelement verwendet wird, folgen wir der obigen Erklärung und verleihen ihm die Bedeutung *Schlachterei*.
278 剪	## Schere Schweißen Sie hier ein Paar *Dolche* zusammen um eine große Geflügel-**Schere** für die *Schlachterei* zu basteln. [11] 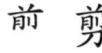
俞	## Schlachthof Die ersten drei Striche dieses Primitivs sind, wie Sie sich erinnern werden, das Primitivelement für *Zusammenkunft*. Der gebräuchlichste Ort für eine *Zusammenkunft* von *Schlachtern* ist der **Schlachthof**. [9] 
279 輸	## befördern Gemeint ist die räumliche Beförderung, nicht das Vorankommen im Beruf. Üblicherweise verwenden wir *Lastwagen*, um tiefgekühlte Fleischerwaren zu **befördern**. Hier aber haben wir einen ganzen *Schlachthof*, der auf Rädern durch das Land gefahren wird. [16]

車　輸

280　hinausgehen über

逾

Warnschilder auf *Autobahnen* und *Landstraßen* sollen Rasern die Folgen ihres Leichtsinns vor Augen führen. Mit der neuestem Kampagne zur Eindämmung von Verkehrsunfällen **gehen** die Straßenbehörden jedoch **über** alles bisher Dagewesene **hinaus** und zeigen Bilder aus dem Inneren eines *Schlachthofes*. [12]

俞　逾

❖　Wandersmann

夂

Dieses Element nennen wir «**wandernde Beine**» – oder besser: **Wandersmann** (sofern Sie Möllers Lied vom fröhlichen Wanderer nicht kennen, lohnt sich das Nachschlagen). Es zeigt Beine «in Bewegung», die mit großen Schritten dahinzuschreiten scheinen. Geben Sie Acht auf die Schreibweise, die ersten beiden Striche gleichen einer stilisierten «7». [3]

丿　夂　夂

281　jeder

各

Dieses sehr abstrakte Schlüsselwort bezieht sich natürlich auf alle drei grammatischen Geschlechter. Wir werden es wie folgt veranschaulichen: Das Schriftzeichen zeigt einen *Wandersmann*, der – auf **jede** Konvention pfeifend – mit seinem *Mund* zwischen den Beinen daherkommt. Das gibt uns ein wunderbar individualistisches Bild für: «**Jeder** auf seine Weise!» [6]

夂　各

　Der Sinn der Redewendung sollte helfen, wenn wir dieses Zeichen als Primitiv benutzen. Falls nicht, führen Sie es auf seine ursprünglichen Elemente zurück. Bringen Sie es jedoch NICHT mit dem zeitlichen Ausdruck «*jedes Mal*» in Verbindung, der uns später begegnen wird (RAHMEN 431).

282 格 — Muster

Jedem Baum sein eigenes **Muster**. Denken Sie bei dem Schlüsselwort an die **Muster** auf einer Reihe von grobgemusterten Hawai-Hemden. Diese ziehen Sie den *Bäumen* in Ihrem Garten über, um jedem seine eigene Identität zu verleihen und ihn unverwechselbar zu machen. Gönnen Sie sich dann einen Moment, um diese Modenschau hinreichend zu bewundern. [10]

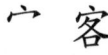

283 客 — Gast

Sind Sie in einer höflichen Stadt zu **Gast**, wird jeder *Haus*halt Sie auf seine Weise begrüßen, und *jedes Haus* wird auch zu Ihrem Zuhause. [9]

宀　客

284 額 — Stirn

Wie Ihnen schon Freiherr Knigge zu berichten gewusst hätte, starren Sie einem *Gast* aus Respekt nie direkt in die Augen, sondern nur auf den Krawattenknoten. Hier werden wir allerdings angewiesen, auf den Teil des *Kopfes* ÜBER den Augen zu schauen, nämlich auf die **Stirn** Ihres *Gasts*. [18]

客　額

285 夏 — Sommer

Im **Sommer** kommen Sie, geplagt sowohl von der Hitze als auch von hohen Strompreisen, auf folgende Idee: Sie heuern eine Reihe von *Wandersleuten* mit großen *Nasen* an. Mit jenen saugen sie sich an Ihrer *Zimmerdecke* fest und sorgen dann mit ihren in der Luft wandernden Beinen für einen angenehmen kühlenden Strom. Das gibt nicht nur Ihnen Kühlung in der **Sommer**hitze, sondern ist auch ein gutes Training für die *Wandersleut'*. [10]

一 百 夏

286 Lausanne

洛

Das Schlüsselwort zeigt eine der wichtigsten Verwendungsarten dieses Schriftzeichens im Chinesischen: Es steht aufgrund seines Lautwerts in Komposita für eine Reihe von Städtebezeichnungen, wie Los Angeles oder **Lausanne**. Wie kommen wir nun von *Wasser* und *jeder* zu **Lausanne**? Das bleibe Ihrer Vorstellungskraft überlassen. Vielleicht versuchen Sie ein Bild der schönen S-usanne aus **La-usanne**, mit der *jeder* männliche Einwohner der Stadt gerne einmal an den *Wassern* des Genfersees spazieren gehen würde. [9]

 洛

287 fallen

落

Schlüsselwort und Bild aus dem vorangeganenen Rahmen können Sie verwenden, indem Sie beoabachten, wie beim Kämmen aus dem dichten Haar der schönen *L-ausanne*rin S-usanne an einem Sommertag aber- und aberhunderte *Blüten* in den Genfersee **fallen**.

Falls sich bei Ihnen für *Lausanne* gleichwohl kein anschauliches Bild einstellen will, versuchen Sie es mit den Einzelteilen: **Fallen** *Blütenblätter*, treiben sie sachte dahin; **fällt** *Wasser*, platscht und spritzt es. So **fällt** *jedes* Ding auf seine eigene Weise. [13]

Lektion 14

Die nächste Gruppe von Primitiven, von der diese Lektion handelt, hat mit Kopfbedeckungen und anderen Deckeln zu tun.

❖   Krone

冖

Dieses Piktogramm einer einfachen **Krone** unterscheidet sich vom *Haus* nur durch die Abwesenheit des Schornsteins (des ersten *Tropfens* obenauf). Es kann für alle grundlegenden Bedeutungen einer **Krone** verwendet werden. Dem vollständigen Schriftzeichen, von dem sich dieses Element ableitet, werden wir später in Rahmen 293 begegnen. [2]

丶   冖

---

288   überflüssig

兀

Eine *Krone* sollte eigentlich das Zeichen von Führungskraft, Weisheit und Edelmut darstellen. Ohne diese Tugenden ist sie bloß ein **überflüssiges** Symbol, wie im Falle des in diesem Schriftzeichen dargestellten königlichen Hohlkopfs. Sie können sogar den *Wind* zwischen seinen Ohren wehen sehen. [4]

冖   兀

---

289   tiefgründig

沉

Hier sehen wir den Philosophen in **tiefgründigen** Gedanken über Metaphysisches versunken, wobei die *Wasserperlen* auf seiner Stirn zum einen Anzeichen seiner tiefen Konzentration sind – sowie zum anderen der Vorwürfe der Nachbarn, dass die ganze Sache auch zutiefst *überflüssig* sei. [7]

氵   沉

290 — Armee

軍

Der hier dargestellte *gekrönte Wagen* ist ein «Streitwagen», ein überaus geeignetes Symbol für die Armee eines Casesaren. [9]

冖 軍

❖ Als Primitiv bedeutet das Zeichen nur *Streitwagen*.

291 — ein Strahlen

輝

Gemeint ist hier nicht die Mehrzahl von «Strahl», sondern ein Leuchten, ein Glanz und **ein Strahlen**. Machen Sie sich den Umstand zunutze, dass das *Licht* auf der linken Seite und **das Strahlen** miteinander zu tun haben. Denn von dem hier gezeigten *Streitwagen* geht nicht nur aufgrund seiner Pracht **ein Strahlen** aus – sondern er ist der erste, der mit Scheinwerfern versehen worden ist, um auch im Dunkeln angreifen zu können. [15]

光 輝

292 — transportieren

運

Der *Streitwagen*, der hier die *Landstraße* entlangprescht, **transportiert** die Königin und Feldherrin so schnell wie möglich zu ihren Truppen an die Front – und die Verwundeten zurück in die Etappe, [12]

辶 運

293 — Krone

冠

Die **Krone** von einem Zeitalter zum nächsten weiterzureichen, ist der *Leim*, der ein Volk mit seinen *Ursprüngen* verbunden hält. [9]

冖 冗 冠

294 Traum

夢

Ein süßer **Traum** nach dem Zubettgehen setzt einem gelungenen *Abend* die *Krone* auf. *Blütenblätter* auf den liegenden *Augen* (anstelle des «Schlafsands», den wir Westler dort zu finden gewohnt sind) bekräftigen das Bild eines angenehmen **Traumes** nur noch, an den der Rest dieses ziemlich komplexen Schriftzeichens denken lässt. [14]

艹　茁　䒑　夢

❖ Zylinderhut

亠

Breite Krempe und aufragende Röhre eines **Zylinderhuts** werden hier graphisch mit zwei simplen Strichen dargestellt.

An diesem Punkt könnten Sie übrigens zu RAHMEN 6 zurückkehren. Falls Sie dort Schwierigkeiten mit dem Schriftzeichen hatten, verfügen Sie jetzt über die Requisiten für eine Erzählung: *Sechs Beinchen* hat ein Marienkäfer, der zusammen mit dem **Zylinder** eines Schornsteinfegers Glück fürs neue Jahr symbolisiert. Setzen Sie also den hohen, seidenbespannten **Zylinder** auf das krabbelnde Geschöpf, und Sie haben Ihr Schriftzeichen für sechs. [2]

丶　亠

❖ Wirbelwind

亢

Ein piekfeiner *Zylinder*, der auf einer *Wetterfahne* sitzt, steht für einen **Wirbelwind**. Um ihn vom Primitiv *Wind* zu unterscheiden, konzentrieren Sie sich auf die tornadoförmige Drehbewegung – eben das Wirbeln – des *Windes*. Der nächste Rahmen sollte dabei helfen. [4]

亠　亢

295 Grube

坑

Ein *Wirbelwind* drillt sich wie ein Bohrer in die *Erde*, bis eine tiefe **Grube** entstanden ist. [7]

土　坑

296　hoch

高

Denken Sie an das Bild aus R‌AHMEN 178 zurück und schauen Sie auf den *Mund* unter dem *Glashelm* des Außerirdischen. Fahren Sie dann mit dem *Mund* seines Kameraden unter dem *Zylinder* fort, der die Kopfbedeckung eines Erdlings anprobiert und feststellt, dass er mit ihr **hoch** über seine kleinen grünen Kollegen hinausragt – wie ein **höheres** grünes Wesen, sozusagen. [10]

亠　古　亯　高

❖ Das vollständige Schriftzeichen wird in Band 2 eine besondere Primitivbedeutung erhalten. Es kann zudem auf zwei Weisen abgekürzt werden: Wird es nur mit den ersten fünf Strichen geschrieben (亯), bleibt seine Bedeutung *hoch* (oder die des Komparativs) im allgemeinen Sinne. Wenn aber die nächsten beiden Striche hinzukommen (), wird es für eine sich türmende *Tiara* (oder «Papstkrone») stehen, weil das Element *Haube* zur Form einer *Krone* komprimiert wird.

297　genießen

享

Nicht nur im «Ancien Régime» gab es die «*höheren* Söhne und Töchter», die *Kinder* des Adels. Dieses Schriftzeichen zeigt uns die heutigen *höheren Kinder*. Sie **genießen** mehr Privilegien und Taschengeld als ihre Altersgenossen. Stellen Sie auf jeden Fall sicher, ein spezielles *höheres Kind* im Kopf zu haben, das immer besonders bevorzugt wird. Er oder sie wird uns in den nächsten beiden Rahmen gute Dienste leisten. [8]

　享

298　reif

熟

Wenn eine Frucht **reif** ist, können wir nicht genug davon kriegen. Die Schwierigkeit ist nur, dass wir den Geschmack **reifer**

Pfirsiche und Mangos das ganze Jahr über *genießen* wollen. Deswegen sehen wir hier ein kleines *Döschen voller Pillen*, die durch stundenlanges Auskochen reifer Früchte über einem *Ofenfeuer* destilliert worden sind – zu «Essenz von Pfirsich» und «Essenz von Mango». Genießen Sie sie, wann immer Sie wollen. [15]

享　孰　熟

299 Pavillon

亭

Denken Sie an die **Pavillons** auf einer Messe oder Weltausstellung, die Sie besucht oder in den Medien gesehen haben. Zweifelsohne werden Sie zwischen ihnen das aufragende *nagelähnliche* Gebilde mit einem Drehrestaurant an der Spitze erkennen – oftmals der einzige **Pavillon**, der die Veranstaltung überdauert. Der Unterschied liegt hier darin, dass das Restaurant die Form einer hohen, mit Juwelen besetzten goldenen *Tiara* hat. [9]

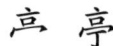

300 glänzend

亮

Um jenen verspakten alten *Tiaras* im Museum wieder ihr vormaliges **glänzendes** Äußeres zurückzugeben, kommen Sie auf die Idee, einen Pressluftreiniger zu verwenden. Stellen Sie sich vor, wie Sie sich mit einem Drucklufttank auf dem Rücken, einer Schutzbrille im Gesicht und der Düse in der Hand den unersetzlichen Schätzen nähern. Sie drücken den Abzug, und ein *Wind* mit der Gewalt eines Hurrikans bläst die prunkvolle Ausstellung an die gegenüberliegende Wand und zu einem Haufen Schrott zusammen. Vielleicht doch keine allzu **glänzende** Idee. [9]

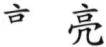

301 Hauptstadt

京

Denken Sie an ein hohes Kuppelgebäude in einer **Hauptstadt**, das von Schwärmen *kleiner* Menschen umringt wird. Entweder demonstrieren sie dort um die Aufmerksamkeit ihrer Regierung, oder aber sie stehen Schlange vor dem Fahrstuhl zur Aussichtskuppel. [8]

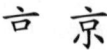

❖ Als Primitivelement wird dieses Schriftzeichen die Bedeutung *Hauptstadtgebäude* annehmen (wobei Sie, wenn Sie es wünschen, an das Reichstagsgebäude in Berlin denken könnten, mit seinen langen Menschenschlangen davor).

---

302   kühl

涼 Hier ertappen wir ein *Hauptstadtgebäude* beim Nehmen einer **kühlen** Dusche (den *Wassertropfen*) – vermutlich, weil irgendein Politiker wieder einmal einen heißen Skandal hingelegt hat. [11]

氵 涼

---

303   Landschaft

景 **Landschaft** wird hier dargestellt als eine *Sonne*, die über einem *Hauptstadtgebäude* aufgeht – was recht nahe an das Maß natürlicher **Landschaft** heranreicht, das manche Hauptstädter über Jahre hinweg zu Gesicht bekommen! [12]

日 景

---

304   sofort

就 Hier sehen wir unser kleines *Frankenhündchen*, das gerade sein großes Frankenbein an einem *Hauptstadtgebäude* heben will. Da wir uns nicht vor all den Menschen blamieren wollen, klopfen wir uns wie rasend auf den Schenkel und rufen: «Kommst Du wohl **sofort** hierher! **Sofort!!**» [12]

京 就

❖ 吉	**Bierseidel** *Lehm* über einer *Öffnung* liefert uns ein Stück «irdene» Töpferware mitsamt Verschluss. Sehen Sie sich nur das schöne gedeckelte **Bierseidel** an! [6]

305 周	**Umfang** Betrachten Sie Ihr *Bierseidel* genauer, und Sie werden kleine Eichstriche entlang seines unteren Randes erkennen. Mit denen können Sie den **Umfang** Ihres *Motorradhelms* ermitteln: Beginnen Sie einfach an einem bestimmten Punkt und drehen Sie das *Seidel* immer weiter eng am *Helm* entlang, bis Sie wieder an den Ausgangspunkt gelangen. Wenn Sie sich gemerkt haben, wie viele Drehungen und Teildrehungen Ihr *Bierseidel* gemacht hat, kennen Sie nun den **Umfang** des *Helms*. Bei den Strichen auf dem Umfang können Sie sich auch vorstellen, dass sie die Tage der Woche markieren, da dies eine weitere Bedeutung ist, die mit diesem Schriftzeichen verbunden ist. [8]

冂 周

❖ Als Primitiv kann dieses Schriftzeichen die zusätzliche Bedeutung einer *Runde* übernehmen.

306 週	**Woche** Stellen Sie sich eine kreisförmige *Autobahn* mit sieben Ausfahrten vor, einer für jeden Tag der **Woche**. Wenn Sie eine komplette *Runde* zurückgelegt haben, ist die **Woche** um. [11]

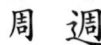

307 士	**Soldat** Die Form dieses Schriftzeichens, das sich von jenem für *Erde* durch seinen kurzen letzten Strich leicht unterscheidet, erinnert an einen breitschultrigen, schmalhüftigen **Soldaten**, der strammsteht. [3]

一 十 士

308 glücksbringend

吉

Wir erkennen einen *Soldaten*, der mit offenem *Mund* herumsteht. Menschen kommen herbei und blicken tief hinein, weil das angeblich **Glück bringen** soll. Denken Sie an die Wachen vor dem Buckingham Palace, die sich dabei nicht bewegen dürfen, um das Bild plastischer zu machen. [6]

士 吉

❖ Als Primitiv werden wir diese Form mit der Bedeutung *Sprühdose* verwenden, was von der *Mündung* und dem sehr fest sitzenden Deckel herrührt (beachten Sie, wie er sich von dem des *Bierseidels* unterscheidet).

309 kaufen

買

Wir haben mit dem Vorstellen dieses Schriftzeichens bis hierher gewartet, da es ein Paar mit dem im folgenden Rahmen bildet. Es stellt eine Frau auf einem Fischmarkt dar, die *Austern* der höchsten Güteklasse **kaufen** will. Sie sollten hier erkennen, wie sie ein kritisches *Auge* auf die *Austern* wirft, um deren Qualität vor dem Kauf auch eingehend zu prüfen. [12]

 丶 ⴹ ⴹ 罒 罒 買

310 verkaufen

賣

Das begleitende Schriftzeichen zu *kaufen* ist **verkaufen**. Der einzige Unterschied besteht in dem Soldaten, der die *kauf*willige Augenwerferin aus dem vorigen Rahmen sorgfältig beobachtet – aus hygienischen Gründen und um sicherzustellen, dass auch der Verkaufspreis ordnungsgemäß entrichtet wird. [15]

 士 賣

Lektion 15

In dieser Lektion befassen wir uns mit einer Gruppe von Primitiven, welche auf die eine oder andere Weise mit Schule und Erziehung zu tun haben. Vergewissern Sie sich, Ihren Erzählungen genügend Zeit einzuräumen, um in Ihrer Vorstellungskraft zum Leben zu erwachen – es wird nämlich größerer Anschaulichkeit bedürfen, als die kurzen «Entwürfe» sie aufweisen. Sie merken, dass Sie NICHT genug Zeit aufwenden, wenn Sie sich beim Auswendiglernen von Definitionen anstatt beim Spielen mit Bildern ertappen.

| ❖ | Pinsel |

聿

Bei diesem Primitivelement, das selbst kein Schriftzeichen ist, handelt es sich um das Piktogramm eines Schreib**pinsels**. Wir führen es ein, um ein weiteres Zeichen mit dem *Strecken*-Primitiv zu erlernen. Lassen Sie die ersten drei Striche für das Haarbüschel an der **Pinsel**spitze und die folgenden zwei für Daumen und Zeigefinger stehen, die ihn beim Schreiben führen. Achten Sie darauf, wie der lange, alles durchquerende senkrechte Strich als Letztes gezogen wird. Das entspricht allgemeinem Vorgehen für eine solche Linie, die der Länge nach durch ein Schriftzeichen läuft. Erscheint dieses Primitiv über einem anderen, wird allerdings – wie wir schon bei der *Kuh* gesehen haben – sein «Schwanz» abgeschnitten, was uns verschafft. [6]

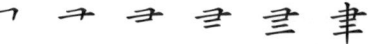

| 311 | Buch |

書

Der Weise spricht schnell, fast mit *plappernder Zunge*, während der *Pinsel* seines Sekretärs sich eilt, auch ja alle Worte des Meisters in einem **Buch** für die Nachwelt festzuhalten.

So, wie sich die Strichfolge auch in der abgekürzten Primitivform der *Kuh* änderte (Rahmen 235), werden auch hier die letzten beiden Striche des Elements *Pinsel* in anderer als im obigen Rahmen angegebener Form gezogen. [10]

312 — 畫 — Zeichnung

Das Schriftzeichen für **Zeichnung** beginnt, recht logisch, mit einem *Pinsel*. Was aber, um Himmels Willen, – so fragen Sie sich – macht das *Gehirn* da auf dem *Fußboden*? Den Rest der Geschichte überlassen wir lieber Ihnen. [12]

313 — 劃 — kratzen

Anstatt den anderen am Rücken zu **kratzen**, kann man ihm auch mit dem Zeigefinger einen *Zeichnung* dorthin malen und ihn raten lassen, was es sein soll. Hier haben wir eine Truppe gelangweilter Fremdenlegionäre, die dieses Spiel mit ihren langen, blitzenden *Säbeln* spielen. [14]

❖ — 攵 — Zuchtmeister

Finden Sie zunächst die Peitsche (den ersten Strich), die von einer sitzenden Person gehalten wird (den nächsten drei Strichen, die dem Piktogramm für *Frau* nicht unähnlich sind, sich von dem in Lektion 13 eingeführten *Wandersmann* hingegen unterscheiden). Nun müssen Sie nur noch die Erinnerung an einen unvergessenen **Zuchtmeister** (oder eine **Zuchtmeisterin**) heraufbeschwören. Sie können dabei auch an eine Vorgesetzte oder einen Sklaventreiber denken. [4]

314 — 攻 — angreifen

Ein Vorarbeiter, *Zuchtmeister* auf einer Großbaustelle, befiehlt seinen Bauarbeitern, ihre *Stahlträger* zu schultern und das Häuschen eines alten Mütterchens **anzugreifen**, das sich weigert, sein angestammtes Heim zugunsten eines neuen Wolkenkratzers zu räumen. [7]

工　攻

315 — unterliegen

敗

Der *Zuchtmeister* lässt diejenigen *Muscheln* die Rute spüren, die in der Marineschule beim Nahkampftraining **unterliegen**. [11]

貝　敗

316 — daher

故

In einem Interview fragt man den *Zuchtmeister*, warum er so große Strenge walten lässt: «Nun,» antwortet er bedächtig «das rührt vermutlich **daher**, dass ich etwas *altertümliche* Ansichten von Menschenführung habe.» Wir hätten es uns fast gedacht. [9]

古　故

317 — retten

救

Üblicherweise richtet ja der alte *Zuchtmeister*, Ihr gefürchteter Deutsch- und Schwimmlehrer, die Fragen an Sie. Hier aber drohen Sie, im Schwimmbecken zu ertrinken, und der (oder die) Alte sitzt ungerührt auf der Bank. Nach viel vergeblichem Rufen und Schreien wählen sie ein letztes Mal sorgsam ihre Worte: «Ich möchte noch einmal erlesenst *nachfragen*, dass man mich bitte umgehend **retten** möge.» [11]

求　救

318 — verehren

敬

Wenn Sie jemanden **verehren**, bedenken Sie sie oder ihn mit *blumigen Sätzen*. Der Zuchtmeister auf der Rechten bläut Ihnen schon ein, wen Sie auf diese Weise zu **verehren** haben, und wie. [13]

艹　苟　敬

319 geräumig

敞

Von *Wertschätzung* und *Zuchtmeister* zu **geräumig** ist es nur ein kleiner Schritt, wenn Sie bei dem Schlüsselwort an das **geräumige** neue Büro denken, welches der *Zuchtmeister* von wiederum seinen Vorgesetzten als Zeichen der *Wertschätzung* dafür bekommen hat, dass er seine armen Untergebenen so hervorragend an der kurzen Leine hält. [12]

尚　敞

320 sagen

言

Das Schriftzeichen für **sagen** hat vier kleine Schallwellen, die aus einem *Mund* aufsteigen. Wären sie nicht da, würde uns der Mund allein ja auch nichts Neues **sagen**. (Die handschriftliche Form beginnt im Unterschied zur gedruckten mit so etwas ähnlichem wie einem *Zylinderhut*.) [7]

❖ Wenn dieses Schriftzeichen als Primitiv auftritt, wird es oft die Bedeutung von *Worten/Wörtern* bekommen.

321 Polizei

警

Obgleich manche Menschen nicht viel Gutes über die **Polizei** reden, beißen sie sich doch auf die Zunge, wenn sie rechts heranfahren müssen. Dann geben sie sich zumeist alle Mühe, den Wachtmeister trotz dessen deutlicher *Worte* zu *verehren* und so noch einmal mit einer Verwarnung davonzukommen. [20]

 警

322 Plan

計

Worte und eine Mess*nadel* stehen hier beieinander, um die Bedeutung **Plan** zu vermitteln – nämlich zunächst Vorstellungen zu verbalisieren und dann Kurs und Geschwindigkeit des Handelns festzulegen. [9]

 計

323 Gefängnis

獄

Hier sehen wir eine typische Szene aus einem Hochsicherheits-**gefängnis** für unsere vierbeinigen Freunde: Ein armer kleiner *Chihuahua* (Ersttäter) wird zu einem *Rudel Wildhunde* (den Langzeitinsassen und knallharten Verbrechern) geworfen. Alles, was er zwischen sich und das Rudel zu bringen vermag, sind seine schrillen und ängstlichen *Worte*. [14]

犭　犭　獄

324 anprangern

討

Worte, die man spricht, um etwas oder jemanden **anzuprangern**, haften wie *Leim* und sind schwer wieder abzuschütteln. [10]

言　討

325 Belehrung

訓

Beachten Sie im Freibad am *Fluss* vor dem ersten Eintauchen unbedingt die **Belehrungen**, sprich: die *Worte*, des Bademeisters. Sie wissen schon: nicht mit vollem Magen, Strömung beachten, keine Kopfsprünge etc. [10]

言　訓

326 Gerede

話

Dass die *Worte* der *Zunge* das Schriftzeichen für **Gerede** bilden, kann uns nicht überraschen. Denken Sie an den Ausdruck «Alles nur **Gerede**», und eine Erzählung sollte nicht weit sein. [13]

言　話

327 Gedicht

詩

Weil Stille in einem *buddhistischen Tempel* so wichtig ist, muss man seine wenigen *Worte* dort besonders sorgfältig wählen.

Vielleicht lesen sich deshalb die Aufzeichnungen der Mönche für uns häufig wie **Gedichte**. [13]

言　詩

328　Sprache

語

Während die Schriftzeichen für *sagen* und *Gerede* (RAHMEN 320 und 326) sich auf das konkrete Sprechen bezogen, betont dieses, dass eine **Sprache** nicht nur Verständigungsmittel zwischen Abertausenden von Menschen ist. Oft identifizieren wir uns so stark mit ihr (nennen Sie gar «Muttersprache»), dass ihre *Worte* und unser *Ich* (Sie erinnern sich: passenderweise das *literarische Ich*) aufs engste miteinander verbunden sind – so wie es in diesem Zeichen deutlich zu erkennen ist. [14]

言　語

329　lesen

讀

Im Zeitalter der Werbung wollen uns die meisten *Worte*, die wir **lesen**, ein Produkt oder einen Standpunkt *verkaufen*. [22]

言　讀

330　Melodie

調

Eine **Melodie** ist eine *Runde* Musik ohne *Worte*. (Stellen Sie sich am besten vor, wie Sie die *Runde Worte* aus der Strophe herausnehmen, um nur die reine **Melodie** hören zu können – wie für eine Karaoke-Party.) [15]

言　調

331　diskutieren

談

Oft tritt beim Versuch, eine Angelegenheit zu **diskutieren**, der Eifer der eigenen Überzeugungen hervor und führt zu einer regelrechten *Entzündung* der *Worte* – was dann, wenn Sie so wollen, das Akute am **Diskutieren** ausmacht. [15]

言 談

332 — dieses

這

Bisweilen sehen wir beim Fahren Zeichen oder gar Worte auf die Straße geschrieben – normalerweise so etwas wie STOP. Hier jedoch sehen wir nur das Wort DIESES in großen weißen Buchstaben auf uns zukommen und dann unter unserer Motorhaube verschwinden. Stellen Sie sich die Szene vor, zusammen mit der Verwirrung, die Sie noch Stunden später bei Ihnen verursachen würde. [10]

言 這

Lektion 16

In dieser kurzen Lektion von 20 Schriftzeichen kommen wir zu einer interessanten Traube von Primitivelementen – einmalig unter allen, denen wir in diesem Buch bisher begegnet sind oder noch begegnen werden. Sie baut sich Schritt für Schritt aus einem einzigen Element auf. Achten Sie darauf, sich dieser Lektion in einer einzigen Sitzung zu widmen, um die Ähnlichkeiten und Unterschiede der einzelnen Elemente vollständig würdigen zu können. Sie werden später häufig vorkommen.

❖ 	**Pfeil** Hier sehen wir das Piktogramm eines langen und leicht verbogenen **Pfeils**. Wenn Sie den kurzen letzten Strich gedanklich in beide Richtungen verlängern, sollten Sie ohne Schwierigkeiten die **Pfeil**spitze erkennen können. Der untere Haken stellt die Federn am Ende des Schafts dar. Dient der Pfeil als Halb-Einfassung für andere Primitive, wird der erste Strich verlängert, wie wir in den folgenden Rahmen sehen werden. [3]

333 	**Stil** *Pfeile* herzustellen, ist *Arbeit*. Auch bei dieser können Sie jedoch ihren eigenen **Stil** einbringen. Hier sehen wir einen besonders modischen *Pfeil*, dessen Schaft einem kleinen *Stahlträger* gleicht. In jeder Schlacht erkennt man diese *Pfeile* an ihrem besonderen, industriellen **Sti(e)l**. [6]

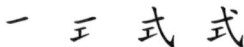

334 試	**probieren** Bevor ein Produzent einen neuen *Stil* auf den Markt bringt, verteilt er **Proben** und bittet ausgewählte Verbraucher, das Erzeugnis zu **probieren** und ein paar *Worte* dazu zu verlieren. Stören Sie sich nicht am Anachronismus (das Schriftzeichen

war lange vor jeglicher Marktforschung da), wenn er Ihnen bei der Erinnerung hilft. [13]

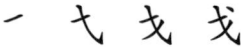

335 | Hellebarde

戈

Eine **Hellebarde** ist eine Art Lanze, die aus einer langen, *pfeil*-kopfähnlichen Pike mit zwei geschwungenen Klingen darunter besteht. Falls Sie keine im Schrank stehen haben, können Sie zur Veranschaulichung ein Lexikon konsultieren. [4]

一 弋 戈 戈

❖ Wenn dieses Zeichen als Primitiv verwendet wird, werden wir auf ein freundlicheres Bild zurückgreifen. Denken Sie von dem dritten Strich als einer Art Zierquaste oder -troddel. Sie ist am Schaft eines *Pfeils* befestigt und zeigt so an, dass es sich nicht länger um Munition für eine Waffe handelt, sondern um das Symbol eines großen *Straßenfestes* (Sie können sich die Quasten auch als Luftschlangen vorstellen, die von den Richtungs-*Pfeilen* auf Straßenschildern herabhängen).

336 | oder

Wenn Sie nicht gerade eines jener überbraven Kinder gewesen sind, die immer getan haben, wie ihnen geheißen war, sollten Sie das Schlüsselwort in diesem Rahmen ohne weiteres mit der strengen elterlichen oder schulischen Warnung «...**oder** du kannst etwas erleben!» in Verbindung bringen können. Hier sehen wir eine recht finstere Darstellung des «**Oder**-es-setzt-etwas»: Sie liegen mit Ihrem *Mund* auf dem *Fußboden* (ein kreativer Ersatz für In-der-Ecke-Stehen), während alle anderen draußen sein und das *Straßenfest* genießen dürfen.

So, wie der Ausdruck des «**oder** es passiert etwas» nicht zwingend schlimme Konsequenzen enthält, sondern eine Wahlmöglichkeit beschreibt, handelt es sich auch bei dem Schriftzeichen um eine einfache Konjunktion. Achten Sie besonders auf die Strichfolge. [8]

一　口　豆　式　或　或

337 Einbrecher

賊

Aus dem Blickwinkel eines **Einbrechers** bietet ein *Straßenfest* eine passende Gelegenheit, die gute alte *Nadel* zum Öffnen von Schlössern hervorzuholen und unbewachte Schatullen mit den Familien-*Muscheln* zu plündern (dem altertümlichen *Geld*, wie wir in RAHMEN 76 und 77 gesehen haben). [13]

貝　貯　貯　賊

❖ Erntedankfest

𢦏

Das Wort **Erntedankfest** wählen wir hier, um dieses Primitiv zu veranschaulichen. Wie seine zusammengesetzten Elemente verdeutlichen, bezeichnet es ein «*Erd-Fest*». [6]

一　十　土　𢦏　𢦏　𢦏

338 beladen (VERBALADJ.)

載

Hier sehen Sie einen großen, voll **beladenen** *Wagen* auf einem *Erntedankfest*. Es ist nicht schwierig, sich vorzustellen, womit: Denken Sie an die prachtvollen Gemüse- und Obstsorten, die Mutter Natur so reichlich schenkt. Wenn Sie den *Wagen* fertig **beladen** haben, fahren Sie damit stolz durch die Stadt. [13]

土　車　載

339 Eisen

鐵

Beim jährlichen *Erntedank*-Wettbewerb um das für die Dorfgemeinschaft nützlichste Bodenprodukt *reichen* Sie einen Barren **Eisen** *ein*. Zunächst lacht man Sie aus, aber nach etwas Nachdenken darüber, wie wichtig **Eisen** für unsere Bedarfsgegenstände ist, gewinnt es die *Gold*medaille. [21]

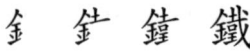

戊 Parade

Beachten Sie zunächst die Schreibfolge. Der erste Strich, der dem *Straßenfest* hinzugefügt wird, verschafft uns eine vollwertige Einfassung. Daher sollten wir hier immer an eine **Parade** oder einen **Festzug** von oder aus etwas denken – nämlich von oder aus dem, was sich innerhalb der Einfassung befindet. [5]

一 厂 戊

340 茂 üppig

Die Bedeutung des Schlüsselwortes **üppig** ist, dass etwas reichlich, aber nicht notwendigerweise übermäßig wächst – in diesem Falle eine ganze *Parade* von Unkräutern (verstoßenen *Blumen*). Als Ausnahme von der Regel nehmen die *Blumen* hier ihren sonst üblichen Platz ÜBER der Einfassung ein. [9]

⺾ 茂

341 成 werden zu

Lassen Sie den Ausdruck «**zu** etwas **werden**» für eine Art magische Verwandlung stehen. Hier **wird** eine die Hauptstraße hinabmarschierende *Parade* **zu** einem *Dolch*-Wurfwettbewerb zweier rivalisierender Musikkapellen. Sehen Sie, wie nur ein einziger Strich hinzugefügt werden muss, um die Verwandlung zu bewirken. [6]

一 厂 厅 成

342 城 Stadt

In diesem Rahmen sehen wir einen Haufen *Erde*, der *zu* den Mauern einer **Stadt** *wird* (so, wie Sie als Kind am Strand einen Wall um Ihre Sandburg gebaut haben mögen). [9]

土 城

| 343 | aufrichtig |

誠

Ein sicheres Erkennungszeichen **aufrichtiger** Menschen ist, dass ihre *Worte* später auch *zu* etwas *werden* – vorzugsweise zu Taten, versteht sich. [13]

言　誠

| ❖ | Marsch |

戍

Anders als eine *Parade* deutet ein **Marsch** auf eine Demonstration hin, deren ernster emotionaler Unterton sich üblicherweise vom fröhlichen Geist der *Parade* unterscheidet. Die Einbeziehung der *Eins* verleiht die Bedeutung von gemeinsamem Zweck und *Ein*igkeit der zum **Marsch** angetretenen Gruppe. Wie zuvor bei der *Parade* zeigt die Einfassung, wer oder was **marschiert**. [6]

一　厂　厃　戌　戍　戍

| 344 | Macht |

威

Hier sehen wir einen *Marsch* von *Frauen*, die im Namen der Gleichberechtigung demonstrieren – Zeichen einer neuen **Macht**, welche den männlichen Chauvinisten in der Bevölkerung nicht unbedingt gelegen kommt. Hören Sie zu deren Schrecken skandieren: «Frauen an die **Macht**!» [9]

厂　反　威

| 345 | vernichten |

滅

Erleben Sie hier einen *Marsch* von *Bränden*, die gegen die Feuerwehr demonstrieren, aber aufgrund eines *Wasser*werfereinsatzes der Polizei kurz darauf völlig **vernichtet** werden. [13]

氵　沪　㴹　滅

346 salzig

咸

Dieses Schriftzeichen zeigt uns einen *Marsch* der *Münder*. Auf welchem Weg mögen sie sich befinden? Vermutlich auf einem Protest*marsch* gegen zu **salziges** Essen, einem großen – auch gesundheitlichen – Problem der westlichen Industriegesellschaften, das unsere Protestierenden recht verschrumpelt daherkommen lässt. Gefordert werden weniger Salziges, dafür mehr Nachtisch und freie Getränke. [9]

厂 后 咸

347 verringern

減

Eine Gruppe von *Mündern* mit unstillbarem Durst macht sich auf einen *Marsch* durch das Land und trinkt *Wasser*, wo immer sie es findet – bis sich die Vorräte so sehr **verringert** haben, dass ein nationaler Notstand droht. Natürlich können Sie auch ein eigenes Bild mit den Primitiven *Wasser* und *salzig* schaffen. [12]

氵 減

348 Liste

單

Die *Quasselstrippe* lässt darauf schließen, um was für eine **Liste** es sich hier handelt: um eine Auktions**liste** von Gegenständen, die an den jeweils Meistbietenden verkauft werden sollen. Nun müssen Sie sich nur noch vorstellen, dass das *Hirn* jedes Bieters im Publikum eine kleine Mess*nadel* eingebaut hat, die zwischen «mitbieten» und «aussetzen» hin- und herschwankt, während die Gebote steigen.

Achten Sie hier sorgsam auf die Schreibweise. Das *Gehirn* teilt sich einen einen Strich mit der *Nadel*, was Auswirkungen auf die Schreibfolge hat. [12]

口 吅 甼 單 單

349 戰 — Krieg

Der Sieg am Ende eines **Krieges** wird üblicherweise mit großen *Straßenfesten* gefeiert – bis es an der Tür klopft und der Familie mitgeteilt wird, dass der kleine Bruder oder der Sohn, dessen Ankunft erwartet wurde, auf der *Liste* derjenigen steht, die in einer Eichenkiste zurückkehren. [16]

❖ 戔 — Festwagen

Wenn Sie sich unter der Bezeichnung dieses Primitivelements zunächst nichts vorstellen können, denken Sie an die prächtigen und phantasievollen **Festwagen** auf dem Rosenmontagszug in den Hochburgen des Karnevals (aber natürlich weder an den *Wagen* aus RAHMEN 274 noch das Primitiv *Streitwagen* aus Lektion 14). Diese elementaren Bestandteile eines *Straßenfestes* sind jedoch nicht nur statische Schauwagen, sondern auf ihnen findet wiederum häufig noch ein eigenes *Fest* statt – mit Tänzern, Musikanten, Akrobaten usw. Dementsprechend zeigt das Primitiv für Festwagen ein *Straßenfest* auf einem *Straßenfest*. [8]

350 錢 — Münze

Üblicherweise fliegen nur Karamellen und Luftschlangen von einem *Festwagen*. Hier jedoch wird auf Anweisung der Veranstalter auch *Metall* unter die Leute geworfen, um rege Teilnahme sicherzustellen. Um was sollte es sich dabei handeln, wenn nicht um **Münzen**? [16]

351 淺 — seicht

Ein ganzes Gefolge aus *Festwagen*, das von einer Stadt zur nächsten zieht, muss sich stets eine **seichte** Stelle suchen, um unterwegs *Gewässer* zu durchqueren. Versuchen Sie sich vorzustellen, was passiert, wenn es das nicht tut. [11]

氵   淺

---

352 **billig**

賤

Wenn der größte Geizhals der Stadt zustimmt, beim jährlichen Rosenmontagszug einen *Festwagen* zu gestalten, lässt er sich erst kurz durch den Kopf gehen, wie viele *Muscheln* ihn das wohl kosten wird, und versucht dann mit viel Sparmaßnahmen, es so **billig** wie möglich zu halten. [15]

貝   賤

Lektion 17

Aufgrund des eher speziellen Charakters der letzten Gruppe von Primitiven ist es vermutlich eine gute Idee, nicht vorschnell in diese neue Lektion zu eilen, bis Sie sicher sind, sie alle gelernt und mit guten Bildern versehen zu haben. Nun werden wir uns einem weiteren Satz von Primitiven widmen, die auf einer gemeinsamen Basis aufbauen. Sie sind jedoch geringer an der Zahl und sich in den Bedeutungen unähnlicher, als wir es in der letzten Lektion erlebt haben.

---

353 stoppen

止

Das Schriftzeichen für **stoppen** lernt man am einfachsten als Piktogramm, obwohl Sie vielleicht einen Moment benötigen, um es zu erkennen. Verstehen Sie es als reichlich grobe Zeichnung eines Fußabdrucks: Die ersten drei Striche stellen den vorderen Teil des Fußes dar, der letzte die Ferse. Der große Zeh (Strich Nummer zwei, der nach rechts herausragt) zeigt, dass es sich hier um einen linken Fuß handelt. [4]

丨 卜 止 止

❖ Obwohl wir die Bedeutung **stoppen** beibehalten, werden wir oft auch auf die piktographische Bedeutung *Fußabdruck* zurückkommen. Wenn die letzten beiden Striche sich schwingen wie hier 止, bedeutet das eine ganze *Spur von Fußstapfen*, wie man sie am Strand oder im Schnee finden kann. Ein Beispiel dafür wird uns erst in Rahmen 973 begegnen.

---

354 Schritt

步

Fußabdrücke, die mit *wenig* Abstand aufeinander folgen, deuten auf gemütliche **Schritte** ohne Hast hin. Vergessen Sie nicht, was wir damals in Rahmen 104 über die Abkürzung des Elements *wenig* gesagt hatten, wenn es unter einem anderen Element steht. [7]

止 歩 歩 步

355 — durchwaten

涉

Um seine *Schritte* durch das *Wasser* setzen zu können, braucht man eine Furt. Und auch dann muss man das knöcheltiefe Wasser noch **durchwaten**. Denken Sie nur daran, wie es sich anfühlt, vorsichtig tastend einen schmalen Bach zu **durchwaten**. Um nicht auf einem glitschigen Stein auszurutschen, müssen Sie jeden *Schritt* sorgfältig planen. [10]

氵 涉

356 — häufig

頻

Wichtige Dinge, wie die Erzählungen für unsere Schriftzeichen, sollten wir uns anfangs ruhig **häufig** durch den *Kopf* gehen lassen. *Schritt* für *Schritt* führen sie uns dann zu unserem Lernziel. (Hören Sie die *Schritte* dabei in Ihrem *Kopf*!). [16]

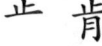

357 — zustimmen

肯

Fußabdrücke auf *Fleisch* deuten auf eine recht brutale Art hin, jemanden zum **Zustimmen** gebracht zu haben. [8]

358 — herbeisehnen

企

Wer würde nicht seinen Urlaub **herbeisehnen**, in dem er unter einem großen *Sonnenschirm stoppt* und sich auf sein Badelaken wirft? (Gleichzeitig *stoppen* natürlich auch der Terminkalender, das Telefon, die Emails, etc…) [6]

人 企

359 — Lebensjahre

Dieses Schriftzeichen steht für die Anzahl der bereits **gelebten Jahre**. Es zeigt einen *Marsch weniger Fußabdrücke*. Ohne Füße, nur die *Abdrücke*. Vielleicht können Sie hier mit dem Ausdruck «in jemandes *Fußstapfen*» treten arbeiten. [13]

止 疒 歨 歲

360 武 — militärisch

Von Sun Tsu, dem Ahnherren aller **militärischen** Strategen, lernen wir in seiner «Kunst des Krieges», dass es besser sei, Streitkräfte unversehrt zu lassen, als sie zu vernichten. Der Höhepunkt aller **militärischen** Kunst besteht daher darin, den Feind mit dem Abfeuern nur *eines* einzigen *Pfeils* so einzuschüchtern, dass er freiwillig *stoppt*. Vermutlich handelt es sich dabei um einen sehr großen *Pfeil*. [8]

一 二 正 武 武

361 賦 — Besteuerung

Eine **Besteuerung**, wie jeder Bürger schmerzlich weiß, erfolgt aus allen möglichen Gründen, aber hier sehen wir das Bild einer gewissen Anzahl *Muscheln* (Geld), die von den Herrschenden zur Deckung ihrer *militärischen* Kosten eingesammelt werden – vermutlich einer der ältesten Gründe für **Besteuerungen** überhaupt. Vergessen Sie nicht, das Bild plastisch zu gestalten und sich eine möglichst *militärische* Art des Einsammelns vorzustellen, vielleicht mit Fallschirmjägern als Finanzbeamten. [15]

貝 賦

362 正 — richtig

«Auch eine Reise von tausend Meilen beginnt mit dem ersten Schritt», sagt das chinesische Sprichwort. Hier sehen wir genau *einen Fußabdruck*. Er vervollständigt die Redewendung mit dem zutreffenden Hinweis, auch ja in die **richtige** Richtung aufzubrechen, denn sonst geht die ganze Reise zwangsläufig daneben. Diesem Ideal sollten natürlich auch Lehrer und Eltern beim **Berichtigen** ihrer Schützlinge folgen. Beachten Sie, wie sich das ganze Schriftzeichen rechtwinklig ausrichtet, was es uns erleichtert, die parallele Etymologie von Zeichen und Schlüsselwort zu erkennen. [5]

一 正

363   Politik
政

Zu den vielen Definitionen für das abstrakt gemeinte Schlüsselwort **Politik** möchte dieses Schriftzeichen noch eine weitere hinzufügen: *richtiges Zuchtmeistern*. Denken Sie darüber nach, was die Primitive uns erzählen. Auf der einen Seite sehen wir die traurige Binsenweisheit, dass **Politik** mit *Zuchtmeistern* zu tun hat, weil sie Menschen dirigiert. Auf der anderen Seite sehen wir die permanenten Wahlversprechen, dass alles wunderbar wird, wenn bloß der *richtige* Kandidat eine Chance bekommt. [9]

正 政

❖   ausbessern
疋

Dieses Primitiv unterscheidet sich nur durch die den letzten beiden Strichen verliehene Bewegung vom Schriftzeichen für *richtig*. Legen Sie seinem Konzept, etwas zu «richten», eine konkrete Bedeutung bei, wie zum Beispiel das **Ausbessern** einer Hose. [5]

一 丁 下 疋

364   bestimmen
定

Die Bereitschaft, auch einfach einmal etwas zu **bestimmen**, ist bisweilen nötig, um den *Haus*frieden zu *richten*. [8]

宀 定

365   laufen
走

Laufen, so verrät man uns hier, *bessert* die *Erde aus* (oder *richtet* sie). Wenn man bedenkt, was das Autofahren auf der *Erde* anrichtet, erscheint es tatsächlich nicht als schlechte Idee, einfach zu **laufen**.

Achten Sie darauf, wie der letzte Strich der *Erde* mit dem ersten Strich des *Ausbesserns* zusammenfällt. Natürlich könnten Sie hier auch *Erde* und *Spur von Fußstapfen* als Primitivelemente verwenden, aber wenn Sie das tun, dann auf eigene Verantwortung. [7]

土　走

366　übersteigen

超

Wer einen Militärdienst zu absolvieren hatte, dem sind lange Märsche nichts Fremdes. Dieses Schriftzeichen zeigt es uns schwarz auf weiß: Wenn man *einberufen* worden ist, **übersteigt** dieser Umstand die eigene Trägheit und lässt uns scheinbar ohne Mühe *laufen* und *laufen*, ohne dass es die eigene Leistungsfähigkeit **überstiege**.

Beachten Sie in diesem und dem folgenden Rahmen, dass das Element für *laufen* andere Elemente von unten stützen kann, ganz ähnlich dem Element für *Straße*. Damit das möglich wird, muss der letzte Strich verlängert werden. [12]

走　超

367　überschreiten

越

Hier sehen wir eine *Parade*, die von einer Stadt zur nächsten *läuft* und dabei sämtliche Geschwindigkeitsbeschränkungen **überschreitet**, weil sie zu viele Termine angenommen hat. Beachten Sie den kleinen «Haken» am Ende des ersten Strichs des *Paraden*elements. Es ist das EINZIGE Mal, dass er auf diese Weise bei einem Schriftzeichen in diesen Büchern vorkommt. [12]

走　走　走　越

368　sein

是

«**Sein** oder nicht **sein**, das ist hier die Frage.» Hamlets Monolog ist ein gutes Beispiel dafür, dass auch im Falle einfachster Worte das *Nachplappern* eines klassisches Zitats den eigenen Sprachstil erheblich *auszubessern* vermag – und das verschliffene Alltagsdeutsch in Momente goldener Eloquenz verwandelt. Wie Hamlet **sind** auch wir voller Fragen und grübeln: «Isses jetzt Shakespeare oder isses nich'?» [9]

日 是

369 | Thema

題

Das **Thema** Ihrer Abschlussarbeit steht oben auf der ersten *Seite*. Darüber sollte Ihre Arbeit am Ende dann auch besser *sein*, sonst *isse* daneben. [18]

是 題

❖ | Strecke

夂

Das Primitiv mit der Bedeutung **strecken** oder **Strecke** mag auf den ersten Blick ähnlich wirken wie das für *Straße*. Wenn Sie sich jedoch einen Moment Zeit nehmen, es sorgfältiger zu studieren, werden Sie den Unterschied erkennen. Wie die *Straße* trägt es andere Primitive auf seinem geschwungenen letzten Strich. [3]

フ 彡 夂

370 | errichten

建

Um ein Gebäude zu **errichten**, müssen Sie zunächst einen Satz Baupläne *pinseln* und Ihre Zeichnungen dann so lange s...t...r...e...c...k...e...n, bis sie dem korrekten Maßstab in der Wirklichkeit entsprechen. [9]

聿 建

371 | verlängern

延

Dieses Schriftzeichen versinnbildlicht auf seine Weise, wie sich **Verlängerungen** ergeben. Auch wenn Sie auf einer *Strecke* nur das kleinste Weilchen (dargestellt durch den zusätzlichen *Tropfen* obenauf) *stoppen*, **verlängert** das gleichwohl Ihre Reisezeit. Gewinnen Sie ein plastisches Bild von diesem Prozess, indem Sie vor Augen haben, wie sich die *Strecke* dem Horizont entgegenzu*strecken* beginnt, sobald Sie auch nur für einen Moment innehalten. [8]

´ 正 延

372 — Geburt

誕

Das Element zur Linken erinnert uns an den berühmten Beginn des Johannesevangeliums: «Am Anfang war das *Wort*.» In direkter *Verlängerung* dieser *Worte* befindet sich die **Geburt**, die wir jedes Jahr zu Weihnachten feiern. [15]

言 誕

❖ — Zoo

Anstatt dieses Primitiv für Tiere im Allgemeinen zu verwenden, werden wir es **Zoo** nennen, um eine Verwechslung mit den später erscheinenden Einzeltieren zu vermeiden. Wäre da nicht der abwärts deutende Haken am Ende des ersten Strichs, ließe sich dieses Element nicht von *ausbessern* unterscheiden. Vielleicht haben Sie mittlerweile einen Blick für solche Details entwickelt. Falls nicht, werden Sie bald über ihn verfügen. [5]

⌐ 丆 疋 疋 疋

373 — klar

楚

Wenn Sie einen *Zoo* im *Forst*land anlegen, mögen sich vielleicht die Tiere wohlfühlen. Aber die Besucher haben keinen **klaren** Blick mehr auf etwas anderes als Bäume. [13]

林 楚

374 — Fundament

礎

Dieses Zeichen zeigt einen Grund*stein* – den ersten *Stein* eines **Fundaments**. Dieser erste Stein dient als *klare* Anleitung zum **Verlegen** aller weiteren Steine – im wahrsten und *klarsten* Sinne des Wortes als Grundlage für sämtliches weiteres Vorgehen. [18]

石 礎

Lektion 18

Die drei Zeichengruppen, die in dieser recht langen Lektion zusammenkommen, ordnen sich um drei Primitivsätze an, die mit Stoff und Bekleidung, mit dem Wetter und mit Körperhaltungen zu tun haben.

| 375 | Gewand |

Oben sehen wir einen *Zylinder*, unten eine piktographische Abbildung der Falten eines **Gewandes**. Wenn Sie den «vierfältigen» Teil in zwei Sätze zu je zwei Strichen unterteilen, wird es Ihnen leichter fallen, ihn zu behalten. [6]

❖ Wenn dieses Schriftzeichen als Primitivelement Benutzung findet, muss besondere Aufmerksamkeit auf den Formenwandel verwendet werden, den es durchlaufen kann. Tatsächlich handelt es sich um das veränderlichste aller Schriftzeichen, die wir behandeln werden. Aus diesem Grund werden wir jeder Formenvariante eine eigene Bedeutung zuweisen.

Links stehend sieht es aus wie hier: 衤, und wird *Umhang* bedeuten. Unten stehend und direkt an den Strich über ihm gefügt werden die ersten beiden Striche (der *Zylinder*) weggelassen, was 𧘇 ergibt und für uns *Schal* heißen soll.

Selten zeichnen sich die letzten vier Striche mit einer leichten Umstellung der ersten beiden. Das führt zu 𧘢 und wird von uns *Halstuch* genannt werden. Ein Beispiel dafür ergibt sich erst in Rahmen 610.

Gelegentlich wird das Element in der Mitte durchgerissen, wobei die ersten beiden Striche auf und die letzten vier Striche unter einem anderen Primitiv oder einer Ansammlung von Primitiven stehen, 衤, und wir von *Zylinderhut und Seidenschal* sprechen werden.

Natürlich kann das Primitiv auch die ursprüngliche Form des Schriftzeichens beibehalten, zusammen mit seiner allgemeinen Bedeutung *Gewand*.

Achten Sie darauf, dass, wenn irgend eine der obigen Formen etwas unter sich stehen hat (wie in RAHMEN 379), der drittletzte Strich «hakenlos» ist, wie hier: 朩.

376

裡

das Innere

Hier müssen Sie sich nur einen *Computer* in **das Innere** Ihres *Umhangs* eingenäht vorstellen, und schon sind Sie für Ihre Karriere als Spion gerüstet. [13]

衤 裡

Dieses Schriftzeichen kann auch 裏 geschrieben werden. Wenn Sie genau hinsehen, werden Sie erkennen, dass es dieselben Primitivelemente verwendet wie die obige Erzählung, sie aber anders anordnet: *Zylinderhut und Seidenschal . . . Computer*.

377

哀

Kummer

Ein Betrunkener mit einem zerschlissenen *Zylinderhut* und einem verdreckten *Seidenschal*, der immer wieder die Flasche an den weit geöffneten *Mund* führt, zeigt uns ein Sinnbild des **Kummers**, den er hat – und seinen Freunden und Angehörigen bereitet. [9]

378

袁

Yuan

Dieses Zeichen wird heutzutage als Familienname benutzt, prominent im Falle von **Yuan** Shikai (1859–1916). Als Präsident der Republik China und Nachfolger von Sun Yatsen bleibt er eine umstrittene Figur. Das *Bierseidel* und der *Schal* müssen hier also mit einem dubiosen Politiker in Verbindung gebracht werden. [10]

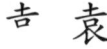

379

遠

weit

Weit entfernt, am Horizont der *Landstraße*, sehen Sie den Umriss von *Yuan* Shikai, der auf seinem Weg in die Annalen fragwürdiger Politiker ist. [13]

380　壞　schlecht

Als wir in RAHMEN 126 das Schriftzeichen für *Wasser* vorstellten, merkten wir an, dass eine seiner Formen als Primitivelement (dem wir die Bedeutung *Schneeflocke* zuwiesen) oftmals gedruckt in der einen Form und handgeschrieben oder kalligraphisch in einer anderen Form auftritt. Hier sehen wir ein Beispiel dafür.

Um hier eine Erzählung für **schlecht** zu gestalten, müssen wir mit einer Menge Elementen umgehen. Sie beginnt mit *Dreck* und fährt dann fort mit *Zylinderhut und Seidenschal*, die wiederum zwei weitere Elemente einschließen: *Augapfel* und *Schneeflocke*. Während es nun also Menschen gibt, die in allem etwas Gutes erkennen können, sehen wir hier einen pessimistischen Aristokraten (in *Zylinderhut und Seidenschal*), der starr einen *Augapfel* auf eine *Schneeflocke* gerichtet hält und darin nach der kleinsten Spur *Dreck* sucht, um seinen makabre Weltsicht zu befriedigen. [19]

381　初　elementar

Die Primitive hier sind *Umhang* und *Dolch*. Denken Sie an die «Mantel-und-Degen»-Filmindustrie, bei der aufgrund anhaltender Budgetknappheit und beständiger Kürzungen jetzt nur noch die **elementaren** Bestandteile *Umhang* und *Dolch* zum Einsatz kommen können. [7]

`　ラ　ネ　ネ　初

382　巾　Tuch

Die Grundbedeutung dieses Schriftzeichens ist **Tuch**. Seine Form lässt an ein superdünnes Model denken, das gerade aus dem Badezimmer kommt und sich ein buntes Hand**tuch** über seine Schultern geworfen hat. [3]

丨 冂 巾

383 — Stoff

布

Stellen Sie sich einen Streifen Frottee-**Stoff** vor, den das Zimmermädchen *an seiner Seite* trägt und aus dem Sie neue *Tücher* für Bad und Zimmer schneidet, um sich so die Wäsche der alten zu ersparen. [5]

一 ナ 布

384 — Hut

帽

Um erst gar nichts zu *riskieren* (über die Details entscheiden Sie), binden Sie sich einen behelfsmäßigen **Hut** aus einem dreckigen alten *Tuch*. [12]

巾 帽

385 — Vorhang

幕

Anstatt der üblichen Tore hat dieser *Friedhof* einen **Vorhang**, der aus Hand*tüchern* zusammengenäht ist. Die Bewohner hatten sie aus Hotels in der ganzen Welt gestohlen, jetzt werden sie von ihnen heimgesucht. Das nächste Mal also, wenn Sie mit der Idee spielen, das schön mit dem Emblem des Hotels bestickte Hand*tuch* in Ihren Koffer zu schmuggeln, denken Sie daran, dass irgendwann für Sie beide der **Vorhang** fällt. [14]

莫 幕

❖ — weißes Badetuch

帛

Dieses Primitivelement merkt man sich ganz leicht. Sie müssen nur die Elemente ablesen, aus denen es besteht, *weißes Tuch*. [8]

白 帛

386 Baumwolle

棉

Baumwolle wächst üblicherweise an Büschen, hier aber sehen wir sie an einem ziemlich hohen *Baum* hängen. Die **Baumwoll**-Klumpen sind ebenfalls ziemlich groß – so groß gar wie riesige *weiße Badetücher*! Wenn Sie beim Pflücken ermüden, greifen Sie sich eines und wischen Sie sich damit die Stirn ab. [12]

木 棉

387 helfen

幫

Leisten Sie hier Erste Hilfe, indem Sie etwas selbstlos mit Ihrem frisch gewaschenen *weißen Badetuch* versiegeln. Egal, was es ist – schnell **helfen** heißt doppelt **helfen**! [17]

封 幫

388 Markt

市

Mit nichts als einem *Tuch* und einem *Zylinder* bekleidet machen Sie sich auf den Weg zum **Markt**, um dort ein oder zwei Schnäppchen zu ergattern. [5]

亠 市

389 Lunge

肺

Erstaunlicherweise findet sich bei einem Bummel über den *Markt* zwischen dem zum Verkauf aufgehängten *Fleisch* auch ein großes Stück mit der Aufschrift: **Lunge**. [9]

月 肺

❖ Schürze

帀

Bei dem großen *Tuch* mit Rändern, die wie kleine *Krönchen* gezackt sind, handelt es sich um die **Schürze** eines Kochs. [5]

⼍ 帀

390 Gurt

帯

Die *Schürze* wird am Bauch von einem breiten **Gurt** zusammengehalten, dessen Schnalle wir hier piktographisch dargestellt finden durch die ersten sechs Striche (deren Schreibweise sorgfältig beachtet werden sollte). Vielleicht hilft es Ihnen, wenn Sie an die riesigen glänzenden Schnallen an den Titel**gurten** denken, um die Boxer wetteifern. [10]

一　十　卄　廿　卅　𠀎　帯

391 stagnierend

滯

Wer sich, metaphorisch gesprochen, im Leben zu fest ange*gurtet* hat (zum Beispiel an einen Wohnsitz oder ein Tätigkeitsfeld), wird wie stehendes *Wasser* und findet sich bald **stagnierend** wieder. [13]

氵　滯

❖ Gürtel

冂

Dieses Primitiv, das sich eindeutig vom *Tuch* ableitet, wird immer an einen anderen senkrechten Strich angehängt und erhält von uns die Bedeutung **Gürtel**. [2]

丨　冂

❖ Dorn

束

Hier sehen wir, wie ein **Dornen***gürtel* sich um einen *Baum* schlingt und ihn dabei arg würgt. [6]

一　𠂉　冋　朿　束　束

392 Dorn

刺

Das vollständige Schriftzeichen für **Dorn** unterscheidet sich nur durch den Zusatz eines *Säbels* auf der rechten Seite, vermutlich, um anzuzeigen, wie sich der arme *Baum* fühlt, in den die herzlosen **Dornen** so hineinschneiden. [8]

束 刺

393 — System

制

Dieses Schriftzeichen zeigt ein einmaliges **System**, *Kühe* zum *Säbel* des Metzgers zu führen: Man binde einen *Gürtel* um ihre Hüften und mache ihn an einem Kabel unter der Decke fest. So wird die *Kuh* emporgehoben und erwartet hilflos baumelnd ihr Schicksal. [8]

丿 ⺊ ⺊ 与 㐭 朱 制

394 — herstellen

製

Um heutzutage *Gewänder* **herzustellen**, bedarf es eines internationalen *Systems* für Produktion und Vertrieb. Der Aufnäher so vieler *Gewänder* zeigt ihren Ursprung auf anderen Erdteilen an und verdeutlicht damit, wie alltäglich es geworden ist, Produkte im großen Stil herzustellen. [14]

制 製

395 — äußern

云

Dieses Schriftzeichen soll die nur zu bekannten aufsteigenden *Schwaden* heißer Luft sichtbar machen, die während einer Podiumsdiskussion von einem langweiligen Professor ausgehen. Er **äußert** dort langatmig seine Lieblingstheorien und starrt dabei in die Ferne mit einer Aura völligen Insichgekehrtseins, seines Publikums gänzlich ungewahr. [4]

一 二 云 云

❖ Wenn es als Primitiv verwendet wird, soll dieses Schriftzeichen auf graphische Weise aufsteigende *Schwaden* wie von Dampf, Rauch oder Staub zeigen.

396 — Regen

雨

Bei diesem Schriftzeichen, das zugleich ein Primitiv ist, handelt es sich um einen der klarsten Fälle eines komplexen Sinnbilds.

Die obere Linie stellt den Himmel dar, die folgenden drei Striche ein Wolkenpaar und die letzten vier Tüpfel den dort angestauten **Regen**, der nur darauf wartet, niederzugehen. Denken Sie an einen ordentlichen Wolkenbruch, um das Zeichen vom Element *Sprühregen* (*Niesel*) abzugrenzen. [8]

一 厂 冂 帀 兩 兩 雨 雨

❖ Als Primitiv kann das Zeichen entweder *Regen* oder *Wetter* im Allgemeinen bedeuten. Weil es so viel Raum einnimmt, muss es normalerweise zu einer Krone zusammengezogen werden, indem man den zweiten und dritten Strich verkürzt, wie hier: ⻗. Beachten Sie, wie gerade und lang die vier Strichlein hier verlaufen, was in gedruckten Formen oft der Fall ist.

397 Wolke

雲

Hier haben wir das vollständige Schriftzeichen für **Wolke**, von dem sich das Primitiv *Schwaden* ableitet. **Wolken** entstehen ursprünglich aus Wasserdampf, der in kleinen *Schwaden* von der Erdoberfläche in den Himmel steigt. Dort ballt er sich zusammen und kehrt schließlich als *Regen* wieder auf die Erde zurück. [12]

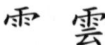

398 Donner

雷

Das Lärmen und Hallen sowie den Schrecken des **Donners** erfährt man am besten nicht mit dem Kopf unter der Bettdecke, sondern auf einem offenen *Reisfeld*, wo man den ganzen Eindruck des *Wetters* in sich aufnehmen kann. [13]

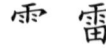

399 Elektrizität

電

Der Legende nach bewies in der Mitte des achtzehnten Jahrhunderts Benjamin Franklin, der Erfinder des Blitzableiters, dass Blitze keine Strafe des Himmels waren, sondern Manifestationen von **Elektrizität**. Angeblich verwendete er dafür einen Flugdrachen aus Papier, mittels dessen er die **Elektrizität** eines Gewitters in einen Schlüssel am unteren Ende der Schnur leitete. Aus dem sprangen dann dem Bericht zufolge Funken. (Wäre das wahr gewesen, hätte Franklin sich dabei der Gefahr eines tödlichen Stromschlags ausgesetzt.) Dieses Schriftzeichen weiß es besser und zeigt uns daher nur ein Piktogramm des Flugdrachens als Abbild der **Elektrizität**. [13]

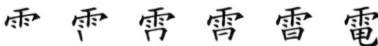

| 400 | Frost |

霜

Betrachten Sie **Frost** als Ergebnis einer Konferenz, auf der sich die üblen Mächte des *Wetters* an einen Tisch setzen und *einander* tückische Vorschläge unterbreiten. Schließlich einigen sie sich darauf, eine kleine Menge Feuchtigkeit herabzusenden, bevor sie dann kurz und hart **Frost** hereinbrechen lassen. [17]

雫 霜

| ❖ | Eis |

⺀

Die Verdichtung der drei Tropfen, die wir bisher für *Wasser* verwendet haben, zu zwei Tropfen zeigt das Erstarren von *Wasser* zu **Eis**. Wenn das Primitiv auf der linken Seite steht, achten Sie darauf, es mit dem ersten und dem letzten Strich des Elements *Wasser* zu schreiben, ⺀. Unter einem anderen Primitiv sieht es hingegen eher wie die ersten beiden Striche des *Wasser*primitivs aus: ⺀. [2]

丶 ⺀

| 401 | Eis |

冰

Dies ist das vollständige Schriftzeichen für **Eis**, von dem wir das Primitivelement im vorangegangenen Rahmen ableiteten. Die Anwesenheit des *Wasser*primitivs in seiner vollen Form verrät uns, dass wir es hier mit *Wasser* zu tun haben, und das Primitiv *Eis* sagt uns, mit welcher Art von *Wasser*. [6]

402 — Winter

冬

Ein *Wandersmann*, der über das *Eis* rutscht, ist ein sicheres Anzeichen für den hereingebrochenen **Winter**. [5]

夂 冬

403 — Himmel

天

Dieses Schriftzeichen soll das Piktogramm eines großen Mannes abgeben, welcher angeblich den Herrn des **Himmels** darstellt (stattdessen können Sie natürlich auch die Elemente *Zimmerdecke* und *Bernhardiner* verwenden). [4]

一 二 𠂇 天

❖ Das Primitiv kann entweder für den paradiesischen *Himmel* ewiger Glückseligkeit oder einfach nur für den blauen *Himmel* über unseren Köpfen stehen.

404 — jung sterben

夭

Bernhardiner, seit hunderten von Jahren im Hospiz auf dem schweizerischen Großen St. Bernhardspass gezüchtet, sind treu und gutherzig. Doch leider verfügen sie häufig auch über angeborene Augenleiden (zu deren Behandlung die dargestellte *Pipette* dient) und **sterben** aufgrund gewisser Überzüchtungserscheinungen oftmals **jung**. Da ihre guten Eigenschaften ihnen einen Ehrenplatz im Hundehimmel sichern, können Sie sich unter dem großen *Tropfen* auch einen schlecht sitzenden Heiligenschein für einen viel zu **jung gestorbenen**, kleinen *Bernhardiner* vorstellen. [4]

405 — vortäuschen

喬

Um dieses Zeichen zu schreiben, müssen Sie nur den «*Zylinderhut*», mit dem das Zeichen für «hoch» beginnt, mit dem

Element *jung sterben* ersetzen. Um sich das merken zu können, denken Sie an jemanden, der mit allen Mitteln einen *höheren* gesellschaftlichen Status **vortäuschen** will, als er ihn eigentlich innehat – was nur mit Mitteln gelingen kann, die gleichzeitig die Lebenserwarung verkürzen, nämlich mit Schönheitsoperationen, Bankraub, dem Fahren schneller Autos etc. Verdeutlichen Sie sich auf diese Weise, wie sehr es die Gefahr erhöht, *jung* zu *sterben*, wenn man Höheres bloß **vortäuscht**, anstatt es ehrlich zu erstreben. [12]

❖ Wenn es als Primitiv Verwendung findet, wird dieses Zeichen die Bedeutung *Engel* annehmen. Sie können ihn sich als den jung gestorbenen Bernhardiner vorstellen, der nun im Himmel umherfliegt und aus seinem Fässchen Schnaps an alle verteilt, die ihn nötig haben.

406	Brücke
橋	Die hier gezeigte **Brücke** besteht aus naturbelassenen *Bäumen*, bis auf den Umstand, dass die Stämme zu *Engels*figuren zurechtgeschnitzt worden sind – eine Art «Ponte degli Angeli». [16]

木 橋

407	zart
嬌	Eine besonders **zarte** *Frau* mit einem *Engel* in Verbindung zu bringen, sollte kein Problem darstellen.. [15]

女 嬌

408	stehend
立	Das Bild einer **stehenden** Vase steht hier für die allgemeine **stehende** Haltung von allem möglichen. [5]

丶 亠 六 立 立

❖ Als Primitiv verwendet, kann das Zeichen auch *Vase* bedeuten. Zieht man die Bedeutung des Schriftzeichens heran, ist es am besten, an etwas *Stehendes* zu denken, das normalerweise liegt, oder an etwas, das auf ungewöhnliche Weise *steht*.

409 schluchzen

泣

Man **schluchzt** und **schluchzt**, bis man knietief im *Wasser steht*, bis man eine *Vase* voller *Wasser* hat oder, wenn einem das *Wasser* in den Augen *steht*. [8]

氵 泣

410 Haltestelle

站

An der **Haltestelle** *stehend wahrzusagen*, wann der angekündigte Bus wohl kommen mag, ist heutzutage keine seltene Aktivität (oder setzen Sie sich und verwenden dazu das Muster auf einer alten Ming-*Vase*). [10]

立 站

411 Kapitel

章

Stellen Sie sich eine große *Sonnenblume* vor, in der statt Kernen Miniatur-*Vasen* mit Blumenmuster wachsen. Die winzigen *Vasen* haben gerade die richtige Größe für Schlüsselanhänger oder Armbänder. Die Herausforderung für Sie besteht nun darin, dies mit den **Kapiteln** eines Buches in Verbindung zu bringen. [11]

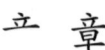

412 konkurrieren

竸

«*Stehen*» zwei *Teenager* auf dasselbe (verdeutlicht durch die Verdopplung des Elements) Mitglied des anderen Geschlechts, **konkurrieren** sie um Liebe und Gunst der oder des Auserkorenen. [20]

413 Imperator

帝

Ein ungewöhnliches, aber nicht gänzlich abwegiges Bild des **Imperators** sieht ihn in einer *Schürze stehend* – vermutlich auf Geheiß SEINER Gebieterin, die Hilfe beim Abwasch benötigt (verwechseln Sie dies nicht mit RAHMEN 254).

Achten Sie darauf, wie der letzte Strich von *stehend* mit dem ersten der *Schürze* zusammenfällt. [9]

414 Knabe

童

Dieser Rahmen zeigt das Bild eines technisch begabten **Knaben**, der auf einem *Computer steht* – oder vielmehr auf ihm herumspringt, weil das dumme Gerät nicht die richtige Lösung hat berechnen können und sich mal wieder aufgehängt hat. [12]

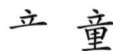

415 Glocke

鐘

Eine **Glocke** ist jenes *Metall*, mit dessen Läuten Sie außer Rand und Band geratene *Knaben* zur Ordnung (oder an den Mittagstisch) rufen. [20]

金　鐘

416 Geschäftsmann

商

Sehen Sie hier einen gewitzten **Geschäftsmann** auf einem *Motorradhelm stehend*, als wenn es eine Seifenkiste wäre, und seine Waren an Passanten verhökern. Stellen Sie sich die *Tierbeinchen* und den *Mund* auf jede erdenkliche Weise als das Handwerkszeug eines **Geschäftsmannes** vor.

Beachten Sie, wie die Beine in der gedruckten Form in diesem Rahmen wie *Menschenbeine* aussehen, während es sich in der unten stehenden handschriftlichen Form eindeutig um *Tierbeinchen* handelt. Für diese Varianten gibt es – zumindest bislang – keine logische Erklärung. Einmal mehr empfehlen wir, die handschriftliche Form nachzuahmen. [11]

亠 广 产 产 商

❖ 	**Antiquität** Das Primitiv mit der Bedeutung **Antiquität**, das selbst kein Schriftzeichen ist, zeigt eine *altertümliche Vase*, die sich unter einer *Glasglocke* befindet. Denn zur Zeit wird die *Vase* gerade ausgestellt, muss aber bald wieder in sicherere Gemächer zurückkehren. Wenn Sie das Zeichen schreiben, denken Sie: *Vase ... Glashaube ... altertümlich*, und Sie werden keine Schwierigkeiten haben. [11] 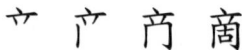
417 	**geeignet** Können Sie an etwas denken, wofür Ihre teuren *Antiquitäten* weniger **geeignet** wären, als mitten auf einer *Landstraße* herumzustehen? [14]
418 敵	**Feind** Sehen Sie vor Ihrem inneren Auge, wie Ihre wertvollste *Antiquität* (solange es sich um Ihr betagtestes Stück handelt, spielt es keine Rolle, wie alt es tatsächlich ist) von Ihrem denkbarst unsympathischen *Zuchtmeister* umgestoßen wird – und schon haben Sie ein gutes Bild davon, wie Menschen sich einen **Feind** fürs Leben schaffen. [15]
419 	**altertümlicher Löffel** Dieses Schriftzeichen, das Piktogramm eines **altertümlichen Löffels** (stellen Sie ihn sich antik vor), lässt sich leicht behalten – vorausgesetzt, Sie unterscheiden es von jenem für *sieben*, in dem der erste Strich von links nach rechts geschrieben wird (anders als hier) und den zweiten erkennbar schneidet. [2]

╱ ヒ

❖ Als Primitiv kann dieses Zeichen für alle Arten von *Löffeln* stehen oder die zusätzliche Bedeutung von *jemandem, der auf dem Boden sitzt*, annehmen – eine Szene, von der es ein Piktogramm abgeben könnte.

420	Norden
北	Die kalte Brise aus dem **Norden** ist so stark, dass wir zwei Rücken an Rücken *auf dem Boden Sitzende* sehen – die Arme ineinander verschränkt, damit sie nicht wegwehen können (achten Sie besonders sorgfältig auf die Schreibweise der ersten drei Striche). [5]

丨 ㇅ ㇽ 北

421	Rücken
背	Das *Körperteil*, mit dem Sie sich durch eine Drehung von dem kalten *Nord*wind abschirmen können, ist Ihr **Rücken**. [9]

北 背

422	vergleichen
比	Mit zwei *Löffeln*, einem in jeder Hand, **vergleichen** Sie die Kochkünste Ihrer Mutter mit denen Ihrer Schwiegermutter.
Seien Sie hier vorsichtig: Der erste Strich des ersten *Löffels* schreibt sich von links nach rechts und der erste Strich des zweiten *Löffels* von rechts nach links. [4]

一 ト 比

423	Abkömmlinge
昆	Wie die meisten Redensarten trifft auch «Es gibt nichts Neues UNTER (!) der *Sonne*» nicht immer zu. Denn hier sehen wir Familien**abkömmlinge**, die soeben das Licht der Welt erblickt haben, und die wir im Lichte der *Sonne* auf ihre Familienähnlichkeit hin *vergleichen*. [8]

日 昆

424 — mischen

混

Mischehen, so dieses alte Schriftzeichen, ver**wässern** die Qualität der *Nachkommen* – der älteste Unsinn der Welt! [11]

氵 混

425 — alle

皆

Denken Sie an zwei Hausfrauen, die in der Fernsehwerbung über den Zaun hinweg *Vergleiche* ÜBER (!) das *Weiß* ihrer Wäsche anstellen – eine typische Werbung für ein **All**zweckwaschmittel, das für **alle** Temperaturen und **alle** Gewebe geeignet ist. [9]

比 皆

426 — dies (literarisch)

此

Um ein Bild für **dies** abstrakteste aller Schlüsselwörter zu gewinnen, stellen Sie sich ein **literarisches** Werk vor, dessen einleitender Satz mit dem Wort «**Dies**» beginnt. Der erste Buchstabe, das Initial «D», ist im mittelalterlichen Stil so verziert, dass es eine halbe Seite einnimmt. Sehen Sie sich die Zeichnung genau an, und Sie werden die hunderte kleiner *Fußabdrücke* und silberner *Löffel*chen erkennen, aus denen sie besteht. [6]

止 此

427 — einiges

些

Die Bedeutung des Schlüsselwort **einiges** ist «ein wenig» oder «zu gewissem Grade». Erinnern Sie sich nun an das minutiös ausgeschmückte «D» aus dem Entwurf für *dies (literarisch)* und stellen Sie ihm das um **einiges** kleinere «D» gegenüber, das den Anfang von Band *Zwei* desselben Werkes schmückt. [8]

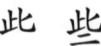

428 es

它

«Am schönsten ist es zu *Hause*.» In Anbetracht des Umstandes, dass im *Haus* dieses Schriftzeichens jemand *auf dem Fußboden sitzt*, müssen Sie jetzt nur noch herausfinden, wer dieser schöne «Es» ist, und warum er gerade drinnen am besten aussieht. [5]

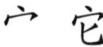

429 Zweck

旨

Der **Zweck** heiligt die Mittel, sagen Sie sich, und erfinden kurzerhand den ersten *sonnen*energiebetriebenen *Löffel* zum ermüdungsfreien Umrühren, Anwärmen und Essen von Pudding. Erklären Sie Ihren ungläubigen Freunden den **Zweck** der diskret angebrachten Solarzellen auf der Unterseite des *Löffel*stiels (den Sie zum **Zwecke** des Aufladens umgedreht in die *Sonne* legen). [6]

430 Fett

脂

Noch immer kann man sich darüber streiten, ob wohl zuerst das Ei da war – und die Henne lediglich sein Mittel ist, sich fortzupflanzen. Entsprechend kann man damit rechnen, dass bald jemand aus der aufkommenden akademischen Disziplin der **Fett**lehre vertreten mag, dass zuerst das **Fett** da war – und der *Zweck* der anderen *Körperteile* lediglich darin besteht, als seine Träger zu fungieren. [10]

月 脂

❖ zurückgelehnt

⼇

Das Bild leuchtet ein: Der erste Strich stellt den Kopf, der zweite den **zurückgelehnten** Körper dar. Sie können auch *lehnend* oder *liegend* verwenden (siehe aber RAHMEN 1215). [2]

丿 ⼇

431 — jedes Mal

每

Die Bedeutung dieses Schlüsselbegriffs unterscheidet sich von *jeder* (RAHMEN 281) darin, dass sie sich auf ein wiederkehrendes Ereignis bezieht. Eine *Mutter* finden wir *zurückgelehnt*, **jedes Mal**, wenn sie stillt. [7]

ㄧ 每

432 — Asiatische Pflaume

梅

Es bleibt Ihrer Phantasie überlassen, wie Sie sich die **asiatische Pflaume** vorstellen (und sie von der allgemeinen in RAHMEN 210 abgrenzen). Gehen wir jedenfalls dem Ursprung einer **asiatischen Pflaume** nach, stoßen wir *jedes Mal* auf einen – nicht minder asiatischen – *Baum*. [11]

木 梅

433 — Meer

海

Entsprechendes wie im letzten Rahmen gilt für ein **Meer** und die zahllosen *Wassertropfen*, aus denen es zustandekam. [10]

氵 海

434 — betteln

乞

Hier sehen Sie jemanden am Boden *liegend*, der mit einem *Haken* anstelle einer Hand um ein Bröckchen Reis oder ein paar Münzen **bettelt**. [3]

ㄧ 乞

435 — essen

吃

«Essen um zu leben, nicht leben um zu **essen**,» lautet die alte Volksweisheit. Nach dieser Maßgabe wären jene besser dran, die ihren *Mund* öffnen und um genügend Nahrung zum Überleben *betteln* müssen, als jene, die sich bei jeder Gelegenheit den *Mund* mit soviel vollstopfen, wie sie nur eben **essen** können. [6]

口 吃

436
乾 — trocken

In **trockenen** Zeiten wird man bescheiden. Deshalb sehen wir die Opfer hier bloß um einen erleichternden *Sprühregen* betteln. [11]

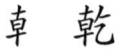

❖
复 — umkehren

Sowohl das **Umkehren** auf einem Weg als auch das «Von-innen-nach-außen-Krempeln» sind gemeint. Das Element zeigt einen *Wandersmann*, der sich zur Mittagszeit (wenn die *Sonne* am höchsten steht) auf einer Bank *zurücklehnt*, um danach zum Gasthof **umzukehren** und zu schlafen. [9]

437
複 — verdoppeln

Hier sehen wir eine einfache Methode, Ihren Bestand an geschmackvoller Garderobe zu **verdoppeln**. Nachdem Sie Ihren *Umhang* in Heimarbeit mit Batik verziert haben, *kehren* Sie ihn *um* und drücken ihn von allen Seiten fest gegen einen noch farblosen Umhang im Schrank. [14]

衤 複

438
腹 — Unterleib

Fleisch, das sich im Laufe der Jahre *verdoppelt*, lässt nur allzu leicht an den eigenen **Unterleib** denken (vergleiche RAHMEN 149). Aber eine solche Erklärung könnte zu logisch und damit nicht «griffig» genug sein.

Denken Sie daher an eine wenig bekannte, von Zirkusakrobaten entwickelte Technik, das überschüssige *Fleisch* an Ihrem **Unterleib** wegzutrainieren – ohne sauer verdientes Geld für überteuerte Geräte auszugeben. Beugen Sie Ihren Oberkörper zunächst soweit nach vorne, bis Ihre Nase Ihre Knie berührt.

Dann richten Sie sich auf und *kehren* die Übung *um*, indem Sie den Hinterkopf in die Kniekehlen drücken. Vierzigmal hintereinander, und Sie haben eine **Unterleibs**muskulatur, die sich sehen lassen kann. [13]

月 腹

---

439 mangeln

欠

Das in diesem Schriftzeichen verborgene Piktogramm zeigt jemanden beim Gähnen. Der erste Strich stellt den zurückgeworfenen Kopf dar, der zweite den am Ellenbogen abgewinkelten Arm, dessen Hand zum Bedecken des Mundes nach oben langt, und die letzten beiden die Beine. Ihr Gähnen zeigt an, dass es Ihnen an etwas **mangelt** (psychologisch gesehen an Interesse, physiologisch gesehen an Schlaf). [4]

丿 ㇉ 欠

❖ Als Primitiv kann das Zeichen entweder *gähnen* oder *mangeln* bedeuten.

---

440 blasen

吹

Blasen bedeutet nichts anderes als den bewussten Versuch, es im *Mund* an Luft *mangeln* zu lassen. [7]

口 吹

---

441 Lied

歌

Können ... können ... gähnen. Die Bedeutung der ersten beiden Elemente ist zu abstrakt. Daher wollen wir auf das Bild zurückgreifen, das wir in RAHMEN 122 für den armen *Bernhardiner* gefunden hatten: Ein **Lied**, bei dem man dem darbietenden Duo vorher die *Münder zugenagelt* hat, lässt uns zu Recht allenfalls müde *gähnen*.

Natürlich können Sie dem Publikum auch das Primitiv *großer Bruder* vorsetzen. [14]

442 — weich

軟

Sind die Sitze eines *Wagens* zu **weich**, kann es passieren, dass man hinter dem Steuerrad zu *gähnen* beginnt. [11]

車 軟

443 — nächster

次

Dieses Schlüsselwort bezeichnet den **nächsten** in einer Folge von Personen oder Gegenständen. Stellen Sie sich vor, dass an einem der heißesten Sommertage ein *Mangel* an *Eis* herrscht, während Sie ungeduldig in der Schlange stehen und darauf warten, dass der Händler ruft: «Der **Nächste**, bitte!» [6]

冫 次

❖ Als Primitiv kann dieses Zeichen entweder seine Schlüsselwort-Bedeutung *nächster* beibehalten oder die verwandte Bedeutung *zweiter* annehmen.

444 — Kapital

資

Mit den ersten *Muscheln* (*Geld*), die Sie verdienen, bezahlen Sie Ihre Schulden zurück. Die *nächsten Muscheln* werden bereits zu Ihrem **Kapital**. [13]

次 資

445 — Aussehen

姿

Dieses Schriftzeichen vergleicht das **Aussehen** einer *Frau* mit einer Art *zweitem* Ich. [9]

次 姿

446 — zu Rate ziehen

諮

Die *Worte* eines *zweiten Mundes* zu suchen, heißt, jemanden **zu Rate zu ziehen**. [16]

言 詼 諮

Lektion 19

Wir beschliessen unsere Entwürfe, indem wir die meisten Primitive abhandeln, die sich aus den verfügbaren Elementen noch zusammensetzen lassen, und die auf ihnen basierenden Schriftzeichen lernen. Wenn Sie mit diesem Abschnitt fertig sind, sollten Sie bei Lektion 13 beginnend noch einmal alle Rahmen durchgehen und sich Notizen zu jedem Aspekt machen, der Ihnen hilfreich vorkommt. Auf diese Weise werden Sie, auch wenn Sie sich keine Vermerke auf Ihren Lernkarten gemacht haben sollten, zumindest über eine Art Aufzeichnung der verwendeten Bilder verfügen.

❖ 音	**Maulkorb**
	Das Element **Maulkorb** zeigt eine *Vase*, die über einem *Mund* befestigt ist – vielleicht mit einem Gummiband um den Hinterkopf. [8]

立 音

447 賠	**entschädigen**
	Stellen Sie sich eine *Muschel* vor, die als *Maulkorb* verwendet wird, um das Klagen einer Fischerswitwe verstummen zu lassen, die für ihren auf See verschollenen Mann **entschädigt** werden will. [15]

貝 賠

448 培	**kultivieren**
	Die Spannbögen mit klarer Plastikfolie, die aufstrebende Bauern über die *Erde* ziehen, um immer prächtigere Gemüsesorten zu **kultivieren**, gleichen in gewisser Hinsicht umgekehrten *Maulkörben* zur Eindämmung von Schädlingen. [11]

土 培

449 — Klang

音

Dieses Schriftzeichen für **Klang** hält den Bruchteil jenes Moments fest, in dem der **Klang** über einem *Plappermaul* in der Luft *steht* – bevor er dann verklingt. [9]

立　音

- Die Primitivform des Zeichens bedeutet *Klang* oder *Geräusch*.

450 — dunkel

暗

Denken Sie an die **dunkle** Leere des Alls, in der es nicht nur keine *Sonne* gibt, sondern auch kein *Geräusch*. [13]

日　暗

451 — Reim

韻

Gedanken in wohlklingende **Reime** zu kleiden, ist eine so schwierige Aufgabe, dass sie den Angehörigen einer besonderen Gilde vorbehalten ist. Mit dem Bild dieses Schriftzeichens sprechend, muss man dazu ein «*Klang-Mitglied*» sein.
Beugen Sie einer Verwechslung des Schlüsselworts mit *Gedicht* (RAHMEN 327) vor, indem Sie sich auf den *Klang* im **Reim** konzentrieren. [19]

音　韻

❖ — Tröte

戠

Der besondere Nutzen dieses Primitivs liegt nicht in seiner Häufigkeit, sondern in der Vereinfachung einiger weniger, sonst schwieriger Schriftzeichen. Es steht für den *Klang* eines *Straßenfestes*, nämlich eine **Tröte**. Achten Sie auf die Weise, in der das Element *Klang* zuerst geschrieben wird. Der fünfte Strich reicht herüber, so dass das auch Element *Straßenfest* ihn verwenden kann. [12]

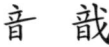

452 Kenntnis

識

So einfach es auch erscheinen mag, bedarf es doch eines Mindestmaßes an **Kenntnis**, zwischen *Worten* der Weisheit und dem hohlen Dröhnen einer *Tröte* zu unterscheiden. [19]

言 識

453 Fahne

幟

Die meisten **Fahnen** fliegen still im Wind oder knattern höchstens ein bisschen. Bei der hier gezeigten handelt es sich hingegen um ein langes *Handtuch* mit einer *Tröte* am Ende, die laute Geräusche macht, während die **Fahne** weht. [15]

巾 幟

454 unerwartet

竟

Dieses Schriftzeichen stützt seine Bedeutung auf den folgenden Rahmen. Es zeigt eine Königin, die vor ihrem Spiegel *steht* und fragt, wer wohl die Schönste im ganzen Land sei. Völlig **unerwartet** sprießen dem Spiegel ein Paar *Menschenbeine*, und er fängt an, im Zimmer umherzulaufen. In seinem Bild erscheint eine riesige *plappernde Zunge* und verkündet, dass der *Spiegel* selbst viel schöner sei als die Königin – und alle Jungfrauen des Königreichs zusammen! [11]

音 竟

❖ Die Primitivbedeutung dieses Zeichens wird *Spiegel* sein.

455 Spiegel

鏡

Nach Wasseroberflächen, aber vor Glas, verwandte man poliertes *Metall* als **Spiegel**. An jene *Metall-Spiegel* erinnert dieses Schriftzeichen. [19]

金 鏡

456 Umgrenzung

境

Stellen Sie sich vor, ein Grundbesitzer hätte die **Umgrenzung** seines *Terrains* mit riesigen *Spiegeln* markiert, die es ihm ermöglichen, Eindringlinge stets im Blick zu behalten. (Achtung: Ein Schriftzeichen für eine Staats«grenze» folgt in RAHMEN 1000.) [14]

土　境

457 verstorben

亡

Ein *Zylinder* am *Haken* in der Diele – dort, wo der **verstorbene** Gentleman ihn an seinem Todestag hingehängt hatte – erinnert uns an ihn und seine höfliche Art. [3]

丶　二　亡

❖ Zusätzlich zu *verstorben* kann für dieses Schriftzeichen auch die Primitivbedeutung *zugrunde gehen* verwendet werden.

458 blind

盲

Gehen die *Augen zugrunde*, bevor man stirbt, bleibt man für den Rest seines Lebens **blind**. [8]

盲　盲

459 absurd

妄

Obwohl es **absurd** ist, mit Tagträumen von der «perfekten *Frau*» seine Zeit zu vergeuden, *gehen* manche an ihrem Wunschdenken fast *zugrunde*. [6]

亡　妄

460 erwarten

望

Als der *König* durch die Ränge seiner gefallenen Armee wandelt, *zugrunde gehendes Fleisch* überall um ihn herum, **erwartet** er das Schlimmste für sein Königreich. [11]

亡 词 望

461 方 — Richtung

Indem man einen *Dolch* auf einem *Zylinder* in Drehung versetzt und wartet, in welcher **Richtung** er zum Stehen kommt, überlässt man es dem Schicksal, wohin man geht. Seien Sie beim Schreiben dieses Zeichens besonders sorgfältig. [4]

一 亠 方

❖ Als Primitiv wird es die Bedeutung *Kompass* erhalten, dem Gerät zum Bestimmen der Himmels*richtung*.

462 妨 — hindern

Denken Sie sich einen *Kompass*, der aufgrund des Parfümgeruchs immer dann wie wild ausschlägt, wenn eine *Frau* an Ihnen vorbeigeht – was Sie ernstlich an der Orientierung **hindert**. [7]

 妨

463 放 — freilassen

Der *Zuchtmeister* **lässt** einen unbotmäßigen Untergebenen in der Wildnis **frei**, wobei er ihm nur einen kurzen Blick auf den *Kompass* und sodann einen Stiefeltritt von hinten zugesteht. [8]

方 放

464 激 — anregen

Anstatt das Schriftzeichen aus dem vorigen Rahmen zu verwenden, können wir auf die grundlegenden Bestandteile zurückgreifen. Ein neptunesker *Zuchtmeister* **regt** die Wellen **an**, bis sie heftig gegen die Küste branden. Im *weißen* Schaum, der das *Wasser* bedeckt, sehen wir einen kaputten *Kompass* treiben – alles, was nach einem Schiffbruch noch übrig geblieben ist (und die Fantasie so mancher Schatztaucher **anregen** dürfte.). [16]

氵 泊 渹 激

465

於

(Allzweckpräposition)

Die **Allzweckpräposition** – zum Anzeigen ihrer grammatischen Funktion hier in Klammern gesetzt – ist das Schweizer Taschenmesser der chinesischen Grammatik. Seine Bedeutungen umfassen bei, in, auf, durch, zu, ab, für und von. Mit der Zeit wird Ihr grammatischer Kompass Ihnen bei der Verwendung dieses Schriftzeichens helfen. Jetzt aber können Sie erst einmal unter einem *Strandschirm* die Füße hochlegen und etwas Kühles auf *Eis* genießen. [8]

466

旁

Seite

Denken Sie hier an einen eifrigen Helfer, der Ihnen durch dick und dünn nicht von der **Seite** weicht. Er, oder sie, trägt Ihnen den *Kompass*, die *Krone* und die *Vase*. Jetzt müssen Sie nur doch diese drei Elemente mit den Abenteuern verbinden, auf denen Sie beide sich von allen **Seiten** kennen lernen werden. [10]

467

兌

umtauschen

Das Schriftzeichen zeigt uns einen *Teenager* mit Teufelshörnern, worauf sich die meisten Eltern Heranwachsender ohne Schwierigkeiten einlassen werden, wenn ihre *Teenager* systematisch und beständig das sauer verdiente Geld ihrer Alten gegen Waren der Wucherer aus dem Einkaufszentrum **umtauschen**. [7]

❖ Die Primitivbedeutung dieses Zeichens wird *Teufel* sein, was zur obigen Erklärung passt.

468 — sich ausziehen

脱

Sich auszuziehen heißt, das *Fleisch* zu entblößen und den *Teufel* im Betrachter zu wecken. Ignorieren Sie die Moral, wenn Sie wollen, nicht aber den *Teufel*. [11]

月 脱

469 — sprechen

説

Bei allem, was man **spricht**, sei man stets der folgenden Weisheit eingedenk: «Ge**sproch**ene *Worte* sind wie Kugeln – sie treffen tief, und kein *Teufel* holt sie einem je zurück». Das ist wahr. Hier sehen wir einen *Teufel*, an dem die *Worte*, die Sie unbedacht **sprechen**, ungehindert vorbeizischen. [14]

言 説

470 — einst

曾

Denken Sie bei dem Schlüsselwort an Personen des öffentlichen Lebens, die **einst** ein Amt innehatten. Diese Politiker oder Regierenden von **einst** haben zwar zu ihrer Zeit mit Mut und Klugheit (ihren *Gehirnen*) manches Problem bei den *Hörnern* gepackt. Heute aber scheint ihre Eitelkeit ihnen vielmehr die *Hörner* aufzusetzen, und sie *plappern* wie die letzten Ochsen (oder Kühe) in jeder Fernsehsendung ungefragt über ihre Ansichten zu aktuellen politischen Fragen. Das ist zwar lästig, für dieses nicht ganz einfache Schriftzeichen letztlich aber eine gute Sache. [12]

丷 丷 曲 曲 曾 曾

❖ Die Primitivbedeutung, *zunehmen*, rührt vom nächsten Rahmen her. Denken Sie dabei immer an etwas, das sich wie wild vermehrt, während Sie zusehen.

471 — zunehmen

増

Dieses Schriftzeichen zeigt einen *Erd*rutsch, der – gleich einer Lawine – so massiv **zunimmt**, dass er schließlich alles, was ihm im Weg steht, wortwörtlich unter sich begräbt. [15]

土 增

| 472 | schenken |

贈 Heutzutage gibt es immer weniger Gelegenheiten, einem anderen etwas zu **schenken**, ohne dass darin eine Leistung gesehen würde, die irgendwann nach einer angemessenen Gegenleistung verlangt. Aber das gilt nicht nur heute. Wie oft schon haben skrupellose Siedler in allen Teilen der Welt arglosen Einheimischen einige Glasperlen oder *Muscheln* (*Geld*) **geschenkt**, deren Gegenwert später millionenfach *zunahm* – als die neuen Herren sich Land, Edelmetalle und andere Ressourcen aneigneten. [19]

貝 贈

Wir beenden diese Lektion mit der Einführung eines Schriftzeichens, das wir auch schon früher hätten behandeln können aber bisher aufgehoben haben, um den folgenden Satz von drei Schriftzeichen abzuhandeln.

| 473 | Osten |

東 Als «westliche» Sprache bringt das Deutsche den **Osten** mit der aufgehenden *Sonne* in Verbindung. Getragener formuliert, sehen wir hier die *Sonne* durch die Zweige eines *Baumes* dringen, während sie im **Osten** aufgeht. Ex *oriente* lux! [8]

一 日 申 東 東

❖ Sowohl die Himmelsrichtung *Osten* als auch jener Teil der Erde, den wir den «*Fernen Osten*» nennen, sind Primitivbedeutungen dieses Schriftzeichens.

| 474 | Gebäude |

棟 Dieses Schlüsselwort steht mit einer Zahl als Zählwort für **Gebäude** und ist kein allgemeines Nomen für Bauwerke. Die Elemente deuten auf *Bäume* in *Fernost* hin – vielleicht eine

Metapher für die Urwälder schier unzählbarer **Bauten**, wie wir sie in Peking oder Tokio finden. [12]

木 棟

| 475 | gefrieren |

凍 Das ganze Geheimnis, wie man das *Eis* mit dem *Fernen Osten* bricht, liegt darin, hinter jenes geheimnisvolle «gefrorene Lächeln» zu schauen – und es dann natürlich nicht erneut **gefrieren** zu lassen. [10]

冫 凍

Elemente

WIR KOMMEN NUN zum dritten großen Schritt in unserem Studium der Schriftzeichen: der eigenständigen Ableitung von Entwürfen aus bloßen Primitivelementen. Von nun an werden die noch übrigen Schriftzeichen zwar nach Primitiven geordnet präsentiert, aber der Leser muss den Großteil der Arbeit erledigen. Besonders schwierigen Schriftzeichen stellen wir ergänzende Hinweise, Entwürfe oder sogar ganze Erzählungen an die Seite.

Mittlerweile haben Sie sich vermutlich ein Gespür dafür erworben, wie Einzelheiten in eine Zeichen-Erzählung eingewoben werden können, um ein lebendiges Umfeld für das Zusammenwirken der Primitivelemente zu schaffen. Was schwieriger werden mag, ist, mit Entwürfen zu experimentieren und sie wieder zu verwerfen, bis man sich auf den einfachsten festgelegt hat, ihn ausschmückt und abstimmt. Vielleicht werden Sie es gelegentlich als hilfreich empfinden, einige der früheren Erzählungen durchzugehen, die Sie besonders beeindruckt haben, um herauszufinden, warum genau das der Fall gewesen ist. Dann können Sie deren Vitalität in den nachfolgend zu ersinnenden Geschichten imitieren. Ebenso hilfreich mag ein Augenmerk auf jene Schriftzeichen sein, deren Erzählungen Sie sich nur mühsam haben merken können, oder die Sie leicht mit anderen Schriftzeichen verwechselt haben.

Während Sie diesen letzten Abschnitt durchqueren, werden Sie eventuell sogar zu einigen früheren Erzählungen zurückkehren wollen, um sie zu erweitern. Seien Sie sich dabei jedoch stets bewusst, dass es besser ist, eine einmal gelernte Erzählung zu wiederholen und gegebenenfalls geringfügig nachzubessern, als sie völlig zu verwerfen und von vorne zu beginnen.

LEKTION 20

FALLS SIE IN DER vorigen kurzen Lektion die Arbeit mit einigen Schriftzeichen als schwierig empfunden haben, können wir Ihnen versichern, dass es einfacher wird – tatsächlich schon in dieser langen Lektion. Wichtig ist für Sie dabei allerdings, darauf zu achten, dass Sie *nicht* durch die Erzählungen hetzen und sich dabei auf bloß sehr oberflächliche Bilder verlassen. Wenn Sie sich bei jedem Schriftzeichen bis zu fünf Minuten lang auf die Zusammensetzung der Primitive zu einem sauberen Entwurf konzentrieren und dann die Details einer kleinen Erzählung ausschmücken, verschwenden Sie keine Zeit. Sie sparen sich vielmehr das spätere Neulernen.

476	auch
也	Dieses Primitiv ist Piktogramm eines Skorpions, wobei die ersten beiden Striche den Kopf mit den Zangen und der letzte den in einem Stachel endenden Schwanz darstellen – in dem Sie vielleicht den *Angelhaken* wiedererkennen. Um dieses Bild mit dem Schlüsselwort zu verbinden, stellen Sie sich zwischen den beiden Begriffen, die das Wörtchen «auch» in einem Satz miteinander verbindet, einen Skorpion vor, der mit seinem Kopf in das eine Wort beißt und mit seinem Schwanz in das andere sticht. [3] フ 也 也 ❖ Die Primitivbedeutung bleibt in Übereinstimmung mit obiger Erklärung *Skorpion*.

477	sie
她	*Frau . . . Skorpion.* Eine Anmerkung für männliche Leser: Um jedwede Komplikation mit der «Sie» in Ihrem Leben zu vermeiden, möchten Sie bei dem zweiten Primitiv vielleicht auf seine Zeichenbedeutung *auch* zurückgreifen. [6] 女 她

478	Erdboden
地	*Erde* und ein *Skorpion* (ein «*Erd*-Tier»). Es handelt sich hier natürlich um das vollständige Schriftzeichen für **Erdboden**, von dem sich das Primitiv *Erde* ableitet. [6] 土 地

| 479 | Teich |

池

Wasser ... Skorpion. In Fällen wie diesem wäre es ein Leichtes, Zuflucht zu einem «bequemen Bild» zu nehmen und sich beispielsweise einen *Skorpion* am *Wasser* vorzustellen. Wenn Sie hingegen einen *Skorpion* vor sich sehen, der *Tropfen für Tropfen* sein Gift ausfließen lässt, bis sich ein ganzer **Teich** davon gebildet hat, dürfte sich das Bild viel gründlicher festsetzen. [6]

氵 池

| ❖ | Insekt |

虫

Arbeiten Sie mit diesem Primitiv nach Belieben, um das Bild eines **Insekts** zu erstellen. Sie können es auch nach Belieben mit Würmern, Käfern und anderem krabbelnden Kriechgetier ersetzen, wenn es nötig wird. [6]

口 中 虫 虫

| 480 | Insekten |

蟲

Denken Sie hier an einen ganzen **Insekten**schwarm. [18]

口 中 虫 虫 蛬 蟲

| 481 | Schlange |

蛇

Insekt ... es. [11]

虫 蛇

| 482 | Ei |

蛋

Zoo ... Insekt. [11]

疋 蛋

483 Wind

風

Dies ist das vollständige Schriftzeichen, von dem sich das Primitiv *Wind* ableitet. Denken Sie bei den letzten beiden Primitiven an einen *Fliegenschwarm* aus kleinen schwarzen *Tropfen* nervtötender *Insekten*. [9]

几 凡 風

❖ Die Primitivbedeutung ändert sich in *Sturm* oder *Bö*.

484 verspotten

諷

Worte . . . Sturm. [16]

言 諷

485 selbst

己

Dieses Schriftzeichen trägt die abstrakte Bedeutung **selbst** in sich – der tiefen inneren Struktur der Persönlichkeit, welche mythologisch oft als Schlange dargestellt wird. Das Zeichen ist ein Piktogramm dessen. Sorgen Sie dafür, dass Sie es von den ähnlichen Schlüsselwörtern, *ich (literarisch)* (RAHMEN 18) and *selber* (RAHMEN 32) getrennt halten.

フ コ 己

❖ Als Primitivelement wird es mit der Bedeutung *Schlange* verwendet werden – zusammen mit jeder der mannigfaltigen konkreten symbolischen Bedeutungen von *Schlangen* in Mythen und Fabeln.

486 ändern

改

Schlange . . . Zuchtmeister. Wenn Sie es dahin schaffen, das Schlüsselwort **ändern** einzuflechten, können Sie zum Zwecke einer Erzählung an Irlands berühmtesten Reformator, den Hl. Patrick, denken. Er soll der Legende nach alle *Schlangen* von der Insel vertrieben haben. [7]

己 改

487	sich merken
記	*Worte ... Schlange.* [10]

言　記

488	schon
已	Das halb geschlossene Maul der *Schlange* (dargestellt durch die kurze Verlängerung des letzten Strichs) lässt vermuten, dass sie **schon** mausetot ist – und bald gehäutet und zu einem Gürtel oder einer Handtasche verarbeitet werden wird. [3]

フ　コ　已

❖ Wird dieses Zeichen als Primitiv verwendet, ändert sich seine Form und schließt die Lücke zwischen dem ersten und dem letzten Strich: 巳. Dann bedeutet es *Schlangenhaut* oder *-leder*.

489	wickeln
包	*Fesseln ... Schlangenleder.* [5]

勹　包

490	Blasen
泡	*Wasser ... wickeln.* Wie in Seifen**blasen** (beachten Sie RAHMEN 440). [8]

氵　泡

491	anfangen
起	*Laufen ... Schlangenleder.* [10]

走　起

❖ **Sau**

豕

Lassen Sie dieses Primitiv für eine fette **Sau** stehen (mit den seitlichen Strichen als Zitzen). Es ist einfacher, sich seine Form als ein in hohem Maße stilisiertes Piktogramm einzuprägen, als es in kleinere Elemente aufzuspalten. Üben Sie die sieben Striche ein paarmal, bevor Sie mit den Gebrauchsbeispielen in den nächsten Rahmen fortfahren. [7]

― ╯ 丆 丏 豖 豕 豕

---

492 **Haus**

家

Dies ist das vollständige Schriftzeichen, dessen Primitivform wir bereits gelernt haben. Um ein wenig zu helfen: Dieses Schriftzeichen erinnert an die Zeiten, als **Haus**tiere wirklich noch im **Haus** gehalten wurden. Daher: *Haus . . . Sau*. [10]

宀 家

❖ Die Primitivbedeutung ändert sich zu *Absteige*.

❖ **Sparschwein**

易

Dieses äußerst hilfreiche Primitiv rechtfertigt den kurzen Augenblick, der nötig ist, um es zu erlernen. Zunächst einmal ist das Primitiv *Sau* auf die ersten fünf Striche verkürzt, von denen der dritte nach oben rechts gezogen ist. Das verwandelt die *Sau* in eine Art «Schweinchen». Oben steht das Zeichen für Tag, das Sie daran erinnern soll, *täglich* ein paar Münzen in den Rücken Ihres **Sparschwein** auf der Kommode zu stecken. [9]

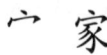

---

493 **Platz**

場

Ein **Platz**, an dem sich etwas befindet oder stattfindet. *Erde . . . Sparschwein*. [12]

土 場

494		Suppe

湯 *Wasser ... Sparschwein.* [12]

氵 湯

495		Schaf

羊 Das **Schaf**-Piktogramm zeigt oben die *Hörner* unmittelbar auf dem Kopf (dem dritten Strich), die Vorder- und Hinterbeine (Striche vier und fünf) sowie den Körper (letzter Strich). [6]

丶 丷 ⺷ ⺷ 兰 羊

❖ Die Primitivbedeutung bleibt *Schaf*. Wie wir schon bei der *Kuh* gesehen haben, wird der «Schwanz» abgeschnitten, wenn das Element unmittelbar über einem anderen platziert ist: ⺷. Achten Sie dann außerdem auf die abweichende Strichfolge, wie im nächsten Rahmen.

496		schön

美 Versuchen Sie zu ergründen, was die Chinesen im Sinn hatten, als sie **schön** mit einem *großen Schaf* in Verbindung brachten. [9]

丶 丷 ⺷ ⺷ 羊 ⺷ 美

497		Ozean

洋 *Wasser ... Schaf.* Achten Sie darauf, die Erzählungen und Schlüsselwörter in diesem und RAHMEN 433 (*Meer*) auseinanderzuhalten. [9]

氵 洋

498		frisch

鮮 *Fisch ... Schaf.* [17]

魚 鮮

| 499 達 | gelangen nach |

Auf der *Landstraße* finden wir *Erde* ÜBER einem *Schaf*. Die Arbeit mit dem Schriftzeichen könnte etwas länger dauern, um diese drei Elemente mit dem Schlüsselwort zu verbinden. [12]

| 500 樣 | Erscheinungsbild |

Baum ... Schaf ... Ewigkeit. [15]

| 羊 | Wolle |

Dieses eher seltene Primitiv entsteht, indem man den Schwanz des *Schafes* zur Seite zieht, um eine Halbeinfassung zu schaffen. Die Bedeutung **Wolle** rührt daher, dass der Scherer das *Schaf* am Schwanz festhält, um die **Wolle** abzutrimmen.

Beachten Sie, dass in den meisten gedruckten Zeichensätzen der letzte senkrechte Strich aussieht, als wäre er zweigeteilt. Es ist aber am besten, dem unten stehenden handschriftlichen Beispiel zu folgen. [6]

| 501 差 | hinter etwas zurückbleiben |

Im Sinne von «negativ abweichen». *Wolle ... Stahlträger.* [9]

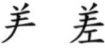

| 隹 | Truthahn |

Dieses Primitiv merkt man sich am besten als einen alten **Truthahn** oder Puter (der Anschaulichkeit halber mit Pfeife und Hornbrille). Die Schreibweise ist ein wenig eigenartig, beachten Sie daher die Strichfolge. Lassen Sie die ersten vier Striche für Kopf, Hals und herabhängende Wamme des **Truthahns** stehen. Der Rest kann dann das Gefieder versinnbildlichen. [8]

ノ　イ　イ　仁　乍　乍　隹　隹

502 sammeln
集

Truthähne ... auf einem Baum. [12]

隹　集

503 vorrücken
進

Truthahn ... Autobahn. [11]

隹　進

504 Standard
準

Denken Sie an einen **Standard** von Maßen oder Beschaffenheit. *Eis ... Truthähne ... Nadel.* [13]

氵　淮　準

505 wer?
誰

Worte ... Truthahn. Vielleicht möchten Sie sich einen *Truthahn* vorstellen, der Sie zu Ihrem großen Erstaunen beim Öffnen der Bratenröhre fragt: «**Wer** ist da?» [15]

言　誰

506 veräußern
售

Denken Sie an einen Straßenhändler, der seine Waren **veräußert**: *Truthahn ... Mund.* [11]

隹　售

507 obwohl
雖

Ein *Mund* voller *Insekten ... Truthahn.* Dies ist das erste Mal, dass Sie mit einem hochabstrakten Wort auf sich gestellt sind.

Versuchen Sie an einen Ausdruck zu denken, in dem es oft verwendet wird, um es konkreter zu machen. [17]

口　虽　雖

---

508 tatsächlich

確

Der *Stein* auf der Linken ist hinreichend eindeutig, achten Sie jedoch sorgfältig auf die ungewöhnliche Strichfolge des *Truthahns* rechts. Sie verbindet den «Schornstein» des *Hauses* mit dem ersten Strich des *Truthahns*. Sie können dabei an ein *Truthahnhaus* (oder vielmehr *-gehege*) denken.

石　矿　確

---

509 Mittag

午

Mit ein bisschen Dehnen können Sie in diesem Zeichen vielleicht einen nach links weisenden Pferdekopf erkennen. Das liefert uns seine ursprüngliche Bedeutung als chinesisches Tierkreiszeichen des Pferdes, welches wiederum der **Mittags**stunde entspricht. Beachten Sie, wie sich dieses Schriftzeichen von demjenigen für *Kuh* (Rahmen 235) unterscheidet. [4]

丿　ト　﹂　午

❖ Als Primitiv bekommt dieses Zeichen die Bedeutung *Stecken-* oder *Schaukelpferd* – mit dem die Kinder im Haus herumreiten können, ohne dass die Eltern sich Gedanken über das Füttern oder Säubern machen müssen.

---

510 erlauben

許

Worte ... Steckenpferd. [11]

言　許

---

511 Feder

羽

Aus dem Piktogramm zweier Vogelflügel ziehen wir eine oder mehrere **Federn**. [6]

　　　　　丁　　ヨ　　ヨ　　羽

❖ Das verwandte Bild *Flügel* kann als Primitivbedeutung hinzugefügt werden. Es kann auch die Form 𦏲 annehmen, wenn es als Primitiv verwendet wird – wie wir im kommenden Rahmen sehen.

512　　　　　　　　　　　　　　　　　　　　　　　lernen

習　*Feder ... weißer Vogel.* [11]

　　　　　　　　　羽　　習

513　　　　　　　　　　　　　　　　　　　　　hochfliegen

翔　Denken Sie an etwas, das bereits weit oben am Himmel kreist und damit **hochfliegen**d ist. *Schaf ... Federn.* [12]

　　　　　　　　　羊　　翔

Lektion 21

DIES IST EIN GUTER Augenblick, um innezuhalten und einen Blick darauf zu werfen, wie Primitivelemente aufgrund ihrer Stellung in einem Schriftzeichen gestaucht oder verzerrt werden. Bisher haben wir hin und wieder im Vorbeigehen eine diesbezügliche Anmerkung gemacht. Jetzt aber, wo Sie flüssiger schreiben können, wollen wir das Phänomen systematischer angehen.

1. Zur Linken wird ein Primitiv üblicherweise von den Seiten her gequetscht und nach oben abgeschrägt. *Gold* 金 , zum Beispiel, wird 金 wenn es als Primitiv *Metall* fungiert. Oder aber *Baum* wird von seiner Schriftzeichenform 木 zu 木 flachgedrückt, wenn es auf der linken Seite vorkommt.

2. Lange, mit einem Haken endende Striche, die normalerweise elegant auslaufen würden, erhalten eine eckige Form, wenn sie Teil eines Primitivs auf der linken Seite werden. Das können wir daran beobachten, wie das Schriftzeichen für *Licht* 光 im Schriftzeichen für *ein Strahlen* 輝 zu 光 wird. Auf gleiche Weise wird der *Löffel*, der auf der rechten Seite von *vergleichen* 比 ausgestreckt ist, auf der linken Seite verdichtet. Bestimmte Schriftzeichen werden nach unten gedrückt und verbreitert, wenn andere Elemente auf ihnen ruhen. Das ist zum Beispiel der Fall bei *Frau*, die sich zu 女 verflacht, wenn sie an unterster Stelle von *Festmahl* 宴 steht.

3. Ein langer senkrechter Strich, der eine Reihe waagerechter Striche schneidet, wird oftmals hinter der untersten waagerechten Linie abgeschnitten. Das haben wir erkennen können, als wir die *Kuh* 牛 so veränderten, dass sie in *ansagen* 告, das *Schaf* 羊 so, dass es in *schön* 美 und den *Pinsel* 聿 so, dass er in das Schriftzeichen für *Buch* 書 passte.

4. Der lange, abwärts geschwungene Strich, den wir bei *Feuer* sehen, ist Beispiel für eine andere Gruppe von Verzerrungen. Wenn er durch etwas auf seiner Rechten bedrängt wird, wird er verkürzt: 火. Daraus folgt: *Feuer* 火 und *verdrossen* 煩.

5. Außerdem haben wir gesehen, wie waagerechte Striche sowohl als Boden des oberen als auch zugleich als Spitze des unteren Primitivs fungieren können: dies zum Beispiel, wenn *stehen* 立 im Zeichen für *Geschäftsmann* 商 vorkommt.

6. Schließlich gibt es Situationen, in denen sich ein ganzes Schriftzeichen so verändert, dass es eine wesentlich veränderte Primitivform annimmt. *Wasser* 水, *Feuer* 火 und *Herz* 心 können so in anderen Schriftzeichen zu 氵, 灬 und ↑ werden. Weil die vollständigen Formen EBENFALLS als Primitive verwendet werden, haben wir jeweils die Bedeutung verändert oder Bedeutungsunterschiede gemacht, um sicherzustellen, dass die Erzählung in jedem einzelnen Fall genau diktiert, wie das Schriftzeichen zu Papier zu bringen ist.

Von diesem Kapitel an wird die Strichfolge nicht mehr angegeben, wenn sie nicht völlig neuartig ist, sich von den bisher gelernten Vorgehensweisen löst oder auf andere Weise für Verwirrung sorgen könnte. Alle handgeschriebenen Schriftzeichen – Sie erinnern sich – sind mit zugehöriger Rahmennummer in Index I aufgeführt. Sollten Sie mit der Schreibweise eines bestimmten Primitivs Schwierigkeiten haben, können Sie in Index II nachschlagen, der Sie auf die Seite verweisen wird, auf welcher das Primitiv eingeführt worden ist.

Und damit fahren wir fort mit einer Einfassung, einer Überdachung und einer ersten Gruppe von Schriftzeichen, die mit dem Herzen in Zusammenhang stehende «Primitive» verwendet.

❖	**eingepfercht**
囗	Dieses Primitiv zeigt einen Koben oder **Pferch**, der etwas umläuft und somit **einpfercht**. Beachten Sie, dass dieses Primitiv viel größer als ein *Mund* ist – in der Tat so groß dass man in RAHMEN 520 einen *Mund* in ihm unterbringen kann. [3]

丨 冂 囗

514	**in der Klemme**
困	*Eingepfercht ... Baum.* [7]

冂 閑 困

515	**fest**
固	*Eingepfercht ... altertümlich.* Halten Sie Menschen aus Ihrer Erzählung heraus, um etwaige spätere Komplikationen zu vermeiden. In RAHMEN 737 werden wir das Element «Mensch» nämlich auch mit dem Primitiv *eingepfercht* zusammenfügen. [8]

516	Land
國	*Eingepfercht ... oder.* [11]

517	rund
圓	*Eingepfercht ... Mitglied.* [13]

518	Ursache
因	*Eingepfercht ... Bernhardiner.* [6]

519	Park
園	*Eingepfercht ... Yuan.* [13]

520	wiederkehren
回	Die Elemente sind *eingepfercht* und *Mund*, aber vielleicht finden Sie es hilfreicher, an einen sich drehenden Kreis in einem anderen zu denken. [6]

冂　回　回

521	kreisen
迴	*Wiederkehren ... Landstraße.* [9]

522	Bild
圖	*Eingepfercht ... Mund ... Zylinderhut ... wiederkehren.* [14]

❖	Höhle
广	Dieses Primitiv verbindet die *Klippe* (die beiden letzten Striche) mit dem ersten Tüpfel, den wir auf dem Dach des *Hauses* verwenden. Zusammen ergeben Sie ein *Klippenhaus* – eine Höhle oder einen Stollen. Es «umschließt» zugehörige Primitive unter und rechts von sich. [3]

丶　亠　广

523	Laden
店	*Höhle ... wahrsagen.* [8]

广 店

524	Lagerhaus
庫	*Höhle ... Wagen.* [10]

525	Hose
褲	*Umhang/Gewand ... Lagerhaus.* [15]

526	Fabrik
廠	*Höhle ... geräumig.* [15]

广 廠

527	Bett
床	*Höhle ... Holz.* [7]

528	Hanf
麻	*Höhle ... Forst.* Falls es hilft: Dies ist der **Hanf**, von dem Marihuana stammt. [11]

529	Herz
心	Dieses Schriftzeichen, eine piktographische Darstellung des **Herzens**, gehört zu den am meisten verwendeten Primitiven, die uns begegnen werden. [4]

丶 ㇖ 心 心

❖ Als Primitiv kann es drei Formen annehmen, denen wir drei verschiedene Bedeutungen zuweisen werden.
    In der Form des Schriftzeichens erscheint es UNTER oder RECHTS VON seinem zugehörigen Primitiv und bezeichnet das *Herz* als Organ des Körpers.

LINKS wird es zu drei Strichen abgekürzt, 忄, und steht für einen sehr emotionalen *Gemütszustand*.

Schließlich kann es ganz UNTEN die Form 㣺, annehmen, in welchem Fall es die Bedeutung *Liebesbrief* erhält – Ausgangspunkt und Grundlage so mancher zu *Herzen* gehenden Beziehung. Beispiele dafür wird es vor Band 2 nicht geben.

530		vergessen
忘	*Zugrunde gehen . . . Herz.* [7]	

亡 忘

531		erdulden
忍	*Klinge . . . Herz.* Die Zeichnung dient dazu, Sie daran zu erinnern, dass der dritte Strich ein wenig anders gezeichnet wird als in der gedruckten Form. [7]	

刃 忍

532		wiedererkennen
認	*Worte . . . erdulden.* [14]	

533		Bestreben
志	*Soldat . . . Herz.* [7]	

534		Annalen
誌	*Worte . . . Bestreben.* [14]	

535		überlegen (v.)
思	*Gehirn . . . Herz.* [9]	

536		Idee
意	*Klang . . . Herz.* [13]	

537 想	denken *Einander ... Herz.* [13]
538 息	Atem *Nase ... Herz.* [10]
539 恐	ängstigen Sich und andere. *Arbeit ... gewöhnlich ... Herz.* [10]
540 感	fühlen *Salzig ... Herz.* [13]
541 憾	Bedauern *Gemütszustand ... fühlen.* [16]

丨　丬　忄　忦　憾

542 憂	besorgt *Zimmerdecke ... Nase ... Krone ... Herz ... Wandersmann.* Dieses Schriftzeichen wird eine Herausforderung, da es nicht weniger als fünf verschiedene Elemente aufweist. Nehmen Sie sich Zeit und halten Sie die Dinge so anschaulich wie möglich. Achten Sie darauf, wie der waagerechte Strich der *Krone* mit dem letzten Strich der *Nase* zusammenfällt. [15]

一　百　直　憂　憂

543 怕	fürchten *Gemütszustand ... weiße Taube.* [8]
544 忙	beschäftigt *Gemütszustand ... zugrunde gehen.* [6]

| 545 | gewohnt |

Nicht von «wohnen», sondern von «Gewohnheit»: *Gemütszustand . . . durchbohren.* [14]

| 546 | hegen |

Gemütszustand . . . Zylinderhut und Seidenschal . . . Augapfel . . . Schneeflocke. Sofern Sie nicht eben schon *besorgt* (RAHMEN 542) einfach gefunden haben, freuen Sie sich vielleicht über einen kleinen Hinweis: Die rechte Seite des Schriftzeichens ist exakt die gleiche wie diejenige, auf die wir im Schriftzeichen für *schlecht* (RAHMEN 380) gestoßen waren. [19]

| 547 | unbedingt |

必
Betrachten Sie zunächst die Strichfolge dieses Schriftzeichens. Es hat sich nicht wirklich aus dem *Herzen* entwickelt, aber wir werden einfach so tun, als wäre das der Fall. Wenn man es als ein das *Herz* entzwei teilendes Sinnbild versteht, haben wir die anatomische Erkenntnis vor uns, dass jedes *Herz* als Pumporgan **unbedingt** aus zwei Hälften bestehen muss. [5]

Lektion 22

Nach dieser recht langen Lektion konzentrieren wir uns hier auf Elemente, die mit Händen und Armen zu tun haben. Wie immer besteht Ihr bestes Mittel gegen das Durcheinanderbringen der Elemente darin, klare und deutliche Bilder zu schaffen, sobald Sie ihnen begegnen. Wenn Sie reibungslos durch dieses Kapitel gelangt sind, liegt das Schlimmste hinter Ihnen, und Sie sollten auf dem Rest der Reise nichts mehr zu befürchten haben.

548 手	**Hand**
	Wie man auch zählt: Hier haben wir entweder zu viele oder zu wenige Finger, um in diesem Schriftzeichen ein gutes Piktogramm für eine *Hand* erkennen zu können. Aber genau das ist es, und so müssen Sie es denn auch tun. [4]

    ノ = 三 手

❖ Bleiben Sie bei der Etymologie, wenn Sie dieses Zeichen als Primitiv verwenden: eine einzelne *Hand* ganz für sich allein.

549 看	**beschauen**
	Hand ... *Augen*. [9]

      𠂌 看

550 拿	**halten**
	Passen ... *Hand*. [10]

551 我	**ich**
	Hand ... *Straßenfest*. Achten Sie darauf, wie sich der zweite Strich der *Hand* ausstreckt und mit dem ersten Strich des *Pfeils mit Zierquaste* vereint, den wir für das *Straßenfest* verwenden. Unterscheiden Sie dieses Schlüsselwort sauber von denen in Rahmen 18, 32 und 485. [7]

′ 一 二 于 手 我 我 我

552 義		Rechtschaffenheit
	Schaf ... ich. [13]	

羊 義

553 議		beratschlagen
	Worte ... Rechtschaffenheit. [20]	

554 蟻		Ameise
	Insekt ... Rechtschaffenheit. [19]	

❖ 扌		Finger
	Diese abgewandelte Form des *Hand*primitivs werden wir für einen oder mehrere **Finger** verwenden. Sie steht immer links. [3]	

一 十 扌

555 抱		umarmen
	Finger ... wickeln. [8]	

扌 抱

556 抗		bekämpfen
	Finger ... Wirbelwind. [7]	

557 批		kritisieren
	Finger ... vergleichen. [7]	

558 招		herbeiwinken
	Finger ... einberufen. [8]	

559 打	schlagen *Finger ... Nagel.* [5]
560 指	Finger Dies ist das vollständige Schriftzeichen für **Finger**. Seine Elemente: *Finger ... Zweck.* [9]
561 持	aufrechterhalten *Finger ... buddhistischer Tempel.* [9]
562 括	einschließen Im Sinne von «umfassen»: *Finger ... Zunge.* [9]
563 提	erwähnen *Finger ... sein.* [12]
564 揮	schwingen *Finger ... Armee.* [12]
565 推	schieben *Finger ... Truthahn.* [11]
566 接	empfangen *Finger ... Vase ... Frau.* Denken Sie an jemanden, den Sie bei sich aufnehmen. [11]
567 掛	aufhängen *Finger ... Ziegel ... Zauberstab.* [11]
568 按	herabdrücken *Finger ... friedlich.* [9]

| 569 | abfallen |

掉　Sowohl «herunterfallen» als auch «sinken»: *Finger ... hervorragend.* [11]

| 570 | ziehen |

拉　*Finger ... Vase.* [8]

| 571 | !! |

啦　Dieses Schriftzeichen kann am Ende eines Satzes dazu verwendet werden, einen Ausruf zu kennzeichnen – ähnlich, wie auch unser Ausrufezeichen fungiert. Seine Elemente: *Mund ... ziehen.* [11]

| 572 | ausfindig machen |

找　*Finger ... Straßenfest.* [7]

| ❖ | zwei Hände |

开　Dieses Primitiv lassen wir für ein Paar zugleich verwendeter Hände stehen. Befindet es sich unter einem anderen Primitiv, ist seine Schreibweise nicht durchgängig. Manchmal sieht es so aus, als ob der erste Strich ausgelassen wurde (廾), dann wieder, als ob der zweite fehlte (兀). Das liegt hauptsächlich an Unterschieden zwischen Zeichensätzen und erfordert keine Anpassung der Primitivbedeutung. [4]

一　二　⺮　开

| 573 | mahlen |

研　*Stein ... zwei Hände.* Interessanterweise – und recht passend – wird dieses Zeichen im Chinesischen auch für intensives Forschen oder Studieren verwendet. [9]

| 574 | herumspielen mit |

弄　*König/Ball ... zwei Hände.* [9]

575	Nase
鼻	Wir wollen Ihnen ein ziemlich groteskes Bild schildern, um bei diesem Schriftzeichen zu helfen. Stellen Sie sich vor, mit *beiden Händen* in jemandes **Nasen**löcher zu fassen. Einmal dort, greifen Sie nach dem *Gehirn* und rupfen es heraus. Danach bietet sich Ihnen ein Bild nicht unähnlich dem in diesem Schriftzeichen, dem vollständigen für **Nase**. [14]

自　畠　鼻

576	Strafe
刑	*Zwei Hände . . . Säbel.* [6]

577	Gussform
型	*Strafe . . . Erde.* Einmal mehr finden Sie es möglicherweise leichter, das Schriftzeichen in seine grundlegenderen Elemente zu zerlegen: *zwei Hände . . . Säbel . . . Erde.* [9]

刑　型

578	Genie
才	Ist man begabt und hat viele Talente – was wir hier kurzerhand als **Genie** bezeichnen wollen – schafft man alles mit «verbundenen Augen», «einer auf den Rücken gebundenen Hand» oder gar mit noch weniger: Das Schriftzeichen ist Piktogramm nur eines einzigen *Fingers*! Schauen Sie, wie seine unverwechselbare Form dadurch entsteht, dass man den letzten Strich des Elements *Finger* andersherum schreibt. [3]

一　十　才

❖ Das Primitivelement wird *Dschinn* heißen – eines jener arabischen Geisterwesen, die in den Märchen aus 1001 Nacht in einer Flasche leben und Wünsche erfüllen. Diese Bedeutung leitet sich vom Schlüsselwort her, dessen lateinische Urform «genius» ebenfalls «Geist» bedeutet. Verwenden Sie einen frei schwebenden *Dschinn*, wenn das Primitiv rechts von oder unter seinem zugehörigen Primitiv steht und seine Form behält. Auf der linken Seite wird die Form zu 宀 abgeändert und steht für einen *Geist, der* (zumindest teilweise) *noch in der Flasche steckt* – oder einfach: *Flaschengeist*.

---

579 Vermögen

財 *Muscheln ... Dschinn.* [10]

---

580 speichern

存 *Flaschengeist ... ein Kind*. Verstehen Sie das Schlüsselwort in allen seinen Beibedeutungen des Aufbewahrens. [6]

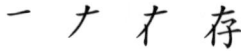

---

581 bei

在 Dieses Schlüsselwort soll Präpositionen wie «in», «auf», «unter», «an» und eben auch «**bei**» umfassen (denken Sie jedoch an RAHMEN 465!). Die Elemente: *Flaschengeist ... Erde.* [6]

---

582 erst dann

乃 Bei diesem Sinnbild einer geballten Faust handelt es sich um ein weiteres «Handprimitiv». Beachten Sie seine etwas eigenartige Schreibweise. Beginnen Sie zunächst, indem Sie eine *Faust* (die Primitivbedeutung, siehe unten) zeichnen, und ringen Sie **erst dann** um einen konkreten Anklang für diesen ansonsten recht abstrakten Schlüsselbegriff. [2]

丿 乃

❖ Die Bedeutung, die wir dem Primitiv zuweisen, wird aus dem Piktogramm gewonnen: die einer *Faust*.

---

583 Milch

奶 *Frau ... Faust/erst dann.* [5]

| 584 | erreichen |

及

Durch Hinzufügen des letzten Strichs wird das Primitiv der geballten *Faust* zum Schriftzeichen für **erreichen**. Sehen Sie, wie das Weglassen des Hakens am Ende des zweiten Strichs und sein Abschrägen nach links dem Schriftzeichen eine elegantere Form verleiht.

Viele Ziele im Leben erfordern es, jegliche Verbissenheit aufzugeben, sonst können wir sie nicht **erreichen**. In diesem Schriftzeichen bedarf es nur eines einzigen milden Strichs, um eine vormals geballte *Faust* als ausgestreckte Hand nach vorne reichen zu lassen. [3]

❖ Als Primitiv soll dieses Zeichen für *ausgestreckte Hände* stehen. Passen Sie auf, dass Sie es nicht mit jenem für *betteln* (RAHMEN 434) verwechseln.

| 585 | inhalieren |

吸

Mund ... ausgestreckte Hände. [6]

| ❖ | unter den Arm geklemmt |

Das Bild eines Arms, der seitlich am Rumpf herabhängt, gibt uns das Element **unter den Arm geklemmt** (bezüglich des sich jeweils «dahinter» befindenden Elements). [2]

| 586 | Historie |

史

Ein *Mund ... unter den Arm geklemmt.* [5]

口 史

| 587 | noch mehr |

更

Zimmerdecke ... Sonne ... unter den Arm geklemmt. [7]

一 万 更

588 硬	**hart** *Steine ... noch mehr.* [12]

| 589 又 | **wieder** Sie sollten keine Schwierigkeiten haben, sich dieses kurze Zweistrich-Zeichen zu merken, da Sie ihm in einer seiner Primitivbedeutungen **wieder** und **wieder** begegnen werden. [2] |

フ 又

- ❖ Etymologisch bezeichnet man dieses Zeichen als ein Piktogramm der *rechten Hand*, daher nehmen wir es in diese Lektion auf. *Rechte Hand* können Sie immer als seine Primitivbedeutung verwenden, wie wir im nächsten Rahmen sehen werden. Häufiger jedoch werden wir eine Verwechslung mit anderen Primitiven von ähnlicher Bedeutung vermeiden und ihm wahlweise die Bedeutung *Ausfall-* oder *Trippelschritt* oder *Schoß* verleihen, welche alle von seinem Erscheinungsbild herrühren.

| 590 友 | **Freund** *An der Seite ... Schoß.* [4] |

一 ナ 方 友

| 591 雙 | **Paar** Zwei *Truthähne ... Trippelschritt.* [18] |

| 592 隻 | **einer von zweien** Gemeint ist die eine Hälfte eines Paars. Die Elemente: *Truthahn ... Trippelschritt.* [10] |

Paradiesvogel

Die beiden Elemente, aus denen er besteht, sind *Blumen* und *einer von zweien*. Aber wir wollen etwas anderes probieren.

Stellen Sie sich die Federn des (eigentlich aus Neu Guinea stammenden) bunten Vogels als *Blütenblatter* vor, den ganzen Vogel hingegen als *Truthahn* – schon wird klar, dass wir einem gewitzten Betrüger aufgesessen sein müssen. Sehen Sie nun noch vor Ihrem inneren Auge, wie das seltsame Geschöpf beim Füttern auf Ihrer *rechten Hand* sitzt, und Sie haben alle Elemente behandelt.

Dies wäre ein guter Moment, die Strichzahl nachzuvollziehen. Wenn Sie auf weniger kommen als hier angegeben sind, möchten Sie vielleicht zu Seite 119 zurückkehren und Ihre Erinnerung hinsichtlich des Unterschiedes zwischen der gedruckten Form des Blumen-Elements und der handgeschriebenen Form auffrischen. [14]

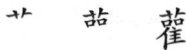

---

593   beschützen

護   *Worte ... Paradiesvogel.* [21]

---

594   erlangen

獲   Ein *Rudel Wildhunde ... Paradiesvogel.* [17]

Storch

Hier haben wir einen senilen alten *Truthahn*, der glaubt, er wäre ein **Storch**. Das Element *Quasselstrippe* bezieht sich auf das unablässige Gekollere des *Truthahns*, der zugleich sein Bestes tut, um das Bündel in seinem wulstigen Schnabel zu halten, während er den Neuzugang der ganzen Nachbarschaft verkündet. Die duftenden *Blumen* fügen wir hinzu, um den Geruch des Päckchens zu verbessern. [18]

595 觀	beobachten *Storch ... sehen.* [25]
596 歡	froh *Storch ... gähnen.* [22]
❖ 殳	Geschoss Dieses Primitiv bezieht sich nicht auf ein «*Stockwerk*» (das eher in RAHMEN 828 und 1480 vorkommt), sondern auf einen Flugkörper oder eine fliegende Waffe. Wählen Sie eine, die Ihnen besonders zusagt, mit Ausnahme eines *Wurfpfeils* (RAHMEN 927). Die Elemente: *Wind ... Ausfallschritt.* [4] 几 殳
597 投	werfen *Finger ... Geschoss.* [7]
598 沒	nicht haben *Wasser ... Geschoss.* Einige Zeichensätze verwenden in diesem Zeichen eine abgewandelte Form für *Geschoss* (没), aber Sie können es wie hier gezeigt schreiben. [7]
599 設	gründen *Worte ... Geschoss.* [11]
600 股	Oberschenkel *Körperteil ... Geschoss.* [8]
601 支	Abzweigung *Nadel ... Schoß/rechte Hand.* Dieses Schlüsselwort steht für **Abzweigungen**, Zweigstellen und Ableger aller Art, was uns gleich beim Zuweisen seiner Primitivbedeutung helfen wird. [4] 十 支

❖ Als Primitiv wird das Zeichen für alle Bedeutungen des Wortes *Zweig* stehen.

602 技	Technik
	Finger ... Zweig. [7]

603 枝	Ast
	Holz ... Abzweigung. Dies ist das vollständige Schriftzeichen, von dem sich die Primitivbedeutung *Zweig* ableitet. [8]

604 叔	Onkel
	Oben ... klein ... rechte Hand. [8]

上　卡　叔

605 督	beaufsichtigen
	Onkel ... Auge. [13]

606 寂	einsam
	Haus ... Onkel. [11]

❖ 厂	schleppen
	Obwohl kein Piktogramm im strengen Sinne, zeigt dieses Primitiv doch einen Strich, der einen anderen hinter sich herzieht. Beachten Sie, wie der erste Strich von rechts nach links geschrieben wird und wie das Zeichen sich aufgrund dieses **Schlepp**effekts von der *Klippe* unterscheidet. In der gedruckten Form verliert sich diese Feinheit in manchen Zeichensätzen allerdings. [2]

一　厂

607 反	anti-
	Schleppen ... Ausfallschritt. [4]

厂 反

608 Brett
板 *Holz ... anti-.* [8]

609 zurückkommen
返 *Anti- ... Straße.* [7]

610 Clique
派 *Wasser ... schleppen ... Halstuch.* [9]

氵 氿 汸 泝 泝 派

611 Blutgefäße
脈 *Fleisch ... schleppen ... Halstuch.* [10]

612 Kralle
爪 Dieses Schriftzeichen ist Sinnbild einer Vogelkralle und erstreckt davon ausgehend seine Bedeutung auf **Krallen** und Klauen im Allgemeinen (einschließlich menschlicher Fingernägel). Da die ersten beiden Striche die gleichen wie die des Elements *schleppen* sind, könnten Sie sich vorstellen, wie ein Raubvogel seine Beute ver*schleppt*. [4]

´ 厂 爪 爪

❖ Als Primitiv werden wir das anschauliche Bild eines *Geiers* verwenden, eines für seine kräftigen *Krallen* bekannten Vogels. Er steht generell über einem zugehörigen Primitiv, wo er zu ⌒ zusammengedrückt wird.

613 ergreifen
抓 *Finger ... Krallen.* [7]

614 采		auflesen

Geier ... Baum. [8]

ノ ⺍ ⺥ ⺥ 采

615 採		pflücken

Dieses Schriftzeichen wird dafür verwendet, Obst von Bäumen zu **pflücken**: *Finger ... auflesen.* [11]

616 菜		Gemüse

Blumen ... pflücken. [12]

❖ 爫		Vogelhäuschen

Die *Kralle* und die Krone eines *Haus*dachs (dessen Schornstein von der *Kralle* verdrängt wird) fügen sich für uns zu einem **Vogelhäuschen** zusammen. [6]

⺥ 爫

617 受		hinnehmen

Sowohl «entgegennehmen» als auch «ertragen». Die Primitive: *Vogelhäuschen ... Schoß/rechte Hand.* [8]

618 授		überreichen

Denken Sie an eine Verleihung. Die Elemente: *Finger ... hinnehmen.* [11]

619 愛		Liebe

Vogelhäuschen ... Freund. [13]

爫 愛 愛

❖ 厶	**Ellenbogen** Dieses Piktogramm eines im **Ellenbogen** gebeugten Arms ist augenscheinlich. Einmal mehr bestehen Varianten des geschriebenen Primitivs in unterschiedlichen Schriftsätzen. [2] ㄥ 厶
620 雄	**imposant** *An der Seite … Ellenbogen … Truthahn.* [12] ナ 太 雄
621 台	**Plattform** *Ellenbogen … Mund.* [5]
622 治	**regieren** *Wasser … Plattform.* [8]
623 始	**beginnen** *Frau … Plattform.* Beachten Sie RAHMEN 491. [8]
624 去	**gehen** Tiefste Gangart, sozusagen: *Erde … Ellenbogen.* [5]
625 法	**Methode** *Wasser … gehen.* [8]
❖ 云	**Wand** Der *Ellenbogen* unter einer *Zimmerdecke* wird zu unserem Element **Wand**. [3] 一 云

626 至	**bis**
	Wand... Erde. Vergewissern Sie sich, dass Sie dem Schlüsselwort ein konkretes Bild beilegen, vielleicht in Verbindung mit einem häufig verwendeten Ausdruck. [6]
627 室	**Raum**
	Das Schlüsselwort bezieht sich auf einen **Raum** in einem Haus oder Gebäude, nicht auf den abstrakten Sinn von «Raum und Zeit». Die Elemente: *Haus... bis.* [9]
628 到	**ankommen**
	Bis... Säbel. [8]
629 互	**gegenseitig**
	Denken Sie beim Schreiben dieses Zeichens ans Verbinden zweier *Wände* – eine richtig herum, die andere auf dem Kopf stehend. Achten Sie darauf, das Schlüsselwort nicht mit demjenigen aus RAHMEN 199 zu verwechseln. [4]
	一 丆 丂 互
❖ 厶	**Kleinkind**
	Falls Sie jemals einem **Kleinkind** Buntstifte in die Hand gegeben und es zu lange alleine gelassen haben, werden Sie Ihre *Wände* hinterher kaum wiedererkannt haben. Hier sehen wir ein **Kleinkind** mit einem Tuschkasten, das seine Werke mit großen *Tropfen* wie ein Fresko auf die Wand aufbringt – was Sie nicht minder begeistern dürfte. Denken Sie im folgenden beim Verwenden dieses Primitivs an ein **Kleinkind** auf allen vieren. [4]
	丶 亠 㐅 厶
630 充	**hinreichend**
	Kleinkind... Menschenbeine. [6]

631 育	Aufzucht
	Da dieses Schlüsselwort die **Aufzucht** körperlich und geistig starker Kinder meint, ist es einfach, die Primitivelemente zu koordinieren: *Kleinkind ... Fleisch*. Denken Sie an Sparta. [8]

❖ 㐬	Mosesbaby
	Dieses Primitiv stellt eine Kombination zweier Elemente dar: des *Kleinkindes* und einer *Flut*. Wir verleihen ihm die Bedeutung **Mosesbaby** wegen des Abbildes davon, wie Miriam ihr Kind in ein Körbchen legt und es den Wassern des Nils anvertraut. [7]

云 㐬

632 流	fließen
	Wasser ... Mosesbaby. [10]

633 梳	Kamm
	Holz ... Mosesbaby. [11]

LEKTION 23

NACH JENEM LANGEN Exkurs ins Reich der Arm- und Handprimitive werden wir in dieser Lektion ein wenig verschnaufen – mit einer viel kürzeren Lektion, die mit zwei Gruppen beginnt, die auf den Schriftzeichen für *hinein-* und *hinausgehen* basieren.

---

634   Berg

山   Hier sehen wir die klare Kontur eines dreieckigen **Berges**. [3]

---

635   hinaus-

出   Das Schriftzeichen **hinaus-** zeigt Bergspitzen, die sich aus der *Erde* **hinaus**strecken. Beachten Sie, wie die Schreibweise dem zuwiderläuft, was Sie vom vorangegangenen Rahmen her erwarten könnten. [5]

---

636   zuschlagen

擊   Versuchen Sie, den Elementen *Geschoss* und *Hand* noch *Wagen* und *Berg* beizugesellen und so vielleicht einen Jeep oder ein ähnliches *berg*taugliches *Gefährt* zu erschaffen, mit dem Sie dann **zuschlagen** können. [17]

---

637   geheim

密   *Haus . . . unbedingt . . . Berg.* Was nicht streng **geheim** (und daher daheim, sprich: zu *Hause*) gesprochen wurde, werden andere *unbedingt* von jedem *Berg* herabrufen wollen. [11]

638 hinein-

入

Wenn wir schon *hinaus-* kennen, sollten wir auch **hinein-** lernen. Dieses Schriftzeichen soll das Bild einer sich nach links bewegenden Person abgeben, die einen Fuß vorwärts streckt, um irgendwo **hinein**zugelangen. [2]

ノ 入

639 innen

內

Glashaube ... hinein-. [4]

冂 內 內

640 johlen

吶

Mund ... innen. [7]

641 Teil

分

Hier kombinieren wir das Schriftzeichen für *acht* und das Element *Dolch*, um das Schlüsselwort **Tal** wiederzugeben. [4]

ノ 八 分

642 arm

貧

Teil ... Muscheln/Geld. [11]

643 öffentlich

公

Acht ... Ellenbogen. [4]

644 Kiefernbaum

松

Baum ... öffentlich. [8]

645 Tal

谷

Betrachten Sie das Schriftzeichen in diesem Rahmen und das im vorhergehenden, und Sie werden den Unterschied zwischen dem Primitivelement *acht* und *Tierbeinen* erkennen: Der zweite

Strich in *acht* schwingt sich anmutig nach außen, während er in *Tierbeinen* einfach nur abfällt.

Das gibt Ihnen allerdings noch keinen Aufschluss darüber, was *Tierbeine* auf einem *Regenschirm* zu suchen haben. Die Antwort liegt an der *Mündung* des **Tals**, an die Sie denken sollten, wenn Sie dieses Schlüsselwort sehen. Um die illegale Einwanderung aller möglichen Krabbeltiere aus umliegenden Gebieten zu unterbinden, hat man einen riesigen *Schirm* aufgespannt. Er besteht offensichtlich aus Material, das zäh genug ist, dem Ansturm der *Tierbeine* zu widerstehen. [7]

ハ 父 谷

646 浴	baden *Wasser ... Tal.* [10]
647 欲	Begierde *Tal ... gähnen.* Trennen Sie das Schlüsselwort säuberlich von jenem im nächsten Rahmen. [11]
648 慾	Lust *Begierde ... Herz.* [15]
649 容	enthalten Dieses Schriftzeichen zeigt ein *Haus*, das so groß ist, dass es ein ganzes *Tal* **enthält**. [10]
650 溶	sich auflösen *Wasser ... enthalten.* [13]

Lektion 24

Die folgende Gruppe von Schriftzeichen dreht sich um einen Satz Primitivelemente, die mit Menschen zu tun haben. Diesem werden wir vor Ende des Buches noch weitere hinzufügen, aber schon die wenigen hier dargestellten versetzen uns in die Lage, eine ganze Reihe neuer Schriftzeichen zu meistern. Wir beginnen mit einem weiteren «Dach»-Primitiv.

❖ 尚	Plumpsklo
	Die Kombination des Elements *klein* mit der einfachen «Dach»-Struktur (in welcher der Schornstein wie beim *Vogelhäuschen* überschrieben wird), zusammen mit der «Fensteröffnung» darunter, verleiht diesem Element die Bedeutung eines **Plumpsklos**, wie man es früher über den Hof fand. Das Fenster sollte natürlich eigentlich nicht eckig, sondern herzförmig sein. Aber auch so, finden wir, stellt seine Einbeziehung eine Wohltat für die Phantasie dar und vereinfacht das Erlernen der Schriftzeichen, in denen das Element vorkommt, erheblich. [8]
	丷　丷丷　尚

651 當	tätig sein als
	Plumpsklo ... Reisfeld. [13]

652 檔	Akte
	Holz ... tätig sein als. [17]

653 黨	Partei
	Plumpsklo ... schwarz. [20]

654 常	oft
	Plumpsklo ... Tuch. [11]

655 堂	Saal
	Plumpsklo . . . Erde. [11]

656 皮	Umhüllung
	Am einfachsten lernt man dieses Schriftzeichen, indem man sich vorstellt, es wäre eine Fortentwicklung dessen für *Abzweigung*. Neben dem Haken am Ende des ersten Strichs besteht der einzige andere Unterschied im zweiten Strich. Er kann für etwas stehen, was von dem *Zweig* herabhängt, zum Beispiel Borke oder eine andere **Umhüllung**. Ein wenig Konzentration auf diesen Umstand beim Schreiben der folgenden kleinen Gruppe von Schriftzeichen sollte ausreichen, um die Form in Ihrem Gedächtnis zu verankern. [5]

⁻ 厂 广 疒 皮

657 波	Welle
	Wasser . . . Umhüllung. [8]

658 婆	alte Frau
	Welle . . . Frau. [11]

659 破	kaputt machen
	Stein . . . Umhüllung. [10]

660 被	Steppdecke
	Umhang . . . Umhüllung. [10]

661 歹	bösartig
	Dieses Schriftzeichen soll ein Piktogramm eines Knochens darstellen, der an einem Stück *Fleisch* hängt (oder umgekehrt). Die Bedeutung des Schlüsselwortes, **bösartig**, sollte dann nicht weit sein. Sehen Sie, wie der erste Strich dazu dient, dieses Schriftzeichen von jenem für *Tagesende* (RAHMEN 108) zu unterscheiden. [4]

一 歹

❖ Wird dieses Zeichen als Primitiv verwendet, nimmt es die Bedeutung *Knochen* an.

662		aufreihen
列	*Knochen ... Säbel.* [6]	

663		heftig
烈	*Aufreihen ... Herdfeuer.* [10]	

664		Tod
死	*Knochen ... Löffel.* Wir können uns in Anbetracht des zweiten Elements nur schwer davon zurückhalten, einen Kommentar «abzugeben»... Achten Sie darauf, wie der erste Strich nach rechts verlängert wird, und so oben eine Art «Dach» bildet. [6]	

665		beerdigen
葬	*Blumen ... Tod ... zwei Hände.* Vergleichen Sie dies mit dem ganz ähnlichen Schlüsselwort *begraben* (RAHMEN 171). [13]	

艹 茆 葬

666		Ohr
耳	In den Augen eines Neulings auf dem Gebiet der chinesischen Schriftzeichen sieht das Piktogramm für **Ohr** jenem für *Auge* zunächst recht ähnlich, aber Sie sind mittlerweile so weit fortgeschritten, dass aus Ihrer Sicht die dramatischen Unterschiede hervorstechen. [6]	

一 厂 丌 FT 月 耳

667		nehmen
取	*Ohr ... rechte Hand.* [8]	

668	Interesse
趣	*Laufen ... nehmen.* [15]

669	am meisten
最	*Sonne ... nehmen.* Beachten Sie, wie sich der oberste Strich des *Ohrs* ausstreckt, um der *Sonne* eine Unterlage zu bieten. [12]

670	Beruf
職	Im Gegensatz zu dem Verb *tätig sein als* (RAHMEN 651) fungiert dieses Schriftzeichen als Substantiv. Seine Elemente: *Ohr ... Tröte.* [18]

671	heilig
聖	*Ohr ... einreichen.* [13]

672	wagemutig
敢	*Reißzwecke ... Ohr ... Zuchtmeister.* [12]

673	streng
嚴	*Quasselstrippe ... Klippe ... wagemutig.* [20]

674	langgezogen
曼	*Sonne ... Netz ... Schoß.* Das Schlüsselwort bezieht sich sowohl auf Raum als auch auf Zeit. [11]

日　昌　曼

❖ Als Primitiv wird dieses Zeichen seine Bedeutung zu einem hellen, farbigen *Mandala* ändern. Falls Ihnen dieses Wort nichts sagt: Ein *Mandala* ist ein bunt strukturiertes Meditationsbild, das vorwiegend im tibetischen Buddhismus Verwendung findet. Sofern Sie keines vor Augen haben, lohnt es sich, eines herauszusuchen. Wie stets kann natürlich auch das Schlüsselwort als Primitivbedeutung herangezogen werden.

675 慢	langsam *Gemütszustand ... langgezogen/Mandala.* [14]
676 漫	überfließen *Wasser ... langgezogen/Mandala.* [14]
677 環	Ring *Edelstein ... Netz ... Zimmerdecke ... Mund ... Schal.* Die Anzahl der Elemente ist hier groß, seien Sie also auf der Hut. Lernen Sie es in Verbindung mit dem nächsten Rahmen, da es sich bei diesen beiden um die einzigen Fälle in diesem Buch handelt, in dem die Elementkombination auf der Rechten auftaucht. [17]
678 還	zurückgeben *Netz ... Zimmerdecke ... Mund ... Schal ... Landstraße.* [16]
679 夫	Ehemann Das Schriftzeichen für einen **Ehemann** oder ein «Familienoberhaupt» basiert auf jenem für *groß* und hat einen zusätzlichen Strich nahe der Spitze (für das «Haupt»). Verwechseln Sie es nicht mit dem Zeichen und der Erzählung für *Himmel* (RAHMEN 403), auch wenn Ihr spezieller **Ehemann** das vielleicht verdienen mag. [4] 一　二　𠀍　夫
680 規	Vorschrift *Ehemann ... sehen.* [11]
681 替	an die Stelle treten von Zwei *Ehemänner ... Tag.* [12]

| 682 | verlieren |

失

Verlieren bedeutet hier «verlegen», nicht mit einer Niederlage *belastet* oder *unterliegen*, deren Schriftzeichen wir in RAHMEN 61 und 315 gelernt hatten. Es zeigt einen *Ehemann*, dem beim Gehen an der Seite etwas herunterfällt (der *Tropfen*) – etwas, das er somit **verliert**. [5]

╱ 失

| 683 | Feudalbeamter |

臣

Dieses Schriftzeichen entpuppt sich beim näheren Hinsehen als ein *Auge*. Es ist verzerrt worden, damit die Pupille nach rechts hervorzustehen scheint. Diese Figur mag nicht einfach zu behalten sein, aber versuchen Sie es wie folgt: Zeichnen Sie sie einmal ziemlich groß und achten Sie darauf, wie durch das Bewegen der beiden vertikalen Striche auf der rechten Seite so weit wie möglich nach rechts wieder das Piktogramm des *Auges* in seiner natürlichen Form entstehen würde.

Dieses «Glubschauge» gehört einem **Feudalbeamten**, der in Habachtstellung vor seinem Dienstherrn strammsteht. [6]

一 丆 丂 丟 丟 臣

❖ Beim Primitiv wandelt sich die Bedeutung des Schlüsselworts zu *Lakai*.

| 684 | kurz davor sein |

臨

Lakai . . . zurückgelehnt . . . Waren. [17]

| ❖ | Mundschenk |

叝

Wenn wir an einen *Lakaien* denken, der immer *wieder* von seinem Herren bemüht wird, dann ist es ein Leichtes, uns einen unterwürfigen **Mundschenk** (oder Kellermeister) vorzustellen, der mit einer Karaffe umhereilt und immer *wieder* nachschenkt – oder aber, wenn Sie es gedanklich wünschen, einfach nur mit seiner *rechten Hand*.

In dieser Lektion haben wir zwar nur zwei Beispiele für dieses

Primitiv, aber es wird sich auch später noch als nützlich erweisen. [8]

685	würdig
賢	Mundschenk ... Muscheln. [15]
686	standhaft
堅	Kellermeister ... Erde. [11]
687	Kraft
力	Mit ein wenig Phantasie lässt sich in diesem einfachen, aus zwei Strichen bestehenden Zeichen mit der Bedeutung **Kraft** ein Muskel erkennen. [2]

フ 力

❖ Als Primitiv kann entweder *Muskel* (nicht zu verwechseln mit dem gleichnamigen Schriftzeichen aus RAHMEN 60) oder *Kraft* verwendet werden.

688	anderer
另	Mund ... Muskeln. [5]
689	Tu's nicht!
別	*Anderer ... Schwert.* Viele gedruckte Zeichensätze verwenden eine abweichende Form des Elements *anderer* bei der Wiedergabe dieses Schriftzeichens: 別. Bleiben Sie der Einheitlichkeit willen bei dem unten angegebenen handschriftlichen Beispiel. [7]

另 別

690	abbiegen
拐	Finger ... anderer. [8]

691 男	Reisfelder ... Kraft. [7]	Mann
692 功	Arbeit/Stahlträger ... Kraft. [5]	Leistung
693 奴	Frau ... Schoß. [5]	Sklave
694 努	Sklave ... Muskel. [7]	sich anstrengen
695 加	Muskel ... Mund. [5]	hinzufügen
696 賀	Hinzufügen ... Muscheln/Geld. [12]	gratulieren
697 架	Hinzufügen ... Holz. [9]	Regal
698 協	Nadel ... Muskeln (drei von ihnen verschaffen uns einen «Trizeps» oder «Muskelpakete»). [8]	kooperieren
699 行	Wenn Sie die oberen vier Striche verbinden, sollten Sie den Eindruck von einer Art Bugwelle mitsamt Heckströmung gewinnen. Stellen Sie sich also einen Meister seines **Faches** vor (nur in diesem Sinne ist das Schlüsselwort zu verstehen). Wann immer er einen Raum betritt, führt seine **fach**lich-kompetente Aura dazu, dass sich in der Luft ein solches Muster bildet. Bewundernde **Fach**leute geringeren Renommees sowie Laien schlägt sie in ihren Bann und reißt sie förmlich mit. [6]	Fach

丿 夕 亻 彳 彳 行

- Als Primitiv hat dieses Schriftzeichen zwei Formen. Wenn es sich nur auf die linke Seite beschränkt, 彳, kann es eine *Kolonne* oder eine *Menschenschlange* bedeuten. Wenn die Mitte offen steht, um Platz für andere Elemente zu schaffen, bedeutet es *Boulevard* oder *Stadtstraße* (das Gegenstück zur *Landstraße* aus Lektion 13).

700 律	Gesetz
	Menschenschlange ... Pinsel. [9]
701 復	wiedererlangen
	Menschenschlange ... umkehren. [12]
702 得	müssen
	Menschenschlange ... Tagesanbruch ... Leim. [11]
703 待	behandeln
	Dieses Schlüsselwort bezieht sich darauf, wie man mit anderen umgeht oder sie **behandelt**. Die Elemente: *Menschenschlange ... buddhistischer Tempel.* [9]
704 往	gen
	Menschenschlange ... Kerzenständer. Dieses Schriftzeichen hat die besondere Bedeutung einer Reise oder Fahrt in eine bestimmte Richtung, wie **gen** Norden oder **gen** Heimat. [8]
705 微	winzig
	Kolonne ... Berg ... Zimmerdecke ... Wind ... Zuchtmeister. [13]
706 街	Straße
	Stadtstraße/Boulevard ... Ziegel. [12]

	Die Zehn Gebote
悳	Stellen Sie sich vor, wie Moses den Berg herab steigt mit den Tafeln der **Zehn Gebote** in Händen und Feuer in den Augen. Betrachten Sie die Tafeln ganz genau, und Sie werden feststellen, dass an ihrer Unterseite ein kleines Sicherheits*netz* befestigt ist – eine Vorkehrung für den Fall, dass Moses auf die Idee kommt, sie noch einmal zu zerschmettern. Die Menschen starren auf die Tafeln, und genau *einen Herz*schlag lang herrschen Ruhe und Frieden unter ihnen. [12]

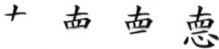

707 德	Moral
	Menschenschlange ... die Zehn Gebote. [15]

708 聽	horchen
	Ohr ... König ... 10 Gebote. [22]

709 廳	Halle
	Höhle ... horchen. Denken Sie an ein großes Auditorium. [25]

Lektion 25

Einmal mehr kehren wir in die Welt der Pflanzen und wachsenden Dinge zurück, wobei wir unsere Sammlung der entsprechenden Primitive noch nicht abschließen, sondern uns vielmehr auf drei Elemente konzentrieren werden, die man im chinesischen Schriftsystem am häufigsten findet.

Wie Sie zweifelsohne bemerkt haben, verweisen wir hin und wieder auf andere Schriftzeichen mit ähnlichen Schlüsselwörtern. Das kann Verwirrung beim Prüfen Ihrer früheren Erzählung und der Konnotation des jeweiligen Schlüsselworts vermeiden helfen, bevor Sie mit dem gegenwärtigen Zeichen fortfahren. Zwar ist es unmöglich, im Voraus zu wissen, welche Schlüsselwörter welchen Lesern Schwierigkeiten bereiten werden. Wir werden uns jedoch trotzdem bemühen, auf einige der wahrscheinlichen Problemfälle hinzuweisen.

710 禾	**stehendes Getreide**
	Dieses Schriftzeichen zeigt **Getreide**halme, die noch nicht geerntet worden sind, sondern auf dem Felde **stehend** die Sichel des Bauern erwarten. [5]

❖ Wird dieses Zeichen als Primitivelement verwendet, ändert sich seine Bedeutung zu *Wildreis*.

711	**Fahrt**
	Wildreis . . . einreichen. [12]

712 和	**Harmonie**
	Dieses Schlüsselwort hat mit friedfertigem Zusammenleben zu tun und erstreckt sich auf alle Formen der **Harmonie**. Seine Elemente: *Wildreis . . . Mund.* [8]

713 移	**verschieben**
	Wildreis . . . viele. [11]

714 秋	Herbst *Wildreis ... Feuer.* [9]
715 愁	bedrückt *Herbst ... Herz.* [13]
716 利	Profit *Wildreis ... Säbel.* [7]
717 香	Parfüm *Wildreis ... Sonne.* [9]
718 季	Jahreszeit *Wildreis ... Kind.* [8]
719 委	Komittee *Wildreis ... Frau.* [8]
720 秀	elegant *Wildreis ... Faust.* [7]
721 透	durchdringen *Elegant ... Landstraße.* [10]
722 誘	verleiten *Worte ... elegant.* [14]
723 歷	etwas erleben *Klippe ... zweimal Wildreis ... Fußabdruck.* [16]
724 米	Reis Dieses Schriftzeichen ähnelt sinnbildlich einer Anzahl von **Reis**körnern, die sternförmig auf einem Teller liegen. [6]

	` ˇ ⌐ 半 米 米

725 迷	verirrt
	Reis . . . Landstraße. [9]

726 謎	Rätsel
	Worte . . . verirrt. [16]

727 類	Art
	Reis . . . Hündchen . . . Kopf. [18]

728 竹	Bambus
	Bambus wächst nach oben, wie ein gerader *Nagel*, und mit jedem Wachstumsschub (welcher der Legende zufolge mit dem Neumond zusammenhängt) entsteht ein neuer Knoten am Stamm (der erste Strich). Zwei solcher **Bambus**strünke sind hier dargestellt. [6]
	ノ 𠂉 𠂉 𠂉 𠂉 竹
	❖ Als Primitiv bleibt die Bedeutung dieselbe. Die senkrechten Striche werden jedoch stark gekürzt, so dass sie die obere Position einnehmen können, in der sie – wie die *Blumen* – stets zu finden sind.

729 笑	lachen
	Bambus . . . jung sterben. [10]

730 箱	Kasten
	Bambus . . . einander. [15]

731 筆	Schreibstift
	Bambus . . . Pinsel. [12]

732 等	usw. *Bambus ... buddhistischer Tempel.* [12]
733 算	rechnen Falls Sie jemals einen Abakus zum **Rechnen** verwendet haben, sollte Ihnen dieses Schriftzeichen keine Probleme bereiten. Die *Bambus*stäbe liefern Ihnen den Rahmen, und anstelle der Perlen haben Sie *Augäpfel*. Nun müssen Sie nur noch *zwei Hände* hinzufügen, um Ihre schrecklichen Berechnungen durchführen zu können. [14]
734 答	antworten *Bambus ... passen.* [12]
735 策	Taktik *Bambus ... Dornen.* [12]

LEKTION 26

DIESE LEKTION WIRD uns über die Halbzeitmarke tragen. Von dort an beginnt der Abstieg. Der letzte Gipfelstoß enthält das scheinbar einfachste aller Primitivelemente. Es ist bislang aufgrund der Schwierigkeiten, die es verursacht hätte, zurückgestellt worden.

| 736 | Mensch |

人

Während das Schriftzeichen für *hinein-* (RAHMEN 638) jemanden zeigte, der nach links ging, stellt dasjenige für **Mensch** jemanden dar, der nach rechts schreitet. [2]

❖ Als Primitiv kann das Zeichen die Form seines Schriftzeichens beibehalten, es sei denn, es steht auf der linken Seite (in seiner normalen Position), wo es dann in der Form 亻 aufragt.

Die PRIMITIVBEDEUTUNG ist eine andere, besondere Angelegenheit. Die generelle Vorstellung von einem *Menschen* ist in vielen der Schriftzeichen, in denen das Primitiv erscheint, implizit enthalten. Jedoch haben auch viele der vorherigen Erzählungen *Menschen* enthalten, so dass die Verwendung bloß irgendeines *Menschen* riskant wäre. Wir müssen genauer sein und uns auf einen bestimmten *Menschen* konzentrieren. Wählen Sie jemanden, der in den Erzählungen bisher nicht vorgekommen ist – vielleicht ein markantes Familienmitglied oder eine Freundin, die Sie schon lange kennen. Dieses Individuum wird immer wieder auftauchen, entscheiden Sie sich also für jemanden, der Ihre Phantasie ganz sicher anregt.

| 737 | Häftling |

Eingepfercht ... Mensch. [5]

738 从	Portion
	Mensch ... Teil. [6]

739 占	besetzen
	Mensch ... wahrsagen. [7]

740 像	Möbel
	Mensch ... Absteige. [12]

亻 像

741 你	du
	Mensch ... zurückgelehnt ... klein. Sie müssen etwas hinsichtlich des «Hakens» am Ende von *zurückgelehnt* unternehmen (zum Beispiel sich vorstellen, Sie lägen auf dem Bauch und der Haken stellte Ihre Füße dar). [7]

亻 亻 亻 你

742 您	Sie
	Gemeint ist die höfliche Anrede (erkennbar an der Großschreibung). *Du ... Herz.* [11]

743 什	was?
	Mensch ... Nadel. [4]

744 條	Streifen
	Mensch ... Spazierstock ... Zuchtmeister ... Baum. [11]

745 值	Wert
	Mensch ... gerade. [10]

746 做	machen
	Mensch ... daher. [11]

747 但	aber
	Mensch ... Tagesanbruch. [7]
748 住	wohnen
	Mensch ... Kerzenständer. [7]

亻　住

749 位	Stellung
	Mensch ... Vase. [7]
750 件	Stück
	Mensch ... Kuh. Dieses Schlüsselwort bezieht sich auf Dinge wie ein Kleidungs- oder Möbel**stück**. [6]
751 仍	weiterhin
	Mensch ... Faust. [4]
752 他	er
	Mensch ... Skorpion. [5]
753 休	ruhen
	Mensch ... Baum. [6]
754 信	Glaube
	Mensch ... Worte. [9]
755 依	abhängen von
	Mensch ... Gewand. [8]
756 例	Beispiel
	Mensch ... aufreihen. [8]

757 個	einzelner *Mensch . . . fest.* In grammatischer Hinsicht handelt es sich um ein «Klassifizierungs-» oder «Zählwort», und dabei gleich um das gebräuchlichste von allen. [10]
758 健	gesund *Mensch . . . errichten.* [11] 亻　伊　健
759 停	anhalten *Mensch . . . Pavillon.* [11]
760 倒	umgekehrt *Mensch . . . ankommen.* [10]
761 仁	Menschlichkeit Um auf das volle Ausmaß an **Menschlichkeit** Bezug zu nehmen, das sich nur im *Zwie*gespräch mit einem anderen *Menschen* entfalten kann (*Mensch . . . zwei*), verwendete Konfuzius dieses Schriftzeichen. [4]
762 優	vorzüglich *Mensch . . . besorgt.* [17]
763 傷	Wunde *Mensch . . . zurückgelehnt . . . Sparschwein.* [13]
764 保	sichern *Mensch . . . dumm.* [9]
765 堡	Festung *Sichern . . . Erde.* [12]

766 付	bezahlen *Mensch ... Lehm.* [5]
767 府	Regierungssitz *Höhle ... bezahlen.* [8]
768 俯	den Kopf neigen *Mensch ... Regierungssitz.* [10]
769 代	ersetzen *Mensch ... Pfeil.* [5]
770 袋	Beutel *Ersetzen ... Gewand.* [11]
771 化	umwandeln *Mensch ... Löffel.* [4]
772 花	Blume *Blüte ... umwandeln.* Dies ist das vollständige Schriftzeichen, aus dem wir das Primitivelement mit derselben Bedeutung hergeleitet haben. [8]
773 貨	Güter *Umwandeln ... Muscheln.* [11]
774 何	waswelcherwerwowarum? Bei diesem Schriftzeichen handelt es sich um ein Allwetter- und Allzweck-Fragewort, das aus den Primitiven *Mensch* und *können* besteht. [7]
775 便	bequem *Mensch ... noch mehr.* [9]

776	100 Chinesische Zoll
丈	Den *Chinesischen Zoll* (RAHMEN 153) haben wir bereits getroffen. Um sich zu merken, wie man das Schriftzeichen für einhundert von ihnen schreibt, ziehen Sie die drei Striche in der unten gezeigten Reihenfolge und sagen dabei: «10 mal 10». Falls Sie feststellen, dass es Ihnen hilft, können Sie das Element *unter den Arm geklemmt* verwenden, das in den letzten beiden Strichen vorkommt. [3]

ノ ナ 丈

777	benutzen
使	*Mensch . . . 100 Chinesische Zoll . . . Mund.* [8]

778	lange Zeit
久	Dieses Schriftzeichen verwendet den diagonalen Schwung des zweiten Strichs, um *gefesselt* und *Mensch* miteinander verschmelzen zu lassen. Die Bedeutung des Schlüsselbegriffs folgt geradezu auf dem Fuße. [3]

ノ ク 久

779	Chinesischer Morgen
畝	Gemeint ist nicht die Tageszeit, sondern das Flächenmaß Chinesischer Morgen, dessen genaue Größe sich von Region zu Region unterscheiden kann. Seine Elemente: *Zylinderhut . . . Reisfeld . . . lange Zeit.* [10]

780	drittes
丙	*Zimmerdecke . . . innen.* Wie wir auf diesen Seiten schon oft genug gesehen haben, können Sie ein komplexes Primitiv stets in seine Bestandteile zerlegen. Zum Beispiel: Die Billigflüge, mit denen Luftfahrtgesellschaften auf Kundenfang gehen, dürften bei einem Bild von der **dritten** Klasse aus *Zimmerdecke . . . Mensch . . . Gürtel* helfen (verwechseln Sie das letzte Primitiv dabei jedoch nicht mit einem *Gurt*). [5]

781	Griff
柄	*Holz ... drittes.* [9]

782	Fleisch
肉	Hier sehen wir, warum wir dem Schriftzeichen für *Mond* auch die Primitivbedeutungen von **Fleisch** und *Körperteil* zugewiesen haben: Im Laufe der Zeiten näherte sich das hier gezeigte Zeichen für **Fleisch** oft jenem für *Mond* (月) an, wenn es als Bestandteil in anderen Schriftzeichen auftrat. Der einzige Unterschied beim Schreiben des Zeichens in diesem Rahmen ist, dass die beiden waagerechten Striche mit zwei *Menschen* ersetzt werden, einem über dem anderen. [6]

冂 内 肉

783	faulig
腐	*Regierungssitz ... Fleisch.* [14]

	Fließband
从	Die Verdopplung des Schriftzeichens für *Mensch* verschafft uns dieses Primitiv namens **Fließband**. Vielleicht fühlen Sie sich versucht, an *Menschen* zu denken, die an einem **Fließband** arbeiten. Aber warum sich nicht viele geklonte Exemplare ihres speziellen *Menschen* vorstellen, die in einer Fabrik vom **Fließband** rollen? [4]

784	die Massen
眾	*Netz ... Mensch ... Fließband.* Erinnern Sie sich zunächst daran, was wir in Lektion 2 über die Verdreifachung eines Primitivs gesagt hatten – sie bedeutet «überall» oder «jede Menge». Als nächstes beachten Sie, dass das mittlere untere Element eigentlich das Primitiv *Mensch* ist, wie es normalerweise links steht. Um die recht dramatische Verformung des *Menschen* in der Mitte zu erklären, erinnern Sie sich daran, wie es war, als Sie das letzte Mal inmitten von Menschen**massen** gequetscht waren. [11]

罒　罒　罘　眔

785	sitzen
坐	*Fließband ... Erde.* [7]

𠂇𠂇　𠀤　坐　坐

786	Sitz
座	*Höhle ... sitzen.* [10]

❖	Debatte
僉	Dieses Bild ist die *Zusammenkunft* zweier *Menschen*, die sich in einer hitzigen **Debatte** befinden. Sie werden hier dargestellt, wie sie sich von gegenüberliegenden Podien aus anschreien. Deswegen sind die *Münder* so weit aufgerissen, dass wenig Platz für die Köpfe bleibt. [13]

亼　侖　僉

787	untersuchen
檢	*Holz ... Debatte.* [17]

788	Gesicht
臉	*Mond ... Debatte.* [17]

789	kommen
來	Ein *Baum* mit eingebautem *Fließband.* [8]

790	Weizen
麥	*Kommen ... Wandersmann.* [11]

❖	Nickerchen
曷	Rufen Sie sich das klassische Porträt eines **Nickerchens** oder Mittagsschlafs vor Augen: eine lateinamerikanische Siesta.

Ein Muchacho (Ihr *Mensch*) hat sich selbst mit seiner Sarape an einen Pfosten *gefesselt*, damit er nicht umkippt, und sie vor seinem Bauch mit einem *Angelhaken* geschlossen. Einer jener großen, breitkrempigen Mariachi-Hüte ist tief in sein Gesicht gezogen, und von oben knallt die Mittags-*Sonne* herab. Verwenden Sie immer das komplette Bild, nie einfach die generelle Bedeutung **Nickerchen**. [9]

日 弓 曷 曷

791		trinken
喝	*Mund . . . Nickerchen.* [12]	

792		durstig
渴	*Wasser . . . Nickerchen.* [12]	

Lektion 27

In dieser Lektion sammeln wir eine *kleine* Gruppe nicht miteinander verbundener Schriftzeichen und Elemente auf, die durch die Ritzen der vorangegangenen Lektionen gefallen sind – hauptsächlich deswegen, weil die Zeichen selbst, ihre Primitivelemente oder ihre Schreibweise selten sind. Später, nämlich in Lektion 50, werden wir dasselbe noch einmal tun.

❖ 壬	**Träger** Denken Sie an einen Gepäck**träger**, wie es sie früher an Bahnhöfen gegeben hat, und lassen Sie den verlängerten Tupfen oben die Last darstellen, die ein *Soldat* als **Träger** für seinen Unteroffizier auf sich nimmt. [4] ⸝ 二 千 壬
793 任	**ernennen** *Mensch ... Träger.* [6]
794 廷	**Königshof** *Träger ... strecken.* [7]
795 庭	**Gerichtshof** *Höhle ... Königshof.* [10]
❖ 乚	**Pflug** Verstehen Sie dieses Zeichen als das Piktogramm eines **Pflugs**. Beachten Sie, wie die vollständige handschriftliche Form aussieht, als sei sie mit einem einzigen Strich geschrieben. Tatsächlich ist sie das, mit Ausnahme der Schriftzeichen in den nächsten beiden Rahmen, auch. [1/2] 丿 レ

| 796 | mittels |

以

Stellen Sie sich einen *Menschen* vor, der einen *Pflug* hinter sich herzieht, und den Schweiß*tropfen*, der bei dieser Arbeit von seiner (oder auch ihrer) Stirn fällt. Denken Sie dann daran, wie er sein oder ihr Leben «**mittels** des Schweißes seines oder ihres Angesichts» bestreitet. [5]

ゝ　ゞ　以

| 797 | gleichend |

似

Achten Sie darauf, dieses Schlüsselwort von *ähneln* (Rahmen 117), *identisch* (Rahmen 176) und *Ebenbild* (Rahmen 1414) abzugrenzen. Seine Elemente: *Mensch . . . mittels.* [7]

| ❖ | Puzzle |

并

Denken Sie bei diesem Element an eines der berühmten Legespiele, dessen Teile ineinander greifen. Seine Elemente: *Hörner . . . zwei Hände.* [6]

ゞ　并

| 798 | kombinieren |

併 *Mensch . . . Puzzle.* [8]

| 799 | zusammenfügen |

拼 *Finger . . . Puzzle.* [9]

| 800 | Rückgrat |

呂

Dieses Schriftzeichen stellt das eindeutige Piktogramm eines **Rückgrats** mit zwei Wirbeln darin dar. [7]

| 801 | Kamerad |

侶 *Mensch . . . Rückgrat.* [9]

❖ 炏	Feuerwache

Das Primitiv **Feuerwache** hat ein *Dach*, das – was sonst? – an jedem Ende eine lodernde *Feuer*säule statt eines Schornsteins aufweist. [10]

炏　炏

---

802 榮	Ruhm

Feuerwache ... Holz. [14]

炏　炏　榮

---

803 勞	Mühsal

Feuerwache ... Kraft. [12]

---

804 營	Feldlager

Feuerwache ... Rückgrat. [17]

---

805 善	gütig

Schaf ... Hörner ... Mund. Lassen Sie beim Schreiben dieses Zeichens besondere Sorgfalt walten. [12]

羊　羊　羊　盖　善

---

806 年	Jahr

Auf merkwürdige Weise fügt das Schriftzeichen für **Jahr** das Element *Steckenpferd* (obenauf) und die rechte Hälfte von so etwas wie einer Brille zusammen. Letzteres werden wir *Monokel* nennen. [6]

丿　ト　と　仁　壬　年

---

807 夜	Nacht

Verwechseln Sie zuerst einmal die Bedeutung von **Nacht** nicht mit jener von *Tagesende* (RAHMEN 108), *in den Puppen*

(Rahmen 185) und *Tagesanbruch* (Rahmen 29). Die Elemente: *Zylinderhut … Mensch … Wandersmann … Tropfen*. Passen Sie beim Zeichnen der letzten beiden Striche besonders auf. [8]

亠 亣 疒 疠 夜 夜

808	Flüssigkeit
液	*Wasser … Nacht*. [11]

❖	Schlittenhunde
奐	Die *vier Bernhardiner* – mit Schnapsfässchen um den Hals und aneinander *gefesselt*, um eine Mannschaft **Schlittenhunde** zu bilden – würden eigentlich keine Konkurrenz für Huskies aus Alaska darstellen. Allerdings könnten sie immer glaubhaft darlegen, dass ihr Antreiber sich einer Trunkenheitsfahrt hinreichend verdächtig gemacht hat.

Der letzte Strich der *vier* fällt mit dem ersten Strich des *Bernhardiners* zusammen. Beachten Sie, dass in dem handgeschriebenen Beispiel unten die «*Menschenbeine*» in dem Primitiv *vier* stilistisch wie ein «*Mensch*» dargestellt werden. Verwenden Sie nach Belieben eine der beiden Schreibarten, aber bleiben Sie dann in den kommenden Rahmen dabei. [9]

⺈ 㓁 奂 奐

809	aufrufen
喚	Warum auch immer der Antreiber der *Schlittenhunde* hier laut **aufruft** – es empfiehlt sich nicht (wenn man den *Mund* nicht anschließend voller von Hundepfoten aufgeworfenem Schnee haben möchte). [12]

810	wechseln
換	*Finger … Schlittenhunde*. [12]

LEKTION 28

WIR KOMMEN NUN zu einer recht einfachen Gruppe von Primitiven. Sie setzt sich aus den Elementen für Dinge zusammen, die man sichtbar mit sich herumträgt: *Spruchbänder*, *Flaggen* und – einen *Ringelschwanz*.

❖ 方	Spruchband
	Hier haben wir eine unverwechselbare Einfassung, die aus zwei Elementen besteht: *Kompass* und *zurückgelehnt*. Denken Sie bei einem **Spruchband** an die modernen Standarten einer Massenkundgebung. Stellen Sie sich dann die Masse vor, wie sie sich im Kreis um einen *Kompass zurücklehnt* (vermutlich in der Hoffnung, dass er ihr die *Richtung* im Leben weist). [6]

方 方

811 旅	reisen
	Spruchband ... Halstuch. [10]

方 方 旅 旅 旅

812 施	durchführen
	Spruchband ... Skorpion. [9]

813 游	umherplanschen
	Wir wählen dieses etwas sonderbare Schlüsselwort, da das Schriftzeichen sowohl für «schwimmen» als auch für «umherstreifen» verwendet wird: *Wasser ... Spruchband ... Kind.* [12]

814 遊	eine Tour machen
	Spruchband ... Kind ... Autobahn. [12]

815	nicht
勿	Kehren Sie kurz zu Seite 224 zurück und erinnern Sie sich daran, wie wir das kleine «Schweinchen» im Primitiv *Sparschwein* erschaffen hatten. Trennen Sie den ersten Strich des Schweinchens ab (den Körper), und alles, was bleibt, hat nicht mehr viel mit einem Schwein zu tun – es sei denn, Sie fragen sich beim Anblick des übrig gebliebenen Ringelschwanzes: «War das **nicht** einmal mein Sparschweinchen?» Auf diese Weise können wir uns das abstrakte Schlüsselwort, **nicht**, merken. [4]

丿 勹 勿 勿

❖ Als Primitiv wird diese Form *Ringelschwanz* bedeuten.

816	plötzlich
忽	*Ringelschwanz . . . Herz.* [8]

817	Ding
物	*Kuh . . . Ringelschwanz.* [8]

818	mühelos
易	*Sonne . . . Ringelschwanz.* [8]

819	jemandem etwas zuwenden
賜	*Muscheln . . . mühelos.* [15]

❖	Flagge
尸	Die Sinnbildhaftigkeit dieses Elements liegt auf der Hand. Abhängig von dem Schriftzeichen, in dem dieses Primitiv vorkommt, wollen Sie vielleicht die Art der (National-)Flagge anpassen. [3]

⁻ ⊐ 尸

820	Leiche
屍	*Flagge . . . Tod.* [9]

821	buddhistische Nonne
尼	*Flagge* ... *Löffel*. [5]

822	Wollstoff
呢	*Mund* ... *Nonne*. [8]

823	Schlamm
泥	*Wasser* ... *Nonne*. [8]

824	Zimmer
屋	*Flagge* ... *bis*. Trennen Sie es vom *Raum* aus RAHMEN 627. [9]

825	erfassen
握	*Finger* ... *Zimmer*. [12]

826	residieren
居	*Flagge* ... *altertümlich*. Verwechseln Sie es nicht mit *wohnen* (RAHMEN 748). [8]

827	Säge
鋸	*Metall* ... *residieren*. [16]

828	Stockwerk
層	*Flagge* ... *zunehmen*. [15]

829	Behörde
局	*Flagge* ... *Satz*. Achten Sie darauf, wie der lange Strich der *Flagge* mit dem ersten Strich des *Satzes* zusammenfällt (und ihn verlängert). [7]

830	Tür
戶	Ein *Tropfen* ... *Flagge*. [4] Beachten Sie, dass in der gedruckten Form des hier verwendenten Zeichensatzes, und den folgenden drei Rahmen, der

erste Strich eher wie eine *Pipette* aussieht (ein langer *Tropfen*) und von rechts nach links absinkt, während er in der handschriftlichen Form kürzer ist und sich von links nach rechts neigt.

`丶 户`

831 房	Domizil
	Tür ... Kompass. [8]
832 雇	anstellen
	Wie in «Angestellter». *Tür ... Truthahn.* [12]
833 顧	berücksichtigen
	Anstellen ... Kopf. [21]

Lektion 29

In dieser Lektion greifen wir einige Primitive auf, die sinnbildlich miteinander verwandt und auf das Konzept eines Samens zurückzuführen sind. Zunächst jedoch fügen wir ein streunendes Element ein, das nicht wirklich in eine unserer anderen Kategorien passt, sich aber als sehr hilfreich beim Formen einiger häufiger und grundlegender Schriftzeichen erweist: den *Altar*.

834 示	**zeigen** Obwohl uns hier die Elemente *zwei* und *klein* zur Verfügung stehen, mag es einfacher sein, sich dieses Schriftzeichen als Bild eines *Altars* einzuprägen. Etwas, das man auf ihm platziert, kann auf diese Weise allen **gezeigt** werden, einschließlich der Gottheit, zu deren Ehren man es dorthin gelegt hat. [5]

❖ Als Primitiv bedeutet das Zeichen *Altar*. Die abgekürzte Form, die das Element auf der linken Seite annimmt, ist beinahe mit derjenigen für *Umhang* (衤) identisch. Allerdings fehlt ihr der letzte Strich: 礻.

835 社	**Gesellschaft** *Altar ... Erde*. Bei der **Gesellschaft**, um die es hier geht, handelt es sich um eine aus dem Wirtschaftsleben (wie in «Handels-» oder «Aktien**gesellschaft**») oder eine andere Vereinigung. [7]

丶 亍 礻 礻 社

836 視	**inspizieren** *Altar ... sehen*. [11]
837 福	**Seligkeit** *Altar ... Reichtum*. [13]
838 禁	**verbieten** *Forst ... Altar*. [13]

839 襟	Vorderteil eines Gewandes *Umhang ... verbieten.* [18]
840 宗	Religion *Haus ... Altar.* [8]
841 崇	erhaben *Berg ... Religion.* [11]
842 祭	opfern *Körperteil ... Schoß/rechte Hand ... Altar.* Beachten Sie, wie die oberen beiden Elemente verzerrt werden, um mit dem verfügbaren Platz auszukommen. [11]
843 察	mustern Im Sinne einer genauen Überprüfung. Die Elemente: *Haus ... opfern.* [14]
844 擦	schrubben Sowohl reiben als auch putzen. *Finger ... mustern.* [17]
845 由	auf Grund von Das «**auf Grund von**» dieses Schriftzeichens erklärt den Ursprung oder die Grundlage einer Sache. Grafisch erreicht es das, indem es einen Samen in einem *Reisfeld* zeigt, der einen einzelnen Sproß oder Keimling nach oben reckt. Der Keimling sprießt also **auf Grund des** Samens – oder sogar des Säens. Dieses Bild des in der Scholle ruhenden Samens mag Ihnen dabei helfen, dem Schlüsselbegriff eine andere Färbung als der *Ursache* (RAHMEN 518) zu verleihen. (Tritt die *Blume* zum *Reisfeld*, haben wir, wie Sie sich von RAHMEN 221 her erinnern werden, einen vollständigen *Setzling*.) [5] 丨 冂 日 由 由

❖ Als Primitiv wird dieses Zeichen – in Übereinstimmung mit obiger Erläuterung – *Schössling*, *Spross*, *Keim* oder *Keimling* bedeuten.

846	herausziehen
抽	*Finger ... Schössling.* [8]

847	Öl
油	*Wasser ... Keimling.* [8]

848	erster
甲	Dieses Schriftzeichen kehrt das Element *Schössling* um und zeigt das Bild von Wurzeln, die von einem im *Reisfeld* gepflanzten Samen aus nach unten dringen. Um dies mit dem Schlüsselwort zu verknüpfen, erinnern Sie sich daran, dass bei vielen Pflanzen die erste Wurzel die so genannte Pfahlwurzel ist, von der andere Wurzeln ausgehen.

Es handelt sich hier um das **Erste** einer Reihe, von der wir bereits *zweitens*, *drittens* und *viertens* erlernt haben (RAHMEN 91, 780 und 86). [5]

丶　冂　冃　曰　甲

❖ Wir bleiben bei dem Bild von Wurzeln aus obiger Erzählung und weisen diesem Primitiv die Bedeutung *Radieschen* zu (welche dieselbe «Wurzel» hat wie das lateinische Wort für Wurzel, «radix»).

849	verpfänden
押	*Finger ... Radieschen.* Stellen Sie die Gemeinsamkeiten und Unterschiede im Vergleich zu *herausziehen* (RAHMEN 846). [8]

850	darlegen
申	Denken Sie an ein deutliches Aussprechen im Gegensatz zu Gesten, Handlungen oder Kunst. Das Schriftzeichen wird mit einer *im Munde plappernden Zunge* geschrieben, durch die ein *Spazierstock* gerammt ist, der an beiden Enden hervorsteht. [5]

日 申

❖ Zwar weist das Schriftzeichen offenkundige Verbindungen mit der «Samen»-Gruppe auf, es ist jedoch auch das astrologische Zeichen des *Affen* (der nicht nur nichts hört und nichts sieht, sondern auch nichts *darlegt*). Deswegen werden wir *Affe* als Primitivbedeutung verwenden.

851 伸	dehnen
	Mensch . . . Affe. [7]

852 神	Gottheit
	Altar . . . Affe. [9]

853 果	Frucht

Der Endzustand des Samens ist erreicht, wenn die Pflanze zur vollständigen Größe (als *Baum*) herangewachsen ist und **Früchte** voller neuer Samen produziert, die in die Erde zurückkehren und den Vorgang von neuem beginnen. Das Beachtenswerte liegt im Element *Gehirn* an der Spitze, das sich beim Erstellen eines Bildes als hilfreicher erweisen dürfte als ein *Reisfeld*. [8]

丶　冂　曰　日　旦　甲　 果　 果

854 課	Lektion
	Worte . . . Frucht. [15]

855 顆	Körnchen
	Frucht . . . Kopf. [17]

Lektion 30

Mittlerweile haben Sie gelernt, mit einer großen Anzahl sehr schwieriger Schriftzeichen mühelos und ohne Angst vor dem Vergessen umzugehen. Einige andere werden natürlich einer Wiederholung bedürfen. Wir wollen uns jedoch auf jene konzentrieren, derer Sie sich am sichersten sind, und die Sie am flüssigsten schreiben können, um eine Anmerkung dazu zu machen, welche Rolle die Erzählungen, Entwürfe und Primitive weiterhin spielen sollten – auch nachdem Sie ein Schriftzeichen zu Ihrer Zufriedenheit erlernt haben.

Dieser Kursus ist so angelegt worden, dass er in Schritten von einer ausgestalteten Erzählung über skelettartige Entwürfe bis hin zu jenem Knochenhaufen verläuft, den wir Primitivelemente nennen. Zunächst ist die Erzählung vonnöten (regelmäßig für jedes Schriftzeichen, ganz gleich, wie simpel es erscheint), da sie Ihnen ermöglicht, Ihre Aufmerksamkeit und Ihr Interesse auf die lebhaften Bilder der Primitive zu richten, die wiederum die Schreibweise des Schriftzeichens diktieren. Hat das Gesamtbild einmal das ganze Licht der Phantasie durchschritten, schleicht es davon und hinterlässt dabei auf geheimnisvolle Weise Fußspuren in den Furchen des Gehirns – und diese reichen häufig als Hinweis auf des Pudels Kern, um den Entwurf in groben Zügen nachzuzeichnen. Sollten Sie es müssen, wären Sie beinahe immer in der Lage, die Spuren zu ihrer Quelle zurückzuverfolgen und sich der vollständigen Erzählung zu entsinnen. Im Allgemeinen aber ist das unnötig. Die dritte Stufe offenbart sich, wenn der Entwurf unnötig geworden ist, und das Schlüsselwort selbst eine Anzahl von Primitivbedeutungen nahe legt – oder umgekehrt: wenn das Erblicken eines Schriftzeichens sofort ein bestimmtes Schlüsselwort hervorruft. Auch hier ist der Entwurf immer noch in Reichweite, falls er gebraucht wird, aber unnötig, wenn er seine Aufgabe einmal erfüllt und die richtigen Primitivelemente bereitgestellt hat.

Es bleibt noch eine vierte Stufe zu erklimmen, wie Ihnen vermutlich mittlerweile selbst aufgefallen ist – allerdings eine, auf die Sie sich nicht einlassen sollten, bis Sie die ganze Liste der hier vorgestellten Schriftzeichen durchlaufen haben. Auf dieser Stufe werden die Primitivelemente anhand ihrer *Form*, ohne unmittelbare Assoziation zu ihrer *Bedeutung*, erkannt. Wie Sie sich erinnern werden, haben wir von Anfang an darauf bestanden, das optische Gedächtnis müsse dem erfinderischen weichen. Mittlerweile dürfte klar sein, warum dem so ist. Aber es sollte ebenso klar werden, dass dem optischen Gedächtnis eine angemessene Rolle zukommt, wenn es erst einmal über ein festes Fundament verfügt. Dieser Prozess darf allerdings nicht überstürzt werden, so verlockend die Gegenleistung in Form gesteigerten Schreibflusses auch sein mag.

Soweit Sie all dies bei Ihren eigenen Studien bereits erlebt haben, dürften Befürchtungen bezüglich der Unzulänglichkeit bloßer Schlüsselwörter erheblich beruhigt worden sein. Denn auf ganz ähnliche Weise, wie das Schriftzeichen langsam seinen Weg ins Gewebe des Gedächtnisses und der Muskelgewohnheit findet, schwindet das Schlüsselwort nach und nach, um Platz für ein zum jeweils gewählten deutschen Begriff spezielleres Schlüsselkonzept zu machen. Daher erweist sich das Ersetzen durch ein chinesisches Wort – oder auch durch mehrere – nicht als Stolperstein. Ganz im Gegenteil – es wird dabei helfen, Verwechslungen zwischen Schlüsselwörtern mit Familienähnlichkeit auszuschließen.

Kurz gesagt, ist die zum Erlernen des chinesischen Schriftsystems erforderliche Anzahl von Schritten durch unser bisheriges Vorgehen nicht vermehrt worden. Wir haben diese bloß deutlicher herausgestellt, als es bei traditionellen Methoden des hundertmaligen Nochmalzeichnens der Schriftzeichen bis zur Beherrschung geschieht – und auf diese Weise ist der ganze Prozess viel effizienter abgelaufen. Wenn Sie jetzt innehalten und darüber nachdenken, was genau Ihr Intellekt im bisherigen Verlauf dieses Buches vollbracht hat, sollten Ihnen die in der Einführung angesprochenen Ideen viel plausibler vorkommen als damals, vor langer Zeit.

Nun aber müssen wir uns wieder auf den Weg machen, dieses Mal auf eine Straße mit dem Namen «Werkzeuge».

---

856 Pfund

斤   Dieses **Pfund** wiegt, wie das metrische, exakt ein halbes Kilogramm. Das Schriftzeichen stellt das Bild einer kleinen Axt von genau diesem Gewicht dar – wobei die beiden senkrechten Striche den Griff und die waagerechten Striche die Klinge zeigen. Achten Sie sorgfältig auf die Schreibweise: Sie beginnt wie das Primitivelement *schleppen*. [4]

❖ Als Primitiv wird dieses Zeichen *Kriegsbeil* bedeuten.

857 Stelle

所   Die Elemente: *Tür* . . . *Kriegsbeil*. In der vorletzten Lektion haben wir gesehen, wie der erste Strich der *Tür* anders als in der gedruckten Form geschrieben wurde. Hier jedoch, um das Gleichgewicht des Zeichens zu wahren, gleicht die handgeschriebene Form der gedruckten. Grenzen Sie es von *Platz* (RAHMEN 493) und dem viel später kommenden *Ort* (RAHMEN 1424) ab. [8]

戶 所

858 近	nah
	Kriegsbeil ... Straße. [7]

859 斬	abhacken
	Wagen ... Kriegsbeil. [11]

860 暫	vorübergehend
	Abhacken ... Tage. [15]

861 漸	allmählich
	Wasser ... abhacken. [14]

862 質	Qualität
	Zwei *Kriegsbeile ... Muscheln.* [15]

863 斥	tadeln
	Kriegsbeil ... ein Tropfen von. [5]

864 訴	klagen
	Worte ... tadeln. [12]

865 乍	erstmals
	Dieses Schriftzeichen ist das Abbild einer Säge. Wir überlassen es Ihnen, eine Verbindung mit dem Schlüsselwort herzustellen: **erstmals**. [5]

丿 一 个 乍 乍

❖ In Übereinstimmung mit der obigen Erklärung wird die Primitivbedeutung *Säge* lauten. Unterscheiden Sie dieses Element von dem Schriftzeichen mit derselben Bedeutung (RAHMEN 827).

866		wie?
怎	*Säge . . . Herz.* [9]	

867		gestern
昨	*Tag . . . Säge.* [9]	

868		fertigen
作	*Mensch . . . Säge.* [7]	

❖		Besen
彐	Es handelt sich um die bildhafte Wiedergabe der Borsten an einem **Besen**kopf. [3]	

コ ㅋ 彐

869		Schnee
雪	Bei *Regen*, der sich so verändert hat, dass er mit einem *Besen* beiseite gefegt werden kann, handelt es sich um **Schnee**. [11]	

870		hastig
急	*Gefesselt . . . Besen . . . Herz.* [9]	

871		suchen
尋	*Besen . . . Stahlträger . . . Mund . . . Leim.* [12]	

872		verheiratete Frau
婦	*Frau . . . Besen . . . Schürze.* [11]	

873	fegen
掃	*Finger ... Besen ... Schürze.* [11]

❖	Schneemann
彔	Die *Schneeflocken* im unteren Teil dieses Primitivs sind hier zu einem **Schneemann** aufgetürmt worden. Die drei Striche oben (彑) sollen einen *Strohbesen* (oder, wenn Sie wollen, auch einen *Schneebesen*) darstellen, den er in der Hand hält. Wenn Sie den zweiten, waagerechten Strich von *Besen* nehmen, ihn knicken und zuerst schreiben, sollte der Rest von selbst folgen. Nehmen Sie sich einen Moment, um die unten gezeigte Reihenfolge nachzuvollziehen, da wir ihn nicht förmlich als eigenes Primitivelement vorstellen werden. [8]

∠   ㇰ   彑   彔

874	aufzeichnen
錄	*Metall ... Schneemann.* [16]

875	mittelmäßig
碌	*Stein ... Schneemann.* [13]

❖	Rechen
彐	Ein einziger senkrechter Strich verwandelt den *Besen* in einen **Rechen** oder eine Harke. Steht ein Element UNTER dem **Rechen**, wird der senkrechte Strich verkürzt, wie wir es zuvor bei anderen ähnlichen Primitiven wie *Schaf* und *Kuh* beobachtet haben. Wenn etwas ÜBER dem **Rechen** steht und sich mit ihm verbindet, beginnt der senkrechte Strich am obersten waagerechten, wie in den folgenden beiden Rahmen. [4]

⁊   ㄱ   ㅋ   彐

876	streiten
爭	*Geier ... Rechen.* [8]

877	sauber
淨	Wasser ... streiten. [11]

878	Sache
事	Kein körperlicher Gegenstand, sondern Fall oder Angelegenheit, also eine abstrakte **Sache**. Die Elemente sind: *eins ... Mund ... Rechen*. Beachten Sie, wie der Griff des *Rechens* aus Spitze und Boden des Zeichens ragt. [8]

879	*Tang*-Dynastie
唐	Dieses Schlüsselwort bezieht sich auf die einst blühende ***Tang-Dynastie*** in China (618 bis 907 n. Chr.) und hat nichts mit Seetangblättern zu tun, wie sie zum Beispiel um japanische Sushi-Rollen gewickelt werden – obwohl das im nächsten Rahmen durchaus nützlich sein könnte. Die Elemente: *Höhle ... Rechen ... Mund*. [10]

880	Zucker
糖	*Reis ... Tang-Dynastie*. [16]

881	wohlbehalten
康	*Höhle ... Rechen ... Schneeflocken*. [11]

882	Direktor
尹	Das Einzige, was dieses Schriftzeichen vom *Rechen* unterscheidet, ist der geschwungene Griff, der den obersten waagerechten Strich nicht schneidet. Er bildet gleichsam die Hin- und-her-Bewegung eines Wischmopps ab, wie sie hier vom **Direktor** einer Abteilung von Sanitätsingenieuren demonstriert wird. [4]

ヨ 尹

883	*Queen Elizabeth*
伊	Ob Sie jetzt an die historische Persönlichkeit oder das nach ihr benannte Schiff denken – dieses Schriftzeichen wird heutzu-

tage hauptsächlich für Eigennamen wie Irak, Iguaçu, Illinois und eben auch **Queen Elizabeth** verwendet. Die Primitive sind: *Mensch . . . Direktor.* [6]

884	Monarch
君	Die **Monarchin** aus dem letzten Rahmen kann in diesem und den nächsten beiden Rahmen sehr nützlich sein. *Direktor . . . Mund.* [7]

885	Rock
裙	*Gewand . . . Monarch.* [12]

886	Meute
群	*Monarch . . . Schaf.* [13]

887	und
而	Das Schriftzeichen für **und** ist das Piktogramm eines Kamms. Falls Sie Probleme damit haben, sich zu merken, wie viele «Zähne» dieser Kamm hat, stellen Sie sich einen Fragebogen oder ein Formblatt vor. Dort werden senkrechte Linien verwendet, damit jeder Buchstabe einzeln und von den anderen getrennt eingetragen wird. Wie es der Zufall will, ergibt ein Blick auf das Schriftzeichen, dass sich dort gerade genug Zwischenräume befinden, um das Wort u-n-d zu buchstabieren. [6]

一 丆 丆 丙 而 而

❖ Die Primitivbedeutung dieses Zeichens ist *Kamm* und von jener des Schriftzeichens mit derselben Bedeutung (Rahmen 633) zu trennen.

888	brauchen
需	Die Bedeutung des Schlüsselwortes **brauchen** fängt man am besten ein, indem man an die Wirtschaft denkt, die bereitzustellen versucht, was Verbraucher **brauchen**. Die Primitive: *Regen . . . Kamm.* [14]

| 889 | konfuzianisch |

儒　*Mensch ... brauchen.* [16]

| ❖ | Goldgräber |

嵍　Diese Primitive lassen an jemanden denken, der die *Berge* durch*kämmt* – in unserem Falle einen alten **Goldgräber**, der die Hügel durchstreift und seine Ausrüstung auf dem Rücken seines treuen Esels festgezurrt hat. Er sucht nicht nach Gold, indem er danach wäscht, sondern indem er wörtlich die *Berge* mit einem riesigen *Kamm* durch*kämmt*. [9]

山　嵍

| 890 | günstig |

瑞　Denken Sie an ein **günstiges** Vorzeichen: *Ball ... Goldgräber.* [13]

| 891 | aufrecht |

端　*Vase ... Goldgräber.* [14]

| 892 | krumm |

曲　Sehen Sie vor sich, wie Sie die beiden am oberen Ende herausragenden Striche packen und auseinander ziehen – was einen guten Eindruck von **krumm** vermittelt. Wenn Sie jetzt noch annehmen, dass das untere Element für *Gehirn* steht (wobei der mittlere Strich verdoppelt und nach oben verlängert worden ist, damit man ihn fassen kann), können Sie das Schlüsselwort mit einer Art *Gehirn*wäsche in Verbindung bringen, bei der Sie jemandes Gedanken solange nach Ihren Wünschen zurechtbiegen, bis sie **krumm** und schief sind. [6]

丨　冂　日　冉　曲　曲

| 893 | Großer Wagen |

斗　Beim **Großen Wagen** handelt es sich natürlich um die hellsten Sterne der Konstellation *Ursa Maior* (auch «Großer Bär» genannt), die das Schriftzeichen gleichsam abbildet. Die Primitivelemente (*Eis* und eine Art verzerrter *Zehn*) stehen zur Verfügung, falls Sie sie brauchen. [4]

❖ Als Primitivelement werden wir dieses Zeichen für einen *Messbecher* stehen lassen. Es wäre übrigens ein ziemlich großer, da das Zeichen auch für eine Maßeinheit von ungefähr 10 Litern verwendet wird!

894 料	Material
	Reis ... Messbecher. [10]

895 科	Wissenschaft
	Denken Sie an eine einzelne **wissenschaft**liche Disziplin: *Wildreis ... Messbecher.* [9]

896 用	gebrauchen
	Fleisch ... Spazierstock. Halten Sie dieses Schlüsselwort und jenes für *benutzen* (RAHMEN 777) auseinander. Die Strichfolge ist genauso, wie Sie es anhand der angegebenen Reihenfolge der Primitivelemente vermuten würden. [5]

丿 冂 冂 月 用

❖ Als Primitivelement werden wir das Bild eines *Schraubenziehers* einsetzen – des vielleicht «gebräuchlichsten» Werkzeugs im ganzen Haus. Ein Beispiel wird in der nächsten Lektion folgen.

LEKTION 31

IN DIESER LEKTION klauben wir einige Mengenprimitive zusammen, um diejenigen zu vervollständigen, die wir in Lektion 7 gelernt hatten. Hinzu kommen einige andere, die mit bereits erlernten Elementen eng verwandt sind.

❖ 业	Salat
	Das Element *Blumen* verbindet sich mit dem langen waagerechten Strich darunter, um das Bild eines Tellers voller **Salat** abzugeben. [4]

一　卝　卝　业

897 昔	Vergangenheit
	Salat . . . Tage. [8]

898 借	leihen
	Sowohl aus- als auch ver**leihen**. *Mensch . . . Vergangenheit.* [10]

899 錯	irrig
	Metall . . . Vergangenheit. [16]

900 散	lose
	Denken Sie an **loses** Material. *Salat . . . Fleisch . . . Zuchtmeister.* [15]

901 撒	streuen
	Finger . . . lose. [12]

902 備	vorbereiten
	Mensch . . . Salat . . . Klippe . . . Schraubenzieher. Anmerkung: In Fällen wie diesem können Sie die Primitive in eine belie-

bige Reihenfolge bugsieren, die Ihnen am besten für das Zusammenstellen einer Erzählung geeignet erscheint – solange Sie sich der relativen Stellung der Primitive zueinander in dem vollständigen Schriftzeichen sicher sind. Beachten Sie auch die Ausnahme im zweiten Strich der *Klippe*, wie bereits in RAHMEN 114 angemerkt. [13]

| 903 廿 | zwanzig |

Die beiden durch den unteren kurzen Strich miteinander verbundenen *Zehnen* sind tatsächlich das alte Zeichen für **zwanzig**, das wir nun auch ebenso gut lernen können, da wir seine Primitivform benötigen. Es wird wie der *Salat* geschrieben, mit Ausnahme des kürzeren letzten Strichs. [4]

一 十 卅 廿

| ❖ 疒 | Labyrinth |

Das Primitiv **Labyrinth** unterscheidet sich von dem für *Höhle* durch die Anwesenheit der *Zwanzig*, was ein ausgedehntes **Labyrinth** aus in den Felsen gehauenen Stollen und Höhlen nahelegt. [7]

广 庐

| 904 席 | Matte |

Labyrinth ... Tuch. [10]

| 905 度 | Grad |

Das Schriftzeichen wird wie das Schlüsselwort im Deutschen als Maßeinheit verwendet. Die Elemente: *Labyrinth ... Schoß.* [9]

| 906 渡 | Fähre |

Denken Sie an das Hinübersetzen über einen Fluss. Die Elemente: *Wasser ... Grad.* [12]

| 907 | Hälfte |

半

Die beiden **Hälften** in diesem Schriftzeichen sind jeweils ein Spiegelbild der anderen, wobei der letzte Strich es genau entlang der Mitte in **Hälften** teilt. Vermutlich ist es einfacher, es mit dieser Vorstellung im Kopf zu zeichnen, als zu versuchen, direkt mit den Primitiven zu arbeiten (*Hörner, zwei* und *Spazierstock*).

Wenn dieses Zeichen auf der linken Seite als Primitiv erscheint, wird der letzte Strich sachte nach links gebogen, wie wir sogleich in RAHMEN 910 sehen werden. [5]

丶 丷 ⺷ ⸺ 半

| 908 | Partner |

伴 *Mensch ... Hälfte.* [7]

| 909 | beleibt |

胖 *Fleisch ... Hälfte.* [9]

| 910 | urteilen |

判

Hälfte ... Säbel. Vielleicht erinnern Sie sich an die berühmte Szene, in der König Salomon **urteilen** sollte, welcher von zwei Müttern ein Neugeborenes gehört. Der König bot an, das Kleinkind mit einem *Säbel* entzwei zu teilen und jeder der streitenden Frauen jeweils eine *Hälfte* zu geben. Daraufhin zeigte sich, wer die wahre Mutter war – nämlich jene, die ihren Anspruch auf das Kind aufgab, um sein Leben zu retten. Voller Weisheit **urteilte** Salomon und gab der Mutter ihr ganzes Kind. [7]

| ❖ | Viertel |

丷

Dieses Zeichen spaltet einfach den senkrechten Strich von *Hälfte* erneut in zwei Hälften, um **Viertel** zu erhalten. Dabei spreizt es den geteilten Strich und formt auf diese Weise eine Art Einfassung, unter der andere Primitive platziert werden. Wir können diesen Vorgang auch mit der Verbform ausdrücken: **vierteln**. Das, was **geviertelt** wird, befindet sich jeweils in der Einfassung. [6]

丶 ⺍ ⺎ 䒑 ⺷ 类

911	Angehörige
眷	*Viertel ... Augapfel.* [11]

912	Boxen
拳	*Vierteln ... Hand.* [10]

913	Sieg
勝	*Mond ... Viertel ... Muskel.* [12]

914	Scheibe
片	Dieses Schriftzeichen basiert auf dem Piktogramm eines Baumes, welcher der Länge nach in zwei ungleiche Teile gespalten worden ist. Die hier gezeigte rechte Seite ist eigentlich nur eine dünne **Scheibe**. Achten Sie auf die Strichfolge. [4]

丿 丿' 广 片

915	Druckplatte
版	Obwohl dieses Schriftzeichen auch «Ausgabe» im Sinne einer Veröffentlichung bedeutet, gemahnen die Elemente *Scheibe* und *anti-* viel eher an seine andere Bedeutung: **Druckplatte**. [8]

❖	Etagenbett
爿	Dieses Schriftzeichen zeigt die linke Seite des in zwei ungleiche Teile gespaltenen Baums aus RAHMEN 914. Wenn Sie Ihren Blick für einige Sekunden auf es fixieren, werden Sie ohne weiteres das **Etagenbett** erkennen. Die Strichfolge dieses Zeichens mag Sie überraschen, obwohl sie den allgemeinen Regeln folgt. [4]

乚 丬 爿 爿

916 妝	schminken *Etagenbett . . . Frau.* [7]
917 壯	robust *Etagenbett . . . Soldat.* (Vielleicht können Sie sich ein gutes Bild vorstellen, wenn Sie an die lateinische Wurzel, «robur», denken, was mit Kraft, Stärke oder Festigkeit zu übersetzen wäre – durchaus auch soldatischer.) [7]
918 莊	Ortschaft *Blumen . . . robust.* [11]
919 裝	Tracht *Robust . . . Gewand.* [13]
920 將	General *Etagenbett . . . Fleisch . . . Leim.* [11]
921 之	des So abstrakt dieses Schlüsselwort auch klingen mag, ist es doch überaus einfach zu behalten. Sie müssen nur an das berühmte «Zeichen **des** Zorro» denken, welches genau wie der untere Teil dieses Schriftzeichen – unterhalb des *Tropfens* – geschnitten oder auch gepeitscht wird. [3] 丶　㇇　之 ❖ Wenn es als Primitivelement verwendet wird, nimmt dieses Zeichen die Bedeutung aus obiger Erzählung an: *das Zeichen des Zorro*.
922 乏	ermattet *Pipette . . . Zeichen des Zorro.* [4]
923 眨	blinzeln *Auge . . . ermattet.* [9]

924 不	**negativ**
	Sie können mit den Primitiven dieses Schriftzeichens nach Belieben herumspielen (*Zimmerdecke . . . Mensch . . . ein Tropfen von*), aber Sie werden vermutlich feststellen, dass Sie es aufgrund seiner Schlichtheit – und Häufigkeit – einfach so lernen können, wie es hier steht. [4]
	一 フ 才 不
	❖ Als Primitivelement wird dieses Zeichen für das weltweit bekannte *Verbotsschild* stehen, wie in «Parken verboten»: ⊘.
925 否	**verneinen**
	Verbotsschild . . . Mund. [7]
926 杯	**Tasse**
	Holz . . . Verbotsschild. [8]

Lektion 32

Wir wenden uns nun den Waffen zu, die es noch zu untersuchen gilt. Dem *Säbel*, dem *Dolch* und dem *Pfeil* fügen wir auf der Liste dieses Kurses zwei weitere Waffenprimitive hinzu: den *Speer* und die *Fangschlinge*.

927 矢	Wurfpfeil
	Schleudert man einen **Wurfpfeil** gen *Himmel*, wird er so klein, dass er sich schließlich wie ein winziger *Tropfen* ausnimmt. Obwohl dieses Schriftzeichen auch «Pfeil» bedeuten kann, hat es doch keinerlei Ähnlichkeit mit dem gleichnamigen Primitiv aus Lektion 16. Daher wählen wir stattdessen ein neues Schlüsselwort. [5]
928 族	Sippe
	Spruchband . . . *Wurfpfeil*. [11]
929 知	wissen
	Wurfpfeil . . . *Mund*. [8]
930 智	Weisheit
	Wissen . . . *Sonne*. [12]
931 矛	Speer
	Der hier gezeigte **Speer** stammt aus einer Harpune, was die Zacken und Widerhaken ebenso erklärt wie die Leine (den letzten Strich), mit der Sie Ihren Fang an Land ziehen. [5]
	ㄱ マ マ 予 矛
932 柔	sanft
	Speer . . . *Baum*. [9]

933 揉	**kneten** *Finger ... sanft.* [12]
934 務	**Angelegenheiten** *Speer ... Zuchtmeister ... Muskel.* [11]
935 霧	**Nebel** *Wetter/Regen ... Angelegenheiten.* [19]
936 予	**gewähren** Dieses Schriftzeichen unterscheidet sich von dem *Speer* aus der Harpune (RAHMEN 931) durch die Abwesenheit des letzten Strichs – der Leine zum Einholen des Fangs. Stellen Sie sich ein Initiationsritual vor, in dem ein Stammeshäuptling einem jungen Mann die Ehre **gewährt**, zum Zeichen seiner Volljährigkeit fortan eine besonders verzierte Lanze, einen Ritualspeer, zu tragen (was ihn sozusagen von der Leine lässt). [4] ❖ Als Primitivelement wird dieses Zeichen die Bedeutung eines *Ritualspeers* aus der obigen Erzählung annehmen.
937 序	**Vorwort** *Höhle ... Ritualspeer.* [7]
938 預	**im Voraus** *Ritualspeer ... Kopf.* [13]
939 野	**wild** Dieses Schriftzeichen bezieht sich auf Nichtkultiviertes oder -gezähmtes. Seine Elemente: *Computer ... Ritualspeer.* [11]
940 班	**Klasse** Das Schlüsselwort bezieht sich auf eine Gruppe von Schülern, die in demselben **Klassen**raum zusammenkommen oder das gleiche Fach studieren. Die Elemente: *Säbel ... zwei Bälle/ Könige.* [10]

941 Bogen

弓

Dieses Schriftzeichen zeigt den geschwungenen hölzernen **Bogen**. In Band 2 werden wir lernen, wie wir eine passende *Bogensehne* anfertigen. Wenn Sie dieses Schriftzeichen strecken und die Einbuchtung links als Griff ansehen, sollte die Bildersprache klarer werden. [3]

⁷ ⁷ 弓

942 anziehen

引

Das Element auf der linken Seite, der *Bogen*, verdeutlicht, dass das Schlüsselwort nichts mit dem Anlegen von Kleidung zu tun hat, sondern mit dem **An-sich-Ziehen**. In diesem Sinne bezieht es sich auf alle Konnotationen, nicht nur auf eine *Bogen*sehne. Die Elemente: *Bogen . . . Spazierstock*. [4]

943 stark

強

Bogen . . . Ellenbogen . . . Insekt. Achten Sie darauf, wie der Ellenbogen erhöht wird, , um Platz für das Insekt darunter zu schaffen. [11]

944 schwach

弱

Zwei *Bögen . . .* mit *Eis* darauf. [10]

945 Projektil

彈

Wie in Kugeln und Patronen aller Art. *Bogen . . . Liste*. [15]

❖ Dollarzeichen

弗

Aus durch einen *Bogen* verlaufenden *Krücken* setzt sich dieses Zeichen zusammen, das zwar als Primitiv selten vorkommt, jedoch anhand seines Erscheinungsbildes leicht zu behalten ist: das **Dollar**zeichen, $. Wenn es unter einem anderen Element steht, wird der erste senkrechte Strich zu einem letzten Strich als kurzer «Schwanz» verkürzt, und der zweite senkrechte Strich oben abgeschnitten: 弔. Beispiele folgen. [5]

弓 弗 弗

946 佛	**Buddha** — *Mensch ... Dollarzeichen.* [7]
947 費	**Kosten** — *Dollarzeichen ... Muscheln.* [12]
948 弟	**jüngerer Bruder** — *Hörner ... Dollarzeichen.* [7]
949 第	**Nr.** — Das Schlüsselwort ist die Abkürzung für «Nummer». Seine Elemente: *Bambus ... Dollarzeichen.* [11]

❖ 丂 — **Fangschlinge**

Hier wird eine einfache **Fangschlinge** dargestellt, die aus einem herabgebogenen Zweig und einem Seil besteht. Sie gleicht damit den letzten beiden Strichen für den *Bogen*. [2]

一 丂

950 巧	**gewandt** — *Stahlträger ... Fangschlinge.* [5]

Lektion 33

Obwohl uns noch eine ganze Reihe von Primitiven verbleibt, die sich um menschliches Treiben drehen, werden wir uns jetzt der noch übrigen annehmen, die sich mit Personen und Teilen des menschlichen Körpers befassen – sowie einigen anderen.

---

951 — Leib

身

Das Schlüsselwort **Leib** soll hier einerseits gewählt werden, weil es, wie das Schriftzeichen, ein Synonym für *Körper* ist (vergleiche Rahmen 1070). Zum anderen kommt uns seine Ähnlichkeit mit uns *selber* (erkennbar an unserer **leib**haftigen, greifbaren *Nase*) entgegen. Die Verlängerung des unteren und ganz rechten Strichs formen, zusammen mit der ungewöhnlichen diagonalen Linie, schließlich noch das Piktogramm einer recht **beleib**ten Person. [7]

′ 丨 勹 勹 自 身 身

---

952 — schießen

射

«**Schoss** einen Pfeil einfach so – er landete, ich weiß nicht, wo…», geht ein Gedicht (wobei der arme Dichter, Henry Wadsworth Longfellow, offenbar eine Menge Pfeile verliert). Dieses Schriftzeichen verrät uns, wo der Pfeil gelandet ist. Seine Elemente: *Leib … angeleimt.* [10]

---

953 — danken

謝

Worte … schießen. [17]

---

954 — alter Mann

老

In diesem Schriftzeichen für **alter Mann** deutet die zuerst gezeichnete *Erde* darauf hin, dass der Betreffende sich dem Alter nähert, in dem «*Erde* zu *Erde*» langsam eine persönliche Bedeutung annimmt. Der diagonale *Spazierstock* dient dem **alten Mann** zur Fortbewegung, der *Löffel* zum Füttern. [6]

一 十 土 耂 耂 老

- ❖ Wenn dieses Schriftzeichen als Primitiv verwendet und seine Form zu 耂 verkürzt wird, ändert sich die Bedeutung in *Weihnachtsmann*. Falls der lange weiße Bart nicht ausreicht, denken Sie hieran: Einigen Berichten zufolge ist er bereits deutlich über 1.700 Jahre alt.

❖

与

Schleuder

Dieses Element konnten wir in der letzten Lektion – in die es eigentlich gehört hätte – noch nicht vorstellen, da wir erst jetzt über genug Bausteine verfügen, um ein Zeichen daraus zusammenzusetzen. Die **Schleuder** (oder Zwille) ist, bis auf das Griffstück, mit dem man sie zurückzieht, wie ein *Bogen*. [2]

一 与

955

考

eine Prüfung ablegen

Weihnachtsmann . . . Schleuder. Achten Sie darauf, wie die Spitze der *Schleuder* vom letzten Strich des *Weihnachtsmanns* absorbiert wird. [6]

956

烤

rösten

Feuer . . . eine Prüfung ablegen. [10]

957

孝

Kindespflicht

Denken Sie an kindlichen Gehorsam und das Vierte Gebot. Die Elemente: *Weihnachtsmann . . . Kind*. [7]

958

教

lehren

Kindespflicht . . . Zuchtmeister. [11]

959

者

Person

Weihnachtsmann . . . Zunge, die im Mund trällert. Dieses Schlüsselwort mag dem Menschen recht ähnlich sein, sollte

Ihnen jedoch keinerlei Probleme bereiten, wenn Sie seine Bedeutung eher abstrakt halten, wie die eines «Jemand». [8]

❖ Als Primitiv bedeutet es *Marionette* oder *Handpuppe*, da diese von *jemand* Unsichtbarem geführt werden und daher wie eigene *Personen* erscheinen. Falls es Ihnen hilft, denken Sie an eine *Weihnachtsmann*-Puppe.

| 960 著 | -nd Dieses Schriftzeichen bezeichnet Handlungen, die zur Zeit noch andauer-**nd** («durativ») sind: *Blumen . . . Marionette*. [11] |

| 961 豬 | Schwein *Sau . . . Handpuppe.* [15] |

❖

自

Dirigent

Für diese Primitivbedeutung können Sie sich einen befrackten **Dirigenten** vorstellen, der mit seinem Taktstock herumfuchtelt. Der Taktstock ist im *Tropfen* oben zu sehen, die beiden am langen senkrechten Strich befestigten Kästen können die Frackschöße darstellen, wenn Sie so wollen. [6]

′ 亻 ㇒ 𠂤 𠂤 自

| 962 追 | verfolgen *Dirigent . . . Landstraße.* [9] |

| 963 帥 | Oberbefehlshaber *Dirigent . . . Tuch.* [9] |

| 964 師 | Lehrer Das einzige, was einen **Lehrer** von einem *Oberbefehlshaber* unterscheidet, ist das Element *Zimmerdecke*. Das Schlachtfeld des *Oberbefehlshabers* liegt unter freiem Himmel, das des **Lehrers** drinnen. [10] |

965	Löwe
獅	*Rudel Wildhunde ... Lehrer.* [13]

966	Bürokrat
官	Indem wir beim *Dirigenten* den Taktstock (*Tropfen*) mit dem Dach eines *Hauses* vertauschen, bekommen wir sein Äquivalent in der großen weiten Welt der Verwaltung: den **Bürokraten**. [8]

967	Rohr
管	*Bambus ... Bürokrat.* [14]

968	Vater
父	Sowohl Freundlichkeit als auch harte Arbeit des idealen **Vaters** sind in dieser Abkürzung des *Zuchtmeisters* zu erkennen, die dessen Rute oder Peitsche (den ersten Strich) weglässt und durch den Schweiß der **väterlichen** Stirne ersetzt (die beiden *Tropfen* obenauf). [4]

丿 八 分 父

969	Umgang pflegen mit
交	*Zylinderhut ... Vater.* [6]

970	Effekt
效	*Umgang pflegen mit ... Zuchtmeister.* [10]

971	relativ
較	*Wagen ... Umgang pflegen mit.* [13]

972	Schule
校	*Holz ... Umfang pflegen mit.* [10]

| 973 | Unterschenkel |

足

Dieses Schriftzeichen steht für den unteren Teil des Beins, also den Teil von der Kniescheibe (dem *Mund*) bis zum Fuß (demjenigen Teil, der die *Spur von Fußstapfen* hinterlässt). [7]

- ❖ Als links stehendes Primitiv wird das Zeichen zu ⻊ abgeändert. Seine Bedeutung bleibt *Unterschenkel*, Sie sollten jedoch an ein *Holzbein* denken, um es nicht mit ähnlichen Elementen – nämlich *Menschen-, Tier-* oder *wandernden Beinen* – zu verwechseln.

| 974 | rennen |

跑

Holzbein . . . wickeln. [12]

| 975 | springen |

跳

Holzbein . . . Vorzeichen. [13]

| 976 | Pfad |

路

Holzbein . . . jeder. [13]

| 977 | Tautropfen |

露

Regen . . . Pfad. [21]

| 978 | Skelett |

骨

Dieses Schriftzeichen und Primitiv bezieht sich auf jenes *Körperteil*, welches nur aus Knochen und Gelenken besteht. Der obere Teil, der mit dem Element *Krone* endet, ist das Piktogramm eines Gelenks. Wir überlassen es Ihnen, die Teile zusammenzufügen. Sozusagen. [10]

丨　冂　冋　冎　冎　咼　骨

| 979 | rutschig |

滑

Wasser . . . Skelett. [13]

❖	Unterkiefer
咼	Die Bedeutung dieses Primitivs gewinnen wir aus der Kombination des oberen «Gelenks» mit dem *Mund* und der *Kapuze* darunter. [9]

冂　丹　咼

980	überqueren
過	*Unterkiefer ... Landstraße.* [12]

LEKTION 34

DIE VON UNS ALS nächstes betrachtete Primitivgruppe hat hauptsächlich mit Ortsbeschreibungen zu tun und erschöpft die Liste der Elemente, die in dieser Kategorie noch verbleiben.

❖ 阝	Zinnen
	Dieses Schlüsselwort wählen wir wegen seiner Bedeutung als «höchster Punkt». Es lässt an ein Bild der luftigsten Stelle einer Stadt denken, zum Beispiel an einen Hügel oder Berg, auf dem heilige oder auch bloß gesellige Zusammenkünfte stattfinden. Wenn Sie ein klares Bild von der Akropolis in Athen vor Augen haben, können Sie es für das Element **Zinnen** verwenden. Beachten Sie, dass dieses Primitiv immer nur auf der linken Seite steht. Auf der rechten erhält dieselbe Figur, wie wir noch sehen werden, eine andere Bedeutung. [3]

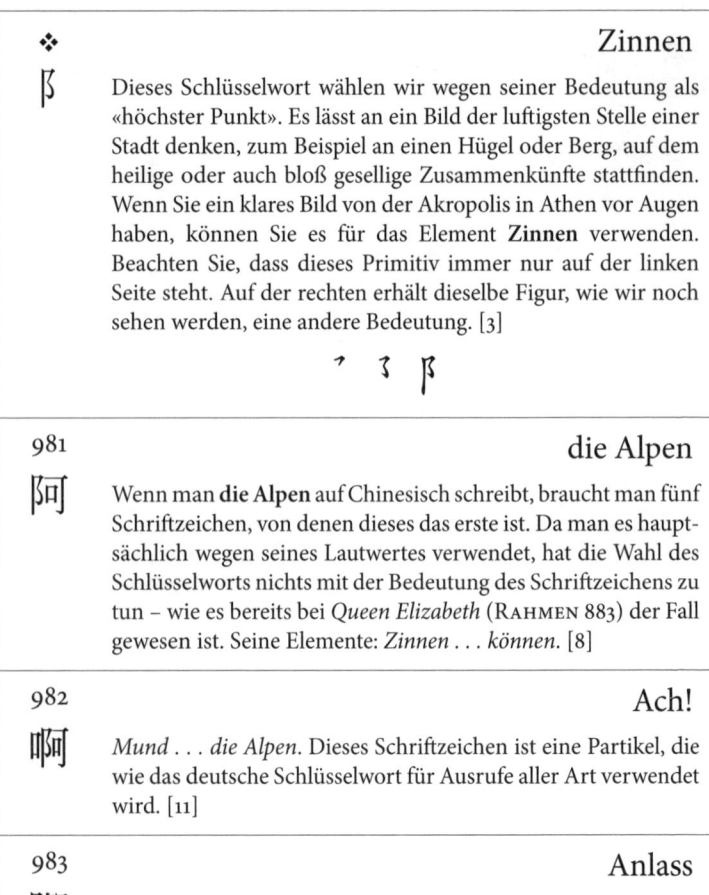

981 阿	die Alpen
	Wenn man **die Alpen** auf Chinesisch schreibt, braucht man fünf Schriftzeichen, von denen dieses das erste ist. Da man es hauptsächlich wegen seines Lautwertes verwendet, hat die Wahl des Schlüsselworts nichts mit der Bedeutung des Schriftzeichens zu tun – wie es bereits bei *Queen Elizabeth* (RAHMEN 883) der Fall gewesen ist. Seine Elemente: *Zinnen . . . können.* [8]

982 啊	Ach!
	Mund . . . die Alpen. Dieses Schriftzeichen ist eine Partikel, die wie das deutsche Schlüsselwort für Ausrufe aller Art verwendet wird. [11]

983 際	Anlass
	Zinnen . . . opfern. [14]

984 險	heimtückisch
	Zinnen ... Debatte. [16]

985 隨	wie es beliebt
	Zinnen ... links ... Mond ... Landstraße. [15]

986 陽	Yang
	Zinnen ... Sparschwein. Hier begegnet uns das zweite Zeichen des Yin-**Yang**-Paars. Yin wird später kommen (RAHMEN 1189). [12]

987 陳	ausstellen
	Zinnen ... Osten. [11]

988 防	abwehren
	Zinnen ... Kompass. [7]

989 附	beifügen
	Zinnen ... bezahlen. [8]

990 院	Inst.
	Dieses Schlüsselwort, die Abkürzung für «**Institut**», soll die Benutzung des Schriftzeichens als Anhang hinter bestimmten Gebäuden und Organisationen verdeutlichen. Seine Primitivelemente: *Zinnen ... vollenden.* [10]

991 陣	Formation
	Denken Sie an eine Schlachtordnung. *Zinnen ... Wagen.* [10]

992 隊	Mannschaft
	Zinnen ... Tierhörner ... Sau. [12]

993 降	absinken

Zinnen . . . Wandersmann . . . Monokel. Beachten Sie, dass die Schreibweise von *Monokel* in dem Schriftzeichen für *Jahr*, in dem es zuerst auftrat (RAHMEN 806), ein wenig unregelmäßig war, da es mit anderen Strichen zusammenfiel. Von jetzt an wird *Monokel* so geschrieben wie unten gezeigt. [9]

阝　降　降　降　降

994 階	Treppe

Zinnen . . . alle. [12]

995 穴	Loch

Haus . . . acht. [5]

宀　宀　穴

❖ Achten Sie darauf, dass das Element *acht* sich in *Menschenbeine* ändert, wenn dieses Zeichen als Primitiv verwendet wird – wie in den folgenden Rahmen. Dann können wir es auch *Tierbau* nennen.

996 究	erforschen

Loch . . . Kegeln. [7]

宀　宀　宀　究

997 突	unvermittelt

Tierbau . . . Chihuahua. [9]

998 空	leer

Loch . . . Stahlträger. [8]

999 控	beherrschen

Finger . . . leer. [11]

1000 邊	**Grenze** Nüstern ... Loch ... Kompass ... Landstraße. [18]

自　臬　臱　邊

❖ 兀	**Locher** Dieses Primitiv wirft einfach den ersten Strich des Primitivs *Loch* ab und wird zu einem **Locher**, wie er in jedem Büro zu finden ist. Wenn es oben an der Spitze eines anderen Primitivs vorkommt, macht es dieselbe Änderung durch: Die *acht* wird zu *Menschenbeinen* (siehe RAHMEN 995). [4]
1001 深	**tief** Wasser ... Locher ... Baum. [11]
1002 探	**Spion** Finger ... Locher ... Baum. [11]
1003 丘	**Hügel** Zwar soll das Zeichen Sinnbild eines **Hügels** sein, es sieht jedoch nach allem Möglichen, nur nicht danach aus. Stellen Sie sich daher eine Reihe von bis zur Klinge in den *Fußboden* gerammten *Kriegsbeilen* vor und schauen Sie, ob das nicht ein einprägsameres Bild eines **Hügels** abgibt – zumindest eines, in dem das Herunterrutschen weitaus riskanter geworden ist! [5]
1004 兵	**Truppen** Hügel ... Tierbeine. [7]

Lektion 35

Das Primitiv *Faden* ist eines der häufigsten in der Welt der Schriftzeichen. Das bedeutet ein hohes Risiko, es an Orte zu setzen, wo es nicht hingehört, und dort zu vergessen, wo es gebraucht wird – ein Grund mehr, jedes Mal ein lebhaftes Bild mit ihm zu verknüpfen. Zum Glück erscheinen nahezu alle in diesem Buch behandelten *faden*bezogenen Schriftzeichen in dieser Lektion, so dass Sie sie alle auf einmal lernen können.

Faden

糸

Erinnern Sie sich noch daran, wie Ihre Großmutter Sie früher bat, Ihre Arme zu beugen (an den *Ellenbogen*) und nach vorne zu strecken, um diese dann wie ein Gestell zum Aufwickeln von Wolle oder Garn (hier: eines **Fadens**) zu benutzen und daraus schließlich ein Knäuel zu winden? Können Sie jetzt die beiden *Ellenbogen* oben (wobei der zweite Strich das Ende des ersten *Ellenbogens* überschreibt) und das Element *klein* darunter erkennen? [6]

乚　幺　幺　幺　糸　糸

1005　Seide

絲

Der **Seiden***faden* ist so fein, dass er verdoppelt werden muss, damit man ihn zum Nähen verwenden kann. Beachten Sie, dass in dem handschriftlichen Beispiel unten die untere Hälfte des linken *Fadens* ein wenig von der gedruckten Form abweicht. Sie ist abgekürzt, wobei das *klein* als eine Reihe nach oben gerichteter, der Reihe nach gesetzter Tüpfel geschrieben wird. [12]

乚　幺　幺　幺　幺　絲　絲

絲　絲

1006　Linie

線　*Faden . . . Springquell.* [15]

1007	instand halten
維	*Faden ... Truthahn.* Die handschriftliche Form zeigt, wie der dritte Strich des *Truthahns* ein wenig von der gedruckten Form abweicht. [14]

糸　維

1008	Seidengaze
羅	Obwohl es üblicherweise als Familienname verwendet wird, hat dieses Schriftzeichen auch eine eigenständige Bedeutung: **Seidengaze**. Seine Primitive: *Netz ... instand halten.* [19]

1009	fortdauern
續	*Faden ... verkaufen.* [21]

1010	gesamt
統	*Faden ... hinreichend.* Das Schlüsselwort lässt sich auf ein Gesamtsystem oder einen Gesamtzusammenhang ausdehnen. [12]

1011	geben
給	*Faden ... passen.* [12]

1012	binden
結	*Faden ... Sprühdose.* [12]

1013	Ende
終	*Faden ... Winter.* [11]

1014	Rang
級	*Fäden ... ausgestreckte Hände.* [9]

1015	Epoche
紀	*Faden ... Schlange.* [9]

1016 紅	**rot** *Faden ... Stahlträger.* [9]
1017 約	**sich verabreden** *Faden ... Schöpflöffel.* [9]
1018 細	**fein** *Faden ... Gehirn.* Das Schlüsselwort **fein** umfasst sowohl die Bedeutung von klein und zart als auch von hoher Qualität. [11]
1019 緊	**straff** *Mundschenk ... Faden.* [14] 臤 緊
1020 織	**weben** *Fäden ... Tröte.* [18] 糹 織
1021 網	**Netz** Hier handelt es sich nun um das vollständige Schriftzeichen für **Netz**, dessen Abkürzung (das auf der Seite liegende *Auge*, 罒) wir als Primitiv mit derselben Bedeutung verwendet haben. Seine Bestandteile sind: *Faden ... Glashaube ... Tierhörner ... zugrunde gehen.* [14]
1022 綠	**grün** *Faden ... Schneemann.* [14]
❖ 戀	**Nadelspitze** Beachten Sie die ungewöhnliche Schreibweise: Die *Worte* werden zuerst geschrieben und beide *Fäden* in ihrer abgekürzten Form. [19]

言　結　戀

1023 彎	gebogen
	Nadelspitze ... Bogen. [23]
1024 灣	Bucht
	Wasser ... gebogen. [23]
1025 戀	verliebt sein
	Nadelspitze ... Herz. [23]
1026 變	sich wandeln
	Nadelspitze ... Zuchtmeister. [23]

❖ 巠 — **Spule**

Der sich hier von der *Zimmerdecke* ergießende *Fluss* besteht nicht aus Wasser, sondern aus hunderten verschiedenfarbiger Schnüre. Von denen fließt jede einzelne herab zu einer **Spule** (dem *Stahlträger*) auf einer der hunderten von Nähmaschinen in einer jener berüchtigten Ausbeuter-Textilfabriken. [7]

一　巠　巠

1027 經	kanonische Schriften
	Faden ... Spule. [13]
1028 輕	leichtgewichtig
	Wagen ... Spule. [14]

❖ — **Kokon**

Diese beiden dreieckigen Figuren und ihr letzter Strich sollen das Piktogramm eines **Kokons** darstellen, der kreisförmig gesponnen und am Ende versiegelt ist. Er ist wie das Zeichen für *Faden*, bis auf dass das tatsächliche Erzeugnis der Seidenraupe unten noch nicht ausgetreten ist. [3]

                          ㇉   ㄠ   ㄠ

1029   hinter

後   *Menschenschlange ... Kokon ... Wandersmann.* [9]

1030   wie viele?

幾   *Zwei Kokons ... Mensch ... Straßenfest.* [12]

                   ㄠ   ㄠㄠ   絲   丝丷   幾

❖ Als Primitiv wird dieses Schriftzeichen *Rechenschieber* bedeuten, jenes mit Holzperlen versehene Instrument, mit dem im Orient berechnet wird, **wie viele** doch gleich... Stellen Sie sicher, dass Sie diesen *Rechenschieber* nicht mit dem in RAHMEN 733 in der Erzählung für *rechnen* herangezogenen Abakus verwechseln.

1031   Maschine

機   *Holz ... Rechenschieber.* [16]

1032   unterbrechen

斷   *Angelhaken ... zwei Kokons «geteilt durch» (der waagerechte Strich) zwei Kokons ... Kriegsbeil.* [18]

                       丝   丝   䜌   㡭   斷

1033   fortsetzen

繼   Verwenden Sie Sorgfalt darauf, die Assoziation für das Schlüsselwort dieses Rahmens von der aus RAHMEN 1009 auseinanderzuhalten. *Faden ... zwei Kokons «geteilt durch» (der waagerechte Strich) zwei Kokons ... Angelhaken.* [20]

1034   offensichtlich

顯   *Sonne ... zwei Kokons ... Ofenfeuer ... Kopf.* [23]

1035	Musik
樂	*Weiße Taube* zwischen zwei *Kokons* ... *Baum*. [15]
	白　帛　樂　樂

1036	Arznei
藥	*Blumen ... Musik*. [19]

1037	Huhn
雞	*Geier ... Kokon ... Bernhardiner ... Truthahn*. [18]

1038	(Endsilbe)
麼	Wie bereits in RAHMEN 465 steht das Schlüsselwort in Klammern, um die grammatische Funktion dieses Schriftzeichens anzuzeigen, die keine als solche auszumachende Bedeutung hat. Seine Elemente: *Hanf ... Kokon*. [14]

1039	Stammbaum
系	Der eine hinzugefügte Strich am Anfang des Primitivs *Faden* verschafft uns ein Bild von *Fäden*, die sich zu einem einzigen Strang verweben. Aus dieser anschaulichen Vorstellung folgt die Bedeutung **Stammbaum**, ohne mit dem gleichnamigen Primitiv aus Lektion 10 zu tun zu haben. [7]
	❖ Als Primitiv werden wir diesem Schriftzeichen die Bedeutung *Zwirn* geben, da bei ihm die Vereinigung mehrerer Fäden zu einem einzigen (etwas verzerrten) Strang offensichtlich ist (Vorsicht mit RAHMEN 1005).

1040	gehen **um**
係	Wie in dem, wor**um** es **geht**. *Mensch ... Stammbaum/Zwirn*. [9]

1041	Enkel
孫	*Kind ... Stammbaum/Zwirn*. [10]

LEKTION 36

EIN BILD FÜR *versiegeln* haben wir bereits geschaffen (RAHMEN 154). Nunmehr kommen wir zu einem Satz von Primitiven, die auf Siegeln und Stempeln basieren.

❖ 卩	**Stempel** Bei diesem Primitiv handelt es sich um eine Art Sinnbild eines **Stempels**, den wir uns am besten als Post**stempel** vorstellen, um ihn von anderen, noch ausstehenden **stempel**ähnlichen Gegenständen zu unterscheiden. [2] ㄱ 卩
1042 卻	**zurückweichen** *Tal . . . Stempel.* [9]
1043 腳	**Fuß** *Körperteil . . . zurückweichen.* [13]
1044 服	**Kleider** *Fleisch . . . Stempel . . . Schoß.* Beachten Sie, wie der *Stempel* hier langgestreckt ist. [8]
1045 命	**Schicksal** Dieses Schriftzeichen hat das Leben im Allgemeinen zur Bedeutung, aber auch das ganz besondere Leben, das einem aufgrund des eigenen unverwechselbaren Charakters bei der Geburt als **Schicksal** zugeteilt wird. Seine Elemente sind: *passen . . . Stempel.* Der untere Teil von *passen* ist nach links gerückt, um Platz für den *Stempel* zu schaffen. [8]
❖ 卯	**Brieföffner** In seiner vollständigen Form sieht dieses Primitiv wie ein *Stempel* mit seinem eigenen Spiegelbild gleich links daneben

aus: 卯. Diese Form nimmt es an, wenn unter ihm nichts steht. Befindet sich dort doch etwas, wird es zu der in diesem Rahmen gezeigten Form verdichtet. Wir wollen uns den Umstand zunutze machen, dass die rechte Seite zu einen *Dolch* wird, und ihm die Bedeutung **Brieföffner** zuweisen.

Wenn Sie darauf achten, die Striche dieser verdichteten Form in der unten gezeigten Folge zu schreiben, ergibt sich die Schreibweise der vollständigen Form automatisch. [5]

1046		bleiben
留	*Brieföffner ... Reisfeld.* [10]	

1047		flutschen
溜	Wir wollen nicht zu umgangssprachlich werden, aber denken Sie an etwas, das rutscht und auch entgleitet: *Wasser ... bleiben.* [13]	

1048		plaudern
聊	*Ohr ... Brieföffner.* [11]	

1049		Weidenbaum
柳	*Baum ... Brieföffner.* [9]	

❖		Siegelholz
丁	Das **Siegelholz** ist ein graviertes Stück Holz (früher handelte es sich oft auch um Siegelsteine), das im Orient zur Beglaubigung von Dokumenten – üblicherweise in roter Tinte – verwendet wird. Anders als beim *Stempel* ragt der obere Strich hier ein ganzes Stück nach links über den senkrechten hinaus. Beachten Sie, dass dieses Primitiv bisweilen zu ᵥ verkürzt wird. In handschriftlichen Formen ist das beinahe immer der Fall. Vergleichen Sie die gedruckte Form in RAHMEN 1051–1053 mit ihrer jeweiligen handschriftlichen in Index I. [2]	

フ マ

1050	Befehl
令	*Zusammenkunft ... Siegelholz.* [5]

人 亼 令

1051	eiskalt
冷	*Eis ... Befehl.* Sie können hier an **eiskalte** Nerven denken. [7]

1052	Null
零	*Regen ... Befehl.* [13]

1053	Kragen
領	*Befehl ... Buchseite.* [14]

❖	Siegelwachs
甬	Wenn man westliche *Siegelhölzer* und *-steine gebraucht*, hinterlässt man seinen Eindruck oft in **Siegelwachs** anstatt mit roter Tinte. [7]

マ 甬

1054	verbinden
通	*Siegelwachs ... Landstraße.* [10]

1055	tapfer
勇	*Siegelwachs ... Muskel.* [9]

❖	Fingerabdruck
巳	Das Primitiv **Fingerabdruck** gleicht jenem für *Stempel*, bis auf den Umstand, dass der zweite Strich zurück nach rechts schwenkt und dabei aussieht wie ein Arm. [2]

フ 巳

1056	Straftäter
犯	*Wildhunde ... Fingerabdruck.* [5]
1057	Gefahr
危	*Gefesselt ... auf einer Klippe ... Fingerabdruck.* [6]
1058	zerbrechlich
脆	*Fleisch .... Gefahr.* [10]
❖	Heftklammern
ㅌ	Dieses Primitiv steht für eine Reihe kleiner **Heftklammern**, wie man sie für Heftmaschinen in Schule und Büro benötigt. Beachten Sie, dass dieses Element, wenn es für sich alleine steht, mit nur drei Strichen gezeichnet wird – wie im folgenden Rahmen. Unten werden beide Strichfolgen gezeigt. [4] Bei zwei sich gegenüberstehen Sätzen von **Heftklammern**, die etwas zwischen sich stehen haben (ᶠ ᶧ), werden wir die verwandte Bedeutung *Reißverschluss* verwenden (der zum Schließen Ihrer Hose weitaus bequemer ist, als sie zuzuklammern). Ein Beispiel wird unten folgen. [4]

′ 𐅁 ㅌ ㅌ ′ ㅌ ㅌ

1059	drucken
印	*Heftklammern ... Stempel.* [6]
1060	Begeisterung
興	*Reißverschluss ... identisch ... Werkzeug.* [16]

𐅁 同 阴 興 興

Lektion 37

Die nächste Ansammlung von Schriftzeichen hat mit Primitiven zu tun, die sich um Essen und Trinken drehen.

❖ 酉	Whiskeyflasche
	Dieses Primitiv wird *Whiskeyflasche* heißen. In seinem Piktogramm können Sie den lose steckenden Verschluss, die Flasche selbst (ungefähr zu einem Drittel gefüllt) und den Inhalt sehen. Sie können auch an einen spanischen «Porrón» denken, eine Dekantierflasche, die wie ein Vogel mit einem langen Hals ausschaut. [7]
	一 丆 丌 丙 西 酉 酉
1061 酒	Alkohol
	Wasser ... Whiskeyflasche. [10]
1062 配	zuteilen
	Whiskeyflasche ... Schlange. [10]
1063 酋	Häuptling
	Tierhörner ... Whiskeyflasche. [9]
	´ 丷 丬 酋 酋
1064 尊	hochachten
	Häuptling ... Leim. [12]
1065 遵	einhalten
	Hochachtung ... Autobahn. [15]

1066	Bohne
豆	Dieses Schriftzeichen soll einen Topf voller **Bohnen** zeigen, obwohl es in seiner hiesigen Form eigentlich eher nach dem Esstisch aussieht, auf dem der Topf steht. [7]

$$\text{一} \quad \text{口} \quad \text{戸} \quad \text{豆} \quad \text{豆}$$

❖ Als Primitiv wird es *Esstisch* bedeuten. Vergewissern Sie sich, dass Sie dieses Bild nicht mit jenen verwechseln, die Sie für *Tischlein* (Seite 53) und *Tisch* (RAHMEN 211) haben.

1067	Kopf
頭	Hier treffen wir endlich auf das vollständige Schriftzeichen, auf dem das Primitiv *Kopf* basiert. Seine Elemente: *Esstisch* ... *Kopf*. [16]

1068	kurz
短	*Wurfpfeil* ... *Esstisch*. [12]

1069	Zeremonie
禮	*Altar* ... *krumm* ... *Esstisch*. [17]

1070	Körper
體	*Skelett* ... *krumm* ... *Esstisch*. [23]

❖	Trommel
壴	Das Element mit der Bedeutung **Trommel** zeigt einen *Soldaten* über einem *Esstisch*. Der oberste Strich des *Esstischs* scheint zu fehlen, tatsächlich fällt er aber einfach mit dem letzten Strich des *Soldaten* zusammen. (Vielleicht **trommelt** der *Soldat* auf dem *Esstisch* herum, um endlich seine Ration zu erhalten?) [9]

1071	Trommel
鼓	Das Primitiv *Trommel* an einer *Abzweigung* regelt die Vorfahrt in dem vollständigen Schriftzeichen für **Trommel**. [13]

1072 喜	freudig
	Trommel ... Mund. [12]

1073 廚	Küche
	Höhle ... Trommel ... Leim. [15]

1074 樹	Baum
	Dieses Schriftzeichen bedeutet eigentlich genau dasselbe wie das Piktogramm *Baum*, das wir in RAHMEN 191 kennen gelernt haben. Da dieses Schriftzeichen ausführlicher ist, weisen wir ihm das Schlüsselwort **Baum** zu, der ja aus *Holz* besteht: *Holz ... Trommel ... Leim.* [16]

❖ 皿	Schüssel
	Beim Primitiv **Schüssel** handelt es sich, ganz eindeutig, um das Piktogramm einer bemalten oder gravierten Schale, die man von der Seite betrachtet. [5]

\   ┌┐   ┌┐   ┌┐   皿

1075 血	Blut
	Der *Tropfen* in der *Schüssel* ist **Blut**. Er ähnelt dem *Tropfen*, den wir zuvor auf dem *Dolch* im Schriftzeichen für *Klinge* gesehen hatten (RAHMEN 80). [6]

1076 盡	erschöpft
	Ein *Pinsel*, dem ein Büschel Borsten (der vierte Strich) vom *Herdfeuer* abgebrannt worden ist ... *Schüssel*. [14]

彐   肀   聿   肃   盡

1077 儘	bis zum Möglichsten
	Mensch ... erschöpft. [16]

1078 蓋	**Deckel** *Blumen ... gehen ... Schüssel.* [14]
1079 溫	**Temperatur** *Wasser ... Häftling ... Schüssel.* [13]
1080 監	**überwachen** *Lakaien ... zurückgelehnt ... Tropfen ... Schüssel.* Schlagen Sie die handschriftliche Form in Index 1 nach, wo Sie sehen werden, warum wir das dritte Primitiv *Tropfen* und nicht *Fußboden* genannt haben. [14] ❖ Die Primitivbedeutung wandelt sich zu *versteckter Kamera*. Beziehen Sie das in die Gestaltung Ihrer Erzählung für das Schlüsselwort ein.
1081 籃	**Korb** *Bambus ... versteckte Kamera.* [20]
1082 藍	**blau** *Blumen ... versteckte Kamera.* [18]
❖ 艮	**silbern** Wir leiten die Bedeutung **silbern** oder **Silber** dieses Elements vom Schriftzeichen im folgenden Rahmen ab. Sowohl das ursprüngliche Sinnbild als auch die Bestandteile, aus denen es sich zusammensetzt, sind mühsamer nachzuverfolgen, als sie es wert wären. Am besten lernt man das Zeichen einfach so, wie es ist. Wenn Sie dabei sind, achten Sie sorgfältig auf die Strichfolge und den Umstand, dass dieses Element seinen vorletzten Strich verliert, wenn es links erscheint (was uns dann einfach 𠃊 verschafft). [6]

フ ヲ ヨ ア ア 艮

1083 銀	Silber *Metall ... silbern.* [14]
1084 跟	Ferse *Holzbein ... silbern.* Obwohl dieses Schriftzeichen als das Substantiv für **Ferse** verwendet wird, kann es auch die Verbalbedeutung «folgen» annehmen (jemand anderem auf den **Fersen**). [13]
1085 很	sehr *Menschenschlange ... silbern.* [9]
1086 根	Wurzel *Baum ... silbern.* [10]
1087 即	unmittelbar *Silber ... Stempel.* [7]
1088 節	Feiertag *Bambus ... unmittelbar.* [13]
1089 退	zurücktreten *Silber ... Autobahn.* [9]
1090 腿	Bein *Körperteil ... zurücktreten.* [13]
1091 限	begrenzen *Zinne ... silbern.* [9]
1092 眼	Öse *Auge ... silbern.* [11]

1093	hochwertig
良	Ein *Tropfen* ... *Silber*. [7]

丶 良

❖ Ziehen Sie für das Primitiv das Bild eines *Heiligenscheins* heran. Wenn es links steht, wird wie bei *Silber* der vorletzte Strich fortgelassen, was uns 艮 verschafft.

1094	Wogen
浪	*Wasser* ... *Heiligenschein*. [10]

1095	Mutti
娘	*Frau* ... *Heiligenschein*. [10]

1096	Essen
食	Falls *Schirm* und *Heiligenschein* nicht genügen, zerlegen Sie den *Heiligenschein* weiter in *Tropfen* und *Silber* – oder «Tafelsilber», eine zusätzliche Primitivbedeutung. [9]

❖ Als Primitiv behält das Zeichen seine Bedeutung *Essen*. Wie bei *Silber* und *hochwertig* wird es links stehend verkürzt – die beiden letzten Striche werden einer: 食.

1097	Mahlzeit
飯	*Essen* ... *anti-*. [12]

1098	speisen
餐	*Zauberstab* ... *Tagesende* ... *rechte Hand/Schoß* ... *Essen*. [16]

1099	Gbde.
館	Die Abkürzung von «Gebäude», **Gbde.**, deutet bereits an, dass dieses Schriftzeichen häufig in Eigennamen verwendet wird – was natürlich auch tatsächlich der Fall ist. Halten Sie bei der Arbeit mit den Elementen seine Bedeutung von *Inst.* (RAHMEN 990) getrennt: *Essen* ... *Bürokrat*. [16]

| 1100 | großziehen |

養

Schaf ... Essen. Das Schlüsselwort wird im Zusammenhang damit verwendet, Tiere, eine Familie, Pflanzen etc. **großzuziehen.** [15]

| ❖ | Kellnerin |

旡

Wenn es Ihnen gelingt, mit den ersten beiden Strichen selbständig herumzuspielen, ergibt sich durch weiteres Hinzufügen der *Menschenbeine* die Bedeutung des Primitivs: **Kellnerin.** [4]

一　丆　チ　旡

| 1101 | da |

既

Silber ... Kellnerin. Das Schlüsselwort ist nicht das Gegenteil von «hier», sondern soll im Sinne von «nun, **da** ja» verstanden werden: «Nun, **da** Ihnen beim Servieren der *Silber*löffel in die Suppe gerutscht ist, hätte ich gerne...» [9]

| 1102 | ungefähr |

概

Wurzel ... Kellnerin. Das Schriftzeichen lässt sich auch in *Baum* und *da* aufteilen. [13]

Lektion 38

Es gilt noch, einige Primitive mit Bezug zur Pflanzenwelt zu berücksichtigen, und die nächsten Seiten werden wir dieser Aufgabe widmen. Falls es Ihnen so scheint, dass sich neue Primitive von nur begrenztem Nutzen häufen, denken Sie daran, dass Sie sie brauchen werden, wenn Sie zu Band 2 übergehen.

1103	platt
平	Dieses Schriftzeichen kann man sich am einfachsten als Sinnbild einer Seerose auf einer Wasseroberfläche merken, was ihm die Bedeutung **platt** verleiht. Der vierte Strich steht für die ruhige, glatte Oberfläche eines Tümpels und der lange letzte für den Stiel der Pflanze, der unter die Wasseroberfläche reicht. [5]
ー ㇀ ㇁ 㐅 平

❖ Als Primitiv kann dieses Schriftzeichen seine piktographische Bedeutung *Seerose* behalten.

1104	bewerten
評	*Worte ... Seerose.* [12]

1105	Flachland
坪	*Erde ... platt/Seerose.* [8]

1106	Oh!
乎	Bei diesem Schriftzeichen handelt es sich um eine «Ausrufpartikel». Es schreibt sich wie eine *Seerose*, trägt aber einen modisch schräg aufgesetzten Hut oben und einen schicken Haken unten. **Oh!** là là. [5]

1107	schreien
呼	*Mund ... Oh!* [8]

❖	Garbe
乂	Diese beiden Striche stellen eine grobe Zeichnung von Halmen dar, die zu einer **Garbe** zusammengebunden sind. [2]

丿 乂

1108	hoffen
希	*Garbe ... Stoff.* [7]

1109	spärlich
稀	*Wildreis ... hoffen.* [12]

❖	Tutti-Frutti-Hut
臼	Der **Tutti-Frutti-Hut** ist ein verrücktes Stück Kopfbedeckung – ein riesiger Obstkorb, der ein Mehrfaches des Volumens des tragenden Kopfes ausmachen kann! Die berühmte brasilianische Sängerin Carmen Miranda trug solche Extravaganzen (schlagen Sie doch bei Gelegenheit einmal nach). Die Elemente: *Reißverschluss*, zwei *Garben* und *Krone*). [13]

1110	studieren
學	*Tutti-Frutti-Hut ... Kind.* [16]

1111	Sinne
覺	*Tutti-Frutti-Hut ... sehen.* [20]

1112	rühren
攪	*Finger ... Sinne.* [23]

❖ 凵	**Grube** Die Primitivbedeutung **Grube**, deren zeichnerische Darstellung vollendet piktographisch ist, zeigt ein Loch, das zum Fangen von Tieren gegraben worden ist. Verwechseln Sie Ihr Bild nicht mit dem für das Schriftzeichen in RAHMEN 295. [2] ㄴ 凵
1113 凶	**verhängnisvoll** *Garbe ... Grube.* [4] 㐅 凶
1114 兇	**schrecklich** *Verhängnisvoll ... Menschenbeine.* [6]
1115 胸	**Brust** *Körperteil ... gefesselt ... schrecklich.* [10]
❖ 离	**Vampir** Der *Zylinderhut* lässt uns an einen vornehmen Herren denken, dessen gepflegtes Äußeres nur mühsam verbergen kann, dass die Begegnung mit ihm *verhängnisvoll* enden wird – was sollte dies anderes sein als ein bleicher, adliger **Vampir**? Nun müssen Sie nur noch *Gürtel* und *Ellenbogen* hineinarbeiten. [10] 亠 卤 离 离
1116 離	**verlassen** Nicht sich auf, sondern jemanden. Die Elemente: *Vampir ... Truthahn.* Dies ist möglicherweise eines der am schwierigsten zu behaltenden Schriftzeichen. Gehen Sie es positiv an und lassen Sie das Bild «in sich dringen», indem Sie es heute mit sich herumtragen und es in freien Momenten hervorholen. [18]

1117	Geflügel
禽	*Schirm ... Vampir.* [12]

1118	würzig
辛	Dieses Schriftzeichen zeigt Essen, das derartig scharf und **würzig** ist, dass es die Haare an Ihrem Körper nicht zu Berge, sondern wie *Nadeln stehen* lässt. [7]

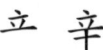

> ❖ Wenn dieses Zeichen als Primitiv benutzt wird, kann es die zusätzliche Bedeutung einer *Chilischote* annehmen – es sei denn, wenn sich unten zwei zusätzliche Striche befinden, was ihm das Aussehen einer *Paprikastaude* verleiht: 亲. Natürlich keiner gewöhnlichen *Paprikastaude*, sondern einer, an der kleine Fläschchen mit eingelegten, verkaufsfertigen *Chilischoten* wachsen.

1119	erledigen
辦	Zwei *Chilischoten ... Muskel.* [16]

1120	sich auseinandersetzen
辯	Zwei *Chilischoten ... Worte.* [21]

❖	scharfe Sauce
	Als Primitiv wird dieses Zeichen *scharfe Soße* bedeuten, wie sie in Asien beliebt sind. Von dort über Nordamerika hat ja auch der eigentlich asiatische Ketchup seinen Siegeszug um die Welt angetreten. Seitdem werden Kinder aller Herren Länder mit aufgezwungenem Essen fertig, indem sie es in **scharfer Sauce** ertränken. Das können wir am *Mund* unter der *Flagge* erkennen – jener einer Schnellimbisskette oder einer anderen, welche für Sie die globale Bedeutung der Tunke veranschaulicht. Beide stehen neben dem Element *Chilischote*. [13]

尸 启 辟

1121 壁	**Trennwand** *Scharfe Soße ... Erde.* [16]
1122 避	**ausweichen** *Scharfe Soße ... Landstraße.* [16]
1123 新	**neu** *Paprikastaude ... Kriegsbeil.* Beachten Sie, dass in manchen gedruckten Zeichensätzen (wie hier) die beiden letzten Striche der *Paprikastaude* am *Baum* angebracht sind. Beim Schreiben ist es jedoch besser, sich von der folgenden handschriftlichen Form leiten zu lassen. [13] <div align="center">亲 新</div>
1124 薪	**Brennstoff** *Blumen ... neu.* [17]
1125 親	**Verwandte** *Paprikastaude ... sehen.* [16]
1126 襯	**Innenfutter** *Gewand ... Verwandte.* [17]
1127 幸	**Glück** Wandeln wir das Primitiv der *Würze des Lebens* ab, indem wir den Tüpfel oben einfach zu einem Kreuz verändern, gelangen wir von *würzig* zum Schriftzeichen für **Glück**. [8]
1128 執	**sich klammern an** *Glück ... Pillenfläschchen.* [11]

| 1129 | Zeitung |

報 *Glück ... Stempel ... Schoß.* Vergleichen Sie hinsichtlich der rechten Seite dieses Schriftzeichens RAHMEN 1044. [12]

| ❖ | Füllhorn |

凵 Wenn man bedenkt, dass es im chinesischen Schriftsystem keine Rundungen gibt, handelt es sich hier um das gar nicht einmal so schlechte Piktogramm eines **Füllhorns**. Ungeachtet des gedruckten Erscheinungsbildes wird, was wie die ersten beiden Striche aussieht, in Wirklichkeit als einer geschrieben. [2]

ㄴ 凵

| 1130 | rufen |

叫 *Mund ... Füllhorn.* [5]

| 1131 | entgegennehmen |

收 *Füllhorn ... Zuchtmeister.* [6]

| ❖ | Reissetzling |

圥 Um dieses Primitiv vom Schriftzeichen für *Setzling* (RAHMEN 221) und dem Primitiv *Schössling, Spross, Keim* oder *Keimling* (Seite 289) abzugrenzen, denken Sie an eine ganze Handvoll von **Reissetzlingen**, die in den schlammigen Boden eines unter Wasser stehenden Reisfeldes gesteckt werden. Die Bestandteile sind *Erde* und *Menschenbeine*. [5]

土 圥

| 1132 | Festland |

陸 *Zinnen ... Reissetzlinge ... Erde.* [11]

| ❖ | Reisstaude |

埶 In diesem Primitivelement erkennen wir das Geheimnis, kräftig Reisanbau zu betreiben: Neben einem noch zarten *Reissetzling* liegt unverschlossen die *Pillenflasche*, deren steroider Inhalt sich nunmehr in der *Erde* befindet. In kürzester Zeit wird hier eine kräftige **Reisstaude** stehen, vor deren unbändiger Kraft Sie Reißaus nehmen werden wollen. [11]

1133 勢	Einfluss
	Reisstaude ... Muskel. [13]

1134 熱	Hitze
	Reisstaude ... Ofenfeuer. [15]

1135 藝	Fertigkeit
	Blumen ... Reisstaude ... Schwaden. [19]

1136 亥	Zeichen des Schweins

Dieses Schriftzeichen ist das zwölfte Zeichen im chinesischen Tierkreis: das **Zeichen des Schweins**. Am besten lernt man es, indem man in Verbindung mit der unten vorgestellten Primitivbedeutung an ein Eicheln fressendes Wild**schwein** denkt. [6]

亠　亡　歺　亥　亥

❖ Der *Zylinder* gibt die äußere Form einer *Eichel* wieder, und der ungewöhnliche aber leicht zu schreibende Strichkomplex darunter (den Sie auch als Verzerrungen von *Ellenbogen* und *Mensch* sehen können) steht für das geheimnisvolle Mysterium, mittels dessen die *Eichel* bereits auf kleinstem Raum eine ganze Eiche enthält.

1137 核	Kern
	Holz/Baum ... Eichel. [10]

1138 孩	Knirps
	Kind ... Eichel. [9]

1139 刻	schnitzen *Eichel ... Säbel.* [8]
1140 該	sollen *Worte ... Eichel.* [13]
❖ 朮	Harz Der zusätzliche Tropfen hier am Primitiv *Baum* ist ein **Harz**tropfen. Wie in RAHMEN 191 erwähnt, kann der *Baum* gelegentlich zu einem *Holzpfahl* (also einem *Baum*, dessen Zweige abgelöst sind) werden. Um diesen Unterschied zu berücksichtigen, denken Sie vom **Harz** des *Baumes* als sanft herabtröpfelnd und vom **Harz** des *Pfahls* als in großen Mengen ausströmend – das Resultat eines naiven und gierigen Gärtners, der so schnell wie möglich soviel wie möglich von dem Zeug abzapfen wollte. [5] 木　朮
1141 述	erzählen *Harz ... Landstraße.* [8]
1142 術	Kunst *Stadtstraße ... Harz.* [11]
1143 殺	töten *Garbe ... Harz ... Geschoss.* [11]
❖ 卋	Maschendraht Dieses Primitiv **Maschendraht**, oder Drahtgitter, sieht dem Element *Salat* sehr ähnlich, weist jedoch einen zusätzlichen waagerechten Strich auf. [5] 一　二　ヒ　井　卋

1144

襄   behilflich sein

Zylinderhut und Seidenschal... Quasselstrippe... Maschendraht.
Um all das zusammenzufügen, denken Sie an einen Schwarm von Brieftauben aus der Oberschicht (daher die *Zylinderhüte und Seidenschals*), die Ihnen beim Versenden von Botschaften **behilflich sind**. Sie sind sich zu fein, kleine Zettel an ihren Beinen per Flug zu transportieren, und kommunizieren lieber verbal. Hier sehen wir die kleinen *Quasselstrippen* in ihrem *Maschendraht*-Käfig auf dem Dach, fröhlich ins Gespräch vertieft, während sie auf die nächste Aufgabe warten. Um das **behilflich Sein** des Schlüsselbegriffs einzufangen, können Sie sich die Einsätze vorstellen wie ein Spiel «Stille Post»: Sie flüstern der Taube direkt neben Ihnen etwas ins Ohr, das dann von Taube zu Taube weiter*gequasselt* wird.

Wie so oft der Fall – zu oft, um es jedes Mal zu erwähnen – wird dieses Schriftzeichen häufig als Familienname gebraucht. [17]

❖ Als Primitiv nimmt dieses Zeichen wie in der obigen Erzählung die Bedeutung *Taubenschlag* an.

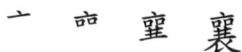

1145

讓   überlassen

Worte... Taubenschlag. [24]

1146

壤   Territorium

Erde... Taubenschlag. [20]

❖

寅   Hamsterkäfig

Dieses Bild eines **Hamsterkäfigs** sollte sich aus den Elementen leicht zusammensetzen lassen: *Haus ... Maschendraht ... Tierbeine.* [10]

1147 寒	kalt
	Hamsterkäfig . . . Eis. Denken Sie ans Frieren. [12]
1148 賽	Wettkampf
	Hamsterkäfig . . . Austern. [17]

LEKTION 39

Der Rest der pflanzenbezogenen Primitive wird aus Kombinationen senkrechter und waagerechter Linien gebildet, welche die jeweiligen Pflanzen und die Erde, aus der sie entspringen, darstellen. Dementsprechend wäre es eine gute Idee, die übrigen Elemente dieses Abschnitts in einer einzigen Sitzung zu lernen oder sie zumindest auf diese Weise zu wiederholen, bevor es mit der nachfolgenden Gruppierung weitergeht.

❖ 主 **wachsen**

Während die Pflanze **wächst**, sprießen Blätter und der Stengel, die hier über einem einzelnen waagerechten Strich, für die *Erde*, dargestellt werden. Denken Sie an etwas (das jeweils zugehörige Primitiv), das schlagartig um ein Vielfaches seiner normalen Größe **wächst** (nicht *zunimmt*, Rahmen 471) – ganz ähnlich wie Alice im Wunderland, die so schnell **wuchs**, dass sie schon bald größer war als das Zimmer, in dem sie saß.

Stellen Sie sicher, dieses Primitiv von *Kerzenständer* abzugrenzen (Seite 143), welcher in den meisten gedruckten Zeichensätzen beinahe identisch aussieht, jedoch anders geschrieben wird. [4]

一 二 キ 主

1149 毒 **Gift**

Wachsen... Mutter. [9]

1150 素 **vegetarische Kost**

Wachsen... Faden. [10]

1151 青 **blau oder grün**

Dieses Schriftzeichen kann sowohl für **blau** als auch **grün** verwendet werden. Die Primitive lassen auf ein 100 Meter langes Teleskop auf Ihrem Dach schließen, das gerade majestätisch in den Himmel *wächst* (soll heißen: voll ausgefahren wird).

Und was entdeckt der geneigte Sternengucker? Der *Mond* besteht tatsächlich aus Käse! Und zwar aus einem schönen Stück Blauschimmelkäse, das seine **blau-grünen** Einsprengsel deutlich erkennen lässt. Wenn es sich da mal nicht um einen Streich der Nachbarskinder handelt... [8]

❖ Wird dieses Zeichen als Primitivelement verwendet, nimmt es die Bedeutung *Teleskop* an.

1152	raffiniert
精	*Reis ... Teleskop.* [14]

1153	einladen
請	*Worte ... Teleskop.* [15]

1154	Gefühl
情	*Gemütszustand ... Teleskop.* [11]

1155	Augapfel
睛	*Auge ... Teleskop.* Mittlerweile sollte zwischen diesem Schlüsselwort und der zuvor mit dem *Auge* (Seite 35) verknüpften Primitivbedeutung keine Verwechslungsgefahr mehr bestehen. [13]

1156	rein
清	Wie in «Reinheit». *Wasser ... Teleskop.* [11]

1157	ruhig
靜	*Teleskop ... streiten.* [16]

1158	Verantwortung
責	*Wachsen ... Muscheln.* Da dieses Schriftzeichen als Element in etlichen anderen (ein Beispiel folgt sogleich) verwendet werden wird, wäre es gut, ihm ein Bild zuzuweisen, das so konkret wie möglich ist. Vielleicht können Sie sich noch an die erste Last schwerer **Verantwortung** erinnern, die Ihr erster Ferienjob mit

sich brachte, als Sie auf*wuchsen* und Ihre ersten *Muscheln* verdienten. [11]

1159	Verdienste
績	*Faden ... Verantwortung.* [17]

1160	anhäufen
積	*Wildreis ... Verantwortung.* [16]

1161	Oberfläche
表	*Wachsen ... Schal.* Um dieses Schlüsselwort anschaulicher zu machen, denken Sie an die **Oberflächen**, also die Anzeigeblätter, einer Armbanduhr oder eines Messgerätes (welche übrigens Zweitbedeutungen dieses Schriftzeichen darstellen). [8]

1162	Armbanduhr
錶	*Metall ... Oberfläche.* [16]

1163	Leben
生	Ein einziger *Tropfen* – zum Element *wachsen* hinzugefügt – verschafft uns das Schriftzeichen für **Leben**. [5]

ノ 生

❖ Als Primitivelement können wir an eine *Körper-* oder *Pflanzenzelle* denken – jene wundersame Einheit, die durch Teilung zu einem vollständigen *Lebe*wesen heran*wächst*.

1164	Stern
星	*Sonne ... Körperzelle.* [9]

1165	Nachname
姓	*Frau ... Körperzelle.* [8]

1166	Geschlecht
性	*Gemütszustand ... Körperzelle.* [8]

1167 害	Schädigung
	Wie durch Schädlinge. *Haus ... wachsen ... Mund.* [10]
1168 割	abschneiden
	Schädigung ... Säbel. [12]
❖ 丰	Gebüsch
	Das Element **Gebüsch** unterscheidet sich von dem Primitiv *wachsen* nur durch die Verlängerung des einzelnen senkrechten Strichs über den letzten waagerechten Strich hinaus sowie durch die Strichfolge. [4]

三　丰

1169 慧	intelligent
	Zwei *Büsche ... Besen ... Herz.* [15]
1170 豐	reichlich
	Zweimal *Gebüsch ... Berg ... Bohnen.* [18]

丨　丯　䶒　豊　豐

❖	Bonsai
	Dem Element *Gebüsch* wird ein weiterer Strich hinzugefügt. Auf diese Weise fügen wir das Abbild jener Schienen ein, mit denen japanische Gärtner einen Baum stützen, während er zur gewünschten Form zurecht gebogen wird. Von dort ist es nur noch ein kleiner Schritt hin zu den zierlichen **Bonsai**-Pflanzen, die in China ihren Ursprung nahmen und in Japan weiterentwickelt wurden.
	Beachten Sie die Abweichung von gedruckter und handschriftlicher Form unten hinsichtlich der Schreibweise des letzten Strichs. Bei solchen Dingen handelt es sich größtenteils um Varianten der verschiedenen Zeichensätze, aber wie zuvor empfehlen wir Ihnen, letzterer zu folgen. [5]

三 丰 夫

| 1171 | Frühling |

春 *Bonsai ... Sonne.* [9]

| 1172 | Thailand |

泰 Dieses Schriftzeichen ist, wiederum aufgrund seiner Aussprache, das erste in der Bezeichnung für **Thailand** (zudem bedeutet es «ruhig» und «friedlich»). Die Elemente: *Bonsai ... Schneeflocken.* [10]

| ❖ | Maisstaude |

丯 Beim Element *Gebüsch* wurde der senkrechte Strich über den letzten waagerechten Strich hinaus verlängert; die **Maisstaude** verstößt jenen letzten Strich ganz und lässt nur die **Staude** mit nach allen Seiten abstehenden Blättern übrig. [3]

二 丯

| 1173 | darbringen |

奉 Die Bedeutung des Schlüsselwortes **darbringen** ist «respektvoll anbieten». *Bonsai ... Maisstaude.* Legen Sie eine rituelle, religiöse Bedeutung bei. [8]

| 1174 | Knüppel |

棒 *Holz ... darbringen.* [12]

| ❖ | Spinat |

董 Zweifellos werden Sie das obere Primitiv dieses Elements als *zwanzig* erkannt haben. Wir können es natürlich als solches verwenden, ziehen es hier jedoch vor, es als das Element *Salat* anzusehen – in diesem Fall einen gesunden **Spinat**-*Salat*. Der letzte Strich ist kürzer als normal, weil er von oben in den *Mund* eines kleinen Jungen gestopft wird mit der Rechtfertigung, dass ihm das beim *Wachsen* und Groß-und-stark-Werden hilft. [11]

艹 苔 堇

1175 勤	**fleißig** *Spinat ... Muskel.* [13]
1176 謹	**vorsichtig** *Worte ... Spinat.* [18]
1177 僅	**lediglich** *Mensch ... Spinat.* [13]
❖ 薁	**Popeye** Wenn wir die letzten beiden Striche des *Spinat*primitivs zu einem Paar Beine zurechtbiegen, erhalten wir den perfekten *Ehemann*, zu dem kleine Jungs heranwachsen, die immer brav ihren *Spinat* gegessen haben – **Popeye**, den Comic-Matrosen. [11]

艹 苔 薁

1178 漢	**Han** *Wasser ... Popeye.* Das Schlüsselwort bezieht sich auf das Volk der **Han**, welches den chinesischen Schrifzeichen den Namen «**Han**zi» gegeben hat. [14]
1179 難	**schwierig** *Popeye ... Truthahn.* [19]
1180 攤	**Kiosk** *Finger ... schwierig.* [22]
❖ 丗	**Grünfutter** Dieses Schriftzeichen flüssig zu zeichnen, ist schwierig und sollte sorgfältig geübt werden. Es handelt sich um ein Piktogramm aller möglichen Pflanzen und Gräser, die auf einen Haufen ge-

worfen worden sind, um Silage (**Grünfutter**) herzustellen. Der senkrechte Strich wird immer mit dem vertikalen Strich eines anderen Primitivs zusammenfallen. [6]

一 二 䒑 卉 𠦄 丗

1181	Pracht
華	*Blumen . . . Grünfutter . . . Nadel.* [11]

丶 艹 艹 艹 艹 芒 芒 苙 苾 茾 華

1182	Getöse
嘩	*Mund . . . Pracht.* [14]

1183	herabhängen
垂	*Träger . . . Grünfutter.* Achten Sie darauf, wie sowohl der dritte Strich als auch die letzten beiden Striche dieses Schriftzeichens in den beiden Primitiven zusammenfallen. Das zeigt sich in der handgeschriebenen Form deutlicher. [8]

一 二 三 𠂹 𠂹 垂 垂 垂

1184	Hammer
錘	*Metall . . . herabhängen.* [16]

1185	schlafen
睡	*Augen . . . herabhängen.* [13]

Lektion 40

Mit dieser Lektion decken wir die wenigen letzten in Band 1 zu behandelnden Primitive ab, die mit Zeit und Richtung zu tun haben. Übrig bleiben nur noch einige wenige, welche wir dann in Band 2 aufgreifen werden.

1186 今	**jetzt**
	Der letzte Strich dieses Schriftzeichens ist eine seltene Form, die uns bislang nicht begegnet ist und es auch nur in diesem Zeichen wird (und anderen, die es als Primitiv verwenden). Wir sind eher gewohnt, es begradigt als Teil anderer Formen zu sehen – zum Beispiel des zweiten Strichs von *Mund*. Vielleicht ist es hilfreich, sich als die beiden Zeiger einer Uhr vorzustellen, die anzeigen, wie spät es **jetzt** gerade ist. Das Element darüber, *Zusammenkunft*, sollte sich in dieses Bild leicht einfügen lassen. [4]
	𠆢 今
	❖ In Übereinstimmung mit obiger Erklärung werden wir *Uhr* als Primitivbedeutung dieses Schriftzeichens verwenden.
1187 含	**in sich bergen**
	Uhr ... *Mund*. [7]
1188 念	**vermissen**
	Uhr ... *Herz*. [8]
1189 陰	**Yin**
	Hier handelt es sich um das Yin des berühmten **Yin**-Yang (dunkel-hell) -Paares, das sich auf «die dunkle Seite» bezieht. Seine Elemente: *Zinnen* ... *Uhr* ... *Schwaden*. [11]
1190 蔭	**schattig**
	Blumen ... *Yin*. [15]

1191 西	Westen

Zählen wir die Himmelsrichtungen auf, kommt der **Westen** immer als Viertes. Daher ist es praktisch, das Schriftzeichen für *vier* in diesem Schriftzeichen zu finden. Da wir aber nur *eine* der *vier* Himmelsrichtungen haben wollen, fügt der **Westen** oben die *Eins* hinzu und hebt dabei die *Menschenbeine* ein wenig aus dem *Mund* heraus. [6]

一 厂 冂 丙 西 西

❖ Als Primitiv kann die Bedeutung *Westen* auf den aus Cowboy-Filmen berühmten *Wilden Westen* erweitert werden. Beachten Sie jedoch, dass in der Primitivform die *Beine* begradigt werden und bis zum Boden des *Mundes* herabreichen. Das verschafft uns die Form 西.

1192 要	fordern

Wilder Westen ... Frau. [9]

1193 腰	Taille

Eigentlich der Teil zwischen **Taille** und Steiß. *Körperteil ... fordern.* [13]

1194 票	Eintrittskarte

Dies ist die **Eintritts**- oder Fahr**karte**, nicht aber die Land-, Visiten- oder Steckkarte. *Wilder Westen ... Altar.* [11]

1195 漂	dahintreiben

Wasser ... Eintrittskarte. [14]

1196 標	Kennzeichnung

Baum/Holz ... Eintrittskarte. Dieses Schriftzeichen tritt in Komposita auf, von Straßenschildern bis hin zu Warenzeichen. [15]

1197	Kaufmann
賈	*Wilder Westen . . . Muscheln/Geld.* [13]
1198	Preis
價	*Mensch . . . Kaufmann.* [15]
1199	Rauch
煙	*Kamin . . . Wilder Westen . . . Erde.* [13]
1200	Süden
南	*Gürtel . . . Glück.* Achten Sie darauf, wie sich der *Gürtel* durch die Mitte von *Glück* zieht, was Auswirkungen auf die Strichfolge hat. [9] ㄢ 宀 南

LEKTION 41

DIE NÄCHSTE ANSAMMLUNG von Schriftzeichen basiert auf dem Primitiv *Tor*. Davon ausgehend werden wir andere Elemente einbeziehen, die allgemein mit Eingängen oder Hindernissen zu tun haben.

1201 門	Tor

Das Piktogramm der beiden schwingenden Flügel eines **Tors** ist in diesem Schriftzeichen so deutlich zu erkennen, dass nur seine Strichfolge auswendig gelernt werden muss. Falls Sie dennoch irgendwelche Schwierigkeiten haben sollten, können Sie mit den Figuren auf einem Blatt Papier herumspielen, wobei Sie jedoch immer sorgfältig auf die unterschiedliche Strichfolge der beiden gegenüberliegenden Flügel achten müssen. Das **Tor** dient normalerweise als Einfassung und wird VOR allem geschrieben, was es einfasst. [8]

丨　　丨　　丨　　丨　　丨　　门　　门　　門

❖ Als Primitiv werden wir dem Zeichen weiterhin die Bedeutung *Tor* beilegen, empfehlen jedoch, das Bild einer Schwingtür zu verwenden (wie sie früher am Eingang von Western-«Saloons» üblich war), um es vom Primitiv *Tür* zu unterscheiden.

1202 们	(Mehrzahl)

Mensch ... Tor. Auch hier zeigen die Klammern um das Schlüsselwort die grammatische Funktion dieses Schriftzeichens an, nicht seine Bedeutung. [10]

1203 閒	Muße

Tor ... Mond. [12]

1204 問	fragen

Tor ... Mund. [11]

1205	Zwischenraum
間	*Tor . . . Sonne/Tag.* Als Schlüsselwort käme eigentlich auch «Zwischenzeit» in Frage, aber das Räumliche eignet sich besser zur Schaffung eines Bildes. [12]

1206	einfach
簡	*Bambus . . . Zwischenraum.* [18]

1207	öffnen
開	*Tor . . . zwei Hände.* [12]

1208	hören
聞	*Tor . . . Ohr.* Vergleichen Sie mit der Erzählung, die Sie sich für *horchen* (RAHMEN 708) ausgedacht haben. [14]

1209	Magazin
倉	Gemeint ist das Gebäude. Die einzelne Schwingtür unter dem Element *Zusammenkunft* soll nicht bloß für EINEN Torflügel stehen, sondern für viele. Fügen Sie *Mündung* hinzu (hier mit der Bedeutung von Eingang), und die *Zusammenkunft* der *Tore* wird zu einem Warenhaus im östlichen Stil, einem **Magazin**. [10]

亼 㑒 倉

1210	Schusswaffe
槍	*Holz . . . Magazin* (ein Warenhaus!). [14]

1211	ins Leben rufen
創	*Magazin . . . Säbel.* [12]

1212	un-
非	Das Zeichen zum Schlüsselwort, einer verneinenden Vorsilbe, ist Skizze einer massiven Eisenstange, von der aus Gitterstäbe in beide Richtungen verlaufen. Das erzeugt das Bild einer Kerkerzelle. Von dort zu «**un-**» ist es nur noch ein kleiner Schritt. [8]

丨 亅 ⺄ ⺅ ⺆ ⺇ 非 非

❖ Für die Bedeutung des Primitivs werden wir auf obige Erklärung zurückgreifen: *Kerker* oder *Verlies* – ein Bild, das viel düsterer ist als das des *Gefängnisses* aus RAHMEN 323.

1213	Reihe
排	*Finger . . . Kerker.* [11]

1214	Schuld
罪	*Auge/Netz . . . Kerker.* [13]

1215	anlehnen
靠	*Ansagen . . . Verlies.* [15]

❖	Schlüssel
⼎	Dieses Element erhält Namen und Bedeutung von seiner bildhaften Darstellung eines **Schlüssels**. Die Form sollte bekannt sein: dritter und vierter Strich im Schriftzeichen für *fünf*. [2]

フ ⼎

1216	Fürst
侯	*Mensch . . . Schlüssel . . . Wurfpfeil.* [9]

1217	warten
候	*Fürst . . . Spazierstock.* Achten Sie darauf, wo in diesem Schriftzeichen der *Spazierstock* untergebracht ist. [10]

❖	Guillotine
夬	Dieses Element zeigt einen großen, gewetzten *Schlüssel*, der auf den Kopf eines kriminellen *Bernhardiners* herniedersaust. [4]

フ ⼎ 尹 夬

| 1218 | entscheiden |

决

Die Etymologie von «ent-scheiden» («scheiden» = andere Möglichkeiten abtrennen) kann hier hilfreich sein. Die Elemente sind: *Wasser ... Guillotine.* [7]

| 1219 | schnell |

快

Gemütszustand ... Guillotine. [7]

| 1220 | Essstäbchen |

筷

Bambus ... schnell. [13]

| 1221 | gegerbte Tierhaut |

韋

Der hier hinzugefügte senkrechte Strich (der zweite) verwandelt das Primitivelement *Schlüssel* in eine Art «Medaillon». Darunter finden wir einen rechteckigen Behälter (den *Mund*) und ein *Monokel*. Nun müssen Sie nur noch ersinnen, wie Sie das Medaillon mit einem langen Streifen **gegerbter Tierhaut** verbinden und eine interessante Gebrauchsmöglichkeit dafür erdenken. Achten Sie darauf, dass der letzte senkrechte Strich von *Monokel* bis ganz nach oben reicht und dort den *Mund* berührt.

Dieses ist ein weiteres jener Schriftzeichen, die gewöhnlich in Familiennahmen und Lautschreibungen verwendet werden. [9]

❖ Wenn wir dieses Zeichen als Primitiv verwenden, werden wir bei der Bedeutung eines *Medaillons* bleiben.

| 1222 | umringen |

圍

Eingepfercht ... Medaillon. [12]

| 1223 | großartig |

偉

Mensch ... Medaillon. [11]

| 1224 | verteidigen |

衛

> *Boulevard ... Medaillon.* Verwechseln Sie es nicht mit *abwehren* (RAHMEN 988), *bewachen* (RAHMEN 181) oder *sichern* (RAHMEN 764). [15]

Lektion 42

Die wenigen nächsten Primitive haben nur lose miteinander zu tun – und zwar, indem sie auf der im Eröffnungsrahmen vorgestellten Figur aufbauen. Die letzten fünf Schriftzeichen – haben sie auch mit dem Rest der Lektion nichts zu tun – bilden eine nützliche Lerneinheit.

1225	zu nahe treten
干	Das Schlüsselwort lässt an die Phrase denken, die Menschen benutzen, bevor sie einen groben Verstoß begehen: «Ich möchte Ihnen ja nicht **zu nahe treten**, aber...» Da das Schriftzeichen bereits aussieht wie der Wäscheständer Ihres Nachbarn (von der Seite gesehen), stoßen Sie ihn kräftig an, dass die Laken fliegen, und vollenden Sie den Satz. [3]

一 二 干

❖ Die Primitivbedeutung ist *Wäscheständer*.

1226	Ufer
岸	*Berg ... Klippe ... Wäscheständer.* [8]

1227	Stamm
幹	*Sprühregen ... Schirm ... Wäscheständer.* Das Schlüsselwort bezieht sich auf den Hauptteil eines Baumes. [13]

1228	Dürre
旱	*Sonne ... Wäscheständer.* [7]

1229	eilen
趕	*Laufen ... Dürre.* [14]

1230	Yu
于	Sehen Sie, wie dieses Schriftzeichen (ein Nachname) sich von *zu nahe treten* durch den kleinen Haken am Ende des dritten

Strichs unterscheidet. Indem wir das Primitiv *Wäscheständer* weiterentwickeln, können wir uns eine *Kleiderbahn* vorstellen – eines jener Dinger, die man in einer Wäscherei oder chemischen Reinigung antrifft, und an dem die Kleidung der Kunden sauber abgepackt hängt und zum Finden vor- und zurückgefahren werden kann. Der kleine «Haken» unten steht für die Haken, an denen die gereinigten und in Plastibeutel gehüllten Stücke an der *Bahn* baumeln.

Zurück zum Schlüsselwort: Der gefeierte **Yu** Qian führte in der Mitte des 15. Jahrhunderts seine Rotten gegen die mongolischen Eindringlinge und rettete die Stadt Peking vor dem Ansturm. Später eröffnete er dann seine eigene Kette chemischer Reinigungen, deren einprägsamer Werbespruch ebenfalls in die Geschichte einging: «Von Jute bis zum Jubelkleid – **Yu** von den Flecken es befreit!». [3]

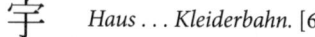

❖ Der obigen Erklärung folgend, wird die Primitivbedeutung dieses Zeichens sich zu *Kleiderbahn* wandeln.

1231	Dachvorsprung
宇	*Haus . . . Kleiderbahn.* [6]

1232	*moi*
余	Dieses Schriftzeichen findet heutzutage hauptsächlich als Nachname Verwendung – es wurde in der Vergangenheit aber als Personalpronomen für die erste Person Singular verwendet, ganz im Sinne eines französischen Aristokraten. Auch Sie können die Hand auf die Brust legen, die Nase leicht in die Luft heben und erklären: «Was *moi* betrifft…» Die Elemente: *Schirm . . . Kleiderbahn . . . klein*. Der letzte Strich der *Kleiderbahn* und der erste von *klein* überlappen sich hier. [7]

❖ Da der Schlüsselbegriff allzu abstrakt ist, werden wir bei der Verwendung als Primitiv das Bild einer *Waage* heranziehen, deren Zeiger sich wie verrückt dreht, weil *moi* sich ein wenig gehen lassen hat.

1233	Überschuss
餘	*Essen ... Waage.* [15]

1234	beseitigen
除	*Zinnen ... Waage.* [10]

1235	Route
途	*Waage ... Autobahn.* [10]

1236	bündeln
束	Wenn es draußen kalt ist, geht man in den Wald, sammelt und **bündelt** Reisig. Damit lässt sich später in der kalten Stube ein wohliges Kaminfeuer anzünden. Wenn es aber so kalt ist, dass beim Auflesen die Finger steif werden, bleibt nur noch ein einziges Werkzeug, um das *Holz* zu sammeln: *Holz ... Mund.* [7]

一 口 申 束 束

❖ Wird das Zeichen als Primitiv verwendet, bleibt es bei der Bedeutung *Bündel* – von etwas, das Sie sich gut konkret vorstellen können.

1237	geschwind
速	*Bündel ... Landstraße.* [10]

1238	scharf schmeckend
辣	*Chilischote ... Bündel.* [14]

1239	vollständig
整	*Bündel ... Zuchtmeister ... richtig.* [16]

❖	Wüstenechse
束	Das Primitiv, dem wir die Bedeutung **Wüstenechse** (denken Sie an einen Ihnen bekannten Leguan) zuweisen, ist genau das, was sowohl Name als auch Erscheinungsbild nahelegen: ein *Bündel Tierhörner.* [9]

一 厂 冂 冃 冃 回 申 東 東

1240 練	üben
	Faden ... Wüstenechse. [15]

1241 揀	eine Auswahl treffen
	Finger ... Wüstenechse. [12]

1242 重	schwergewichtig
	Tausend ... Li. Achten Sie darauf, wie der lange senkrechte Strich eine Doppelrolle in den Elementen übernimmt. [9]

一 二 盲 盲 重 重

1243 懂	verstehen
	Gemütszustand ... Blumen ... schwergewichtig. [16]

1244 動	bewegen
	Schwergewichtig ... Muskel. [11]

1245 種	Sorte
	Wildreis ... schwergewichtig. [14]

1246 衝	aufprallen
	Boulevard ... schwergewichtig. [15]

Lektion 43

Jetzt können wir den Rest der Einfassungsprimitive aus diesem Band 1 auflesen und dabei nur einige tierbezogene auslassen, um die wir uns gegen Ende des Buches in Lektionen 53 und 54 kümmern werden. Die jetzige Lektion dürfte Ihnen Gelegenheit geben, die generellen Prinzipien für Einfassungen zu wiederholen.

❖ 广	Erkrankung
	Die in diesem Rahmen dargestellte Einfassung setzt sich aus einer *Höhle* mit *Eis* davor zusammen. Sie findet in einer Reihe von Schriftzeichen Verwendung, die mit **Erkrankungen** zusammenhängen. Wenn Sie sich einen *Höhle*nmenschen vorstellen können, der seinem Fieber mit einem *Eis*beutel Herr zu werden versucht, sollte das Hilfestellung genug sein, sich an Form und Bedeutung dieses Elements zu erinnern. [5]

广　广　疒

1247	Krankheit
病	*Erkrankung ... drittes.* [10]

1248	schmerzen
痛	*Erkrankung ... Siegelwachs.* [12]

1249	geisteskrank
瘋	*Erkrankung ... Sturm.* [14]

❖ 匸	Kiste
	Diese Einfassung, die zur Rechten geöffnet ist, stellt eine auf der Seite liegende **Kiste** dar. Wenn sie nicht als Einfassung verwendet wird, ist ihre Form gestaucht, so dass sie wie folgt aussieht: 匚. Dann können Sie die Bedeutung differenzieren, indem Sie sich ein kleines **Kistchen** vorstellen. [2]

$$-\ \sqsubset$$

1250	ebenbürtig sein
匹	Kiste ... Menschenbeine. [4]

$$-\ 兀\ 匹$$

1251	Region
區	Kiste ... Waren. [11]

1252	Dreh- und Angelpunkt
樞	Baum ... Region. [15]

1253	Europa
歐	Region ... gähnen. Dieses Schriftzeichen ist eine Abkürzung für den Namen einer geographischen *Region*, nämlich für unseren Kontinent **Europa**. [15]

1254	Arzt
醫	Kiste ... Wurfpfeil ... Geschoss ... Whiskeyflasche. [18]

❖	Briefmarkensammlung
卬	Eine *Kiste* und ein *Stempel* verschaffen uns eine **Briefmarkensammlung**. Geben Sie Obacht, dieses Primitiv nicht mit dem *Brieföffner* zu verwechseln (Seite 326). [4]

$$𠂆\ 卬$$

1255	aufschauen
仰	Mensch ... Briefmarkensammlung. [6]

1256	begrüßen
迎	Briefmarkensammlung ... Landstraße. [7]

❖	Tipi

⽍ Die Tüpfel an der Oberseite dieses Zeltes sind hölzerne Stangen, die durch die Baumwollplane eines Indianerzeltes, oder **Tipis**, nach außen ragen. [5]

⺁　⼃　⼃ʹ　⼃ʽ　⽍

1257	besteigen

登　*Tipi ... Esstisch.* Ob nun einen Berg oder eine Leiter, mit diesem Schriftzeichen geht es nach oben. Hier lehnt eine Stehleiter recht wacklig an einem *Esstisch* in einem *Tipi*. Der Häuptling hat sie dort plaziert, um eine Glühbirne auszuwechseln. Stellen Sie sich vor, wie er zunächst den *Esstisch* und dann die Leiter besteigt. Das sollte Ihnen auch dabei helfen, das Schlüsselwort von *aufsteigen* (Rahmen 40) zu unterscheiden. [12]

 Dieses Schriftzeichen wird als Primitiv nützlich sein. Dann nimmt es von obiger Erklärung die Bedeutung *Stehleiter* an.

1258	Lampe

燈　*Feuer ... Stehleiter.* [16]

1259	Beweis

證　*Worte ... Stehleiter.* [19]

1260	aussenden

發　Denken Sie an das Aussenden einer Botschaft. Das Bild lässt an ein lenkbares Geschoss denken, das mit einem Bogen durch ein Loch im Dach eines Tipis geschossen wird. Da die Absichten gänzlich friedfertig sind, hat das Geschoss keinen Sprengstoff geladen, sondern einen Kurier, den Sie auf diese Weise mit Ihrer Botschaft und einer Schachtel Pralinen aussenden. [12]

❖ Obwohl uns dieses Zeichen in Band 1 nur ein einziges Mal als Primitiv dient, wird es sich als hilfreich erweisen, ihm in Verbindung mit der obigen Erklärung die Bedeutung *Kurier* beizulegen. In Band 2 wird es wieder auftreten.

| 1261 | aufgeben |

廢 Nicht Pakete und auch kein Gepäck, sondern etwas verloren geben. *Höhle . . . aussenden.* [15]

Lektion 44

Jetzt kommen wir zu einer neuen Klasse von Elementen, die lose mit Form und Gestalt zu tun haben. Denen fügen wir die in diesem Band 1 noch übrigen farbbezogenen Bausteine hinzu.

❖ 彡	**Hahnenschwanz** Die drei simplen Striche dieses Elements stellen einen **Hahnenschwanz** dar. [3]
1262 形	**Form** Zwei Hände . . . Hahnenschwanz. [7]
1263 影	**Schatten** Landschaft . . . Hahnenschwanz. [15]
1264 彩	**Buntes** Pflücken . . . Hahnenschwanz. [11]
1265 須	**nötig sein** Hahnenschwanz . . . Kopf. Dies ist das einzige Mal, dass der Hahnenschwanz sich auf der linken Seite seines beigeordneten Elements befindet, dem *Kopf*. [12]
❖ 参	**Cocktail** Der kleine papierne *Sonnenschirm*, der als Dekoration für tropische Drinks verwendet wird, verbindet sich mit dem *Hahnenschwanz* und dient uns damit als perfekte Eselsbrücke, um uns das Primitiv für einen **Cocktail** zu merken (der wörtlich aus dem Englischen übersetzt auch nichts anderes als «*Hahnenschwanz*» bedeutet). [5]

1266 selten

Edelstein ... Cocktail. [9]

1267 teilnehmen

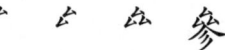
Die drei *Ellenbogen* oben stellen eine Gruppe von Trinkern dar, die an der Bar lehnen und einen *Cocktail* nach dem nächsten hinunterkippen. Sie alle sind da, um am wöchentlichen Treffen der BA (Begeisterte Alkoholiker) teilzunehmen. [11]

❖ Wird dieses Zeichen als Primitiv verwendet, werden wir darunter in Übereinstimmung mit obiger Erzählung *Zecher an der Bar* verstehen.

1268 jämmerlich

Ein *Gemütszustand* ... *Zecher an der Bar*. [14]

1269 reparieren

Mensch ... *Spazierstock* ... *Zuchtmeister* ... *Hahnenschwanz*. [10]

1270 Schrift

Unter dem *Zylinderhut* machen wir ein Zickzackmuster aus (nicht ganz eine *Garbe*, aber ähnlich), wie man es in Schnitzereien oder auf Kleidung sieht. Mit **Schrift** kann es in Verbindung gebracht werden, indem man sich dieses Muster als einfach lesbare **Schrift**zeichen vorstellt. Alternativ, und ein wenig konkreter, könnten Sie auch eine gemusterte antike Amphore vor sich sehen, deren rätselhafte Auf**schrift** sie zu entschlüsseln versuchen (zum Beispiel, um etwas über ihren Inhalt zu erfahren). [4]

❖ Um das soeben erwähnte Zickzackmuster beim Merken eingängiger zu gestalten, denken Sie an das karierte Muster auf einem Schottenhut (dem *Zylinder*) und -rock. Von dort aus gelangen wir zu der Primitivbedeutung dieses Zeichens: *Schottenrock*.

1271 蚊	**Mücke** *Insekt ... Schottenrock.* [10]

❖ 产	**Bungee-Springer** Dieses Element zeigt einen **Bungee-Springer**, der an der Kante einer *Klippe* steht und zögert, sich abzustoßen. Es handelt sich um niemand anderen als den Träger unseres *Schottenrocks*, der sich fragt, ob er für den Anlass wohl passend gekleidet sein mag. [6]

文 产

1272 彥	**versiert** *Bungee-Springer ... Hahnenschwanz.* [9]
1273 顏	**Antlitz** *Versiert ... Kopf.* [18]
1274 產	**Produkte** *Bungee-Springer ... Körperzelle.* [11]

❖ ㇀ ㇁	**Wunderkerze** Die hier gezeigten vier Striche treten normalerweise jeweils zu zweit auf beiden Seiten eines anderen Primitivelements auf, um Ihnen mitzuteilen, was nun gerade genau wie eine **Wunderkerze** Funken sprüht. Sie können als Tröpfchen (㇀ ㇁) oder gerade Linien (ˮ ˮ) auftreten – oder eben so, wie in diesem Rahmen gezeigt, was dem Aussehen einer echten **Wunderkerze** noch näherkommt. Stets können Sie das unten gezeigte handschriftliche Beispiel nachahmen, werden jedoch hin und wieder zwangsläufig auch den anderen beiden Alternativen begegnen. Achten Sie sorgfältig darauf, dies von den beiden Primitivformen zu unterscheiden, die wir für *Schneeflocke* gelernt haben (氺 und ⺀). [4]

`   ﹅   ﹅ˊ   ﹅ˋ

1275 率	**-satz** Wie in «Steuer**satz**». *Zylinderhut . . . Kokon-Wunderkerze . . . Nadel.* [11]
1276 摔	**stürzen** Wie in «hinfallen». *Finger . . . -satz.* [14]
1277 央	**Zentrum** Das Element ist die Abbildung eines *Bernhardiners*. Sein Kopf und die Pfoten behalten ihre strichhafte Form, seine Körpermitte oder sein **Zentrum** aber wird von einer kastenförmigen Figur ausgefüllt. [5] 丶 冂 冖 央 央
1278 英	**England** *Blumen . . . Zentrum.* Hier handelt es sich um eine weitere Abkürzung, mittels derer ein Land durch die Aussprache des Schriftzeichens bezeichnet wird. [9]
1279 巴	**Bodenkruste** Dieses Schriftzeichen – das hauptsächlich aufgrund seines Lautwerts in Transliterationen verwendet wird – ist in etwa so geformt wie die *Schlange*. Achten Sie aber auf den Unterschied beim Schreiben. Denken Sie bei dem Schlüsselwort an die **Bodenkruste** in Töpfen und Pfannen. Verzieren Sie diese **Kruste** mit geritzten Zeichen, damit sie nicht mehr gar so hässlich aussieht. [4] 𠃌 㔾 巴 巴

❖ Auch wenn das Schlüsselwort für sich genommen bereits recht anschaulich ist, kann sich die zusätzliche Primitivbedeutung eines *Mosaiks* (oder eines Teils eines solchen) als nützlich erweisen.

1280 把	handhaben *Finger . . . Mosaik.* [7]
1281 爸	Papa *Vater . . . Mosaik.* [8]
1282 吧	Bar *Mund . . . Mosaik.* Der Ort, an dem Getränke serviert werden (denken Sie aber zurück an RAHMEN 1267). [7]
1283 色	Farbe *Gefesselt . . . Mosaik.* [6]
1284 絕	abbrechen *Faden . . . Farbe.* [12]

Lektion 45

In dieser Lektion können wir eine Anzahl von Behältern verschiedener Art zusammenstellen. Die Einteilung ist ein wenig willkürlich, da wir mittlerweile Mühe haben, die übrig gebliebenen Primitive in saubere Kategorien einzuordnen. Auch werden von dieser Lektion an die meisten Verweise auf zuvor erlernte Schlüsselwörter mit ähnlichen Konnotationen weggelassen. Versuchen Sie, selbst an sie zu denken, während Sie die folgenden Schriftzeichen durchgehen.

1285	süß
甘	Dieses Schriftzeichen ist das Piktogramm eines kleinen Weidenkorbs (der zusätzliche Strich in der Mitte hilft, ihn vom Schriftzeichen für *zwanzig* zu unterscheiden). Jetzt müssen wir in Gedanken nur noch **süße** Kuchen oder Kekse in den Korb legen, und die Vereinigung von Bild und Bedeutung ist komplett. [5]

一 十 卄 廿 甘

❖ Als Primitiv findet die bildhafte Bedeutung *Weidenkörbchen* Verwendung, wie man es zu einem Picknick mitnimmt.

1286	soundso
某	*Weidenkörbchen . . . Baum.* Dieses Schlüsselwort bezeichnet das Pronomen für eine nicht näher benannte, eine «gewisse», Person oder Sache. [9]

1287	ihr seins
其	Wir wählen diesen in grammatischer Hinsicht mehr als fragwürdigen Schlüsselbegriff, um einen anschaulichen Ausdruck für ein Possessivpronomen zu erhalten. Das Schriftzeichen zeigt einen Behälter, der ein bisschen größer ist als das *Weidenkörbchen* und unten über zwei *Beinchen* verfügt. Es handelt sich um einen Familien-Wäschekorb. In ihm befinden

sich lauter Wäschestücke mit Namensschildern: **ihm seins, ihr seins** und auch **ihnen ihrs**. [8]

一　十　廾　廾　甘　甚　其

❖ Wenn es als Primitiv verwendet wird, behält dieses Zeichen seine Bedeutung *Wäschekorb*.

1288	Periode
期	*Wäschekorb . . . Monat.* Wie der *Monat* zeigt, hat dieses Schlüsselwort mit Zeiträumen zu tun. [12]

1289	Grundlage
基	*Wäschekorb . . . Erde.* [11]

1290	Sphinx
斯	Dieses Schriftzeichen wird in Nachnamen verwendet, tritt jedoch auch als erstes und letztes Zeichen in dem chinesischen Wort für die mythische **Sphinx** auf. Seine Elemente: *Wäschekorb . . . Kriegsbeil.* [12]

1291	ungemein
甚	*Wäschekorb . . . ebenbürtig sein.* Beachten Sie, wie die *Tierbeine* in der unteren Hälfte des Schriftzeichens von den *Menschenbeinen* überschrieben werden. [9]

❖	Geldbeutel
	Indem wir dem Schriftzeichen für *Mitte* unten einen einzigen Strich hinzufügen, erhalten wir eine Art Piktogramm eines **Geldbeutels**. [5]

口　中　虫

1292	teuer
貴	*Geldbeutel . . . Muscheln/Geld.* [12]

| 1293 | hinterlassen |

遺 *Teuer... Autobahn.* [15]

| 1294 | Tanz |

舞 Die oberen beiden Striche zeigen jemanden, der sich *zurücklehnt*, und die folgenden sechs sind das Piktogramm eines *Eichenzubers*, der von Metallringen zusammengehalten wird – wie man ihn früher zum Baden verwendet hat. Unten runden *Tagesende* und *Monokel* das Schriftzeichen ab.

Das Schriftzeichen kann sowohl als Substantiv als auch als Verb verwendet werden. [14]

亻 二 𠂉 𠂏 𠂐 無 無

𣎵 舞

| 1295 | nichts |

無 Dieses Schriftzeichen stellt das Zeichen für das philosophische Leitprinzip vielen orientalischen Sinnens dar: das Nichts. Nutzen Sie den *Eichenzuber* aus dem vorangegangenen Rahmen, und fügen Sie ihm unten das *Herdfeuer* hinzu (was schnell gefährlich wird, wenn sich **nichts** im *Zuber* befindet). [12]

| 1296 | trösten |

撫 *Finger... nichts.* [15]

| 1297 | überdies |

且 Was das hier gezeigte Schriftzeichen sinnbildlich darstellt, ist ein kleines durchsichtiges Gestell mit waagerechten Borden. Deshalb geben wir ihm die Bedeutung «Vitrine». (Es unterscheidet sich von dem Schriftzeichen und Primitiv *Auge* nur durch seinen letzten Strich, der auf beiden Seiten über die senkrechten hinausragt.) Denken Sie an eine bis zum obersten Bord vollgepfropfte Vitrine für besondere Andenken oder Schnickschnack, so dass mehr Inhalt nur noch «**über dies**» passt. Lassen Sie dieses Bild nicht mit dem *Regal* aus RAHMEN 697 durcheinander geraten. [5]

目 且

❖ Die Bedeutung des Zeichens als Primitiv wird *Vitrine* bleiben.

1298	ältere Schwester
姐	*Frau ... Vitrine.* [8]

1299	Gruppe
組	*Faden ... Vitrine.* [11]

1300	Vorfahre
祖	*Altar ... Vitrine.* [9]

1301	assistieren
助	*Vitrine ... Kraft.* Die *Vitrine* erscheint hier auf der linken Seite, weil die rechte Seite die normale Position für *Kraft* ist, das stärkere Primitiv. [7]

LEKTION 46

DIESE LEKTION, die kürzeste in Band 1, baut auf zwei grundlegenden Schriftzeichen auf, von denen biede mit einer räumlichen Stellungsbeziehung zueinander zu tun haben. Auf das erste werden Sie besondere Sorgfalt verwenden wollen, es vollzieht eine Veränderung in Form und Bedeutung.

1302 並	Seit' an Seit'

Hier haben wir ein etwas verzerrtes Bild eines Schriftzeichens für *stehend* **Seit' an Seit'** neben einem anderen. (Schieben Sie gedanklich den fünften und sechsten Strich oben ein wenig zusammen, und Sie sollten es erkennen.) [8]

丷 䒑 䒑 䒑 䒑 䒑 並

❖ Die Primitivbedeutung bleibt dieselbe wie die des Schriftzeichens, es muss jedoch besondere Sorgfalt auf den Formenwandel verwendet werden, den das Element vollzieht, wenn die ersten drei Striche auf die letzten drei zubewegt werden, wie hier: 䒑. Diese Modifikation berücksichtigen wir, indem wir die Bedeutung zu *Seit' an Seit'* und *kopfüber* ändern.

1303 普	allgemein

Seit' an Seit' ... *Sonne*. [12]

1304 業	Branche

Seit' an Seit' und kopfüber ... *noch nicht*. [13]

业 业

1305 對	das stimmt

Der Schlüsselbegriff bedeutet das Urteil, dass das von einem anderen Geäußerte zutreffend ist: *Seit' an Seit' und kopfüber* ... *Erde* ... *Leim*. [14]

1306 共		gemeinsam
	Salat . . . Tierbeinchen. Wir überlassen es Ihrer kulinarischen Vorstellungskraft, zu entscheiden, welche Art von *Tierbeinen* man am besten **gemeinsam** mit Ihrem Lieblings*salat* serviert. [6]	
1307 供		liefern
	Mensch . . . gemeinsam. [8]	
1308 異		andersartig
	Gehirn . . . gemeinsam. [11]	
1309 巷		Gasse
	Gemeinsam . . . Schlangenleder. [9]	
1310 港		Hafen
	Wasser . . . Gasse. [12]	
1311 選		wählen
	Zwei *Schlangenhäute . . . gemeinsam . . . Landstraße.* [15]	

Lektion 47

Diese nächste Lektion besteht aus Schriftzeichen, deren Primitive nach Form, nicht Bedeutung, in Gruppen angeordnet sind. Jedes bedient sich auf die eine oder andere Weise kreuzender Striche und Rechtecke. Früher in diesem Buch hätte das zu Verwirrung führen können, aber mittlerweile kennen wir genügend Primitive, um diese hier risikolos zusammen vorzustellen.

1312	Brunnen
井	Wenn Sie sich daran erinnern, dass es keine kreisförmigen Striche gibt – und dass nicht nur die Figur des Quadrats sondern auch des Quadrats innerhalb eines Quadrats (Rahmen 520) bereits Verwendung gefunden haben – sollte es relativ einfach sein, in diesem Schriftzeichen das Piktogramm eines **Brunnens** zu erkennen. [4]

一 二 井 井

1313	Asien
亞	Denken Sie beim Schriftzeichen für **Asien**, dass es die gesamte Belegschaft des bevölkerungsreichsten Erdteils darstellt, die auf einem einzigen *Stahlträger* steht – mit dem Ergebnis, dass dieser sich unter der Last spaltet und nach außen wölbt. Wenn Sie die Schreibweise von *konvex* (Rahmen 31) richtig erlernt hatten, sollten Sie ein «Gefühl» für die ungewöhnliche Schreibung dieses Zeichens haben. [8]

一 厂 丆 𠄔 亞 亞 亞 亞

1314	das Böse
惡	Asien ... Herz. [12]

1315	Winkel
角	Gefesselt ... Glashaube ... Erde. [7]

ク 乃 角

❖ Für das Primitiv stellen wir uns das Hilfsmittel vor, mit dem Konstrukteure und Zimmerleute rechte *Winkel* abmessen: ein *Winkelmaß* oder Geometrie-Dreieck.

1316 aufschnüren

解 *Winkelmaß ... Dolch ... Kuh.* [13]

1317 Mündung

嘴 Dieses Schriftzeichen hat dieselbe Bedeutung wie das einfache Piktogramm für *Mund*, das wir in der allerersten Lektion erlernt haben. Da es viel ausführlicher ist, wählen wir das elegantere Schlüsselwort. Die Elemente: *Mund ... dies (literarisch) ... Winkelmaß.* [16]

1318 noch einmal

再 *Zimmerdecke ... Glashaube ... Erde.* Beachten Sie, wie der letzte Strich der *Erde* sich aus der *Glashaube* herausstreckt, anders als in dem Schriftzeichen für *Winkel*, das wir gerade gelernt haben. [6]

一 冂 再

1319 abwiegen

稱 Der oberste Strich von *noch einmal* wird durch einen *Geier* ersetzt. Zusammen mit *Wildreis* verschafft uns das **abwiegen**. [14]

❖ Sieb

 Denken Sie an ein **Sieb**, wie man es zum Beispiel für kleine Mengen Mehl verwendet. Wenn Sie den Griff drücken, wird das Mehl über ein *Drahtgitter* bewegt, um noch einmal gröbere Elemente herauszufiltern – sicher ist sicher. Beachten Sie, wie der letzte Strich von *Drahtgitter* und der erste Strich von *noch einmal* zusammenfallen. [10]

丼 冓

1320 講	dozieren
	Worte ... Sieb. [17]
1321 構	konstruieren
	Baum ... Sieb. Die Bedeutung des Schlüsselworts reicht bis hin zum Komponieren und Ausdenken von Erzählungen (z.B. «konstruierte Vorwürfe»). [14]
❖ 冊	Wälzer
	Wenn Sie den Einband eines dicken **Wälzers** abreißen, erkennen Sie auf dessen Rücken die Fadenheftung und die Bindung, denen dieses Schriftzeichen sehr ähnlich sieht. Achtung: Das beschert Ihnen ziemlichen Ärger mit dem Bibliothekar. [5]

冂 冃 冃 冊

1322 扁	flach
	Der Einband, den Sie soeben vom *Wälzer* abgerissen haben – die «Tür» zum *Wälzer* – liegt **flach** auf dem Teppich. Genau dort, wohin Sie ihn fallen lassen haben. Und wo Sie sich gleich **flach** zu ihm gesellen werden, wenn der Bibliothekar durch die *Tür* kommt, um Ihnen eins auf die Nase zu geben. [9]

户 扁

❖ Wird dieses Schriftzeichen als Primitiv verwendet, behält es die Bedeutung *Einband* aus obiger Erklärung.

1323 篇	Schriftstück
	Bambus ... Einband. [15]
1324 編	zusammenstellen
	Faden ... Einband. [15]

❖ 侖	**Bibliothek** Das Primitiv **Bibliothek**, oder Bücherei, wird hier dargestellt als eine *Zusammenkunft* der *Wälzer*. [8] 亼 侖
1325 論	**Theorie** Stellen Sie sich eine **Theorie** als etwas vor, was Sie mittels *Worten* in einer *Bibliothek* ins graue Leben rufen, und eine Erzählung sollte nicht weit sein. [15]
1326 輪	**Rad** *Wagen . . . Bücherei.* [15]
1327 典	**Kodex** Wir stellen hier das Schriftzeichen für **Kodex** vor (eine Zusammenstellung von Schriften), da es mit den unmittelbar vorhergehenden Schriftzeichen zusammenhängt. Es baut auf dem Schriftzeichen für *krumm* (RAHMEN 892) auf, dessen letzter Strich verlängert wird, um mit dem ersten des Elements *Werkzeug* zusammenzufallen. [8]

Lektion 48

EIN PAAR PRIMITIVE, die mit Gruppierungen und der Einordnung von Menschen zu tun haben, bleiben noch zu lernen. Wir können sie alle in dieser Lektion zusammenfassen.

1328 氏	**Familienname** Achten Sie beim Lernen der Schreibweise dieses Schriftzeichens genau auf die Strichfolge der Elemente. Diese sind: *Pipette ... Pflug ... eine Eins ... Angelhaken.* [4] ′ 厂 乍 氏
1329 紙	**Papier** *Faden ... Familienname.* [10]
1330 昏	**Abenddämmerung** *Familienname ... Sonne.* [8]
1331 婚	**Hochzeit** *Frau ... Familienname ... Tag.* Sie könnten natürlich auch die *Abenddämmerung* anstelle der letzten beiden Primitive heranziehen. Aber hier handelt es sich um einen jener Fälle, in dem es beim Ersinnen einer Erzählung hilft, ein zusammengesetztes Primitiv wieder in seine Ausgangsbestandteile zu zerlegen. [11]
❖ 氏	**Visitenkarte** *Familienname ... ein Tropfen.* [5]
1332 低	**niedrig** *Mensch ... Visitenkarte.* [7]

1333 Boden

底 Anders als beim *Fußboden* ist hier der Grund des Meeres, eines Topfes, etc. gemeint. Die Elemente: *Höhle* ... *Visitenkarte*. [8]

1334 Volk

民 Anstelle des *Tropfens* am Anfang von *Familienname* haben wir hier einen *Mund*, was an «**Volkes** Stimme» denken lässt. [5]

⇁ ⇁ ㄗ ㄕ 民

1335 Schlummer

眠 *Auge ... Volk.* [10]

1336 Fu

甫 Dieses Schlüsselwort ist ein Nachname. Falls sich in Ihrem unmittelbaren Bekanntenkreis niemand befindet, der **Fu** heißt, könnten Sie den genialen Bösewicht Dr. **Fu** Manchu mit seinem charakteristischen Schnurrbart wählen, um an ihm die Primitive in diesem Schriftzeichen festzumachen: *Nadel ... Schraubenzieher ... Tropfen*. [7]

一 厂 丆 厃 甬 甫 甫

❖ Da sich das Schlüsselwort auf einen Nachnamen bezieht, können Sie bei dem Primitiv an alle Arten von Erkennungszeichen denken. Der Anschaulichkeit halber wählen wir eine *Hundemarke*.

1337 flicken

補 *Umhang ... Hundemarke.* [12]

❖ Aufkleber

專 Die Elemente *Hundemarke* und *Leim* sollten sich leicht genug mit der Primitivbedeutung in Verbindung bringen lassen: ein selbstklebendes Etikett, ein **Aufkleber**. [10]

| 甫 專 |

1338 博	belesen
	Nadel ... Aufkleber. [12]
1339 搏	ringen
	Finger ... Aufkleber. [13]
❖ 阝	Stadtwall
	Links und in eingeengterer Form hat dieses Element den höchsten Punkt eines Ortes bezeichnet, die *Zinnen*. Auf der rechten Seite, in der hier dargestellten Form, steht es für den tiefsten Teil der Stadt, um den sich als Schutz gegen Eindringlinge ein **Wall** ringt. Daher nennen wir dieses Element **Stadtwall**. [3]
1340 都	Metropole
	Handpuppe ... Stadtwall. [11]
1341 部	Abteilung
	Maulkorb ... Stadtwall. [11]
1342 郎	Bursche
	Heiligenschein ... Stadtwall. [9]
❖ 乡	Zahnseide
	Der verlängerte letzte Strich dieses Primitivs verschafft uns ein Abbild der **Zahnseide** von Mutter Natur, die aus dem Inneren eines *Kokons* entspringt. Sie ist besonders beliebt bei jungen Spinnen und anderem Kriech- und Krabbelgetier, in dessen Zähnen sich Dinge verfangen, die man mit bloßem Putzen nicht erreicht. [3]
1343 鄉	Ländliches
	Zahnseide ... Bursche. [12]

1344		Echo
響	*Ländliches . . . Klang.* [21]	

Lektion 49

In dieser kurzen Lektion von dreizehn Schriftzeichen führen wir drei neue Primitive vor. Wir hätten sie auch für die nächste Lektion aufheben können, platzieren sie jedoch hier, um Ihnen noch einmal Gelegenheit zum Durchatmen zu geben, bevor Sie in die Zielgerade einlaufen.

1345 段	Abschnitt
	Das Schriftzeichen für **Abschnitt** zeigt uns auf der linken Seite ein neues Element: das bekannte Primitiv *Heftklammern* mit einem zusätzlichen Strich, der die Senkrechte schneidet. In solchen Fällen ist es am einfachsten, ein neues Primitivelement zu schaffen, das mit dem uns bereits bekannten in Zusammenhang steht. Daher werden wir es *Tacker* (oder *Heftmaschine*) nennen. Rechts befindet sich das *Geschoss*. [9]

$$ 片 \quad 手 \quad 段 $$

1346 鍛	schmieden
	Dieses Schriftzeichen bezieht sich nicht nur auf die Hitzebehandlung von *Metall*, sondern auch auf das Stählen des eigenen Körpers. Seine Elemente: *Metall . . . Abschnitt*. [17]

❖ 丁	Kleiderhaken
	Das Primitiv **Kleiderhaken** (oder auch **-bügel**) sieht ganz so aus, wie es heißt. [1]

1347 幻	unwirklich
	Kokon . . . Kleiderhaken. [4]

1348 司	anführen
	Gemeint ist das **Anführen** anderer. *Kleiderhaken . . . eins . . . Mund.* [5]

| 1349 | Wort |

詞

Hier treffen wir auf den Eigennamen aller jener verschiedenen Bilder für «**Worte**», die wir herangezogen haben, um das Schriftzeichen für *sagen* bei seiner Verwendung als Primitiv anschaulicher zu machen. Seine Elemente lassen vermuten, dass Sie, wenn Sie etwas *sagen*, nicht bloß leere **Worte** machen. Vielmehr sagen Sie sich «eine Frau, ein **Wort**» und *führen* mit gutem Beispiel vor*an*. (Falls Sie ein Mann sind, sagen Sie «Mann»). [12]

| 1350 | Boot |

舟

Nach dem *Tropfen* und der *Glasglocke* kommen wir zu einer Kombination dreier Striche, der wir bislang nur einmal begegnet sind, nämlich im Schriftzeichen für *Mutter* (RAHMEN 99). Die piktographische Bedeutung, die wir ihr dort gegeben hatten, hat keine etymologische Beziehung zu diesem Schriftzeichen. Verwenden Sie sie trotzdem, wenn es Ihnen hilft. [6]

′ 丿 刀 月 舟 舟

| ❖ | Rülpser |

凸

Ein **Rülpser** hat auch soziale Weiterungen, aber zunächst wirkt er wie *Wind* im *Mund*. Zusätzlich zu dem Beispiel im folgenden Rahmen werden wir auf weitere in Band 2 treffen. [5]

几 凸

| 1351 | Schiff |

船 *Boot . . . rülpsen.* [11]

| 1352 | Weise |

般 Wie in «Art und **Weise**». *Boot . . . Geschoss.* [10]

| 1353 | Tablett |

盤 *Weise . . . Schüssel.* [15]

1354 搬	**verlagern** Den Wohnsitz oder Objekte. *Finger . . . Weise.* [13]
1355 瓜	**Melone** Das Einzige, was dieses Zeichen von der *Kralle* unterscheidet, ist der *Ellenbogen*, der den dritten Strich mitverwendet und einen vierten hinzufügt. [5] 一 厂 爪 瓜 瓜
1356 孤	**Waise** *Kind . . . Melone.* [8]

Lektion 50

Wie wir es in Lektion 27 angekündigt hatten, werden wir jetzt vom ausgetretenen Pfad abweichen, um diejenigen Schriftzeichen aufzulesen, die wir entweder ausgelassen hatten, weil sie Ausnahmen zu den bisher gelernten Regeln und Mustern darstellen, oder die uns bisher immer wieder durchgegangen sind. Die Liste ist nicht lang und weist ihrerseits eine Anzahl sich wiederholender Muster auf – zum Glück, denn dies ist wahrscheinlich die bisher schwierigste Lektion.

1357 益	Nutzen
	Der untere Teil dieses Schriftzeichens ist eindeutig eine *Schüssel*. Der obere Teil kann auf mehrere Weisen verstanden werden: 1. als auf der Seite liegende *Schneeflocke*, 2. als *Wunderkerze* mit einer *Eins* in der Mitte oder 3. als *Hörner* und *Tierbeine*. [10]
❖ 叚	Zahnspange
	Das Primitiv **Zahnspange** beginnt mit einem *Mund* voller *Heftklammern*. Kaum zu glauben, dass Ihre Versicherung dafür auch noch bezahlt. Und als ob das noch nicht genug wäre, zeigt die rechte Seite des Primitivs eine weitere **Klammer** (eine nach links weisende Kiste). Sie reicht von einem Ende Ihres *Mundes* um Ihren ganzen Kopf und *wieder* zurück. Auf diese Weise hindert sie Ihren Kiefer am Größerwerden, während Ihre Zähne gerade wachsen. [9]
	⁀ 尸 尸 叚
1358 假	Urlaub
	Mensch . . . Zahnspange. [11]
1359 蝦	Garnele
	Insekt . . . Zahnspange. [15]

1360 Luft

氣

Dieses Schriftzeichen bezieht sich sowohl auf die wechselhaften Launen und Stimmungen der eigenen Persönlichkeit als auch auf die **Luft**, die wir atmen. Es wird zudem für die geheimnisvolle Lebenskraft verwendet, welche die Chinesen «Qi» nennen. Seine Elemente sind: *zurückgelehnt ... Fußboden ... Angelhaken ... Reis*. [10]

1361 Dunst

汽

Denken Sie von diesem Schriftzeichen als einem Geschwister desjenigen für *Luft*. Fügen Sie nur drei Tropfen *Wasser* hinzu, um **Dunst** zu erzeugen. [7]

1362 fliegen

飛

Die beiden großen *Haken* tragen kleine Propeller (die zwei *Tropfen* auf jedem *Haken*), damit sie **fliegen** können. Darunter steht der *Liter*, der als Treibstofftank dieser **fliegenden** Vorrichtung dient.

Die Strichfolge (hinsichtlich derer ein großer Mangel an Einheitlichkeit besteht) wird einige Schwierigkeiten bereiten, nehmen Sie sich ihrer also sorgfältig an. [9]

1363 von Angesicht zu Angesicht

面

Wenn man von der Form dieses Schriftzeichens einmal absieht, besteht es eigentlich nur aus zwei Elementen: *hundert* und *Augapfel*. Betrachten Sie die ersten vier Striche in der unten stehenden Zeichnung, und Sie werden sehen, dass es sich bei ihnen um den Anfang des Zeichens für *hundert* handelt. Sie sind nur breiter gezeichnet, um noch Platz für den *Augapfel* zu lassen.

Bei dem Schlüsselbegriff **von Angesicht zu Angesicht** denkt man zunächst an zwei Leute, aber hier sehen wir *hundert* von ihnen, fünfzig auf jeder Seite, die sich stechend anstarren, ganz nah, *Auge* in *Auge*. [9]

一 聚 厂 丏 而 而 而
而 面

1364	Nudeln
麵	*Weizen ... von Angesicht zu Angesicht.* [20]

1365	Leder
革	Nach der *zwanzig* am oberen Ende haben wir einen *Mund* und eine *Nadel*. Denken Sie an einen Gerber, der aus einem feinen Stück **Leder** einen Gürtel bereiten möchte. Die *zwanzig Mündungen* stellen die Löcher dar, die *Nadel* einen spitzen Ersatz für die Schnalle. [9]

廿 苖 苩 革

1366	Schuh
鞋	*Leder ... Ziegel.* [15]

❖	Bürgerkrieg
殸	Denken Sie für dieses Primitivelement an jeden beliebigen Ihnen bekannten **Bürgerkrieg**. Die grundlegenden Bestandteile sind immer dieselben: *Soldaten*, eine in der Mitte (durch den zusätzlichen senkrechten Strich) gespaltene *Flagge* und *Geschosse*, die von Landsleuten aufeinander abgefeuert werden. [11]

士 耂 耂 耂 声 殸

1367	wohlriechend
馨	*Bürgerkrieg ... Parfüm.* [20]

1368	Stimme
聲	*Bürgerkrieg ... Ohr.* [17]

| 1369 | Wu |

吴

Sicherlich haben Sie modernere Vorstellungen von Raumfahrt, aber in der altertümlichen Welt der Schriftzeichen sehen wir hier die Himmelstreppe, die bis ganz nach oben, zur *Mündung* ins All, reicht (der geknickte Strich wäre eigentlich der erste von *Himmel*). Wie Sie von dort zum Schlüsselwort **Wu** gelangen, bleibt ganz Ihnen überlassen. Zum Beispiel könnten Sie an jemanden denken, der nach Erklimmen der ganzen Treppe laut ausrufen möchte, wie **wu**nderbar die Aussicht von dort oben ist – als ihm die Leere des Alls jenseits der *Mündung* jäh den Atem raubt: «**Wu**...!»pps, weg war er. [7]

口　吕　吴

❖ In Übereinstimmung mit obiger Erklärung bleibt die Primitivbedeutung *Himmelstreppe*.

| 1370 | Vergnügung |

娱

Ob Sie die *Frau* am oberen Ende der *Himmelstreppe* mit Frau Holle oder doch mit jemand ganz anderem in Verbindung bringen, hängt von Ihrer Vorstellung von **Vergnügung** ab. [10]

女　娱

| 1371 | Fehler |

误

Worte ... *Himmelstreppe* (denken Sie an RAHMEN 1369). [14]

| 1372 | übernehmen |

承

Das Schlüsselwort lässt an eine neue Herausforderung denken, an neue Aufgaben, die man auf sich und damit **übernimmt**. Die Elemente überlappen einander und bedürfen der Sorgfalt, damit man sie richtig schreibt: Der zweite Strich des *(Perfek)-t* und der erste des *Wassers* überschneiden sich, und das Element *drei* ist in die Mitte des ganzen Schriftzeichens gesteckt.

Um all dies miteinander zu verweben, denken Sie an eine Schwimmstaffel. Ihre Kollegen haben soeben die ersten *drei* Runden im *Wasser* hinter sich gebrach-*t*. Jetzt ist es an Ihnen, die letzten, alles entscheidenden Bahnen zu **übernehmen**.

Das Problem ist nur, dass Sie Nichtschwimmer sind. Vom Siegeswillen getragen, ziehen Sie sich gleichwohl prustend und nach Luft schnappend am Mittelseil entlang, bis Sie als letzter durchs Ziel gehen. Immerhin eine Plastikmedaille ist Ihnen sicher. [8]

了 孑 孖 孨 承

| 1373 | verdampfen |

蒸

Die *Blume* oben und der *Fußboden* mit dem *Herdfeuer* darunter sind uns vertraut. Problematisch ist, was sich dazwischen befindet. Es besteht aus dem Schriftzeichen für (*Perfek)-t*, dessen senkrechter Strich auch als der erste von *Wasser* fungiert. [13]

艹 艼 芽 荥 菾 蒸

Lektion 51

Die letzte Gruppierung von Schriftzeichen dreht sich um tierbezogene Elemente. Es handelt sich um eine recht große Gruppe, die zu durchlaufen ganze vier Lektionen benötigen wird. Wir fangen mit einigen stets wiederkehrenden Elementen an, die sich auf tierische Körperteile beziehen.

1374 牙	**Zahn** Wenn Sie mit der Form dieses Schriftzeichens auf dem Papier herumspielen, werden Sie sehen, dass es mit einer *kisten*ähnlichen Figur beginnt und in den letzten beiden Strichen der *Speer* endet – eine praktische Kombination für einen **Zahn**, der aus dem Maul eines Tiers hervorragt. [4] 一　匚　テ　牙 ❖ Die Primitivbedeutung dieses Zeichens wollen wir zum etwas anschaulicheren Bild eines *Stoßzahns* abändern.
1375 穿	**hindurchgehen** Gemeint ist alles, was durch etwas anderes **hindurchgeht**, es durchdringt oder durchschreitet. Machen Sie sich die Elemente *Loch* und *Stoßzahn* zunutze und stellen Sie sich vor, wie ein Objekt durch das andere glatt **hindurchgeht**. [9]
1376 呀	**Oha!** *Mund . . . Stoßzahn*. Dieses Schriftzeichen wird als Partikel verwendet, um Erstaunen auszudrücken. [7]
❖ 釆	**Fährten** Nachdem wir bereits das Primitiv für menschliche Fußabdrücke kennen gelernt haben, führen wir die Tier**fährten** ein. Die Elemente sind schlicht: *Tropfen . . . Reis*. [7]

1377	erklären
釋	*Fährten ... Netz ... Glück* [20]

1378	Dransein
番	*Fährten ... Reisfeld.* Das Schlüsselwort birgt die Bedeutung des Zustandes, an der Reihe zu sein und einen Versuch zu unternehmen: «Nun mach schon – du bist **dran**.» [12]

❖ Wenn dieses Zeichen als Primitivelement verwendet wird, verwenden wir das Bild *Dünger*, was sich an die Kombination der Elemente, aus denen es besteht, anlehnt.

1379	umdrehen
翻	*Dünger ... Federn.* [18]

番 翻

1380	ausstrahlen
播	*Finger ... Dünger.* [15]

1381	Fell
毛	Dieses Schriftzeichen dreht einfach die Richtung des letzten Strichs von *Hand* um, verlängert ihn und wird dadurch zu **Fell**. Wenn Sie Ihre *Hand* mit der Fläche zu Boden drehen, können Sie die Seite sehen, auf der **Fell** wächst. [4]

三 毛

1382	Schwanz
尾	*Flagge ... Fell.* [7]

❖	Fellknäuel
毛	Dieses Element stammt eindeutig vom Schriftzeichen für *Fell* ab. Indem wir den zweiten Strich weglassen, erhalten wir schlicht ein **Fellknäuel**, einen jener Klumpen von Tierhaar, die Sie in einem Haus mit Hunden oder Katzen finden. [3]

1383	Wohnstätte
宅	*Haus ... Fellknäuel.* [6]

1384	betrauen mit
託	*Finger ... Fellknäuel.* [10]

❖	Schwanzfedern
爫	Um dieses Primitivelement nicht mit dem Schriftzeichen für *Feder* zu verwechseln, denken Sie an die extravaganten **Schwanzfedern** eines Pfaus. Obwohl es seinerseits Primitivelemente enthält (*Kleiderhaken* und *Herdfeuer*), mag es einfacher sein, es sich piktographisch zu merken. [5]

フ 爫

1385	handeln
為	Das Schlüsselwort trägt den Sinn von «machen» oder «tun». Obwohl die *Schwanzfedern* hier erkennbar sind, tanzt das Schriftzeichen doch aus der Reihe der normalen Zusammensetzungsmuster. Mit ein wenig Konzentration sollten Sie es gleichwohl rasch erlernen können.

Denken Sie von den ersten beiden Strichen als *Tierhörner*. Der zweite von ihnen ist l-a-n-g, weil er als Grundlage für die nächste Stufe dient. Im nächsten Schritt schreiben Sie den «umhüllenden» Strich der *Schwanzfedern* nicht nur ein- sondern gleich dreimal, wie Stufen, die unter dem ersten der Hörner beginnen und abwärts gehen.

Wenn Sie das Schriftzeichen mit obiger Erklärung vor Augen einmal schreiben und den Verlauf der drei Schritte «fühlen», werden Sie feststellen, dass es ganz natürlich und anmutig aus der Feder fließt. [9]

丶 丿 尹 尹 為 為

1386	gefälscht
偽	*Mensch ... handeln.* [11]

❖	Haarspange

丳

Hier haben wir ein Quasi-Piktogramm der bunten und verzierten **Spangen**, mit denen man langes **Haar** hochsteckt oder zusammenhält. Beachten Sie die Ähnlichkeit mit dem *Schal*, der sich nur durch die Schreibweise des ersten Strichs unterscheidet. Wie wir sehen werden, fällt der erste Strich der **Haarspange** häufig mit dem letzten Strich des Primitivs über ihr zusammen. [4]

― 厂 厂 丳

1387 lang

長

In Übereinstimmung mit der Erzählung des vorangegangen Rahmens ist das Haar, welches der *Haarspange* bedarf, **lang** – sogar eine echte «Mähne», die eine ebenso **lange** *Haarspange* benötigt, um sie im Zaum zu halten. Der einzelne senkrechte Strich, der von drei waagerechten gefolgt wird, zeigt jemanden, der nach links geht – gegen den Wind – wobei sein **langes** Haar hinter ihm her weht. [8]

― 厂 F F 丰 丰 長 長

❖ Wenn es als Primitiv verwendet wird und die vollständige obige Form beibehält, nimmt dieses Schriftzeichen die Bedeutung einer *langen Borte* an, so l-a-n-g, dass Sie darüber stolpern können. Wenn es über oder unter einem anderen Primitiv steht, wird es zu 長 verkürzt. Wenn diese Abkürzung auf der rechten Seite vom *Hahnenschwanz* begleitet wird (彡), bedeutet es *Haar* (dessen vollständiges Schriftzeichen wir bereits in RAHMEN 1391 antreffen werden). Die noch weiter abgekürzte Form 镸 wird für die *Mähne* eines Pferdes stehen.

1388 spannen

張 *Bogen . . . lang.* [11]

1389 schwellen

漲 *Wasser . . . spannen.* [14]

1390 Hülle

套 *Bernhardiner ... lang.* [10]

1391 Haupthaar

髮 Dies ist das vollständige Schriftzeichen, aus dem wir das Primitivelement *Haar* gezogen haben. Beachten Sie den *Chihuahua* unten, mit dem zusätzlichen Strich, der wie ein langer *Tropfen* von ihm abzufallen scheint. Es könnte helfen, wenn Sie sich nicht nur ein harmloses, sondern auch ein relativ «haarloses» Hündchen vorstellen, welches nun auch noch das letzte **Haupthaar** verliert, so, wie das letzte Herbstlaub vom Baum sinkt. Beachten Sie die Strichfolge in der unteren Hälfte. [15]

1392 entfalten

展 *Flagge ... Salat ... Haarspange.* Beachten Sie, dass der letzte Strich von *Salat* und der erste von *Haarspange* hier zusammenfallen. [10]

1393 Bestattung

喪 *Erde ... Quasselstrippe ... Haarspange.* Beachten Sie, dass er letzte Strich von *Erde* und der erste Strich von *Haarspange* zusammenfallen, und dass die *Quasselstrippe* vor dem letzten Strich von *Erde* geschrieben wird. [12]

Lektion 52

Wir wenden uns nun den Tieren selbst zu, wobei wir mit einigen unserer gefiederten Freunde beginnen. Einige der hier und im Rest von Band 1 vorgestellten Primitive sind nur mit wenigen Anwendungsbeispielen versehen, werden sich jedoch als nützlich erweisen, wenn Sie zu Band 2 gelangen.

❖ 隹	*Trutmann* Das Zusammenfügen der Elemente *Mensch* und *Truthahn* verschafft uns einen neuen Superhelden – es ist nicht Supermann, es ist nicht *Batman*, sondern… **Trutmann**. [10]
1394 雁	Wildgans Klippe … Trutmann. [12]
1395 應	entsprechen Höhle … Trutmann … Herz. [17] 广　雁　應
1396 鳥	Vogel Taube … eins … Schwanzfedern. Hier handelt es sich natürlich um das Schriftzeichen, von dem wir auch die Bedeutung *weiße Taube* abgeleitet hatten. Beachten Sie die Verlängerung des zweiten Strichs. [11] 丨　𠂉　𠂊　𠂋　𢀖　𠂤　鸟　鳥
1397 鷹	Falke Höhle … Trutmann … Vogel. [24]

1398 鴨	**Ente**
	Erster ... Vogel. [16]

1399 島	**Insel**
	Der *Vogelschwanz* ist hier verdeckt, da sein Besitzer auf einem *Berg* gelandet ist, um sich von der Reise übers Meer zu erholen. Auf diese Weise erhält das Schriftzeichen die Bedeutung **Insel**. [10]

❖ 禺	**sprechende Grille**
	Kombinieren Sie das *Insekt* mit *Gehirn* (achten Sie auf die Schreibweise) und *Gürtel*, um die **sprechende Grille** Jiminy darzustellen, die Pinocchio als Gewissen zur Seite stand (der *Gürtel* dient dazu, dass sie ihn zur Hand nehmen und dem uneinsichtigen Holzbengel damit hin und wieder eine Lektion erteilen kann). [9]

日 吊 禺 禺 禺

1400 遇	**begegnen**
	Sprechende Grille ... Landstraße. [12]

1401 萬	**zehntausend**
	Blumen ... sprechende Grille. [13]
	❖ Als Primitivelement wird dieses Zeichen die Bedeutung *Chinesische Mauer* annehmen. Das rührt von dem Umstand her, dass Chinesisch sie als eine Mauer von 10.000 *Li* schreibt.

1402 邁	**schreiten**
	Chinesische Mauer ... Straße. [16]

❖ 屵	**Bergziege**
	Was könnte einfacher sein als ein Paar *Tierhörner* auf einem *Berg*, um eine **Bergziege** darzustellen? [6]

	ⸯ 岚

1403	Hügelrücken
岡	*Glashaube . . . Bergziege.* [8]

1404	soeben
剛	*Hügelrücken . . . Säbel.* [10]

❖	Blechdose
缶	Zwar hat das Schlüsselwort nichts mit Tieren zu tun, eines der Bestandteile jedoch schon: ein *Steckenpferd* auf einem *Berg*. (Die Primitivbedeutung **Blechdose** ist eine fantasievolle Weiterentwicklung eines mittlerweile seltenen Zeichens, das ursprünglich einmal «Tongefäß» bedeutete.) [6]

午 缶

1405	unzulänglich
缺	*Blechdose . . . Guillotine.* [10]

1406	Schatz
寶	*Haus . . . Edelstein . . . Blechdose . . . Muscheln.* [20]

❖	Büchsenfleisch
䍃	Denken Sie hinsichtlich der Bedeutung dieses Primitivs an eine Ihnen bekannte Konservenart mit **Büchsenfleisch**. Es setzt sich zusammen aus *Fleisch* und einer *Blechdose*. [10]

1407	fern
遙	*Büchsenfleisch . . . Autobahn.* [13]

1408	schütteln
搖	*Finger . . . Büchsenfleisch.* [13]

1409	Kaninchen
兔	Dieses Schriftzeichen soll das Piktogramm eines **Kaninchens** darstellen, aber wie bei den meisten solcher Zeichen ist es in dieser Eigenschaft einfacher zu erkennen als wiederzugeben. Also fallen wir darauf zurück, mit den enthaltenen Primitiven zu spielen: *gefesselt...Mund...Menschenbeine...ein Tropfen*. Beachten Sie, wie das erste der beiden *Menschenbeine* durch den *Mund* verläuft. Wie der letzte Strich (der flauschige Schwanz, auch «**Blume**» **genannt**) vermuten lässt, handelt es sich um eines jener niedlichen kleinen **Kaninchen** aus dem Garten, die wir mit Ostern in Verbindung bringen. [8]

1410	entkommen
逸	*Kaninchen... Autobahn.* [11]

1411	vermeiden
	Das *Kaninchen* wird zum Hasen, indem wir den haarigen Puschelschwanz weglassen – ein Trick der Evolution, um ihm **vermeiden** zu helfen, zum Opfer lauernder Jäger und Raubtiere zu werden. Auf diese Weise ist es weniger sichtbar. [7] ❖ Die Primitivbedeutung wird *Hase* bleiben.

1412	Abend
晩	*Sonne...Hase.* [11]

1413	Elefant
象	Der Kopf eines *Kaninchens* und der Körper einer *Sau* stehen für einen **Elefanten**. Da nimmt es nicht wunder, dass das Schriftzeichen auch «Phänomen» bedeutet! [12]

1414	Ebenbild
像	Die Elemente: *Mensch . . . Elefant.* [14]

LEKTION 53

Nun, da wir bis zum Elefanten vorgedrungen sind, können wir mit anderen großen Tieren fortfahren. Zum Glück wird uns diese Gruppe weit weniger Kopfzerbrechen bereiten als die vorhergehende, da sie weniger neue Primitive enthält, und diese häufiger verwendet werden.

1415 馬	Pferd
	Der zusätzliche senkrechte Strich in der *Mähne* soll für uns zusammen mit dem ersten senkrechten Strich einen langen **Pferd**ehals darstellen. Ein wenig merkwürdig sind vielleicht die *Schwanzfedern* am Ende, aber solche «**Pferd**e*schwanzfedern*» dürften für ein gutes Bild sorgen, anhand dessen sich das Schriftzeichen um so leichter behalten lässt («merk-würdig», eben!). Der Umstand, dass der letzte Strich der *Mähne* und der erste der *Schwanzfedern* zusammenfallen, sollte Sie nicht mehr überraschen. [10]

一 厂 F 乍 乍 馬 馬

1416 媽	Mama
	Frau ... Pferd. [13]

1417 罵	schimpfen
	Netz ... Pferd. [15]

1418 嗎	ja oder nein
	Bei diesem Schriftzeichen handelt es sich um eine Partikel, die man an das Ende eines Satzes fügt. Auf diese Weise verwandelt man ihn in eine Frage, auf die man eine **Ja-oder-Nein**-Antwort erwartet. Seine Elemente: *Mund ... Pferd.* [13]

1419 驗	kontrollieren
	Pferd ... Debatte. [23]

1420	reiten
騎	*Pferd ... seltsam.* [18]

1421	erschrocken
驚	*Verehren ... Pferd.* [23]

1422	Tiger

虎 Das Schriftzeichen in diesem Rahmen lässt an die berühmte bengalische Sage denken, in der eine Gruppe von Zauberern (der *Zauberstab*) beschloss, einen **Tiger** zu erschaffen. Jeder von ihnen wusste, wie man einen Teil der Bestie herstellen konnte, und so vereinigten sie ihre Talente und trugen alle erforderlichen Stücke zusammen (*in Würfelchen geschnitten*) – woraufhin der geschaffene **Tiger** dann prompt die Zauberer (die körperlosen *Menschenbeine*) fraß. Welche Bedeutung auch immer diese Parabel für unsere moderne Gesellschaft und ihre Möglichkeiten haben mag – sie sollte bei diesem Schriftzeichen helfen.

Ach ja, wir dürfen natürlich auch das *klippen*ähnliche Element nicht vergessen. Behandeln Sie es als Abkürzung des Primitivs *Zoo* (eigentlich nur dessen erster und vierter Strich), um den **Tiger** selbst irgendwo im Bild unterzubringen. Tatsächlich ist die Abkürzung auch ganz logisch, da die unteren Elemente schlichtweg den ganzen Platz in Anspruch nehmen, der für den Rest des *Zoo*primitivs nötig wäre. [8]

❖ Bei der Verwendung als Primitivelement werden die *Menschenbeine* auch verschluckt, aber die Bedeutung *Tiger* beibehalten. Das ganze dient als Überdachung für das, was darunter steht, , und verschafft dem *Tiger* etwas anderes zu fressen.

1423	grübeln
慮	*Tiger ... überlegen.* [15]

1424	Ort
處	Tiger ... Wandersmann ... Wind. [11]

1425	herumtollen
戲	Tiger ... Bohnen ... Straßenfest. [17]

1426	Theater
劇	Tiger ... Sau ... Säbel. [15]

1427	Nachweis
據	Finger ... Tiger ... Sau. [16]

1428	Reh
鹿	Auf den Wänden eines *Höhlen*komplexes nahe Niaux in Südfrankreich befinden sich eine Reihe von Tierbildern aus der jüngsten Altsteinzeit. Darunter finden wir Darstellungen von **Rehen** oder auch Menschen mit **Reh**masken. Indem sie ihre Zeichnungen mit den echten **Rehen** *verglichen*, erhofften sich die Steinzeitmenschen auf der Jagd Macht über die Tiere, und indem sie sich selbst mit einem **Reh** *verglichen*, wollten sie seine Eigenschaften erwerben. Die Zeit aber hat den Zugang zum wahren Geheimnis dieser Kunst für immer verschlossen (der zusätzliche Strich durch das Element *Schlüssel*), und wir können über solche Bedeutungen nur noch Vermutungen anstellen. Wichtiger als die Rätsel eines Höhlenbewohnerverstandes ist für uns daher die Weise, auf die *Höhle*, ein doppelter *Schlüssel* und *vergleichen* zum Schriftzeichen für **Reh** führen. [11]

广　庐　庐　庐　庐　鹿

❖ Als Primitiv wird dieses Schriftzeichen ganz ähnlich abgekürzt wie jenes für *Tiger* – das untere Element fällt fort, um Platz für einen Ersatz zu schaffen: 鹿. Seine Bedeutung bleibt jedoch dieselbe. Es gibt einige wenige Fälle (siehe RAHMEN 1430), in denen es nicht zu einer Abkürzung kommt. Wenn das geschieht, können wir beim durch obige Erklärung angedeuteten Bild bleiben: dem *Gemälde eines Rehs* oder *Hirschen*.

| 1429 | Staub |

塵 *Reh ... Erde.* [14]

| 1430 | hübsch |

麗 Das *Gemälde eines Rehs* oder *Hirschen* wird bereits aufgrund des Gegenstandes und der Farben von vielen Menschen als **hübsch** empfunden. Um aber noch ein wenig Kontrast hinzuzufügen, sehen wir an zwei Stellen der *Zimmerdecke* zusätzlich *gewöhnliche* Zeichnungen angebracht. Beachten Sie, dass der Tropfen in *gewöhnlich* jeweils ein wenig verlängert und der zweite Strich jeweils gerade nach unten gezogen wird. [19]

| 1431 | Bär |

熊 *Ellenbogen ... Fleisch ... Löffel auf einem Löffel ... Herdfeuer.* [14]

| 1432 | Fähigkeit |

能 Versuchen Sie, dieses Schriftzeichen zu jenem aus dem vorigen Rahmen in Bezug zu setzen. Zum Beispiel könnten Sie sich vorstellen, dass ein hier dargestellter **Fähigkeits**nachweis verlangt, den *Bären* aus dem *Herdfeuer* herauszuholen. [10]

| 1433 | Haltung |

態 *Fähigkeit ... Herz.* [14]

Lektion 54

Die Gruppierung von Schriftzeichen in dieser Lektion basiert auf Primitiven, die sich auf wundersame Tiere und Fabelwesen beziehen. Wir beginnen mit zwein, die zum chinesischen Tierkreis gehören.

1434 寅	Zeichen des Tigers *Haus ... Zimmerdecke ... Keimling ... Beinchen.* [11]
1435 演	aufführen *Wasser ... Zeichen des Tigers.* [14]
1436 辰	Zeichen des Drachen Um dieses Schriftzeichen für das astrologische Sternzeichen des Drachen von dem tatsächlichen Drachen – der sogleich folgen wird – zu unterscheiden, denken Sie einfach an jemanden mit besonders drachenhaften Eigenschaften, der im Jahr des Drachen geboren ist (das bedeutet: 2000 und jedes Jahr mit einem Vielfachen von 12 davor und danach). Die Elemente: *Klippe ... zwei ... Haarspangen*. Beachten Sie, dass hier wieder einmal der erste Strich der *Haarspange* mit dem zweiten Strich des Primitivs über ihr zusammenfällt. [7]
1437 晨	Morgen *Sonne ... Zeichen des Drachen.* [11]
1438 農	Landwirtschaft *Krumm ... Zeichen des Drachen.* [13]
1439 濃	konzentriert Unter anderem bezieht sich dieses Schlüsselwort auf die eingedickte Beschaffenheit von Flüssigkeiten. Seine Elemente: *Wasser ... Landwirtschaft.* [16]

❖ 关	**Goldenes Kalb** Vom Exodus wird berichtet, dass die Menschen sich vor lauter Misstrauen in die Führung Moses' versammelten, ihre Schmuckwaren einschmolzen und daraus ein **goldenes Kalb** als Götzenbild herstellten. Die *Tierhörner* und der *Himmel* stehen hier für jenen ihren Abgott. [6]
1440 送	**bringen** *Goldenes Kalb ... Landstraße.* [9]
1441 鬼	**Gespenst** Ein *Tropfen ... Gehirn ... Menschenbeine ... Ellenbogen.* [10]
1442 魔	**Dämon** *Hanf ... Gespenst.* [21]
1443 塊	**Klumpen** *Erde ... Gespenst.* [13]
1444 龍	**Drache** Das Erlernen dieses Schriftzeichen wird ein bisschen Zeit in Anspruch nehmen, aber nur wegen seiner letzten fünf Striche. Wenn Sie es erst einmal erlernt haben, werden Sie es gern schreiben, weil sich das Fließen der Striche einfach toll anfühlt. Um dieses Schriftzeichen nicht mit dem Tierkreis*zeichen des Drachen* aus RAHMEN 1436 zu verwechseln, möchten Sie hier vielleicht an einen Papier**drachen** aus einer Straßenparade denken. [16] 立　育　龍　龍　龍　龍
1445 襲	**Überfall** *Drache ... Gewand.* [22]

Lektion 55

Diese letzte Lektion, eine der längsten in Band 1, soll den vorliegenden Band abschließen und auf den Übergang zu Band 2 einstimmen. Eine Anzahl von Schriftzeichen ist für diesen Zweck reserviert und in Gruppen aufgeteilt worden, von denen die letzte eine kurze Zusammenstellung von Nachzüglern enthält.

❖ 臼	**Mörser** Das Primitivelement *Mörser* (ein Gefäß, in dem man ein Pistill verwendet, um etwas zu zerdrücken oder zu zermahlen) sollte nicht mit dem *Reißverschluss* verwechselt werden. [6] ⟋ ⟨ ⟨ ⟨⟩ ⟨⟩ 臼
1446 兒	**Jugendlicher** Ein *Mörser* (Zerkleinerer!) auf *Menschenbeinen*. [8]
1447 舊	**alt** *Blumen* ... *Truthahn* ... *Mörser*. [18]
1448 寫	**schreiben** *Haus* ... *Mörser* ... *gefesselt* ... *Feuer*. [15]
1449 瀉	**Durchfall** *Wasser* ... *schreiben*. [18]
1450 兩	**Zwo** Diese mundartliche Form soll für die Zahl «2» stehen, wie sie vor Klassifizierungs- oder Zählwörtern verwendet wird. Bei den ersten vier Strichen kann man an die Darstellung eines Jochs denken. Darinnen sehen wir zweimal das Zeichen für *hinein-*, natürlich, weil jeder der **zwo** Ochsen in eine Seite des *Jochs* hineingespannt werden muss. [8]

巾 兩 兩

❖ Als Primitiv werden wir dies, in Übereinstimmung mit obiger Erklärung, als ein *Joch* verstehen – von der Art, mit der man ein Paar Ochsen zusammenspannt.

| 1451 | beide |

倆 *Mensch ... Joch.* [10]

| 1452 | voll |

滿 *Wasser ... zwanzig ... Joch.* Beachten Sie, wie der erste Strich des *Jochs* verkürzt wird, um mit dem letzten Strich von *zwanzig* zusammenzufallen. [14]

| ❖ | Stickerei |

Denken Sie bei diesen vier Xn an Kreuzstich-**Stickereien** auf jenen altmodischen «Trautes Heim, Glück allein» Stickbildern. [8]

| 1453 | du (literarisch) |

爾 Dieses Schlüsselwort ist von den Schriftzeichen zu trennen, die wir bereits für *du* und *Sie* gelernt haben. Es schreibt sich mit *Werkzeug*, einem *Tuch* und *Stickerei*. [14]

| 1454 | füllen |

彌 Dieses Schriftzeichen, dessen Elemente *Bogen* und *du (literarisch)* sind, hat die Bedeutung des Verbs **füllen**, wird aber auch aufgrund seines Lautwerts oder als Nachname verwendet. [17]

| ❖ | Kaktus |

Gemeint ist kein kleiner Zimmerkaktus auf der Fensterbank, sondern ein riesiger, dreiarmiger Wüstenbewohner mit Namen «*Carnegiea gigantea*», auch «Saguaro» genannt. Für diese Bedeutung entscheiden wir uns aufgrund der Form des Primitivs.

Wenn es unter einem Paar seiner *kokon*-artigen Früchte steht, werden wir das daraus resultierende Primitiv 艸 als *Kaktusfrucht* behandeln, die im Fall des Saguaro süß und essbar ist. [6]

ㄴ   ㅕ   ㅖ   ㅖ'   ㅕ!'   ㅛ

1455 — falsch

虛   *Tiger ... Kaktus.* [12]

1456 — vereinigen

聯   *Ohr ... Kaktusfrucht.* [17]

耳   聠   聠   聯   聯   聯   聯   聯

1457 — schließen

關   *Tor ... Kaktusfrucht.* [19]

❖ Stacheldraht

刂   Diese Umzäunung zum Ein- oder Aussperren von Menschen wird durch einen *Dolch* mit zwei darauf angebrachten scharfen Metallstacheln (den beiden waagerechten Strichen) dargestellt. [4]

フ   ㄱ   ㅋ   刂

1458 — jenes

那   *Stacheldraht* und *Stadtwall* lassen an eine moderne Bastille denkene, ein Hochsicherheitsgefängnis wie das berühmte Alcatraz in der Bucht von San Francisco. Wie verbinden wir das mit dem Schlüsselwort? Wir schlagen vor, Sie versetzen sich im Geiste auf eine Rundfahrt durch die Bucht. Plötzlich zeigt einer der Mitreisenden auf die kleine Felseninsel und fragt: «Ist das **jenes** berühmte Gefängnis?» Theatralisch erwidert der Fremdenführer «Ja, liebe Besucher, **jenes** ist Alcatraz!» [7]

❖ Die Primitivbedeutung wird, von obiger Erläuterung her, *Alcatraz* sein.

1459 哪	welches?
	«**Welche** nur?» Diese verzweifelte Frage stellt sich unser Ausbrecher aus *Alcatraz*, nachdem er sich in mühevoller Kleinarbeit mit einem Blechlöffel durch seine Zellenwand gegraben hat. Nun gilt es, in der Kanalisation unter den vielen *Mündungen* die richtige zu finden, die ihn in die Freiheit spülen wird. In der Tat eine wichtige Frage, denn in welche Bredouille die falsche Wahl führen könnte, wollen wir uns lieber gar nicht vorstellen. [10]

1460 巫	Hexe
	Stahlträger . . . Fließband. [7]

丁　疒　巫　巫

1461 靈	Geist
	Die drei *Münder* deuten auf drei *Hexen* hin, welche die Wetter**geister** anrufen und um *Regen* bitten. [24]

1462 縣	Landkreis
	Wenn Sie die linke Seite dieses Schriftzeichens schreiben, denken Sie an ein *kleines Werkzeug* (wobei des Element *klein* den Platz der *Tierbeine* einnimmt), vielleicht eine Nano-Rohrzange zum Nachziehen eines Speicherchips. Die rechte Seite trägt das Primitiv *Zwirn*. [16]

1463 懸	baumeln lassen
	Landkreis . . . Herz. [20]

1464 與	anbieten
	Falls Ihnen dieses Gewirr von Primitiven zu unhandlich erscheint, möchten wir Ihnen einen Hinweis **anbieten**, den Sie nicht ablehnen können: Stellen Sie sich vor, wie der kurze *Spazierstock* sich mit den letzten drei Strichen zum Schriftzeichen für *sechs* verbindet. Dann bleiben nur ein *Reißverschluss* und eine *Schleuder* übrig. [14]

1465	heben
舉	*Anbieten . . . Maisstaude.* [17]

❖	Handbuch der Bauernregeln
囟	Die kleine Schachtel mit der Antenne oben drauf lässt ein elektronisches Gerät vermuten. Auf dem Anzeigefeld sehen wir nur eine *Garbe*, was uns bedeuten soll, dass es sich um ein tragbares **Handbuch der Bauernregeln** handelt, das überall konsultiert werden kann und sich von selbst aktualisiert. [6]

′ 冂 囟 囟

1466	Gehirn
腦	*Körperteil . . . Fluss . . . Handbuch der Bauernregeln*. Mittlerweile haben Sie das Primitiv *Gehirn* genug verwendet, um es nicht mit dem hier gezeigten Schriftzeichen **Gehirn** zu verwechseln. [13]

1467	verärgert
惱	*Gemütszustand . . . Fluss . . . Handbuch der Bauernregeln*. Da dieses Schriftzeichen und der vorige Rahmen die einzigen Gelegenheiten sind, bei denen die Elemente Fluss und Handbuch der Bauernregeln zusammen auftreten, können Sie sie als Einheit betrachten und die verwendeten Bilder kombinieren. [12]

1468	Spezialgebiet
專	Die ersten sechs Striche dieses Schriftzeichens sind die gleichen wie die ersten sechs von *Osten*, und die dann folgenden zwei die gleichen wie die letzten beiden von *Insekt*. Dementsprechend können wir bei dem Gesamtwerk an eine Art asiatischen Marienkäfer denken, der vielleicht ein einem Kimono ähnliches Muster auf dem Rücken trägt. Der *Leim* unten zeigt uns, wo das arme Geschöpf geendet ist: auf ein Stück Holz geklebt und hinter Glas gequetscht in der Sammlung eines Entomologen – jemanden, dessen **Spezialgebiet** darin besteht, unschuldige Insekten zu entführen, zu martern und zu pfählen. Nun ja, von irgend etwas muss man ja leben. [11]

| 审 车 车 專 |

| 1469 | weitergeben |

傳 Mensch ... Spezialgebiet. [13]

| 1470 | rotieren |

轉 Wagen ... Spezialgebiet. [18]

| 1471 | Regiment |

團 Eingepfercht ... Spezialgebiet. Die Bedeutung des Schlüsselwortes kann sich auf Gruppierungen oder Anhäufungen aller möglichen Dinge beziehen, nicht nur auf organisierte Menschen. [14]

| 1472 | gelb |

黃 Das einzige, was **gelb** vom *Zeichen des Tigers* (RAHMEN 1434) unterscheidet, ist das oberste Element: *zwanzig* anstatt *Haus*. Stellen Sie sich vor, dass das *Zeichen des Tigers* zu einem astrologischen «*Haus*» gehört, und denken Sie vom **gelb** als Hawaiianischem Blumenkranz aus *zwanzig* **gelben** Hibiskusblüten. [12]

| 1473 | ausgedehnt |

廣 Höhle ... gelb. [15]

| 1474 | waagerecht |

橫 Baum ... gelb. [16]

| ❖ | GPS |

囪 Der einzige Unterschied zwischen dem *Handbuch der Bauernregeln* und diesem Element ist, dass die *Garbe* in der Mitte durch einen *Wandersmann* ersetzt wird. Das legt ein tragbares **GPS**-Gerät nahe («**G**lobal **P**ositioning **S**ystem»). [7]

| 1475 | Fenster |

窗 Loch ... GPS. [12]

1476 總	generell *Faden . . . GPS . . . Herz.* [17]
1477 詹	wortreich Die ersten sechs Striche des Schriftzeichens zeigen jemanden, dessen *Menschenbeine gefesselt* sind und den man von einer *Klippe* baumeln lässt. Es ist ein Bildnis der Rache an jemandem, der seine Kollegen verpfiffen hat (die *Worte*) und sich damit bei der Polizei entscheidend zu **wortreich** gab als er besser geschwiegen hätte. [13] ❖ Als Primitivelement wird dieses Zeichen *Petze* – oder auch *Verräter* – bedeuten, was von obiger Erklärung herrührt.
1478 擔	schultern *Finger . . . Petze.* [16]
❖ 婁	Fliegender Holländer Das legendäre, als der Fliegende Holländer bekannte Geisterschiff, das verflucht ist, auf ewig ohne einen Heimathafen umherzusegeln, zeigt sich in diesem Primitivelement. Es beginnt mit den Segeln und dem gekreuzten Mast des Klippers. Darunter finden wir die geschnitzte Büste einer *Frau* als Galionsfigur am Bug. Achten Sie besonders gut auf die Strichfolge. [11] 口 ⱽ 曰 昌 毌 婁
1479 數	Zahl *Fliegender Holländer . . . Zuchtmeister.* [15]
1480 樓	Etagengebäude *Holz . . . Fliegender Holländer.* [15]
❖ 蜀	Schmetterlingsnetz *Netz . . . gefesselt . . . Insekt.* Diese Elemente sollten es leicht machen, die Primitivbedeutung **Schmetterlingsnetz** zu behalten. [13]

罒 呂 蜀

1481 獨	allein
	Rudel Wildhunde ... Schmetterlingsnetz. [16]
1482 屬	zugehören
	Flagge ... Schneeflocke ... Schmetterlingsnetz. [21]
❖ 闌	Wasserspeier
	Denken Sie an einen **Wasserspeier** in Form einer *Wüstenechse* am *Außentor* eines herrschaftlichen, und etwas unheimlichen, alten Hauses. [17]
1483 爛	verdorben
	Feuer ... Wasserspeier. [21]
1484 蘭	Orchidee
	Blumen ... Wasserspeier. [21]
❖ 从	Wettlauf
	Zwei Menschen ... Spur von Fußstapfen. [8]
1485 從	folgen
	Dieses Schriftzeichen zeigt eine jährliche Serie von Wettläufen, von denen eine ganze Woche lang einer auf den anderen folgt. In jedem Wettlauf treten zwei Menschen gegeneinander an. Links sehen Sie die Menschenschlange von tausenden Mitbewerbern, die darauf warten, dass sie endlich dran sind. Während die ersten beiden Läufer am Horizont verschwinden, sehen Sie die *Spur von Fußstapfen*, die sie im Sand hinterlassen. [11]
	彳 从 從

1486	senkrecht
縱	*Faden ... folgen.* [17]

1487	zugleich
齊	Nehmen Sie einen Bleistift und schreiben Sie dieses Zeichen groß auf ein Blatt Papier. Ziehen Sie dann von oben nach unten eine Linie durch seine Mitte. Sie sollten erkennen, dass die rechte Seite nahezu das Spiegelbild der linken ist. Und IHR Spiegelbild ist das einzige Wesen weit und breit, das **zugleich** alles tut, was auch Sie tun (zum Beispiel Linien durch Schriftzeichen ziehen).

Jetzt müssen wir noch lernen, das Zeichen zu schreiben. Der *Zylinderhut* ist kein Problem. Danach kommt etwas, das so aussieht wie ein Paar *Tierhörner*, die an einem schicken *Spazierstock* befestigt sind. Links findet sich das Schriftzeichen für *Dolch*, welches rechts «gespiegelt» wird. Seien Sie mit diesem Teil besonders sorgfältig; es handelt sich um den Schlüssel zum Schreiben des ganzen Zeichens. Wenn Sie mit den letzten vier Strichen Probleme haben, können Sie bei ihnen an die Skizze eines *Badminton- oder Volleyballnetzes* denken, das in der unten dargestellten Abfolge geschrieben wird. [14]

❖ Wenn als Primitiv verwendet, wird dieses Zeichen die Bedeutung *Spiegelbild* annehmen, von der obigen Erklärung her.

1488	unterstützen
濟	*Wasser ... Spiegelbild.* Das Schlüsselwort meint, einem Bedürftigen «unter die Arme» zu greifen. [17]

1489	Clown
丑	Wenn Sie sich dieses Schriftzeichen genau ansehen, erkennen Sie eine *Nadel*, die als *Schlüssel verwendet wird* – cindeutig das Zeichen eines Schlossknackers bei der Arbeit (verwechseln Sie

es nicht mit RAHMEN 337). Wir überlassen es Ihnen, dies mit dem Schlüsselwort in Verbindung zu bringen. [4]

7 丆 卅 丑

| 1490 | drehen |

扭　*Finger ... Clown.* [7]

| 1491 | nieder |

卑

Denken Sie an jemanden **niederer** Herkunft, der sich wissenschaftlichen Experimenten unterworfen hat, um seinem kargen Einkommen einen *Tropfen* hinzuzufügen (wie auf einen heißen Stein). Nach jenem anfänglichen *Tropfen* sehen wir etwas, das wie ein *Gehirn* aussieht, von dem jedoch ein Teil nach links auszulaufen scheint – wobei es sich nicht um das *Gehirn* selbst handelt, sondern bloß um die Daten, welche zu extrahieren die *Nadel* hineingestochen worden ist.

Achten Sie darauf, es nicht mit Ihrem Bild aus RAHMEN 348 durcheinanderzubringen.

白 甴 鱼 卑

| 1492 | Marke |

牌　*Scheibe ... nieder.* Die **Marke** dieses Schlüsselworts bezieht sich auf eine Handels**marke**. [12]

Wir beschließen diese Lektion mit einer Anzahl von Schriftzeichen, die auf dem bisher zurückgelegten Weg durch die Ritzen gefallen sind.

| 1493 | Bezeichnung |

號　*Mund ... Fangschlinge ... Tiger.* [13]

| 1494 | sonderbar |

怪　*Gemütszustand ... Trippelschritt ... Erde.* [8]

1495	blutrot
赤	*Erde ... Säbel ... Tierbeinchen.* [7]

1496	ebenso
亦	Fraglos hat Ihre Fantasie Sie im letzten Rahmen für *blutrot* zu einer ziemlich blutigen Szene verleitet. Es gibt jedoch noch andere Dinge, die **ebenso** rot sind – zum Beispiel ein frischer glänzender Apfel. Das lässt uns an Wilhelm Tell denken, der sich weigerte, den *Zylinderhut* des Gessler zu grüßen und daher im Wald – umringt von neugierigem Getier (den *Tierbeinen*) – seinem Sohn Walter mit einer Armbrust einen Apfel vom Kopfe schießen musste. Das gelang. Allzu lange ist jedoch im Dunkeln geblieben, wie die Geschichte daraufhin weiterging: «Schön und gut,» grinste der böse Gessler, «aber nun wollen wir sehen, ob Ihr das wohl **ebenso** mit einem *Säbel* vermögt?» [6]

1497	Extrem
極	*Baum ... Fangschlinge ... Mund ... Schoß ... Fußboden.* [12]

1498	divers
雜	Das Schriftzeichen für **divers** macht seinem Namen mit der bunten Ansammlung von Primitivelementen, aus der es sich zusammensetzt, alle Ehre: *Zylinderhut ... Fließband ... Holz ... Truthahn.* [18]

1499	äußern
曰	*Eingepfercht ... Eins.* Das Schlüsselwort bezieht sich auf berühmte Aussprüche prominenter Leute und stellt den Ursprung für die Primitivbedeutungen der *im Munde trällernden* oder *plappernden Zunge* dar, die wir in RAHMEN 12 gelernt hatten. Die Größe dieses Schriftzeichens, eines relativ seltenen, unterscheidet es von *Tag*, aber wir haben die Primitivbedeutungen der beiden Schriftzeichen als austauschbar verwendet. [4] 丨　冂　日　曰

Schließlich beenden wir Band 1 mit einem chinesischen Schriftzeichen, das all Ihre bisher erworbenen Fertigkeiten auf die Probe stellt – einem Schriftzeichen, dessen Zusammensetzung in gewisser Weise zu seiner Bedeutung passt.

1500	Chaos
亂	*Kralle . . . Siegelholz . . . Gürtel . . . Ellenbogen . . . Schoß . . . Angelhaken.* [13]

Indizes

INDEX I

Handgeschriebene Zeichen

Dieser Index führt alle Schriftzeichen dieses Buches in der Reihenfolge ihres Erscheinens auf. Sie sind in einem typischen Zeichensatz gedruckt, mit dem man Kindern beibringt, wie man die Zeichen mit einem Stift schreibt – wie auch bereits zuvor in den Rahmen. Darunter steht die Aussprache (in Mandarin). Einige Zeichen haben mehrere Aussprachen. Sie lassen sich durch Nachschlagen in einem Wörterbuch unter der hier angegebenen Aussprache ermitteln.

一	二	三	四	五	六	七	八	九	十
yī	èr	sān	sì	wǔ	liù	qī	bā	jiǔ	shí
1	2	3	4	5	6	7	8	9	10
口	日	月	田	目	古	胡	吾	朋	明
kǒu	rì	yuè	tián	mù	gǔ	hú	wú	péng	míng
11	12	13	14	15	16	17	18	19	20
品	晶	昌	唱	早	旭	世	胃	旦	凹
pǐn	jīng	chāng	chàng	zǎo	xù	shì	wèi	dàn	āo
21	22	23	24	25	26	27	28	29	30
凸	自	白	百	皂	中	千	舌	升	昇
tū	zì	bái	bǎi	zào	zhōng	qiān	shé	shēng	shēng
31	32	33	34	35	36	37	38	39	40
丸	卜	占	上	下	卡	卓	朝	嘲	只
wán	bǔ	zhān	shàng	xià	kǎ	zhuó	cháo	chǎo	zhǐ
41	42	43	44	45	46	47	48	49	50
貝	貼	貞	員	見	元	頁	頑	凡	肌
bèi	tiē	zhēn	yuán	jiàn	yuán	yè	wán	fán	jī
51	52	53	54	55	56	57	58	59	60
負	勻	句	旬	勺	的	首	直	置	具
fù	yún	jù	xún	sháo	de	shǒu	zhí	zhì	jù
61	62	63	64	65	66	67	68	69	70

真 zhēn 71	工 gōng 72	左 zuǒ 73	右 yòu 74	有 yǒu 75	賄 huì 76	貢 gòng 77	項 xiàng 78	刀 dāo 79	刃 rèn 80
切 qiè 81	召 zhào 82	昭 zhāo 83	則 zé 84	副 fù 85	丁 dīng 86	叮 dīng 87	可 kě 88	哥 gē 89	頂 dǐng 90
乙 yǐ 91	子 zǐ 92	孔 kǒng 93	吼 hǒu 94	了 le 95	女 nǚ 96	好 hǎo 97	如 rú 98	母 mǔ 99	貫 guàn 100
兄 xiōng 101	克 kè 102	小 xiǎo 103	少 shǎo 104	吵 chǎo 105	大 dà 106	尖 jiān 107	夕 xī 108	多 duō 109	夠 gòu 110
外 wài 111	名 míng 112	厚 hòu 113	石 shí 114	砂 shā 115	妙 miào 116	肖 xiào 117	削 xiāo 118	光 guāng 119	太 tài 120
省 shěng 121	奇 qí 122	川 chuān 123	州 zhōu 124	順 shùn 125	水 shuǐ 126	永 yǒng 127	求 qiú 128	泉 quán 129	原 yuán 130
願 yuàn 131	沖 chōng 132	泳 yǒng 133	洲 zhōu 134	沼 zhǎo 135	沙 shā 136	江 jiāng 137	汁 zhī 138	潮 cháo 139	源 yuán 140
活 huó 141	消 xiāo 142	況 kuàng 143	河 hé 144	湖 hú 145	測 cè 146	土 tǔ 147	均 jūn 148	肚 dù 149	填 tián 150
吐 tǔ 151	哇 wā 152	寸 cùn 153	封 fēng 154	寺 sì 155	時 shí 156	火 huǒ 157	灰 huī 158	煩 fán 159	炎 yán 160
淡 dàn 161	災 zāi 162	照 zhào 163	魚 yú 164	漁 yú 165	堯 yáo 166	燒 shāo 167	曉 xiǎo 168	里 lǐ 169	量 liàng 170
埋 mái 171	黑 hēi 172	點 diǎn 173	墨 mò 174	冒 mào 175	同 tóng 176	洞 dòng 177	向 xiàng 178	尚 shàng 179	字 zì 180

INDEX I: HANDGESCHRIEBENE ZEICHEN | 429

守 shǒu 181	完 wán 182	實 shí 183	宣 xuān 184	宵 xiāo 185	安 ān 186	宴 yàn 187	寄 jì 188	富 fù 189	貯 zhù 190
木 mù 191	林 lín 192	森 sēn 193	植 zhí 194	杏 xìng 195	呆 dāi 196	枯 kū 197	村 cūn 198	相 xiāng 199	本 běn 200
案 àn 201	未 wèi 202	末 mò 203	沫 mò 204	味 wèi 205	妹 mèi 206	查 chá 207	渣 zhā 208	染 rǎn 209	李 lǐ 210
桌 zhuō 211	若 ruò 212	草 cǎo 213	苦 kǔ 214	寬 kuān 215	葉 yè 216	莫 mò 217	模 mó 218	漠 mò 219	墓 mù 220
苗 miáo 221	瞄 miáo 222	兆 zhào 223	桃 táo 224	犬 quǎn 225	尤 yóu 226	默 mò 227	然 rán 228	哭 kū 229	器 qì 230
臭 chòu 231	狗 gǒu 232	厭 yàn 233	壓 yā 234	牛 niú 235	特 tè 236	告 gào 237	浩 hào 238	先 xiān 239	洗 xǐ 240
介 jiè 241	界 jiè 242	茶 chá 243	會 huì 244	合 hé 245	哈 hā 246	塔 tǎ 247	王 wáng 248	玉 yù 249	球 qiú 250
現 xiàn 251	玩 wán 252	狂 kuáng 253	皇 huáng 254	煌 huáng 255	呈 chéng 256	全 quán 257	理 lǐ 258	主 zhǔ 259	注 zhù 260
金 jīn 261	銅 tóng 262	釣 diào 263	針 zhēn 264	釘 dīng 265	銘 míng 266	鎮 zhèn 267	道 dào 268	導 dǎo 269	迅 xùn 270
造 zào 271	巡 xún 272	逛 guàng 273	車 chē 274	連 lián 275	蓮 lián 276	前 qián 277	剪 jiǎn 278	輸 shū 279	逾 yú 280
各 gè 281	格 gé 282	客 kè 283	額 é 284	夏 xià 285	洛 luò 286	落 luò 287	冗 rǒng 288	沉 chén 289	軍 jūn 290

輝 huī 291	運 yùn 292	冠 guān 293	夢 mèng 294	坑 kēng 295	高 gāo 296	享 xiǎng 297	熟 shú 298	亭 tíng 299	亮 liàng 300
京 jīng 301	涼 liáng 302	景 jǐng 303	就 jiù 304	周 zhōu 305	週 zhōu 306	士 shì 307	吉 jí 308	買 mǎi 309	賣 mài 310
書 shū 311	畫 huà 312	劃 huá 313	攻 gōng 314	敗 bài 315	故 gù 316	救 jiù 317	敬 jìng 318	敞 chǎng 319	言 yán 320
警 jǐng 321	計 jì 322	獄 yù 323	討 tǎo 324	訓 xùn 325	話 huà 326	詩 shī 327	語 yǔ 328	讀 dú 329	調 diào 330
談 tán 331	這 zhè 332	式 shì 333	試 shì 334	戈 gē 335	或 huò 336	賊 zéi 337	載 zài 338	鐵 tiě 339	茂 mào 340
成 chéng 341	城 chéng 342	誠 chéng 343	威 wēi 344	滅 miè 345	咸 xián 346	減 jiǎn 347	單 dān 348	戰 zhàn 349	錢 qián 350
淺 qiǎn 351	賤 jiàn 352	止 zhǐ 353	步 bù 354	涉 shè 355	頻 pín 356	肯 kěn 357	企 qǐ 358	歲 suì 359	武 wǔ 360
賦 fù 361	正 zhèng 362	政 zhèng 363	定 dìng 364	走 zǒu 365	超 chāo 366	越 yuè 367	是 shì 368	題 tí 369	建 jiàn 370
延 yán 371	誕 dàn 372	楚 chǔ 373	礎 chǔ 374	衣 yī 375	裡 lǐ 376	哀 āi 377	袁 yuán 378	遠 yuǎn 379	壞 huài 380
初 chū 381	巾 jīn 382	布 bù 383	帽 mào 384	幕 mù 385	棉 mián 386	幫 bāng 387	市 shì 388	肺 fèi 389	帶 dài 390
滯 zhì 391	刺 cì 392	制 zhì 393	製 zhì 394	云 yún 395	雨 yǔ 396	雲 yún 397	雷 léi 398	電 diàn 399	霜 shuāng 400

INDEX I: HANDGESCHRIEBENE ZEICHEN | 431

冰 bīng 401	冬 dōng 402	天 tiān 403	夭 yāo 404	喬 qiáo 405	橋 qiáo 406	嬌 jiāo 407	立 lì 408	泣 qì 409	站 zhàn 410
章 zhāng 411	競 jìng 412	帝 dì 413	童 tóng 414	鐘 zhōng 415	商 shāng 416	適 shì 417	敵 dí 418	匕 bǐ 419	北 běi 420
背 bèi 421	比 bǐ 422	昆 kūn 423	混 hùn 424	皆 jiē 425	此 cǐ 426	些 xiē 427	它 tā 428	旨 zhǐ 429	脂 zhī 430
每 měi 431	梅 méi 432	海 hǎi 433	乞 qǐ 434	吃 chī 435	乾 gān 436	複 fù 437	腹 fù 438	欠 qiàn 439	吹 chuī 440
歌 gē 441	軟 ruǎn 442	次 cì 443	資 zī 444	姿 zī 445	諮 zī 446	賠 péi 447	培 péi 448	音 yīn 449	暗 àn 450
韻 yùn 451	識 shì 452	幟 zhì 453	竟 jìng 454	鏡 jìng 455	境 jìng 456	亡 wáng 457	盲 máng 458	妄 wàng 459	望 wàng 460
方 fāng 461	妨 fáng 462	放 fàng 463	激 jī 464	於 yú 465	旁 páng 466	兌 duì 467	脫 tuō 468	說 shuō 469	曾 céng 470
增 zēng 471	贈 zèng 472	東 dōng 473	棟 dòng 474	凍 dòng 475	也 yě 476	她 tā 477	地 dì 478	池 chí 479	蟲 chóng 480
蛇 shé 481	蛋 dàn 482	風 fēng 483	諷 fěng 484	己 jǐ 485	改 gǎi 486	記 jì 487	已 yǐ 488	包 bāo 489	泡 pào 490
起 qǐ 491	家 jiā 492	場 chǎng 493	湯 tāng 494	羊 yáng 495	美 měi 496	洋 yáng 497	鮮 xiān 498	達 dá 499	樣 yàng 500
差 chà 501	集 jí 502	進 jìn 503	準 zhǔn 504	誰 shéi 505	售 shòu 506	雖 suī 507	確 què 508	午 wǔ 509	許 xǔ 510

INDEX I: HANDGESCHRIEBENE ZEICHEN

羽 yǔ 511	習 xí 512	翔 xiáng 513	困 kùn 514	固 gù 515	國 guó 516	圓 yuán 517	因 yīn 518	園 yuán 519	回 huí 520
迴 huí 521	圖 tú 522	店 diàn 523	庫 kù 524	褲 kù 525	廠 chǎng 526	床 chuáng 527	麻 má 528	心 xīn 529	忘 wàng 530
忍 rěn 531	認 rèn 532	志 zhì 533	誌 zhì 534	思 sī 535	意 yì 536	想 xiǎng 537	息 xī 538	恐 kǒng 539	感 gǎn 540
憾 hàn 541	憂 yōu 542	怕 pà 543	忙 máng 544	慣 guàn 545	懷 huái 546	必 bì 547	手 shǒu 548	看 kàn 549	拿 ná 550
我 wǒ 551	義 yì 552	議 yì 553	蟻 yǐ 554	抱 bào 555	抗 kàng 556	批 pī 557	招 zhāo 558	打 dǎ 559	指 zhǐ 560
持 chí 561	括 kuò 562	提 tí 563	揮 huī 564	推 tuī 565	接 jiē 566	掛 guà 567	按 àn 568	掉 diào 569	拉 lā 570
啦 lā 571	找 zhǎo 572	研 yán 573	弄 nòng 574	鼻 bí 575	刑 xíng 576	型 xíng 577	才 cái 578	財 cái 579	存 cún 580
在 zài 581	乃 nǎi 582	奶 nǎi 583	及 jí 584	吸 xī 585	史 shǐ 586	更 gèng 587	硬 yìng 588	又 yòu 589	友 yǒu 590
雙 shuāng 591	隻 zhī 592	護 hù 593	獲 huò 594	觀 guān 595	歡 huān 596	投 tóu 597	沒 méi 598	設 shè 599	股 gǔ 600
支 zhī 601	技 jì 602	枝 zhī 603	叔 shū 604	督 dū 605	寂 jì 606	反 fǎn 607	板 bǎn 608	返 fǎn 609	派 pài 610
脈 mài 611	爪 zhǎo 612	抓 zhuā 613	采 cǎi 614	採 cǎi 615	菜 cài 616	受 shòu 617	授 shòu 618	愛 ài 619	雄 xióng 620

INDEX I: HANDGESCHRIEBENE ZEICHEN | 433

台 tái 621	治 zhì 622	始 shǐ 623	去 qù 624	法 fǎ 625	至 zhì 626	室 shì 627	到 dào 628	互 hù 629	充 chōng 630
育 yù 631	流 liú 632	梳 shū 633	山 shān 634	出 chū 635	擊 jī 636	密 mì 637	入 rù 638	內 nèi 639	吶 nà 640
分 fēn 641	貧 pín 642	公 gōng 643	松 sōng 644	谷 gǔ 645	浴 yù 646	欲 yù 647	慾 yù 648	容 róng 649	溶 róng 650
當 dāng 651	檔 dàng 652	黨 dǎng 653	常 cháng 654	堂 táng 655	皮 pí 656	波 bō 657	婆 pó 658	破 pò 659	被 bèi 660
歹 dǎi 661	列 liè 662	烈 liè 663	死 sǐ 664	葬 zàng 665	耳 ěr 666	取 qǔ 667	趣 qù 668	最 zuì 669	職 zhí 670
聖 shèng 671	敢 gǎn 672	嚴 yán 673	曼 màn 674	慢 màn 675	漫 màn 676	環 huán 677	還 huán 678	夫 fū 679	規 guī 680
替 tì 681	失 shī 682	臣 chén 683	臨 lín 684	賢 xián 685	堅 jiān 686	力 lì 687	另 lìng 688	別 bié 689	拐 guǎi 690
男 nán 691	功 gōng 692	奴 nú 693	努 nǔ 694	加 jiā 695	賀 hè 696	架 jià 697	協 xié 698	行 háng 699	律 lǜ 700
復 fù 701	得 děi 702	待 dài 703	往 wǎng 704	微 wēi 705	街 jiē 706	德 dé 707	聽 tīng 708	廳 tīng 709	禾 hé 710
程 chéng 711	和 hé 712	移 yí 713	秋 qiū 714	愁 chóu 715	利 lì 716	香 xiāng 717	季 jì 718	委 wěi 719	秀 xiù 720
透 tòu 721	誘 yòu 722	歷 lì 723	米 mǐ 724	迷 mí 725	謎 mí 726	類 lèi 727	竹 zhú 728	笑 xiào 729	箱 xiāng 730

筆 bǐ 731	等 děng 732	算 suàn 733	答 dá 734	策 cè 735	人 rén 736	囚 qiú 737	份 fèn 738	佔 zhàn 739	傢 jiā 740
你 nǐ 741	您 nín 742	什 shén 743	條 tiáo 744	值 zhí 745	做 zuò 746	但 dàn 747	住 zhù 748	位 wèi 749	件 jiàn 750
仍 réng 751	他 tā 752	休 xiū 753	信 xìn 754	依 yī 755	例 lì 756	個 gè 757	健 jiàn 758	停 tíng 759	倒 dǎo 760
仁 rén 761	優 yōu 762	傷 shāng 763	保 bǎo 764	堡 bǎo 765	付 fù 766	府 fǔ 767	俯 fǔ 768	代 dài 769	袋 dài 770
化 huà 771	花 huā 772	貨 huò 773	何 hé 774	便 biàn 775	丈 zhàng 776	使 shǐ 777	久 jiǔ 778	畝 mǔ 779	丙 bǐng 780
柄 bǐng 781	肉 ròu 782	腐 fǔ 783	眾 zhòng 784	坐 zuò 785	座 zuò 786	檢 jiǎn 787	臉 liǎn 788	來 lái 789	麥 mài 790
喝 hē 791	渴 kě 792	任 rèn 793	廷 tíng 794	庭 tíng 795	以 yǐ 796	似 sì 797	併 bìng 798	拼 pīn 799	呂 lǚ 800
侶 lǚ 801	榮 róng 802	勞 láo 803	營 yíng 804	善 shàn 805	年 nián 806	夜 yè 807	液 yè 808	喚 huàn 809	換 huàn 810
旅 lǚ 811	施 shī 812	游 yóu 813	遊 yóu 814	勿 wù 815	忽 hū 816	物 wù 817	易 yì 818	賜 cì 819	屍 shī 820
尼 ní 821	呢 ne 822	泥 ní 823	屋 wū 824	握 wò 825	居 jū 826	鋸 jù 827	層 céng 828	局 jú 829	戶 hù 830
房 fáng 831	雇 gù 832	顧 gù 833	示 shì 834	社 shè 835	視 shì 836	福 fú 837	禁 jìn 838	襟 jīn 839	宗 zōng 840

INDEX I: HANDGESCHRIEBENE ZEICHEN | 435

崇 chóng 841	祭 jì 842	察 chá 843	擦 cā 844	由 yóu 845	抽 chōu 846	油 yóu 847	甲 jiǎ 848	押 yā 849	申 shēn 850
伸 shēn 851	神 shén 852	果 guǒ 853	課 kè 854	顆 kē 855	斤 jīn 856	所 suǒ 857	近 jìn 858	斬 zhǎn 859	暫 zhàn 860
漸 jiàn 861	質 zhí 862	斥 chì 863	訴 sù 864	乍 zhà 865	怎 zěn 866	昨 zuó 867	作 zuò 868	雪 xuě 869	急 jí 870
尋 xún 871	婦 fù 872	掃 sǎo 873	錄 lù 874	碌 lù 875	爭 zhēng 876	淨 jìng 877	事 shì 878	唐 táng 879	糖 táng 880
康 kāng 881	尹 yǐn 882	伊 yī 883	君 jūn 884	裙 qún 885	群 qún 886	而 ér 887	需 xū 888	儒 rú 889	瑞 ruì 890
端 duān 891	曲 qū 892	斗 dǒu 893	料 liào 894	科 kē 895	用 yòng 896	昔 xī 897	借 jiè 898	錯 cuò 899	散 sǎn 900
撒 sǎ 901	備 bèi 902	廿 niàn 903	席 xí 904	度 dù 905	渡 dù 906	半 bàn 907	伴 bàn 908	胖 pàng 909	判 pàn 910
眷 juàn 911	拳 quán 912	勝 shèng 913	片 piàn 914	版 bǎn 915	妝 zhuāng 916	壯 zhuàng 917	莊 zhuāng 918	裝 zhuāng 919	將 jiàng 920
之 zhī 921	乏 fá 922	眨 zhǎ 923	不 bù 924	否 fǒu 925	杯 bēi 926	矢 shǐ 927	族 zú 928	知 zhī 929	智 zhì 930
矛 máo 931	柔 róu 932	揉 róu 933	務 wù 934	霧 wù 935	予 yǔ 936	序 xù 937	預 yù 938	野 yě 939	班 bān 940
弓 gōng 941	引 yǐn 942	強 qiáng 943	弱 ruò 944	彈 dàn 945	佛 fó 946	費 fèi 947	弟 dì 948	第 dì 949	巧 qiǎo 950

身 shēn 951	射 shè 952	謝 xiè 953	老 lǎo 954	考 kǎo 955	烤 kǎo 956	孝 xiào 957	教 jiāo 958	者 zhě 959	著 zhe 960
豬 zhū 961	追 zhuī 962	帥 shuài 963	師 shī 964	獅 shī 965	官 guān 966	管 guǎn 967	父 fù 968	交 jiāo 969	效 xiào 970
較 jiào 971	校 xiào 972	足 zú 973	跑 pǎo 974	跳 tiào 975	路 lù 976	露 lù 977	骨 gǔ 978	滑 huá 979	過 guò 980
阿 ā 981	啊 ā 982	際 jì 983	險 xiǎn 984	隨 suí 985	陽 yáng 986	陳 chén 987	防 fáng 988	附 fù 989	院 yuàn 990
陣 zhèn 991	隊 duì 992	降 jiàng 993	階 jiē 994	穴 xuè 995	究 jiū 996	突 tú 997	空 kōng 998	控 kòng 999	邊 biān 1000
深 shēn 1001	探 tàn 1002	丘 qiū 1003	兵 bīng 1004	絲 sī 1005	線 xiàn 1006	維 wéi 1007	羅 luó 1008	續 xù 1009	統 tǒng 1010
給 gěi 1011	結 jié 1012	終 zhōng 1013	級 jí 1014	紀 jì 1015	紅 hóng 1016	約 yuē 1017	細 xì 1018	緊 jǐn 1019	織 zhī 1020
網 wǎng 1021	綠 lǜ 1022	彎 wān 1023	灣 wān 1024	戀 liàn 1025	變 biàn 1026	經 jīng 1027	輕 qīng 1028	後 hòu 1029	幾 jǐ 1030
機 jī 1031	斷 duàn 1032	繼 jì 1033	顯 xiǎn 1034	樂 yuè 1035	藥 yào 1036	雞 jī 1037	麼 me 1038	系 xì 1039	係 xì 1040
孫 sūn 1041	卻 què 1042	腳 jiǎo 1043	服 fú 1044	命 mìng 1045	留 liú 1046	溜 liū 1047	聊 liáo 1048	柳 liǔ 1049	令 lìng 1050
冷 lěng 1051	零 líng 1052	領 lǐng 1053	通 tōng 1054	勇 yǒng 1055	犯 fàn 1056	危 wéi 1057	脆 cuì 1058	印 yìn 1059	興 xìng 1060

酒 jiǔ 1061	配 pèi 1062	酋 qiú 1063	尊 zūn 1064	遵 zūn 1065	豆 dòu 1066	頭 tóu 1067	短 duǎn 1068	禮 lǐ 1069	體 tǐ 1070
鼓 gǔ 1071	喜 xǐ 1072	廚 chú 1073	樹 shù 1074	血 xiě 1075	盡 jìn 1076	儘 jǐn 1077	蓋 gài 1078	溫 wēn 1079	監 jiān 1080
籃 lán 1081	藍 lán 1082	銀 yín 1083	跟 gēn 1084	很 hěn 1085	根 gēn 1086	即 jí 1087	節 jié 1088	退 tuì 1089	腿 tuǐ 1090
限 xiàn 1091	眼 yǎn 1092	良 liáng 1093	浪 làng 1094	娘 niáng 1095	食 shí 1096	飯 fàn 1097	餐 cān 1098	館 guǎn 1099	養 yǎng 1100
既 jì 1101	概 gài 1102	平 píng 1103	評 píng 1104	坪 píng 1105	乎 hū 1106	呼 hū 1107	希 xī 1108	稀 xī 1109	學 xué 1110
覺 jué 1111	攪 jiǎo 1112	凶 xiōng 1113	兇 xiōng 1114	胸 xiōng 1115	離 lí 1116	禽 qín 1117	辛 xīn 1118	辦 bàn 1119	辯 biàn 1120
壁 bì 1121	避 bì 1122	新 xīn 1123	薪 xīn 1124	親 qīn 1125	襯 chèn 1126	幸 xìng 1127	執 zhí 1128	報 bào 1129	叫 jiào 1130
收 shōu 1131	陸 lù 1132	勢 shì 1133	熱 rè 1134	藝 yì 1135	亥 hài 1136	核 hé 1137	孩 hái 1138	刻 kè 1139	該 gāi 1140
述 shù 1141	術 shù 1142	殺 shā 1143	襄 xiāng 1144	讓 ràng 1145	壞 ràng 1146	寒 hán 1147	賽 sài 1148	毒 dú 1149	素 sù 1150
青 qīng 1151	精 jīng 1152	請 qǐng 1153	情 qíng 1154	晴 jīng 1155	清 qīng 1156	靜 jìng 1157	責 zé 1158	績 jī 1159	積 jī 1160
表 biǎo 1161	錶 biǎo 1162	生 shēng 1163	星 xīng 1164	姓 xìng 1165	性 xìng 1166	害 hài 1167	割 gē 1168	慧 huì 1169	豐 fēng 1170

春 chūn 1171	泰 tài 1172	奉 fèng 1173	棒 bàng 1174	勤 qín 1175	謹 jǐn 1176	僅 jǐn 1177	漢 hàn 1178	難 nán 1179	攤 tān 1180
華 huá 1181	嘩 huá 1182	垂 chuí 1183	錘 chuí 1184	睡 shuì 1185	今 jīn 1186	含 hán 1187	念 niàn 1188	陰 yīn 1189	蔭 yìn 1190
西 xī 1191	要 yào 1192	腰 yāo 1193	票 piào 1194	漂 piāo 1195	標 biāo 1196	賈 gǔ 1197	價 jià 1198	煙 yān 1199	南 nán 1200
門 mén 1201	們 men 1202	閒 xián 1203	問 wèn 1204	間 jiàn 1205	簡 jiǎn 1206	開 kāi 1207	聞 wén 1208	倉 cāng 1209	槍 qiāng 1210
創 chuàng 1211	非 fēi 1212	排 pái 1213	罪 zuì 1214	靠 kào 1215	侯 hóu 1216	候 hòu 1217	決 jué 1218	快 kuài 1219	筷 kuài 1220
韋 wéi 1221	圍 wéi 1222	偉 wěi 1223	衛 wèi 1224	干 gān 1225	岸 àn 1226	幹 gàn 1227	旱 hàn 1228	趕 gǎn 1229	于 yú 1230
宇 yǔ 1231	余 yú 1232	餘 yú 1233	除 chú 1234	途 tú 1235	束 shù 1236	速 sù 1237	辣 là 1238	整 zhěng 1239	練 liàn 1240
揀 jiǎn 1241	重 zhòng 1242	懂 dǒng 1243	動 dòng 1244	種 zhǒng 1245	衝 chōng 1246	病 bìng 1247	痛 tòng 1248	瘋 fēng 1249	匹 pī 1250
區 qū 1251	樞 shū 1252	歐 ōu 1253	醫 yī 1254	仰 yǎng 1255	迎 yíng 1256	登 dēng 1257	燈 dēng 1258	證 zhèng 1259	發 fā 1260
廢 fèi 1261	形 xíng 1262	影 yǐng 1263	彩 cǎi 1264	須 xū 1265	珍 zhēn 1266	參 cān 1267	慘 cǎn 1268	修 xiū 1269	文 wén 1270
蚊 wén 1271	彥 yàn 1272	顏 yán 1273	產 chǎn 1274	率 shuài 1275	摔 shuāi 1276	央 yāng 1277	英 yīng 1278	巴 bā 1279	把 bǎ 1280

爸 bà 1281	吧 bā 1282	色 sè 1283	絕 jué 1284	甘 gān 1285	某 mǒu 1286	其 qí 1287	期 qī 1288	基 jī 1289	斯 sī 1290
甚 shèn 1291	貴 guì 1292	遺 yí 1293	舞 wǔ 1294	無 wú 1295	撫 fǔ 1296	且 qiě 1297	姐 jiě 1298	組 zǔ 1299	祖 zǔ 1300
助 zhù 1301	並 bìng 1302	普 pǔ 1303	業 yè 1304	對 duì 1305	共 gòng 1306	供 gōng 1307	異 yì 1308	巷 xiàng 1309	港 gǎng 1310
選 xuǎn 1311	井 jǐng 1312	亞 yà 1313	惡 è 1314	角 jiǎo 1315	解 jiě 1316	嘴 zuǐ 1317	再 zài 1318	稱 chēng 1319	講 jiǎng 1320
構 gòu 1321	扁 biǎn 1322	篇 piān 1323	編 biān 1324	論 lùn 1325	輪 lún 1326	典 diǎn 1327	氏 shì 1328	紙 zhǐ 1329	昏 hūn 1330
婚 hūn 1331	低 dī 1332	底 dǐ 1333	民 mín 1334	眠 mián 1335	甫 fǔ 1336	補 bǔ 1337	博 bó 1338	搏 bó 1339	都 dū 1340
部 bù 1341	郎 láng 1342	鄉 xiāng 1343	響 xiǎng 1344	段 duàn 1345	鍛 duàn 1346	幻 huàn 1347	司 sī 1348	詞 cí 1349	舟 zhōu 1350
船 chuán 1351	般 bān 1352	盤 pán 1353	搬 bān 1354	瓜 guā 1355	孤 gū 1356	益 yì 1357	假 jiǎ 1358	蝦 xiā 1359	氣 qì 1360
汽 qì 1361	飛 fēi 1362	面 miàn 1363	麵 miàn 1364	革 gé 1365	鞋 xié 1366	馨 xīn 1367	聲 shēng 1368	吳 wú 1369	娛 yú 1370
誤 wù 1371	承 chéng 1372	蒸 zhēng 1373	牙 yá 1374	穿 chuān 1375	呀 ya 1376	釋 shì 1377	番 fān 1378	翻 fān 1379	播 bō 1380
毛 máo 1381	尾 wěi 1382	宅 zhái 1383	託 tuō 1384	為 wèi 1385	偽 wèi 1386	長 cháng 1387	張 zhāng 1388	漲 zhàng 1389	套 tào 1390

髮 fà 1391	展 zhǎn 1392	喪 sàng 1393	雁 yàn 1394	應 yīng 1395	鳥 niǎo 1396	鷹 yīng 1397	鴨 yā 1398	島 dǎo 1399	遇 yù 1400
萬 wàn 1401	邁 mài 1402	岡 gāng 1403	剛 gāng 1404	缺 quē 1405	寶 bǎo 1406	遙 yáo 1407	搖 yáo 1408	兔 tù 1409	逸 yì 1410
免 miǎn 1411	晚 wǎn 1412	象 xiàng 1413	像 xiàng 1414	馬 mǎ 1415	媽 mā 1416	罵 mà 1417	嗎 ma 1418	驗 yàn 1419	騎 qí 1420
驚 jīng 1421	虎 hǔ 1422	慮 lǜ 1423	處 chù 1424	戲 xì 1425	劇 jù 1426	據 jù 1427	鹿 lù 1428	塵 chén 1429	麗 lì 1430
熊 xióng 1431	能 néng 1432	態 tài 1433	寅 yín 1434	演 yǎn 1435	辰 chén 1436	晨 chén 1437	農 nóng 1438	濃 nóng 1439	送 sòng 1440
鬼 guǐ 1441	魔 mó 1442	塊 kuài 1443	龍 lóng 1444	襲 xí 1445	兒 ér 1446	舊 jiù 1447	寫 xiě 1448	瀉 xiè 1449	兩 liǎng 1450
倆 liǎ 1451	滿 mǎn 1452	爾 ěr 1453	彌 mí 1454	虛 xū 1455	聯 lián 1456	關 guān 1457	那 nà 1458	哪 nǎ 1459	巫 wū 1460
靈 líng 1461	縣 xiàn 1462	懸 xuán 1463	與 yǔ 1464	舉 jǔ 1465	腦 nǎo 1466	惱 nǎo 1467	專 zhuān 1468	傳 chuán 1469	轉 zhuàn 1470
團 tuán 1471	黃 huáng 1472	廣 guǎng 1473	橫 héng 1474	窗 chuāng 1475	總 zǒng 1476	詹 zhān 1477	擔 dān 1478	數 shù 1479	樓 lóu 1480
獨 dú 1481	屬 shǔ 1482	爛 làn 1483	蘭 lán 1484	從 cóng 1485	縱 zòng 1486	齊 qí 1487	濟 jì 1488	丑 chǒu 1489	扭 niǔ 1490
卑 bēi 1491	牌 pái 1492	號 hào 1493	怪 guài 1494	赤 chì 1495	亦 yì 1496	極 jí 1497	雜 zá 1498	曰 yuē 1499	亂 luàn 1500

INDEX II
Primitivelemente

Dieser Index zählt alle Primitivelemente des Buches auf. Schriftzeichen, die auch als Primitive verwendet werden, finden sich hier nur, wenn sich ihre Schreibweise dabei erheblich verändert. Die Primitive sind nach Strichzahl angeordnet. Unter ihnen ist die Seite angegeben, auf der das Element erstmals vorgestellt wird.

1 劃

′	丨	ㄴ	ㄴ	ν	ㄱ
43	44	72	72	279	389

2 劃

八	儿	几	勹	⸍	ナ	刂	刂	厂
52	52	53	53	54	64	67	67	80

冂	人	冖	亠	口	冫	氵	㇏	又
106	136	157	159	192	195	195	203	243

厂	厶	亻	㇉	丂	与	卩	卩	マ
247	250	270	279	309	311	326	327	327

巳	乂	凵	丩	乛	匚
328	338	339	342	359	366

3 劃

亠	丷	少	巛	儿	氵	宀	犭	亼
63	77	78	85	85	86	109	129	137

辶	夂	弋	夊	巴	囗	广	忄	扌
150	154	172	185	223	231	232	234	238

廾	开	尢	云	彳	尸	彐	幺	阝
240	240	242	250	264	284	294	295	316

幺	丰	彡	阝	乡	毛
323	351	370	387	387	398

4劃

冊	灬	木	艹	生	亢	攵	疋	亻
75	98	113	119	133	159	166	180	187

镸	小	开	殳	皿	云	从	壬	牛
187	234	240	246	248	251	276	279	281

礻	尹	廾	爿	步	宀	巨	无	主
287	295	300	303	311	319	329	336	347

丰	夬	卬	丷	氏	月
350	359	367	372	400	415

5劃

氺	水	言	戊	疋	足	衤	帀	弗
86	86	160	175	183	186	187	191	308

宂	刃	卯	皿	艮	先	朮	卄	夫
318	327	327	332	333	342	344	344	350

广	癶	参	虫	冊	氐	丰	臼	罒
366	368	370	376	383	385	389	390	399

丨
400

6劃

圭	叩	刖	吉	聿	畫	戈	戍	衣
96	130	153	163	165	165	174	176	187

束	虫	羊	羊	宀	行	并	疒	关
192	221	225	226	249	264	280	283	302

自	糸	艮	良	毌	产	出	缶	虍
312	320	333	335	353	372	403	404	408

关	臼	业	囚				
412	413	414	417				

7劃
亯	豕	㐬	庐	足	巠	甬	𦥑	酉
160	224	252	301	314	323	328	329	330

無	采	镸	庐	囱
377	397	400	409	418

8劃
章	泉	戔	帛	雨	音	隹	尚	臤
50	88	178	190	194	208	226	256	261

彔	食	业	侖	𢆶	延
295	335	379	384	414	420

9劃
畐	枼	俞	复	昜	雀	曷	奐	耑
69	121	153	205	224	228	277	282	298

咼	壴	亲	柬	叚	禺
315	331	340	364	392	403

10劃
炎	离	寒	冓	專	隺	㕯
281	339	345	382	386	402	404

11劃
商	埶	董	莫	殸	絲	婁
200	342	351	352	394	415	419

12劃
戠	惠
209	265

13劃
僉	與	辟	蜀
277	338	340	419

14劃
蒦
245

17劃 闌
420

18劃 藋
245

19劃 戀
322

INDEX III
Schriftzeichen nach Strichzahl

Hier finden Sie alle Schriftzeichen dieses Buches nach ihrer Strichzahl gruppiert. Die Ordnung innerhalb jeder Strichzahlgruppe folgt der normalen Übung in Wörterbüchern, die Zeichen nach «Radikalen» anzuordnen.

1 劃									
一	1	丈	776	干	1225	勻	62	方	461
乙	91	之	921	弓	941	勿	815	牙	1374
		久	778	才	578	化	771	日	1499
		及	584			匹	1250	日	12
2 劃		丸	41			午	509	月	13
		乞	434	4 劃		廿	903	木	191
七	7	也	476			升	39	欠	439
丁	86	于	1230	丑	1489	反	607	止	353
乃	582	亡	457	不	924	友	590	歹	661
九	9	凡	59	中	36	太	120	比	422
了	95	刃	80	乏	922	天	403	毛	1381
二	2	勺	65	云	395	夫	679	氏	1328
人	736	千	37	五	5	夭	404	水	126
入	638	口	11	互	629	孔	93	火	157
八	8	土	147	井	1312	少	104	爪	612
刀	79	士	307	介	241	尤	226	父	968
力	687	夕	108	今	1186	尹	882	片	914
匕	419	大	106	什	743	巴	1279	牛	235
十	10	女	96	仍	751	幻	1347	犬	225
卜	42	子	92	仁	761	引	942	王	248
又	589	寸	153	內	639	心	529		
		小	103	予	936	戈	335	5 劃	
3 劃		山	634	元	56	戶	830		
		川	123	公	643	手	548	丘	1003
下	45	工	72	六	6	支	601	且	1297
三	3	己	485	冗	288	文	1270	世	27
上	44	已	488	凶	1113	斗	893	丙	780
		巾	382	切	81	斤	856	主	259
				分	641				

乎	1106	巧	950	亥	1136	存	580	色	1283
乍	865	左	73	交	969	安	186	血	1075
以	796	市	388	伊	883	字	1231	行	699
他	752	布	383	企	358	守	181	衣	375
代	769	平	1103	休	753	宅	1383	西	1191
付	766	必	547	仰	1255	寺	155	巡	272
令	1050	打	559	件	750	尖	107	迅	270
兄	101	斥	863	全	257	州	124	臣	683
凸	31	且	29	任	793	年	806		
凹	30	本	200	份	738	式	333	**7 劃**	
出	635	末	203	兇	1114	忙	544		
加	695	未	202	光	119	成	341	佛	946
功	692	正	362	充	630	收	1131	位	749
包	489	母	99	先	239	曲	892	何	774
北	420	民	1334	兆	223	旭	26	作	868
半	907	永	127	共	1306	旨	429	似	797
占	43	汁	138	再	1318	旬	64	你	741
卡	46	犯	1056	冰	401	早	25	住	748
去	624	玉	249	刑	576	有	75	伸	851
可	88	瓜	1355	列	662	次	443	但	747
句	63	甘	1285	印	1059	此	426	低	1332
古	16	生	1163	危	1057	死	664	佔	739
只	50	用	896	各	281	每	431	伴	908
史	586	甲	848	吉	308	江	137	余	1232
司	1348	申	850	吃	435	池	479	克	102
召	82	田	14	吸	585	灰	158	兌	467
台	621	由	845	向	178	百	34	免	1411
叮	87	白	33	合	245	竹	728	兵	1004
叫	1130	皮	656	吐	151	米	724	冷	1051
右	74	目	15	同	176	羊	495	初	381
另	688	矛	931	名	112	羽	511	判	910
四	4	矢	927	因	518	老	954	別	689
囚	737	石	114	回	520	考	955	利	716
冬	402	示	834	在	581	而	887	助	1301
外	111	禾	710	地	478	耳	666	努	694
央	1277	穴	995	多	109	肉	782	即	1087
失	682	立	408	好	97	肌	60	呀	1376
奶	583			如	98	自	32	含	1187
奴	693	**6 劃**		她	477	至	626	君	884
它	428			妄	459	舌	38	吾	18
尼	821	亦	1496	字	180	舟	1350	吳	1369

吼	94	把	1280	辰	1436	味	205	招	558
告	237	改	486	近	858	命	1045	抽	846
吵	105	攻	314	迎	1256	和	712	拉	570
吹	440	旱	1228	返	609	固	515	放	463
呈	256	更	587	那	1458	坪	1105	於	465
呐	640	肖	117	里	169	垂	1183	易	818
吧	1282	肚	149	防	988	夜	807	昆	423
否	925	杏	195			奇	122	昏	1330
呆	196	束	1236	**8 劃**		奉	1173	昇	40
呂	800	村	198			委	719	昌	23
困	514	李	210	並	1302	妹	206	昔	897
均	148	步	354	事	878	始	623	明	20
坑	295	求	128	亞	1313	姓	1165	育	631
坐	785	汽	1361	些	427	姐	1298	股	600
壯	917	決	1218	享	297	季	718	肯	357
妝	916	沙	136	京	301	孤	1356	服	1044
妨	462	沖	132	依	755	官	966	朋	19
妙	116	沉	289	供	1307	宗	840	果	853
孝	957	沒	598	使	777	定	364	采	614
完	182	災	162	併	798	尚	179	枝	603
局	829	狂	253	例	756	居	826	松	644
尾	1382	甫	1336	來	789	岸	1226	東	473
希	1108	男	691	兒	1446	岡	1403	杯	926
序	937	皂	35	兔	1409	幸	1127	板	608
床	527	社	835	兩	1450	底	1333	林	192
廷	794	秀	720	其	1287	店	523	武	360
弄	574	究	996	具	70	府	767	河	144
弟	948	系	1039	典	1327	延	371	泣	409
形	1262	良	1093	刻	1139	往	704	況	143
志	533	見	55	刺	392	忽	816	治	622
忍	531	角	1315	制	393	念	1188	沼	135
忘	530	言	320	到	628	怪	1494	注	260
快	1219	谷	645	協	698	性	1166	泳	133
我	551	豆	1066	卓	47	怕	543	泥	823
找	572	貝	51	卑	1491	或	336	波	657
技	602	赤	1495	受	617	所	857	法	625
抗	556	走	365	取	667	房	831	泡	490
扭	1490	足	973	叔	604	承	1372	沫	204
抓	613	身	951	呼	1107	抱	555	油	847
批	557	車	274	呢	822	押	849	炎	160
投	597	辛	1118	周	305	拐	690	爸	1281

爭	876	卻	1042	既	1101	祖	1300	**10 劃**	
版	915	厚	113	昨	867	神	852	候	1217
物	817	哀	377	春	1171	科	895	借	898
狗	232	哇	152	昭	83	秋	714	倉	1209
玩	252	咸	346	是	368	突	997	值	745
的	66	哈	246	星	1164	穿	1375	倒	760
盲	458	品	21	胃	28	紀	1015	個	757
直	68	型	577	胡	17	級	1014	俯	768
知	929	城	342	肺	389	紅	1016	們	1202
空	998	威	344	背	421	約	1017	倆	1451
者	959	姿	445	胖	909	美	496	凍	475
花	772	孩	1138	架	697	英	1278	剛	1404
虎	1422	客	283	枯	197	苦	214	原	130
表	1161	室	627	查	207	若	212	員	54
述	1141	宣	184	柔	932	苗	221	哥	89
金	261	封	154	染	209	茂	340	哭	229
長	1387	屋	824	柄	781	要	1192	哪	1459
門	1201	屍	820	某	1286	計	322	唐	879
阿	981	差	501	柳	1049	貞	53	埋	171
附	989	巷	1309	段	1345	負	61	夏	285
雨	396	帥	963	毒	1149	軍	290	套	1390
青	1151	帝	413	泉	129	迴	521	娛	1370
非	1212	度	905	活	141	送	1440	娘	1095
		建	370	洲	134	退	1089	孫	1041
9 劃		彥	1272	洗	240	追	962	宴	187
亭	299	後	1029	洞	177	迷	725	家	492
亮	300	很	1085	派	610	郎	1342	害	1167
係	1040	待	703	洋	497	酉	1063	宵	185
侯	1216	律	700	洛	286	重	1242	容	649
信	754	急	870	為	1385	限	1091	射	952
便	775	思	535	珍	1266	降	993	展	1392
保	764	怎	866	甚	1291	面	1363	島	1399
侶	801	扁	1322	界	242	革	1365	師	964
冒	175	按	568	皆	425	韋	1221	席	904
冠	293	括	562	皇	254	音	449	帶	390
削	118	指	560	看	549	頁	57	庫	524
前	277	持	561	省	121	風	483	座	786
則	84	拼	799	相	199	飛	1362	庭	795
勇	1055	故	316	眨	923	食	1096	弱	944
南	1200	政	363	研	573	首	67	修	1269
		施	812	砂	115	香	717	恐	539

息	538	陣	991	**11 劃**		從	1485	現	251
拳	912	站	410	乾	436	得	702	理	258
拿	550	笑	729	假	1358	您	742	產	1274
效	970	紙	1329	偽	1386	慾	648	異	1308
料	894	素	1150	偉	1223	情	1154	眼	1092
旁	466	缺	1405	健	758	掛	567	眷	911
旅	811	臭	231	做	746	控	999	祭	842
時	156	般	1352	停	759	採	615	票	1194
書	311	茶	243	剪	278	授	618	移	713
胸	1115	草	213	副	85	接	566	竟	454
脂	430	蚊	1271	動	1244	掃	873	章	411
脆	1058	袁	378	務	934	探	1002	第	949
能	1432	被	660	區	1251	推	565	細	1018
脈	611	記	487	參	1267	排	1213	終	1013
案	201	訓	325	售	506	掉	569	組	1299
核	1137	託	1384	商	416	救	317	眾	784
格	282	討	324	唱	24	教	958	習	512
校	972	貢	77	啊	982	敗	315	聊	1048
根	1086	財	579	問	1204	斬	859	船	1351
桌	211	起	491	啦	571	族	928	莊	918
桃	224	速	1237	國	516	晨	1437	莫	217
氣	1360	通	1054	執	1128	曼	674	菜	616
泰	1172	途	1235	培	448	晚	1412	華	1181
海	433	逛	273	堂	655	脫	468	著	960
浩	238	透	721	基	1289	望	460	蛇	481
消	142	造	271	夠	110	條	744	蛋	482
浴	646	這	332	婚	1331	梅	432	術	1142
涉	355	連	275	婆	658	梳	633	袋	770
流	632	酒	1061	婦	872	欲	647	規	680
浪	1094	配	1062	寄	188	殺	1143	視	836
烤	956	針	264	寂	606	液	808	許	510
烈	663	釘	265	寅	1434	混	424	設	599
特	236	關	1457	密	637	淺	351	貧	642
班	940	院	990	將	920	渴	792	貨	773
留	1046	除	1234	專	1468	深	1001	貫	100
畝	779	隻	592	崇	841	清	1156	責	1158
病	1247	馬	1415	常	654	淡	161	軟	442
益	1357	骨	978	康	881	淨	877	逸	1410
真	71	高	296	強	943	涼	302	週	306
眠	1335	鬼	1441	張	1388	率	1275	進	503
破	659			彩	1264	球	250	都	1340

部	1341	帽	384	番	1378	過	980	微	705
野	939	幾	1030	畫	312	遇	1400	愛	619
釣	263	復	701	痛	1248	遊	814	意	536
陰	1189	惡	1314	發	1260	達	499	感	540
陳	987	惱	1467	登	1257	道	268	愁	715
陸	1132	握	825	短	1068	鄉	1343	想	537
雪	869	揀	1241	硬	588	量	170	搖	1408
頂	90	換	810	禽	1117	開	1207	搏	1339
魚	164	揉	933	稀	1109	間	1205	搬	1354
鳥	1396	提	563	程	711	閒	1203	新	1123
鹿	1428	揮	564	窗	1475	階	994	會	244
麥	790	敢	672	童	414	隊	992	暗	450
麻	528	散	900	等	732	陽	986	楚	373
		敞	319	答	734	雁	1394	業	1304
12 劃		斯	1290	筆	731	雇	832	概	1102
		曾	470	策	735	集	502	歲	359
傢	740	景	303	絲	1005	雄	620	溫	1079
備	902	最	669	給	1011	雲	397	滑	979
割	1168	晶	22	結	1012	項	78	滅	345
創	1211	替	681	絕	1284	須	1265	溶	650
勞	803	智	930	統	1010	順	125	準	504
勝	913	普	1303	翔	513	飯	1097	滯	391
博	1338	期	1288	虛	1455	黃	1472	源	140
喝	791	朝	48	街	706	黑	172	溜	1047
喚	809	極	1497	裙	885			煙	1199
喜	1072	植	194	補	1337	**13 劃**		煌	255
善	805	森	193	詞	1349			煩	159
喪	1393	棟	474	訴	864	亂	1500	照	163
喬	405	棒	1174	評	1104	傳	1469	獅	965
單	348	棉	386	象	1413	僅	1177	瑞	890
圍	1222	減	347	賀	696	傷	763	當	651
堯	166	港	1310	貴	1292	勢	1133	睡	1185
堡	765	湖	145	貯	190	勤	1175	睛	1155
報	1129	測	146	貼	52	嗎	1418	督	605
場	493	渡	906	買	309	圓	517	碌	875
堅	686	湯	494	費	947	園	519	禁	838
寒	1147	游	813	越	367	塊	1443	福	837
富	189	渣	208	超	366	填	150	筷	1220
尋	871	然	228	跑	974	塔	247	節	1088
尊	1064	無	1295	運	292	媽	1416	經	1027
就	304	牌	1492	逾	280	幹	1227	罪	1214

置	69	鼓	1071	監	1080	**15 劃**		篇	1323
義	552			瞄	222			線	1006
群	886			確	508	價	1198	編	1324
聖	671	**14 劃**		稱	1319	劇	1426	罵	1417
腦	1466			種	1245	嘲	49	蔭	1190
腳	1043	像	1414	端	891	增	471	處	1424
腹	438	劃	313	管	967	墨	174	蝦	1359
腰	1193	厭	233	算	733	嬌	407	衛	1224
腿	1090	嘩	1182	精	1152	寫	1448	衝	1246
萬	1401	團	1471	維	1007	寬	215	褲	525
葬	665	圖	522	網	1021	導	269	課	854
葉	216	境	456	緊	1019	層	828	誰	505
落	287	墓	220	綠	1022	幟	453	請	1153
敬	318	塵	1429	聞	1208	廣	1473	誕	372
號	1493	夢	294	腐	783	廢	1261	談	331
裝	919	察	843	與	1464	廠	526	調	330
裡	376	實	183	舞	1294	廚	1073	論	1325
解	1316	對	1305	蒸	1373	彈	945	豬	961
該	1140	幕	385	蓋	1078	影	1263	賣	310
試	334	態	1433	蓮	276	德	707	賜	819
詩	327	慘	1268	製	394	慧	1169	質	862
詹	1477	摔	1276	複	437	憂	542	賤	352
話	326	慣	545	語	328	慮	1423	賠	447
誠	343	慢	675	誤	1371	戲	1425	賦	361
賈	1197	榮	802	誌	534	撒	901	賢	685
資	444	構	1321	說	469	撫	1296	趣	668
賊	337	槍	1210	認	532	播	1380	輝	291
賄	76	歌	441	誘	722	敵	418	輪	1326
跟	1084	漢	1178	趕	1229	數	1479	遺	1293
跳	975	漠	219	輕	1028	暫	860	遵	1065
路	976	演	1435	辣	1238	樂	1035	選	1311
較	971	漁	165	適	417	樓	1480	隨	985
載	338	漸	861	銀	1083	標	1196	靠	1215
農	1438	漲	1389	銅	262	樞	1252	鞋	1366
遙	1407	漂	1195	銘	266	樣	500	餘	1233
遠	379	漫	676	際	983	模	218	養	1100
電	399	滿	1452	需	888	歐	1253	髮	1391
零	1052	熊	1431	領	1053	潮	139		
雷	398	爾	1453	麼	1038	熟	298	**16 劃**	
頑	58	獄	323	鼻	575	熱	1134		
預	938	瘋	1249	齊	1487	盤	1353	儒	889
		盡	1076			箱	730		

儘	1077	險	984	鍛	1346	藥	1036	鐵	339
器	230	靈	1461	雖	507	蟻	554	露	977
嘴	1317	靜	1157	霜	400	證	1259	響	1344
壁	1121	頭	1067	顆	855	警	321	顧	833
學	1110	頻	356	鮮	498	識	452		
憾	541	餐	1098			贈	472		
懂	1243	館	1099	**18 劃**		鏡	455	**22 劃**	
戰	349	鴨	1398			難	1179		
據	1427	默	227	斷	1032	霧	935	彎	1023
擔	1478	點	173	瀉	1449	韻	451	攤	1180
整	1239	龍	1444	礎	374	願	131	歡	596
曉	168			簡	1206	麗	1430	聽	708
橫	1474	**17 劃**		織	1020			襲	1445
機	1031			翻	1379	**20 劃**		讀	329
橋	406	優	762	職	670				
樹	1074	壓	234	舊	1447	嚴	673	**23 劃**	
歷	723	幫	387	藍	1082	壞	1146		
激	464	彌	1454	蟲	480	馨	1367	戀	1025
濃	1439	應	1395	襟	839	寶	1406	攪	1112
燈	1258	擊	636	謹	1176	懸	1463	變	1026
燒	167	擦	844	豐	1170	競	412	顯	1034
獨	1481	臉	788	轉	1470	籃	1081	驚	1421
積	1160	檔	652	邊	1000	縣	1462	驗	1419
糖	880	檢	787	醫	1254	繼	1033	體	1070
練	1240	濟	1488	鎮	267	覺	1111		
興	1060	營	804	雙	591	議	553	**24 劃**	
親	1125	獲	594	雜	1498	釋	1377		
諮	446	環	677	雞	1037	鐘	415	巫	1460
諷	484	禮	1069	離	1116	麵	1364	鷹	1397
謎	726	總	1476	額	284	黨	653	讓	1145
輸	279	縱	1486	顏	1273				
辦	1119	績	1159	題	369	**21 劃**		**25 劃**	
還	678	聲	1368	類	727				
邁	1402	聯	1456	騎	1420	屬	1482	廳	709
避	1122	臨	684			魔	1442	灣	1024
錢	350	舉	1465	**19 劃**		爛	1483	觀	595
鋸	827	薪	1124			續	1009		
錯	899	襄	1144	壞	380	蘭	1484		
錘	1184	講	1320	懷	546	襯	1126		
錶	1162	謝	953	羅	1008	辯	1120		
錄	874	賽	1148	藝	1135	護	593		

INDEX IV

Aussprachen der Schriftzeichen

Dieser Index führt sowohl die Aussprachen in alphabetischer Reihenfolge als auch die zugehörige Rahmennummer aller in diesem Band behandelten Schriftzeichen an. Einige der Schriftzeichen haben mehrfache Aussprachen, die durch Nachschlagen in einem Wörterbuch unter der hier gegebenen Aussprache ermittelt werden können.

	A		bàng	棒	1174	biǎo	錶	1162	cǎn	慘	1268
			bāo	包	489	bié	別	689	cāng	倉	1209
ā	阿	981	bǎo	保	764	bīng	冰	401	cǎo	草	213
ā	啊	982	bǎo	堡	765	bīng	兵	1004	cè	測	146
āi	哀	377	bǎo	寶	1406	bǐng	丙	780	cè	策	735
ài	愛	619	bào	抱	555	bǐng	柄	781	céng	曾	470
ān	安	186	bào	報	1129	bìng	併	798	céng	層	828
àn	案	201	bēi	杯	926	bìng	病	1247	chá	查	207
àn	暗	450	bēi	卑	1491	bìng	並	1302	chá	茶	243
àn	按	568	běi	北	420	bō	波	657	chá	察	843
àn	岸	1226	bèi	貝	51	bō	播	1380	chà	差	501
āo	凹	30	bèi	背	421	bó	博	1338	chǎn	產	1274
	B		bèi	被	660	bó	搏	1339	chāng	昌	23
			bèi	備	902	bǔ	卜	42	cháng	常	654
bā	八	8	běn	本	200	bǔ	補	1337	cháng	長	1387
bā	巴	1279	bí	鼻	575	bù	步	354	chǎng	敞	319
bā	吧	1282	bǐ	匕	419	bù	布	383	chǎng	場	493
bǎ	把	1280	bǐ	比	422	bù	不	924	chǎng	廠	526
bà	爸	1281	bǐ	筆	731	bù	部	1341	chàng	唱	24
bái	白	33	bì	必	547				chāo	超	366
bǎi	百	34	bì	壁	1121		C		cháo	朝	48
bài	敗	315	bì	避	1122	cā	擦	844	cháo	潮	139
bān	班	940	biān	編	1324	cái	才	578	cháo	嘲	49
bān	般	1352	biān	邊	1000	cái	財	579	chǎo	吵	105
bān	搬	1354	biǎn	扁	1322	cǎi	采	614	chē	車	274
bǎn	板	608	biàn	便	775	cǎi	採	615	chén	沉	289
bǎn	版	915	biàn	變	1026	cǎi	彩	1264	chén	臣	683
bàn	半	907	biàn	辯	1120	cài	菜	616	chén	陳	987
bàn	伴	908	biāo	標	1196	cān	餐	1098	chén	塵	1429
bàn	辦	1119	biǎo	表	1161	cān	參	1267	chén	辰	1436
bāng	幫	387									

chén	晨	1437	cuì	脆	1058	diǎn	點	173	**F**
chèn	襯	1126	cūn	村	198	diǎn	典	1327	
chēng	稱	1319	cún	存	580	diàn	電	399	fā 發 1260
chéng	呈	256	cùn	寸	153	diàn	店	523	fá 乏 922
chéng	成	341	cuò	錯	899	diào	釣	263	fǎ 法 625
chéng	城	342				diào	調	330	fà 髮 1391
chéng	誠	343	**D**			diào	掉	569	fān 番 1378
chéng	程	711	dá	達	499	dīng	丁	86	fān 翻 1379
chéng	承	1372	dá	答	734	dīng	叮	87	fán 凡 59
chī	吃	435	dǎ	打	559	dīng	釘	265	fán 煩 159
chí	池	479	dà	大	106	dǐng	頂	90	fǎn 反 607
chí	持	561	dāi	呆	196	dìng	定	364	fǎn 返 609
chì	斥	863	dǎi	歹	661	dōng	冬	402	fàn 犯 1056
chì	赤	1495	dài	帶	390	dōng	東	473	fàn 飯 1097
chōng	沖	132	dài	待	703	dǒng	懂	1243	fāng 方 461
chōng	充	630	dài	代	769	dòng	洞	177	fáng 妨 462
chōng	衝	1246	dài	袋	770	dòng	棟	474	fáng 房 831
chóng	蟲	480	dān	單	348	dòng	凍	475	fáng 防 988
chóng	崇	841	dān	擔	1478	dòng	動	1244	fàng 放 463
chōu	抽	846	dàn	旦	29	dǒu	斗	893	fēi 非 1212
chóu	愁	715	dàn	淡	161	dòu	豆	1066	fēi 飛 1362
chǒu	丑	1489	dàn	誕	372	dū	督	605	fèi 肺 389
chòu	臭	231	dàn	蛋	482	dū	都	1340	fèi 費 947
chū	初	381	dàn	但	747	dú	讀	329	fèi 廢 1261
chū	出	635	dàn	彈	945	dú	毒	1149	fēn 分 641
chú	廚	1073	dāng	當	651	dú	獨	1481	fèn 份 738
chú	除	1234	dǎng	黨	653	dù	肚	149	fēng 封 154
chǔ	楚	373	dàng	檔	652	dù	度	905	fēng 風 483
chǔ	礎	374	dāo	刀	79	dù	渡	906	fēng 豐 1170
chù	處	1424	dǎo	導	269	duān	端	891	fēng 瘋 1249
chuān	川	123	dǎo	倒	760	duǎn	短	1068	fěng 諷 484
chuān	穿	1375	dǎo	島	1399	duàn	斷	1032	fèng 奉 1173
chuán	船	1351	dào	道	268	duàn	段	1345	fó 佛 946
chuán	傳	1469	dào	到	628	duàn	鍛	1346	fǒu 否 925
chuāng	窗	1475	dé	德	707	duì	兌	467	fū 夫 679
chuáng	床	527	de	的	66	duì	隊	992	fú 福 837
chuàng	創	1211	děi	得	702	duì	對	1305	fú 服 1044
chuī	吹	440	dēng	登	1257	duō	多	109	fǔ 府 767
chuí	垂	1183	dēng	燈	1258				fǔ 俯 768
chuí	錘	1184	děng	等	732	**E**			fǔ 腐 783
chūn	春	1171	dī	低	1332	é	額	284	fǔ 撫 1296
cí	詞	1349	dí	敵	418	è	惡	1314	fǔ 甫 1336
cǐ	此	426	dǐ	底	1333	ér	而	887	fù 負 61
cì	刺	392	dì	帝	413	ér	兒	1446	fù 副 85
cì	次	443	dì	地	478	ěr	耳	666	fù 富 189
cì	賜	819	dì	弟	948	ěr	爾	1453	fù 賦 361
cóng	從	1485	dì	第	949	èr	二	2	fù 複 437

INDEX IV: AUSSPRACHEN DER SCHRIFTZEICHEN | 455

fù	腹	438	gū	孤	1356	hào	號	1493	huī	輝	291
fù	復	701	gǔ	古	16	hē	喝	791	huī	揮	564
fù	付	766	gǔ	股	600	hé	和	712	huí	回	520
fù	婦	872	gǔ	谷	645	hé	河	144	huí	迴	521
fù	父	968	gǔ	骨	978	hé	合	245	huì	賄	76
fù	附	989	gǔ	鼓	1071	hé	禾	710	huì	會	244
			gǔ	賈	1197	hé	何	774	huì	慧	1169
G			gù	故	316	hé	核	1137	hūn	昏	1330
gāi	該	1140	gù	固	515	hè	賀	696	hūn	婚	1331
gǎi	改	486	gù	雇	832	hēi	黑	172	hùn	混	424
gài	蓋	1078	gù	顧	833	hěn	很	1085	huó	活	141
gài	概	1102	guā	瓜	1355	héng	橫	1474	huǒ	火	157
gān	乾	436	guà	掛	567	hóng	紅	1016	huò	或	336
gān	干	1225	guǎi	拐	690	hóu	侯	1216	huò	獲	594
gān	甘	1285	guài	怪	1494	hǒu	吼	94	huò	貨	773
gǎn	感	540	guān	冠	293	hòu	厚	113			
gǎn	敢	672	guān	觀	595	hòu	後	1029	**J**		
gǎn	趕	1229	guān	官	966	hòu	候	1217	jī	肌	60
gàn	幹	1227	guān	關	1457	hū	忽	816	jī	激	464
gāng	岡	1403	guǎn	管	967	hū	乎	1106	jī	擊	636
gāng	剛	1404	guǎn	館	1099	hū	呼	1107	jī	機	1031
gǎng	港	1310	guàn	貫	100	hú	胡	17	jī	雞	1037
gāo	高	296	guàn	慣	545	hú	湖	145	jī	績	1159
gào	告	237	guāng	光	119	hǔ	虎	1422	jī	積	1160
gē	哥	89	guǎng	廣	1473	hù	護	593	jī	基	1289
gē	戈	335	guàng	逛	273	hù	互	629	jí	吉	308
gē	歌	441	guī	規	680	hù	戶	830	jí	集	502
gē	割	1168	guǐ	鬼	1441	huā	花	772	jí	及	584
gé	格	282	guì	貴	1292	huá	劃	313	jí	急	870
gé	革	1365	guó	國	516	huá	滑	979	jí	級	1014
gè	各	281	guǒ	果	853	huá	華	1181	jí	即	1087
gè	個	757	guò	過	980	huá	嘩	1182	jí	極	1497
gěi	給	1011				huà	畫	312	jǐ	己	485
gēn	跟	1084	**H**			huà	話	326	jǐ	幾	1030
gēn	根	1086	hā	哈	246	huà	化	771	jì	寄	188
gèng	更	587	hái	孩	1138	huái	懷	546	jì	計	322
gōng	工	72	hǎi	海	433	huài	壞	380	jì	記	487
gōng	攻	314	hài	亥	1136	huān	歡	596	jì	技	602
gōng	公	643	hài	害	1167	huán	環	677	jì	寂	606
gōng	功	692	hán	寒	1147	huán	還	678	jì	季	718
gōng	弓	941	hán	含	1187	huàn	喚	809	jì	祭	842
gōng	供	1307	hàn	憾	541	huàn	換	810	jì	際	983
gòng	貢	77	hàn	漢	1178	huàn	幻	1347	jì	紀	1015
gòng	共	1306	hàn	旱	1228	huáng	皇	254	jì	繼	1033
gǒu	狗	232	háng	行	699	huáng	煌	255	jì	既	1101
gòu	夠	110	hǎo	好	97	huáng	黃	1472	jì	濟	1488
gòu	構	1321	hào	浩	238	huī	灰	158	jiā	家	492

jiā	加	695	jīn	斤	856	jūn	君	884	lán	藍	1082
jiā	傢	740	jīn	今	1186				lán	蘭	1484
jiǎ	甲	848	jǐn	緊	1019	**K**			làn	爛	1483
jià	架	697	jǐn	儘	1077	kǎ	卡	46	láng	郎	1342
jià	價	1198	jǐn	謹	1176	kāi	開	1207	làng	浪	1094
jià	假	1358	jǐn	僅	1177	kàn	看	549	láo	勞	803
jiān	尖	107	jìn	進	503	kāng	康	881	lǎo	老	954
jiān	堅	686	jìn	禁	838	kàng	抗	556	le	了	95
jiān	監	1080	jìn	近	858	kǎo	考	955	léi	雷	398
jiǎn	剪	278	jìn	盡	1076	kǎo	烤	956	lèi	類	727
jiǎn	減	347	jīng	晶	22	kào	靠	1215	lěng	冷	1051
jiǎn	檢	787	jīng	京	301	kē	顆	855	lí	離	1116
jiǎn	簡	1206	jīng	經	1027	kē	科	895	lǐ	里	169
jiǎn	揀	1241	jīng	精	1152	kě	可	88	lǐ	李	210
jiàn	見	55	jīng	睛	1155	kě	渴	792	lǐ	理	258
jiàn	賤	352	jīng	驚	1421	kè	克	102	lǐ	裡	376
jiàn	建	370	jǐng	景	303	kè	客	283	lǐ	禮	1069
jiàn	件	750	jǐng	警	321	kè	課	854	lì	立	408
jiàn	健	758	jǐng	井	1312	kè	刻	1139	lì	力	687
jiàn	漸	861	jìng	敬	318	kěn	肯	357	lì	利	716
jiàn	間	1205	jìng	競	412	kēng	坑	295	lì	歷	723
jiāng	江	137	jìng	竟	454	kōng	空	998	lì	例	756
jiǎng	講	1320	jìng	鏡	455	kǒng	孔	93	lì	麗	1430
jiàng	將	920	jìng	境	456	kǒng	恐	539	liǎ	倆	1451
jiàng	降	993	jìng	淨	877	kòng	控	999	lián	連	275
jiāo	嬌	407	jìng	靜	1157	kǒu	口	11	lián	蓮	1456
jiāo	教	958	jiū	究	996	kū	枯	197	lián	聯	1458
jiāo	交	969	jiǔ	九	9	kū	哭	229	liǎn	臉	788
jiǎo	腳	1043	jiǔ	久	778	kǔ	苦	214	liàn	戀	1025
jiǎo	攪	1112	jiǔ	酒	1061	kù	庫	524	liàn	練	1240
jiǎo	角	1315	jiù	就	304	kù	褲	525	liáng	涼	302
jiào	較	971	jiù	救	317	kuài	快	1219	liáng	良	1093
jiào	叫	1130	jiù	舊	1447	kuài	筷	1220	liǎng	兩	1450
jiē	皆	425	jū	居	826	kuài	塊	1443	liàng	量	170
jiē	接	566	jú	局	829	kuān	寬	215	liàng	亮	300
jiē	街	706	jǔ	舉	1465	kuáng	狂	253	liáo	聊	1048
jiē	階	994	jù	句	63	kuàng	況	143	liào	料	894
jié	結	1012	jù	具	70	kūn	昆	423	liè	列	662
jié	節	1088	jù	鋸	827	kùn	困	514	liè	烈	663
jiě	姐	1298	jù	劇	1426	kuò	括	562	lín	林	192
jiě	解	1316	jù	據	1427				lín	臨	684
jiè	介	241	juàn	眷	911	**L**			líng	零	1052
jiè	界	242	jué	覺	1111	lā	拉	570	líng	靈	1461
jiè	借	898	jué	決	1218	lā	啦	571	lǐng	領	1053
jīn	金	261	jué	絕	1284	là	辣	1238	lìng	另	688
jīn	巾	382	jūn	均	148	lái	來	789	lìng	令	1050
jīn	襟	839	jūn	軍	290	lán	籃	1081	liū	溜	1047

INDEX IV: AUSSPRACHEN DER SCHRIFTZEICHEN | 457

liú	流	632	mào	帽	384	nǎ	哪	1459	pèi	配	1062
liú	留	1046	me	麼	1038	nà	吶	640	péng	朋	19
liǔ	柳	1049	méi	梅	432	nà	那	1458	pí	皮	656
liù	六	6	méi	沒	598	nǎi	乃	582	pī	批	557
lóng	龍	1444	měi	每	431	nǎi	奶	583	pī	匹	1250
lóu	樓	1480	měi	美	496	nán	男	691	piān	篇	1323
lù	錄	874	mèi	妹	206	nán	難	1179	piàn	片	914
lù	碌	875	men	們	1202	nán	南	1200	piào	票	1194
lù	路	976	mén	門	1201	nǎo	腦	1466	piāo	漂	1195
lù	露	977	mèng	夢	294	nǎo	惱	1467	pīn	拼	799
lù	陸	1132	mí	迷	725	ne	呢	822	pín	頻	356
lù	鹿	1428	mí	謎	726	nèi	內	639	pín	貧	642
lǚ	呂	800	mí	彌	1454	néng	能	1432	pǐn	品	21
lǚ	侶	801	mǐ	米	724	ní	尼	821	píng	平	1103
lǚ	旅	811	mì	密	637	ní	泥	823	píng	評	1104
lǜ	律	700	mián	棉	386	nǐ	你	741	píng	坪	1105
lǜ	綠	1022	mián	眠	1335	nián	年	806	pó	婆	658
lǜ	慮	1423	miǎn	免	1411	niàn	廿	903	pò	破	659
luàn	亂	1500	miàn	面	1363	niàn	念	1188	pǔ	普	1303
lún	輪	1326	miàn	麵	1364	niáng	娘	1095			
lùn	論	1325	miáo	苗	221	niǎo	鳥	1396		**Q**	
luó	羅	1008	miáo	瞄	222	nín	您	742	qī	七	7
luò	洛	286	miào	妙	116	niú	牛	235	qī	期	1288
luò	落	287	miè	滅	345	niǔ	扭	1490	qí	奇	122
			mín	民	1334	nóng	農	1438	qí	其	1287
	M		míng	明	20	nóng	濃	1439	qí	騎	1420
mā	媽	1416	míng	名	112	nòng	弄	574	qí	齊	1487
má	麻	528	míng	銘	266	nú	奴	693	qǐ	企	358
mǎ	馬	1415	mìng	命	1045	nǔ	努	694	qǐ	乞	434
mà	罵	1417	mó	模	218	nǚ	女	96	qǐ	起	491
ma	嗎	1418	mó	魔	1442				qì	器	230
mái	埋	171	mò	墨	174		**O**		qì	泣	409
mǎi	買	309	mò	末	203	ōu	歐	1253	qì	氣	1360
mài	賣	310	mò	沫	204				qì	汽	1361
mài	脈	611	mò	莫	217		**P**		qiān	千	37
mài	麥	790	mò	漠	219	pà	怕	543	qián	前	277
mài	邁	1402	mò	默	227	pái	排	1213	qián	錢	350
mǎn	滿	1452	mǒu	某	1286	pái	牌	1492	qiǎn	淺	351
màn	曼	674	mù	目	15	pài	派	610	qiàn	欠	439
màn	慢	675	mù	木	191	pán	盤	1353	qiāng	槍	1210
màn	漫	676	mǔ	母	99	pàn	判	910	qiáng	強	943
máng	盲	458	mǔ	畝	779	páng	旁	466	qiáo	喬	405
máng	忙	544	mù	墓	220	pàng	胖	909	qiáo	橋	406
máo	矛	931	mù	幕	385	pǎo	跑	974	qiǎo	巧	950
máo	毛	1381				pào	泡	490	qiě	且	1297
mào	冒	175		**N**		péi	賠	447	qiè	切	81
mào	茂	340	ná	拿	550	péi	培	448	qīn	親	1125

qín	禽	1117	róu	揉	933	shēng	生	1163	shǔ	屬	1482
qín	勤	1175	ròu	肉	782	shēng	聲	1368	shú	熟	298
qīng	輕	1028	rú	如	98	shěng	省	121	shù	樹	1074
qīng	青	1151	rú	儒	889	shèng	聖	671	shù	述	1141
qīng	清	1156	rù	入	638	shèng	勝	913	shù	術	1142
qíng	情	1154	ruǎn	軟	442	shī	詩	327	shù	束	1236
qǐng	請	1153	ruì	瑞	890	shī	失	682	shù	數	1479
qiū	秋	714	ruò	若	212	shī	施	812	shuāi	摔	1276
qiū	丘	1003	ruò	弱	944	shī	屍	820	shuài	帥	963
qiú	求	128				shī	師	964	shuài	率	1275
qiú	球	250		**S**		shī	獅	965	shuāng	霜	400
qiú	囚	737	sǎ	撒	901	shí	十	10	shuāng	雙	591
qiú	酋	1063	sài	賽	1148	shí	石	114	shuǐ	水	126
qū	曲	892	sān	三	3	shí	時	156	shuì	睡	1185
qū	區	1251	sǎn	散	900	shí	實	183	shùn	順	125
qǔ	取	667	sàng	喪	1393	shí	食	1096	shuō	說	469
qù	去	624	sǎo	掃	873	shǐ	史	586	sī	思	535
qù	趣	668	sè	色	1283	shǐ	始	623	sī	絲	1005
quán	泉	129	sēn	森	193	shǐ	使	777	sī	斯	1290
quán	全	257	shā	砂	115	shǐ	矢	927	sī	司	1348
quán	拳	912	shā	沙	136	shì	世	27	sǐ	死	664
quǎn	犬	225	shā	殺	1143	shì	士	307	sì	四	4
quē	缺	1405	shān	山	634	shì	式	333	sì	寺	155
què	確	508	shàn	善	805	shì	試	334	sì	似	797
què	卻	1042	shāng	商	416	shì	是	368	sōng	松	644
qún	裙	885	shāng	傷	763	shì	市	388	sòng	送	1440
qún	群	886	shàng	上	44	shì	適	417	sù	訴	864
			shàng	尚	179	shì	識	452	sù	素	1150
	R		shāo	燒	167	shì	室	627	sù	速	1237
rán	然	228	sháo	勺	65	shì	示	834	suàn	算	733
rǎn	染	209	shǎo	少	104	shì	視	836	suī	雖	507
rǎng	壤	1146	shé	舌	38	shì	事	878	suí	隨	985
ràng	讓	1145	shé	蛇	481	shì	勢	1133	suì	歲	359
rè	熱	1134	shè	涉	355	shì	氏	1328	sūn	孫	1041
rén	人	736	shè	設	599	shì	釋	1377	suǒ	所	857
rén	仁	761	shè	社	835	shōu	收	1131			
rěn	忍	531	shè	射	952	shǒu	首	67		**T**	
rèn	刃	80	shéi	誰	505	shǒu	守	181	tā	它	428
rèn	認	532	shēn	申	850	shǒu	手	548	tā	她	477
rèn	任	793	shēn	伸	851	shòu	售	506	tā	他	752
réng	仍	751	shēn	身	951	shòu	受	617	tǎ	塔	247
rì	日	12	shēn	深	1001	shòu	授	618	tái	台	621
róng	容	649	shén	什	743	shū	輸	279	tài	太	120
róng	溶	650	shén	神	852	shū	書	311	tài	泰	1172
róng	榮	802	shèn	甚	1291	shū	叔	604	tài	態	1433
rǒng	冗	288	shēng	升	39	shū	梳	633	tān	攤	1180
róu	柔	932	shēng	昇	40	shū	樞	1252	tán	談	331

tàn	探	1002	tuō	託	1384	wú	吳	1369	xiáng	翔	513
tāng	湯	494				wǔ	五	5	xiǎng	享	297
táng	唐	879	**W**			wǔ	武	360	xiǎng	想	537
táng	堂	655	wā	哇	152	wǔ	午	509	xiǎng	響	1344
táng	糖	880	wài	外	111	wǔ	舞	1294	xiàng	項	78
táo	桃	224	wān	彎	1023	wù	勿	815	xiàng	向	178
tǎo	討	324	wān	灣	1024	wù	物	817	xiàng	巷	1309
tào	套	1390	wán	丸	41	wù	務	934	xiàng	象	1413
tè	特	236	wán	頑	58	wù	霧	935	xiàng	像	1414
tí	題	369	wán	完	182	wù	誤	1371	xiāo	削	118
tí	提	563	wán	玩	252				xiāo	消	142
tǐ	體	1070	wǎn	晚	1412	**X**			xiāo	宵	185
tì	替	681	wàn	萬	1401	xī	夕	108	xiǎo	小	103
tiān	天	403	wáng	王	248	xī	息	538	xiǎo	曉	168
tián	田	14	wáng	亡	457	xī	吸	585	xiào	肖	117
tián	填	150	wǎng	往	704	xī	昔	897	xiào	笑	729
tiáo	條	744	wǎng	網	1021	xī	希	1108	xiào	孝	957
tiào	跳	975	wàng	妄	459	xī	稀	1109	xiào	效	970
tiē	貼	52	wàng	望	460	xī	西	1191	xiào	校	972
tiě	鐵	339	wàng	忘	530	xí	習	512	xiē	些	427
tīng	聽	708	wēi	威	344	xí	席	904	xié	協	698
tīng	廳	709	wēi	微	705	xí	襲	1445	xié	鞋	1366
tíng	亭	299	wéi	維	1007	xǐ	洗	240	xiě	血	1075
tíng	停	759	wéi	危	1057	xǐ	喜	1072	xiě	寫	1448
tíng	廷	794	wéi	韋	1221	xì	細	1018	xiè	謝	953
tíng	庭	795	wéi	圍	1222	xì	系	1039	xiè	瀉	1449
tōng	通	1054	wěi	委	719	xì	係	1040	xīn	心	529
tóng	同	176	wěi	偉	1223	xì	戲	1425	xīn	辛	1118
tóng	銅	262	wěi	尾	1382	xiā	蝦	1359	xīn	新	1123
tóng	童	414	wèi	胃	28	xià	下	45	xīn	薪	1124
tǒng	統	1010	wèi	未	202	xià	夏	285	xīn	馨	1367
tòng	痛	1248	wèi	味	205	xiān	先	239	xìn	信	754
tóu	投	597	wèi	位	749	xiān	鮮	498	xīng	星	1164
tóu	頭	1067	wèi	衛	1224	xián	咸	346	xíng	刑	576
tòu	透	721	wèi	為	1385	xián	賢	685	xíng	型	577
tū	凸	31	wèi	偽	1386	xián	閒	1203	xíng	形	1262
tú	圖	522	wēn	溫	1079	xiǎn	險	984	xìng	杏	195
tú	突	997	wén	聞	1208	xiǎn	顯	1034	xìng	興	1060
tú	途	1235	wén	文	1270	xiàn	現	251	xìng	幸	1127
tǔ	土	147	wén	蚊	1271	xiàn	線	1006	xìng	姓	1165
tǔ	吐	151	wèn	問	1204	xiàn	限	1091	xìng	性	1166
tù	兔	1409	wò	握	825	xiàn	縣	1462	xiōng	兄	101
tuán	團	1471	wǒ	我	551	xiāng	相	199	xiōng	凶	1113
tuī	推	565	wū	屋	824	xiāng	香	717	xiōng	兇	1114
tuǐ	腿	1090	wū	巫	1460	xiāng	箱	730	xiōng	胸	1115
tuì	退	1089	wú	吾	18	xiāng	襄	1144	xióng	雄	620
tuō	脫	468	wú	無	1295	xiāng	鄉	1343	xióng	熊	1431

xiū	休	753	yǎng	養	1100	yīng	應	1395	yuán	源	140
xiū	修	1269	yǎng	仰	1255	yīng	鷹	1397	yuán	袁	378
xiù	秀	720	yàng	樣	500	yíng	營	804	yuán	圓	517
xū	需	888	yāo	夭	404	yíng	迎	1256	yuán	園	519
xū	須	1265	yāo	腰	1193	yǐng	影	1263	yuǎn	遠	379
xū	虛	1455	yáo	堯	166	yìng	硬	588	yuàn	願	131
xǔ	許	510	yáo	遙	1407	yǒng	永	127	yuàn	院	990
xù	旭	26	yáo	搖	1408	yǒng	泳	133	yuē	約	1017
xù	序	937	yào	藥	1036	yǒng	勇	1055	yuē	曰	1499
xù	續	1009	yào	要	1192	yòng	用	896	yuè	月	13
xuān	宣	184	yě	也	476	yōu	憂	542	yuè	越	367
xuǎn	選	1311	yě	野	939	yōu	優	762	yuè	樂	1035
xuán	懸	1463	yè	頁	57	yóu	尤	226	yún	勻	62
xué	學	1110	yè	葉	216	yóu	游	813	yún	云	395
xuě	雪	869	yè	夜	807	yóu	遊	814	yún	雲	397
xuè	穴	995	yè	液	808	yóu	由	845	yùn	運	292
xún	旬	64	yè	業	1304	yóu	油	847	yùn	韻	451
xún	巡	272	yī	一	1	yǒu	有	75			
xún	尋	871	yī	衣	375	yǒu	友	590	**Z**		
xùn	迅	270	yī	依	755	yòu	右	74	zá	雜	1498
xùn	訓	325	yī	伊	883	yòu	又	589	zāi	災	162
			yī	醫	1254	yòu	誘	722	zài	載	338
Y			yí	移	713	yú	魚	164	zài	在	581
yā	壓	234	yí	遺	1293	yú	漁	165	zài	再	1318
yā	押	849	yǐ	乙	91	yú	逾	280	zàng	葬	665
yā	鴨	1398	yǐ	已	488	yú	於	465	zǎo	早	25
yá	牙	1374	yǐ	蟻	554	yú	于	1230	zào	皂	35
yà	亞	1313	yǐ	以	796	yú	余	1232	zào	造	271
ya	呀	1376	yì	意	536	yú	餘	1233	zé	則	84
yān	煙	1199	yì	義	552	yú	娛	1370	zé	責	1158
yán	炎	160	yì	議	553	yǔ	語	328	zéi	賊	337
yán	言	320	yì	易	818	yǔ	雨	396	zěn	怎	866
yán	延	371	yì	藝	1135	yǔ	羽	511	zēng	增	471
yán	研	573	yì	異	1308	yǔ	予	936	zèng	贈	472
yán	嚴	673	yì	益	1357	yǔ	宇	1231	zhā	渣	208
yán	顏	1273	yì	逸	1410	yǔ	與	1464	zhǎ	眨	923
yǎn	眼	1092	yì	亦	1496	yù	玉	249	zhà	乍	865
yǎn	演	1435	yì	音	449	yù	獄	323	zhái	宅	1383
yàn	宴	187	yīn	因	518	yù	育	631	zhān	占	43
yàn	厭	233	yīn	陰	1189	yù	浴	646	zhān	詹	1477
yàn	彥	1272	yín	寅	1434	yù	欲	647	zhǎn	斬	859
yàn	雁	1394	yín	銀	1083	yù	慾	648	zhǎn	展	1392
yàn	驗	1419	yǐn	尹	882	yù	預	938	zhàn	戰	349
yāng	央	1277	yǐn	引	942	yù	遇	1400	zhàn	站	410
yáng	羊	495	yìn	印	1059	yuán	員	54	zhàn	佔	739
yáng	洋	497	yìn	蔭	1190	yuán	元	56	zhàn	暫	860
yáng	陽	986	yīng	英	1278	yuán	原	130	zhāng	章	411

zhāng	張	1388	zhī	隻	592	zhōng	鐘	415	zī	資	444
zhàng	丈	776	zhī	支	601	zhōng	終	1013	zī	姿	445
zhàng	漲	1389	zhī	枝	603	zhǒng	種	1245	zī	諮	446
zhāo	昭	83	zhī	之	921	zhòng	眾	784	zǐ	子	92
zhāo	招	558	zhī	知	929	zhòng	重	1242	zì	自	32
zhǎo	沼	135	zhī	織	1020	zhōu	州	124	zì	字	180
zhǎo	找	572	zhí	直	68	zhōu	洲	134	zōng	宗	840
zhǎo	爪	612	zhí	植	194	zhōu	周	305	zǒng	總	1476
zhào	召	82	zhí	職	670	zhōu	週	306	zòng	縱	1486
zhào	照	163	zhí	值	745	zhōu	舟	1350	zǒu	走	365
zhào	兆	223	zhí	質	862	zhū	豬	961	zú	族	928
zhě	者	959	zhí	執	1128	zhú	竹	728	zú	足	973
zhè	這	332	zhǐ	只	50	zhǔ	主	259	zǔ	組	1299
zhe	著	960	zhǐ	止	353	zhù	貯	190	zǔ	祖	1300
zhēn	貞	53	zhǐ	旨	429	zhù	注	260	zuǐ	嘴	1317
zhēn	真	71	zhǐ	指	560	zhù	住	748	zuì	最	669
zhēn	針	264	zhǐ	紙	1329	zhù	助	1301	zuì	罪	1214
zhēn	珍	1266	zhì	置	69	zhuā	抓	613	zūn	尊	1064
zhèn	鎮	267	zhì	滯	391	zhuān	專	1468	zūn	遵	1065
zhèn	陣	991	zhì	制	393	zhuǎn	轉	1470	zuó	昨	867
zhēng	爭	876	zhì	製	394	zhuāng	妝	916	zuǒ	左	73
zhēng	蒸	1373	zhì	幟	453	zhuāng	莊	918	zuò	做	746
zhěng	整	1239	zhì	志	533	zhuāng	裝	919	zuò	坐	785
zhèng	正	362	zhì	誌	534	zhuàng	壯	917	zuò	座	786
zhèng	政	363	zhì	治	622	zhuī	追	962	zuò	作	868
zhèng	證	1259	zhì	至	626	zhǔn	準	504			
zhī	汁	138	zhì	智	930	zhuō	桌	211			
zhī	脂	430	zhōng	中	36	zhuó	卓	47			

INDEX V

Schlüsselwörter und Primitivbedeutungen

Dieser Index enthält eine Gesamtliste aller Schlüsselwörter und Primitivbedeutungen aus diesem Buch. Die Schlüsselwörter werden mit Schriftzeichen und Rahmennummer aufgeführt. Primitivbedeutungen stehen in kursiv, gefolgt nur von der Zahl der Seite (ebenfalls kursiv), auf der sie erstmals auftreten.

!!	啦	571
100 Chinesische Zoll	丈	776

A

abbiegen	拐	690
abbrechen	絕	1284
Abend	晚	1412
Abenddämmerung	昏	1330
aber	但	747
abfallen	掉	569
Abgabe	貢	77
abhacken	斬	859
abhängen von	依	755
Abkömmlinge	昆	423
ablegen, eine Prüfung	考	955
abschneiden	割	1168
Abschnitt	段	1345
absinken	降	993
Absteige		224
absurd	妄	459
Abteilung	部	1341
abwehren	防	988
abwiegen	稱	1319
Abzweigung	支	601
Ach!	啊	982
acht	八	8
Affe		290
ähneln	肖	117
Akte	檔	652
Alcatraz		415
Alkohol	酒	1061
alle	皆	425
allein	獨	1481
allgemein	普	1303
allmählich	漸	861
allzu	太	120
(Allzweckpräposition)	於	465
Alpen, die	阿	981
als ob	若	212
alt	舊	1447
Altar		287
alte Frau	婆	658
alter Mann	老	954
ältere Schwester	姐	1298
älterer Bruder	兄	101
altertümlich	古	16
altertümlicher Löffel	匕	419
am meisten	最	669
Ameise	蟻	554
an der Seite		64
an die Stelle treten von	替	681
anbieten	與	1464
anderer	另	688
ändern	改	486
andersartig	異	1308
anfangen	起	491
anführen	司	1348
Angehörige	眷	911
Angelegenheiten	務	934
Angelhaken		72
angeln	釣	263
Angelpunkt, Dreh- und	樞	1252
Angesicht zu Angesicht, von	面	1363
angreifen	攻	314
ängstigen	恐	539
anhalten	停	759
anhäufen	積	1160
ankommen	到	628
Anlass	際	983
anlehnen	靠	1215
Annalen	誌	534
anprangern	討	324
anregen	激	464
ansagen	告	237
anstellen	雇	832
anti-	反	607
Antiquität		200
Antlitz	顏	1273
antworten	答	734
anziehen	引	942
Aprikose	杏	195
Arbeit	工	72
arm	貧	642
Arm, unter den ... geklemmt		243
Armbanduhr	錶	1162

INDEX V: SCHLÜSSELWÖRTER UND PRIMITIVBEDEUTUNGEN | 463

Armee	軍	290	Aushöhlung	孔	93	Behörde	局	829
Art	類	727	Aussehen	姿	445	bei	在	581
-artig	然	228	aussenden	發	1260	beide	倆	1451
Arznei	藥	1036	äußern	云	395	beifügen	附	989
Arzt	醫	1254	äußern	曰	1499	Bein	腿	1090
Asche	灰	158	ausstellen	陳	987	*Bein, Holz-*		314
Asiatische			ausstrahlen	播	1380	*Beine, Menschen-*		52
Pflaume	梅	432	Auswahl treffen,			*Beine, Tier-*		52
Asien	亞	1313	eine	揀	1241	Beispiel	例	756
assistieren	助	1301	ausweichen	避	1122	bekämpfen	抗	556
Ast	枝	603	*Autobahn*		150	beladen	載	338
Atem	息	538				belastet	負	61
auch	也	476	**B**			Belehrung	訓	325
auf Grund von	由	845				beleibt	胖	909
aufbewahren	貯	190	*Baby, Moses-*		252	belesen	博	1338
aufführen	演	1435	baden	浴	646	beliebt, wie es	隨	985
aufgeben	廢	1261	*Badetuch, weißes*		190	benutzen	使	777
aufgehende Sonne	旭	26	Ball	球	250	beobachten	觀	595
aufhängen	掛	567	*Ball*		139	bequem	便	775
aufkleben	貼	52	Bambus	竹	728	beratschlagen	議	553
Aufkleber		386	Bar	吧	1282	Berg	山	634
auflesen	采	614	*Bar, Zecher an der*		371	bergen, in sich	含	1187
auflösen, sich	溶	650	Bär	熊	1431	*Bergziege*		403
aufprallen	衝	1246	*Bau, Tier-*		318	*Bernhardiner*		78
aufrecht	端	891	Bauch	肚	149	berücksichtigen	顧	833
aufrechterhalten	持	561	Bauernregeln,			Beruf	職	670
aufreihen	列	662	Handbuch der		417	beschäftigt	忙	544
aufrichtig	誠	343	Baum	樹	1074	beschauen	看	549
aufrufen	喚	809	*Baum*		113	beschützen	護	593
aufschauen	仰	1255	baumeln lassen	懸	1463	beseitigen	除	1234
aufschnüren	解	1316	Baumwolle	棉	386	*Besen*		294
aufsteigen	昇	40	beaufsichtigen	督	605	Bedauern	憾	541	*Besen, Schnee-*		295
aufzeichnen	錄	874	Bedauern	憾	541	*Besen, Stroh-*		295
Aufzucht	育	631	bedrückt	愁	715	besetzen	佔	739
Augapfel	睛	1155	beerdigen	葬	665	besitzen	有	75
Augapfel		35	Befehl	令	1050	besonders	尤	226
Auge	目	15	befolgen	順	125	besorgt	憂	542
ausbessern		183	befördern	輸	279	Bestattung	喪	1393
auseinander-			begegnen	遇	1400	Bestechung	賄	76
setzen, sich	辯	1120	Begeisterung	興	1060	besteigen	登	1257
Ausfallschritt		244	Begierde	欲	647	Besteuerung	賦	361
ausfindig machen	找	572	beginnen	始	623	bestimmen	定	364
ausfüllen	填	150	begraben	埋	171	Bestreben	志	533
ausgedehnt	廣	1473	begrenzen	限	1091	betrauen mit	託	1384
ausgestreckte			begrüßen	迎	1256	Bett	床	527
Hände		243	behandeln	待	703	betteln	乞	434
ausgewogen	均	148	beherrschen	控	999	Beutel	袋	770
			behilflich sein	襄	1144			

Beutel, Geld-		376	breit	寬	215	*Cocktail*		370
bewachen	守	181	Brennstoff	薪	1124	*Computer*		103
bewegen	動	1244	Brett	板	608			
Beweis	證	1259	*Briefmarken-*			**D**		
bewerten	評	1104	*sammlung*		367			
bezahlen	付	766	*Brieföffner*		326	da	既	1101
Bezeichnung	號	1493	brillant	煌	255	Dachvorsprung	宇	1231
Bibliothek		384	bringen	送	1440	daher	故	316
Bierseidel		163	Brücke	橋	406	dahintreiben	漂	1195
Bild	圖	522	Bruder, älterer	兄	101	Dämon	魔	1442
billig	賤	352	Bruder, großer	哥	89	danken	謝	953
binden	結	1012	Bruder, jüngerer	弟	948	darbringen	奉	1173
bis	至	626	brüllen	吼	94	darlegen	申	850
bis zum			Brunnen	井	1312	das «Schwarze»	的	66
Möglichsten	儘	1077	Brust	胸	1115	das Böse	惡	1314
blasen	吹	440	*Brüste*		75	das Innere	裡	376
Blasen	泡	490	Buch	書	311	das stimmt	對	1305
blass	淡	161	Buchseite	頁	57	*Debatte*		277
Blatt	葉	216	*Büchsenfleisch*		404	Deckel	蓋	1078
blau	藍	1082	Bucht	灣	1024	dehnen	伸	851
blau oder grün	青	1151	Buddha	佛	946	den Kopf neigen	俯	768
Blechdose		404	buddhistische			denken	想	537
bleiben	留	1046	Nonne	尼	821	des	之	921
blind	盲	458	buddhistischer			deutlich	昭	83
blinzeln	眨	923	Tempel	寺	155	dick	厚	113
Blume	花	772	Bummel machen,			die Alpen	阿	981
Blume		119	einen	逛	273	die Massen	眾	784
Blut	血	1075	*Bündel*		364	dies (literarisch)	此	426
Blutgefäße	脈	611	bündeln	束	1236	dieses	這	332
blutrot	赤	1495	*Bungee-Springer*		372	Ding	物	817
Bö		222	Buntes	彩	1264	Direktor	尹	882
Boden	底	1333	*Bürgerkrieg*		394	*Dirigent*		312
Boden; jemand, der			Bürokrat	官	966	diskutieren	談	331
auf dem ... sitzt		201	Bursche	郎	1342	divers	雜	1498
Bodenkruste	巴	1279				*Dolch*		67
Bodensatz	渣	208	**C**			*Dollarzeichen*		308
Bogen	弓	941				Domizil	房	831
Bohne	豆	1066	Chaos	亂	1500	Donner	雷	398
Bonsai		350	*Chihuahua*		129	Dorf	村	198
Boot	舟	1350	Chilischote	椒	340	Dorn	刺	392
Borte, lange		400	*Chinesische Mauer*		403	*Dorn*		192
bösartig	歹	661	Chinesische			*Dose, Blech-*		404
Böse, das	惡	1314	Zoll, 100	丈	776	dozieren	講	1320
Boulevard		264	Chinesischer			Drache	龍	1444
Boxen	拳	912	Morgen	畝	779	Drachen,		
Branche	業	1304	Chinesischer Zoll	寸	153	Zeichen des	辰	1436
brauchen	需	888	Clique	派	610	*Draht, Maschen-*		344
			Clown	丑	1489	*Draht, Stachel-*		415

INDEX V: SCHLÜSSELWÖRTER UND PRIMITIVBEDEUTUNGEN | 465

Deutsch	Zeichen	Nr.
Dransein	番	1378
draußen	外	111
Dreck		94
Dreh- und Angelpunkt	樞	1252
drehen	扭	1490
drei	三	3
drittes	丙	780
Druck	壓	234
drucken	印	1059
Druckplatte	版	915
du	你	741
du (literarisch)	爾	1453
dumm	呆	196
Dünger		398
dunkel	暗	450
Dunst	汽	1361
durchbohren	貫	100
durchdringen	透	721
Durchfall	瀉	1449
durchführen	施	812
durchwaten	涉	355
Dürre	旱	1228
durstig	渴	792
Dynastie	朝	48

E

Deutsch	Zeichen	Nr.
Ebenbild	像	1414
ebenbürtig sein	匹	1250
Ebene	原	130
ebenso	亦	1496
Echo	響	1344
Echse, Wüsten-		364
Edelstein		139
Effekt	效	970
Ehemann	夫	679
Ei	蛋	482
Eichel		343
Eichenzuber		377
eilen	趕	1229
ein Strahlen	輝	291
einander	相	199
Einband		383
einberufen	召	82
Einbrecher	賊	337
eine Auswahl treffen	揀	1241
eine Prüfung ablegen	考	955
eine Tour machen	遊	814
einen Bummel machen	逛	273
einer von zweien	隻	592
einfach	簡	1206
Einfluss	勢	1133
einführen	介	241
eingepfercht		231
einhalten	遵	1065
einiges	些	427
einladen	請	1153
einreichen	呈	256
eins	一	1
einsam	寂	606
einschließen	括	562
einst	曾	470
Eintrittskarte	票	1194
einzelner	個	757
Eis	冰	401
Eis		195
Eisen	鐵	339
eiskalt	冷	1051
Elefant	象	1413
elegant	秀	720
Elektrizität	電	399
elementar	初	381
Ellenbogen		250
empfangen	接	566
Ende	終	1013
(Endsilbe)	麼	1038
Engel		197
England	英	1278
Enkel	孫	1041
Ente	鴨	1398
entfalten	展	1392
entgegennehmen	收	1131
enthalten	容	649
entkommen	逸	1410
entschädigen	賠	447
entscheiden	決	1218
entsprechen	應	1395
Entzündung	炎	160
Epoche	紀	1015
er	他	752
Erdboden	地	478
Erde	土	147
erdulden	忍	531
erfassen	握	825
erforschen	究	996
ergreifen	抓	613
erhaben	崇	841
erklären	釋	1377
Erkrankung		366
erlangen	獲	594
erlauben	許	510
erleben, etwas	歷	723
erledigen	辦	1119
ermattet	乏	922
ernennen	任	793
Erntedankfest		174
erreichen	及	584
errichten	建	370
erschaffen	造	271
Erscheinungsbild	樣	500
erschöpft	盡	1076
erschrocken	驚	1421
ersetzen	代	769
erst dann	乃	582
erster	甲	848
erstmals	乍	865
erwähnen	提	563
erwarten	望	460
erzählen	述	1141
es	它	428
essen	吃	435
Essen	食	1096
Essstäbchen	筷	1220
Esstisch		331
Etagenbett		303
Etagengebäude	樓	1480
etwas erleben	歷	723
Europa	歐	1253
Ewigkeit	永	127
Extrem	極	1497

F

Deutsch	Zeichen	Nr.
Fabrik	廠	526
Fach	行	699
Faden		320
Fähigkeit	能	1432
Fahne	幟	453
Fähre	渡	906

Fahrt	程	711
Fährten		397
Fahrzeug		152
Falke	鷹	1397
fallen	落	287
falsch_	虛	1455
Familienname	氏	1328
Fangschlinge		309
Farbe	色	1283
färben	染	209
faulig	腐	783
Faust		242
Feder	羽	511
Federn, Schwanz-		399
fegen	掃	873
Fehler	誤	1371
Feiertag	節	1088
fein	細	1018
Feind	敵	418
Feldlager	營	804
Fell	毛	1381
Fellknäuel		398
Fenster	窗	1475
fern	遙	1407
Ferner Osten		215
Ferse	跟	1084
fertigen	作	868
Fertigkeit	藝	1135
fest	固	515
Fest, Erntedank-		174
Fest, Straßen-		173
Festland	陸	1132
Festmahl	宴	187
Festung	堡	765
Festwagen		178
Fett	脂	430
Feudalbeamter	臣	683
Feuer	火	157
Feuer, Herd-/Ofen-		98
Feuerwache		281
fiebern	燒	167
Finger	指	560
Finger		238
Fingerabdruck		328
Fisch	魚	164
Fischfang	漁	165
flach	扁	1322
Flachland	坪	1105
Flagge		284
Flammen		98
Flasche, Whiskey-		330
Fleisch	肉	782
Fleisch		34
Fleisch, Büchsen-		404
fleißig	勤	1175
flicken	補	1337
fliegen	飛	1362
Fliegender Holländer		419
Fließband		276
fließen	流	632
Flügel		229
Fluss	川	123
Flüssigkeit	液	808
Flut		85
flutschen	溜	1047
folgen	從	1485
fordern	要	1192
Form	形	1262
Formation	陣	991
Forst	林	192
fortdauern	續	1009
fortsetzen	繼	1033
fragen	問	1204
Frankenhündchen mit Frankenbein		129
Frau	女	96
Frau, verheiratete	婦	872
freilassen	放	463
freudig	喜	1072
Freund	友	590
Friedhof		122
friedlich	安	186
frisch	鮮	498
froh	歡	596
Frost	霜	475
Frucht	果	853
früh	早	25
Frühling	春	1171
Fu	甫	1336
fühlen	感	540
füllen	彌	1454
Füllhorn		342
Fundament	礎	374
fünf	五	5
funkelnd	晶	22
Funken		82
fürchten	怕	543
Fürst	侯	1216
Fuß	腳	1043
Fußabdruck		180
Fußboden		29
Fußstapfen, Spur von		180
Futter, Grün-		352

G

gähnen		206
ganz	全	257
Garbe		338
Garnele	蝦	1359
Gasse	巷	1309
Gast	客	283
Gbde.	館	1099
Gebäude	棟	474
Gebäude, Etagen-	樓	1480
Gebäude, Hauptstadt-		162
geben	給	1011
gebogen	彎	1023
Gebote, Die Zehn		265
gebrauchen	用	896
Geburt	誕	372
Gebüsch		350
gedeihlich	昌	23
Gedicht	詩	327
geeignet	適	417
Gefahr	危	1057
Gefährte	朋	19
gefälscht	偽	1386
Gefängnis	獄	323
gefesselt		53
Geflügel	禽	1117
gefrieren	凍	475
Gefühl	情	1154
gegenseitig	互	629
gegenwärtig	現	251
gegerbte Tierhaut	韋	1221
geheim	密	637
gehen	去	624
gehen um	係	1040

INDEX V: SCHLÜSSELWÖRTER UND PRIMITIVBEDEUTUNGEN | 467

Gehirn	腦	1466
Gehirn		35
Geier		248
Geist	靈	1461
geisteskrank	瘋	1249
geklemmt, unter den Arm		243
gelangen nach	達	499
gelassen	鎮	267
gelb	黃	1472
Geld		55
Geldbeutel		376
gemeinsam	共	1306
Gemüse	菜	616
Gemütszustand		234
gen	往	704
General	將	920
Generation	世	27
generell	總	1476
Genie	才	578
Genie		241
genießen	享	297
genug	夠	110
Geometrie-Dreieck		382
gerade	直	68
Gerät	器	230
geräumig	敞	319
Geräusch		209
Gerede	話	326
Gerichtshof	庭	795
gesamt	統	1010
Geschäftsmann	商	416
Geschlecht	性	1166
Geschmack	味	205
geschnitten, in Würfelchen		32
Geschoss		246
geschwind	速	1237
Gesellschaft	社	835
Gesetz	律	700
Gesicht	臉	788
Gespenst	鬼	1441
Gestein		81
gestern	昨	867
gesund	健	758
Getöse	嘩	1182

Getreide, stehendes	禾	710
gewähren	予	936
gewaltig	浩	238
Gewand	衣	375
Gewandes, Vorderteil eines	襟	839
gewandt	巧	950
gewöhnlich	凡	59
gewohnt	慣	545
gewürfelt		32
Gezeiten	潮	139
gießen	注	260
Gift	毒	1149
glänzend	亮	300
Glasglocke		106
Glaube	信	754
gleichend	似	797
gleichmäßig	勻	62
Glocke	鐘	415
Glück	幸	1127
glücksbringend	吉	308
Gold	金	261
Goldenes Kalb		412
Goldgräber		298
Gottheit	神	852
GPS		418
Grab	墓	220
Grad	度	905
Gras	草	213
gratulieren	賀	696
Grenze	邊	1000
Griff	柄	781
Grille, sprechende		403
groß	大	106
großartig	偉	1223
großer Bruder	哥	89
großer Hund		78
Großer Wagen	斗	893
großziehen	養	1100
Grotte	洞	177
Grube	坑	295
Grube		339
grübeln	慮	1423
grün	綠	1022
Grund von, auf	由	845
gründen	設	599

Grundlage	基	1289
Grünfutter		352
Gruppe	組	1299
Guillotine		359
günstig	瑞	890
Gurt		390
Gürtel		192
Gussform	型	577
gut	好	97
Güter	貨	773
gütig	善	805

H

Ha!	哈	246
Haarspange		400
Hafen	港	1310
Häftling	囚	737
Hahnenschwanz		370
Haken		72
Haken, Kleider-		389
Hälfte	半	907
Halle	廳	709
Halstuch		187
halten	拿	550
Haltestelle	站	410
Haltung	態	1433
Hammer	錘	1184
Hamsterkäfig		345
Han	漢	1178
Hand	手	548
Hand, rechte		244
Handbuch der Bauernregeln		417
Hände, ausgestreckte		243
Hände, zwei		240
handeln	為	1385
handhaben	把	1280
Handpuppe		312
Hanf	麻	528
Harmonie	和	712
hart	硬	588
Harz		344
Hase		405
hastig	急	870
Haube		106
häufig	頻	356

Haupt	首	67	hintereinander weg	連	275	Imperator	帝	413
Haupthaar	髮	1391	hinterlassen	遺	1293	imposant	雄	620
Häuptling	酋	1063	hinzufügen	加	695	in den Puppen	宵	185
Hauptstadt	京	301	Historie	史	586	in der Klemme	困	514
Hauptstadt- gebäude		162	Hitze	熱	1134	in sich bergen	含	1187
Haus	家	492	hoch	高	296	in Würfelchen geschnitten		32
Haus		109	hoch		160	inhalieren	吸	585
Häuschen, Vogel-		249	hochachten	尊	1064	innen	内	639
Haut, Schlangen-		223	hochfliegen	翔	513	Innenfutter	襯	1126
heben	舉	1465	hochwertig	良	1093	Innere, das	裡	376
heftig	烈	663	Hochzeit	婚	1331	ins Leben rufen	創	1211
Heftklammern		329	hoffen	希	1108	Inschrift	銘	266
Heftmaschine		389	höher		160	Insekt		221
hegen	懷	546	Höhle		232	Insekten	蟲	480
heilig	聖	671	Holländer, Fliegender		419	Insel	島	1399
Heiligenschein		335	Holz	木	191	inspizieren	視	836
heimtückisch	險	984	Holzbein		314	Inst.	院	990
helfen	幫	387	Holzpfahl		113	installieren	置	69
hell	明	20	horchen	聽	708	instand halten	維	1007
Hellebarde	戈	335	hören	聞	1208	intelligent	慧	1169
herabdrücken	按	568	Hörner		54	Interesse	趣	668
herabhängen	垂	1183	Hose	褲	525	irrig	錯	899
herausziehen	抽	846	hübsch	麗	1430			
herbeisehnen	企	358	Hügel	丘	1003	**J**		
herbeiwinken	招	558	Hügelrücken	岡	1403			
Herbst	秋	714	Huhn	雞	1037	ja oder nein	嗎	1418
Herdfeuer		98	Hülle	套	1390	Jade	玉	249
Herr	主	259	Hund	狗	232	Jahr	年	806
herstellen	製	394	Hund, großer		78	Jahre, Lebens-	歲	359
herumspielen mit	弄	574	Hündchen	犬	225	Jahreszeit	季	718
herumtollen	戲	1425	Hündchen, Franken- mit Frankenbein		129	jämmerlich	慘	1268
hervorragend	卓	47	Hunde, Rudel wilder		129	jeder	各	281
Herz	心	529	Hunde, Schlitten-		282	jedes Mal	每	431
Hexe	巫	1460	Hundemarke		386	jemand, der auf dem Boden sitzt		201
Himmel	天	403	hundert	百	34	jemandem etwas zuwenden	賜	819
Himmelstreppe		395	Hut	帽	384	jenes	那	1458
hinaus-	出	635				jetzt	今	1186
hinausgehen über	逾	280	**I**			Joch		414
hindern	妨	462				johlen	吶	640
hindurchgehen	穿	1375	ich	我	551	Jugendlicher	兒	1446
hinein-	入	638	ich (literarisch)	吾	18	jung sterben	夭	404
hinnehmen	受	617	Idee	意	536	jüngere Schwester	妹	206
hinreichend	充	630	identisch	同	176	jüngerer Bruder	弟	948
hinter	後	1029	ihr seins	其	1287			
hinter etwas zurückbleiben	差	501	im Voraus	預	938			

K

Käfig, Hamster-		345
Kaiser	皇	254
Kaiser Yao	堯	166
Kaktus		414
Kalb, Goldenes		412
kalt	寒	1147
Kamera, versteckte		333
Kamerad	侶	801
Kamin		98
Kamm	梳	633
Kamm		297
Kaninchen	兔	1409
kanonische Schriften	經	1027
Kapital	資	444
Kapitel	章	411
kaputt machen	破	659
Karren		152
Karte, Steck-	卡	46
Karte, Visiten-		385
Kasten	箱	730
Katastrophe	災	162
kaufen	買	309
Kaufmann	賈	1197
Kegelbahn		32
kegeln		32
Kegler		32
Keim(ling)		289
Kellnerin		336
Kenntnis	識	452
Kennzeichnung	標	1196
Kerker		359
Kern	核	1137
Kerze		82
Kerze, Wunder-		372
Kerzenständer		143
keusch	貞	53
Kiefer, Unter-		315
Kiefernbaum	松	644
Kies	砂	115
Kind	子	92
Kind, Klein-		251
Kindespflicht	孝	957
Kiosk	攤	1180
Kiste		366
klagen	訴	864
klammern an, sich	執	1128
Klammern, Heft-		329
Klang	音	449
klar	楚	373
Klasse	班	940
Kleider	服	1044
Kleiderbahn		363
Kleiderhaken		389
klein	小	103
Kleinkind		251
Klemme, in der	困	514
Klinge	刃	80
Klippe		80
Klumpen	塊	1443
Knabe	童	414
kneten	揉	933
Knirps	孩	1138
Knochen		258
Knüppel	棒	1174
Kodex	典	1327
Kokon		323
Kolonne		264
kombinieren	併	798
Komitee	委	719
kommen	來	789
Kompass		212
konfuzianisch	儒	889
König	王	248
Königshof	廷	794
konkav	凹	30
konkurrieren	競	412
können	可	88
konstruieren	構	1321
Kontinent	洲	134
kontrollieren	驗	1419
konvex	凸	31
konzentriert	濃	1439
kooperieren	協	698
Kopf	頭	1067
Kopf		57
kopfüber, Seit' an Seit' und		379
Korb	籃	1081
Korb, Wäsche-		376
Körbchen, Weiden-		375
Körnchen	顆	855
Körper	體	1070
Körperteil		34
Körperzelle		349
Kosten	費	947
Kraft	力	687
Kragen	領	1053
Kralle	爪	612
Krankheit	病	1247
kratzen	劃	313
kreisen	迴	521
Krieg	戰	349
Krieg, Bürger-		394
Kriegsbeil		292
kritisieren	批	557
Krone	冠	293
Krone		157
krumm	曲	892
Küche	廚	1073
Kuh	牛	235
Kuh		133
kühl	涼	302
kultivieren	培	448
Kummer	哀	377
Kunst	術	1142
Kupfer	銅	262
Kurier		368
kurz	短	1068
kurz davor sein	臨	684

L

Labyrinth		301
lachen	笑	729
Laden	店	523
Lagerhaus	庫	524
Lakai		261
Lampe	燈	1258
Land	國	516
Landkreis	縣	1462
Ländliches	w	1343
Landschaft	景	303
Landwirtschaft	農	1438
lang	長	1387
lange Borte		400
lange Zeit	久	778
langgezogen	曼	674
langsam	慢	675

lärmend	吵	105	Lotos	蓮	276	Metropole	都	1340
laufen	走	365	Löwe	獅	965	Meute	群	886
Lausanne	洛	286	Luft	氣	1360	Milch	奶	583
Leben	生	1163	Lunge	肺	389	militärisch	武	360
lebendig	活	141	Lust	慾	648	mischen	混	424
Lebensjahre	歲	359				Mitglied	員	54
Leder	革	1365	**M**			Mittag	午	509
Leder, Schlangen-		223				Mitte	中	36
lediglich	僅	1177	machen	做	746	mittelmäßig	碌	875
leer	空	998	Macht	威	344	mittels	以	796
Lehm		94	Magazin	倉	1209	Möbel	傢	740
lehnend		203	Magen	胃	28	Möglichsten,		
lehren	教	958	mahlen	研	573	bis zum	儘	1077
Lehrer	師	964	Mahlzeit	飯	1097	moi	余	1232
Leib	身	951	*Mähne*		400	Monarch	君	884
Leiche	屍	820	*Maisstaude*		351	Monat	月	13
leichtgewichtig	輕	1028	Mama	媽	1416	*Mönche*		108
leichtsinnig	胡	17	*Mandala*		259	Mond		34
Leid	苦	214	mangeln	欠	439	Monokel		281
leihen	借	898	*mangeln*		206	Moral	德	707
Leim		96	Mann	男	691	Morast	沼	135
Leistung	功	692	Mann, alter	老	954	Morgen	晨	1437
leiten	導	269	Mannschaft	隊	992	Morgen, Chine-		
Leiter, Steh-		368	Marionette		312	sischer	畝	779
Lektion	課	854	Marke	牌	1492	Morgen-		
lernen	習	512	*Marke, Hunde-*		386	dämmerung	曉	168
lesen	讀	329	Markt	市	388	Mörser		413
letzter	末	203	Marsch		176	*Mosaik*		374
leuchten	照	163	Maschendraht		344	Maschine	機	1031	*Mosesbaby*		252
Li	里	169	Massen, die	眾	784	Mücke	蚊	1271
Licht	光	119	Material	料	894	mühelos	易	818
Liebe	愛	619	Matte	席	904	Mühsal	勞	803
Liebesbrief		234	*Mauer, Chinesische*		403	Mund	口	11
Lied	歌	441	Maulkorb		208	*Mund*		33
liefern	供	1307	Medaillon		360	Mundschenk		261
liegend		203	Meer	海	433	Mündung	嘴	1317
Linie	線	1006	(Mehrzahl)	們	1202	*Mündung*		33
links	左	73	Melodie	調	330	Münze	錢	350
Liste	單	348	Melone	瓜	1355	Muschel	貝	51
Liter	升	39	Menge	量	170	*Muscheln*		55
Loch	穴	995	Mensch	人	736	Musik	樂	1035
Locher		319	*Menschenbeine*		52	Muskel	肌	60
Löffel		201	*Menschenschlange*		264	*Muskel*		262
Löffel, alter-			Menschlichkeit	仁	761	Muße	閒	1203
tümlicher	匕	419	*Messbecher*		299	müssen	得	702
Logik	理	258	Metall		143	Muster	格	282
lose	散	900	Methode	法	625	mustern	察	843

Mutter	母	99	*Nüstern*		44	Periode	期	1288
Mutti	娘	1095	Nutzen	益	1357	Person	者	959
						Petze		419
N			**O**			Pfad	路	976
nachahmen	模	218	oben	上	44	*Pfahl, Holz-*		113
nachfragen	求	128	Oberbefehlshaber	帥	963	*Pfeil*		172
Nachname	姓	1165	Oberfläche	表	1161	Pferd	馬	1415
nächster	次	443	Oberschenkel	股	600	*Pferd, Schaukel-/*		
Nacht	夜	807	obwohl	雖	507	*Stecken*		228
Nachweis	據	1427	oder	或	336	Pfirsich	桃	224
Nadel	針	264	*Ofenfeuer*		98	pflanzen	植	194
Nadel		33	offensichtlich	顯	1034	*Pflanzenzelle*		349
Nadelspitze		322	öffentlich	公	643	Pflaume	李	210
Nagel	釘	265	öffnen	開	1207	Pflaume,		
Nagel		69	oft	常	654	Asiatische	梅	432
nah	近	858	Oh!	乎	1106	pflücken	採	615
Name	名	112	Oha!	呀	1376	*Pflug*		279
Nase	鼻	575	Ohr	耳	666	Pfund	斤	856
Nase		44	Öl	油	847	Pille	丸	41
-nd	著	960	Onkel	叔	604	*Pillendöschen/*		
Nebel	霧	935	opfern	祭	842	*-fläschchen*		47
negativ	不	924	Orchidee	蘭	1484	*Pinsel*		165
nehmen	取	667	Orientierung	向	178	*Pipette*		43
Netz	網	1021	Ort	處	1424	Plan	計	322
Netz		35	Ortschaft	莊	918	*plappernde Zunge*		34
Netz,			Öse	眼	1092	platt	平	1103
Schmetterlings-		419	Osten	東	473	Plattform	台	621
neu	新	1123	*Osten, Ferner*		215	Platz	場	493
neun	九	9	Ozean	洋	497	plaudern	聊	1048
nicht	勿	815				plötzlich	忽	816
nicht haben	沒	598	**P**			*Plumpsklo*		256
nichts	無	1295	Paar	雙	591	Politik	政	363
Nickerchen		277	Pagode	塔	247	Polizei	警	321
nieder	卑	1491	Papa	爸	1281	*Popeye*		352
niedrig	低	1332	Papier	紙	1329	Portion	份	738
niemand	莫	217	*Paprikastaude*		340	Post senden, per	寄	188
noch einmal	再	1318	Parade		175	Pracht	華	1181
noch mehr	更	587	*Paradiesvogel*		245	Preis	價	1198
noch nicht	未	202	Parfüm	香	717	probieren	試	334
Nonne,			Park	園	519	Produkte	產	1274
buddhistische	尼	821	Partei	黨	653	Profit	利	716
Norden	北	420	Partner	伴	908	Projektil	彈	945
nötig sein	須	1265	passen	合	245	Prüfung ablegen,		
Nr.	第	949	patrouillieren	巡	272	eine	考	955
Nudeln	麵	1364	Pavillon	亭	299	Punkt	點	173
Null	零	1052	per Post senden	寄	188	Punkt 1,2,3 (etc.)	項	78
nur	只	50	(Perfek)-t	了	95	*Puppe, Hand-*		312

Puppen, in den	宵	185	Reisstaude		342	salzig	咸	346
Puzzle		280	*Reißzwecke*		69	sammeln	集	502
			reiten	騎	1420	Sammlung,		
Q			relativ	較	971	Briefmarken-		367
Qualität	質	862	Religion	宗	840	Sand	沙	136
Quasselstrippe		130	rennen	跑	974	sanft	柔	932
Queen Elizabeth	伊	883	reparieren	修	1269	Satz	句	63
Quell, Spring-	泉	129	residieren	居	826	-satz	率	1275
Quelle	源	140	retten	救	317	*Sau*		224
			richten		183	sauber	淨	877
R			richtig	正	362	Sauce, scharfe		340
Rad	輪	1326	Richtung	方	461	Schädigung	害	1167
Radieschen		289	Ring	環	677	Schaf	羊	495
raffiniert	精	1152	*Ringelschwanz*		284	*Schaf*		225
Rang	級	1014	ringen	搏	1339	schälen	削	118
rasch	迅	270	riskieren	冒	175	scharf schmeckend	辣	1238
Rate ziehen, zu	諮	446	*Ritualspeer*		307	*scharfe Sauce*		340
Rätsel	謎	726	robust	壯	917	Schatten	影	1263
Rauch	煙	1199	Rock	裙	885	schattig	蔭	1190
Raum	室	627	Rohr	管	967	Schatz	寶	1406
Rechen		295	rösten	烤	956	Schaubenzieher		299
Rechenschieber		324	rot	紅	1016	*Schaukelpferd*		228
rechnen	算	733	rotieren	轉	1470	Schaum	沫	204
rechte Hand		244	Route	途	1235	Scheibe	片	914
rechts	右	74	Rücken	背	421	Scheitelpunkt	頂	90
Rechtschaffenheit	義	552	Rückgrat	呂	800	schenken	贈	472
Rechtsfall	案	201	*Rudel wilder*			Schere	剪	278
Regal	架	697	*Hunde*		129	Schicksal	命	1045
Regel	則	84	rufen	叫	1130	schieben	推	565
Regen	雨	396	ruhen	休	753	schießen	射	952
regieren	治	622	ruhig	靜	1157	Schiff	船	1351
Regierungssitz	府	767	Ruhm	榮	802	Schild, Verbots-		305
Regiment	團	1471	rühren	攪	1112	schimpfen	罵	1417
Region	區	1251	*Rülpser*		390	Schirm		136
Reh	鹿	1428	rund	圓	517	Schlachter		153
reich	富	189	*Runde*		163	Schlachterei		153
reichlich	豐	1170	rutschig	滑	979	Schlachthof		153
Reichtum		69				schlafen	睡	1185
reif	熟	298	**S**			schlagen	打	559
Reihe	排	1213	Saal	堂	655	Schlamm	泥	823
Reim	韻	451	Säbel		67	Schlange	蛇	481
rein	清	1156	Sache	事	878	*Schlange*		222
Reis	米	724	Saft	汁	138	*Schlange,*		
Reis, Wild-		266	Säge	鋸	827	*Menschen-*		264
reisen	旅	811	*Säge*		294	*Schlangenhaut/*		
Reisfeld	田	14	sagen	言	320	*-leder*		223
Reissetzling		342	Salat		300	schlecht	壞	380

INDEX V: SCHLÜSSELWÖRTER UND PRIMITIVBEDEUTUNGEN | 473

Schleppe		247
schleppen		247
Schleuder		311
schließen	關	1457
Schlinge, Fang-		309
Schlittenhunde		282
schluchzen	泣	409
Schlummer	眠	1335
Schlüssel		359
schmeckend, scharf	辣	1238
schmerzen	痛	1248
Schmetterlingsnetz		419
schmieden	鍛	1346
schminken	妝	916
Schmutzfink		101
Schnee	雪	869
Schneebesen		295
Schneeflocke		86
Schneemann		295
schneiden	切	81
schnell	快	1219
Schnellstraße		150
schnitzen	刻	1139
schon	已	488
schön	美	496
Schöpflöffel	勺	65
Schoß		244
Schössling		289
Schottenrock		372
schrecklich	兇	1114
schreiben	寫	1448
Schreibheft	本	200
Schreibstift	筆	731
schreien	呼	1107
schreiten	邁	1402
Schrift	文	1270
Schriften, kanonische	經	1027
Schriftstück	篇	1323
Schriftzeichen	字	180
Schritt	步	354
Schritt, Ausfall-/ Trippel-		244
schrubben	擦	844
Schuh	鞋	1366
Schuld	罪	1214
Schule	校	972
schultern	擔	1478
Schürze		191
Schüssel		332
Schusswaffe	槍	1210
schütteln	搖	1408
schwach	弱	944
Schwaden		193
Schwanz	尾	1382
Schwanzfedern		399
schwarz	黑	172
schwarze Tusche	墨	174
«Schwarze», das	的	66
Schwein	豬	961
Schwein, Spar-		224
Schweins, Zeichen des	亥	1136
schwellen	漲	1389
schwergewichtig	重	1242
Schwert	刀	79
Schwester, ältere	姐	1298
Schwester, jüngere	妹	206
schwierig	難	1179
schwimmen	泳	133
schwingen	揮	564
Schwingtür		357
sechs	六	6
See	湖	145
Seerose		337
sehen	見	55
sehr	很	1085
seicht	淺	351
Seide	絲	1005
Seide, Zahn-		387
Seidengaze	羅	1008
Seidenschal, Zylinderhut und		187
Seife	皂	35
sein	是	368
seins, ihr	其	1287
Seit' an Seit'	並	1302
Seit' an Seit' und kopfüber		379
Seite	旁	466
Seite, an der		64
Seite, Buch-	頁	57
selber	自	32
selber		44
selbst	己	485
Seligkeit	福	837
selten	珍	1266
seltsam	奇	122
senden, per Post	寄	188
senkrecht	縱	1486
Setzling	苗	221
Setzling, Reis-		342
Setzling, Tomaten-		124
sich anstrengen	努	694
sich auflösen	溶	650
sich auseinandersetzen	辯	1120
sich ausziehen	脫	468
sich klammern an	執	1128
sich merken	記	487
sich verabreden	約	1017
sich wandeln	變	1026
sichern	保	764
sie	她	477
Sie	您	742
Sieb		382
sieben	七	7
Sieg	勝	913
Siegelholz		327
Siegelwachs		328
Silber	銀	1083
silbern		333
singen	唱	24
Sinne	覺	1111
Sippe	族	928
Situation	況	143
Sitz	座	786
sitzen	坐	785
Skelett	骨	978
Sklave	奴	693
Skorpion		220
so wie	如	98
soeben	剛	1404
sofort	就	304
Soldat	士	307
sollen	該	1140
Sommer	夏	285
sonderbar	怪	1494
Sonne		34

Sonne,			Stahlträger		65	Strecke		185
aufgehende	旭	26	Stamm	幹	1227	strecken		185
Sonnenblume		40	Stammbaum	系	1039	Streifen	條	744
Sorte	種	1245	*Stammbaum*		121	streiten	爭	876
soundso	某	1286	Standard	準	504	*Streitwagen*		158
Spange, Haar-		400	standhaft	堅	686	streng	嚴	673
Spange, Zahn-		392	stark	強	943	streuen	撒	901
spannen	張	1388	starrköpfig	頑	58	*Strohbesen*		295
sparen	省	121	Staub	塵	1429	Strom	河	144
spärlich	稀	1109	*Staude, Mais-*		351	Stück	件	750
Sparschwein		224	*Staude, Reis-*		342	studieren	學	1110
Spazierstock		44	stechen	叮	87	*Sturm*		222
Speer	矛	931	*Steckenpferd*		228	stürzen	摔	1276
Speer, Ritual-		307	Steckkarte	卡	46	suchen	尋	871
speichern	存	580	stehend	立	408	Süden	南	1200
speisen	餐	1098	stehendes			Suppe	湯	494
Spezialgebiet	專	1468	Getreide	禾	710	süß	甘	1285
speziell	特	236	*Stehleiter*		368	System	制	393
Sphinx	斯	1290	Stein	石	114			
Spiegel	鏡	455	Stelle	所	857	T		
Spiegel		210	Stelle treten von,					
Spiegelbild		421	an die	替	681	Tablett	盤	1353
spielen	玩	252	Stellung	位	749	*Tacker*		389
Spinat		351	*Stempel*		326	tadeln	斥	863
Spion	探	1002	Steppdecke	被	660	Tag	日	12
Spitze	尖	107	sterben, jung	夭	404	*Tag*		34
Spitze, Nadel-		322	Stern	星	1164	Tagesanbruch	旦	29
Sprache	語	328	*Stickerei*		414	Tagesende	夕	28
sprechen	説	469	Stil	式	333	Taille	腰	1193
sprechende Grille		403	still	默	227	Taktik	策	735
springen	跳	975	Stimme	聲	1368	Tal	谷	645
Springquell	泉	129	stimmt das	對	1305	Tang-Dynastie	唐	879
Spross		289	Stirn	額	284	Tanz	舞	1294
Spruchband		283	Stockwerk	層	828	tapfer	勇	1055
Sprühdose		164	Stoff	布	383	Tasse	杯	926
Sprühregen		50	stoppen	止	353	tätig sein als	當	651
spucken	吐	151	*Storch*		245	tatsächlich	確	508
Spule		323	*Stoßzahn*		397	*Taube, weiße*		45
spülen	沖	132	Strafe	刑	576	*Taubenschlag*		345
Spur von			straff	緊	1019	tausend	千	37
Fußstapfen		180	Straftäter	犯	1056	Tautropfen	露	977
Staat	州	124	Strahlen, ein	輝	291	Technik	技	602
Stacheldraht		415	Straße	街	706	Tee	茶	243
Stadt	城	342	Straße (Land-/			*Teenager*		76
Stadtstraße		264	Schnell-)		150	Teich	池	479
Stadtwall		387	*Straße, Stadt-*		264	Teil	分	641
stagnierend	滯	391	*Straßenfest*		173	teilnehmen	參	1267
						Teleskop		348

Tempel,			Truppen	兵	1004	un-	非	1212
buddhistischer	寺	155	*Truthahn*		226	unbedingt	必	547
Temperatur	溫	1079	Truthahnhaus/			und	而	887
Terrain		94	-gehege		228	unerwartet	竟	454
Territorium	壤	1146	*Trutmann*		402	ungefähr	概	1102
teuer	貴	1292	Tuch	巾	382	ungemein	甚	1291
Teufel		213	Tür	戶	830	unmittelbar	即	1087
Thailand	泰	1172	*Tür, Schwing-*		357	unten	下	45
Theater	劇	1426	Tu's nicht!	別	689	*unter den Arm*		
Thema	題	369	Tusche, schwarze	墨	174	*geklemmt*		243
Theorie	論	1325	*Tutti-Frutti-Hut*		338	unterbrechen	斷	1032
Tiara		160				*Unterkiefer*		315
tief	深	1001	**U**			Unterleib	腹	438
tiefgründig	沉	289	Uäääh!	哇	152	unterliegen	敗	315
Tierbau		318	übelriechend	臭	231	Unterschenkel	足	973
Tierbeine		52	üben	練	1240	unterstützen	濟	1488
Tierhaut, gegerbte	韋	1221	überdies	且	1297	untersuchen	檢	787
Tiger	虎	1422	Überfall	襲	1445	unvermittelt	突	997
Tigers,			überfließen	漫	676	unwirklich	幻	1347
Zeichen des	寅	1434	überflüssig	冗	288	unzulänglich	缺	1405
tilgen	消	142	überlassen	讓	1145	üppig	茂	340
Tipi		368	überlegen	思	535	Urlaub	假	1358
Tisch	桌	211	übernehmen	承	1372	Ursache	因	518
Tisch, Ess-		331	überprüfen	-	207	Ursprung	元	56
Tischlein		53	überqueren	過	980	urteilen	判	910
Tod	死	664	überreichen	授	618	usw.	等	732
Tomatensetzling		124	überschreiten	越	367			
Tor	門	1201	Überschuss	餘	1233	**V**		
töten	殺	1143	übersteigen	超	366	*Vampir*		339
Tour machen,			überwachen	監	1080	*Vase*		197
eine	遊	814	überwinden	克	102	Vater	父	968
Tracht	裝	919	Ufer	岸	1226	vegetarische Kost	素	1150
Träger		279	Uhr		354	verabreden, sich	約	1017
trällernde Zunge		34	umarmen	抱	555	verabscheuen	厭	233
transportieren	運	292	umdrehen	翻	1379	Verantwortung	責	1158
Traum	夢	294	Umfang	周	305	verärgert	惱	1467
Trennwand	壁	1121	Umgang pflegen			veräußern	售	506
Treppe	階	994	mit	交	969	verbieten	禁	838
Treppe, Himmels-		395	umgekehrt	倒	760	verbinden	通	1054
trinken	喝	791	Umgrenzung	境	456	*Verbotsschild*		305
Trippelschritt		244	*Umhang*		187	verdampfen	蒸	1373
trocken	乾	436	umherplanschen	游	813	Verdienste	績	1159
Trommel	鼓	1071	Umhüllung	皮	656	verdoppeln	複	437
Trommel		331	*umkehren*		205	verdorben	爛	1483
Tropfen		43	umringen	圍	1222	verdorrt	枯	197
trösten	撫	1296	umtauschen	兌	467	verdrossen	煩	159
Tröte		209	umwandeln	化	771	verehren	敬	318

vereinigen	聯	1456
verfolgen	追	962
Vergangenheit	昔	897
vergessen	忘	530
vergleichen	比	422
Vergnügung	娛	1370
verhängnisvoll	凶	1113
verheiratete Frau	婦	872
verhöhnen	嘲	49
verirrt	迷	725
verkaufen	賣	310
verkünden	宣	184
verlagern	搬	1354
verlängern	延	371
verlassen	離	1116
verleiten	誘	722
verliebt sein	戀	1025
verlieren	失	682
Verlies		359
vermeiden	免	1411
vermessen	測	146
vermissen	念	1188
Vermögen	財	579
verneinen	否	925
vernichten	滅	345
verpfänden	押	849
Verräter		419
verringern	減	347
verrückt	狂	253
verschieben	移	713
versiegeln	封	154
versiert	娛	1272
verspotten	諷	484
versteckte Kamera		333
verstehen	懂	1243
verstorben	亡	457
verteidigen	衛	1224
Verwandte	親	1125
viele	多	109
vier	四	4
Viertel		302
viertens	丁	86
Visitenkarte		385
Vitrine		378
Vize-	副	85
Vogel	鳥	1396
Vogelhäuschen		249
Volk	民	1334
voll	滿	1452
vollenden	完	182
vollständig	整	1239
von Angesicht zu Angesicht	面	1363
vor	前	277
voraus	先	239
vorbereiten	備	902
Vorderteil eines Gewandes	襟	839
Vorfahre	祖	1300
Vorhang	幕	385
vorrücken	進	503
Vorschrift	規	680
vorsichtig	謹	1176
vortäuschen	喬	405
vorübergehend	暫	860
Vorwort	序	937
Vorzeichen	兆	223
vorzüglich	優	762

W

Waage		363
waagerecht	橫	1474
wachsen		347
wagemutig	敢	672
Wagen	車	274
Wagen, Großer	斗	893
Waggon		152
wählen	選	1311
wahr	真	71
wahrsagen	占	43
Waise	孤	1356
Wald	森	193
Wall, Stadt-		387
Wälzer		383
Wand		250
Wandersmann		154
Waren	品	21
warten	候	1217
was?	什	743
Wäschekorb		376
waschen	洗	240
Wäscheständer		362
Wasser	水	126
Wasserspeier		420
Wassertropfen		86
waswelcherwerwowarum?	何	774
weben	織	1020
wechseln	換	810
Weg	道	268
weich	軟	442
Weidenbaum	柳	1049
Weidenkörbchen		375
Weihnachtsmann		311
weinen	哭	229
Weise	般	1352
Weisheit	智	930
weiß	白	33
Weissagung	卜	42
weiße Taube		45
weißes Badetuch		190
weit	遠	379
weitergeben	傳	1469
weiterhin	仍	751
Weizen	麥	790
welches?	哪	1459
Welle	波	657
Welt	界	242
wenig	少	104
wer?	誰	505
werden zu	成	341
werfen	投	597
Werkzeug	具	70
Werkzeug		63
Wert	值	745
wertschätzen	尚	179
Westen	西	1191
Westen, Wilder		355
Wetter		194
Wettkampf	賽	1148
Wettlauf		420
Whiskeyflasche		330
wickeln	包	489
wie es beliebt	隨	985
wie viele?	幾	1030
wie?	怎	866
wieder	又	589
wiedererkennen	認	532
wiedererlangen	復	701
wiederkehren	回	520

INDEX V: SCHLÜSSELWÖRTER UND PRIMITIVBEDEUTUNGEN | 477

wild	野	939	Yao, Kaiser	堯	166	Zoll, Chinesischer	寸	153
wilde Hunde,			Yin	陰	1189	*Zoo*		186
Rudel		129	Yu	于	1230	Zorro, Zeichen des		304
Wilder Westen		355	Yuan	袁	378	zu nahe treten	干	1225
Wildgans	雁	1394				zu Rate ziehen	諮	446
Wildreis		266	**Z**			*Zuber, Eiche-*		377
Wind	風	483				*Zuchtmeister*		166
Wind		53	Zahl	數	1479	Zucker	糖	880
Winkel	角	1315	Zahn	牙	1374	zugehören	屬	1482
Winkelmaß		382	Zahn, Stoß-		397	zugleich	齊	1487
Winter	冬	402	Zahnseide		387	*zugrunde gehen*		211
winzig	微	705	Zahnspange		392	zunehmen	增	471
Wirbelwind		159	zart	嬌	407	*zunehmen*		214
Wirklichkeit	實	183	Zauberstab		48	Zunge	舌	38
wissen	知	929	Zecher an der Bar		371	*Zunge, plappernde/*		
Wissenschaft	科	895	zehn	十	10	*trällernde*		34
Woche	週	306	Zehn Gebote, Die		265	zurückbleiben,		
Wogen	浪	1094	zehn Tagen,			hinter etwas	差	501
wohlbehalten	康	881	Zeitraum von	旬	64	zurückgeben	還	678
wohlriechend	馨	1367	zehntausend	萬	1401	*zurückgelehnt*		203
wohnen	住	748	Zeichen des			zurückkommen	返	609
Wohnstätte	宅	1383	Drachen	辰	1436	zurücktreten	退	1089
Wolke	雲	397	Zeichen des			zurückweichen	卻	1042
Wolle		226	Schweins	亥	1136	zusammenfügen	拼	799
wollen	願	131	Zeichen des			Zusammenkunft	會	244
Wollstoff	呢	822	Tigers	寅	1434	*Zusammenkunft*		137
Wort	詞	1349	*Zeichen des Zorro*		304	zusammenstellen	編	1324
Worte		168	Zeichnung	畫	312	zuschlagen	擊	636
Wörter		168	zeigen	示	834	*Zustand, Gemüts-*		234
wortreich	詹	1477	Zeit	時	156	zustimmen	肯	357
Wu	吳	1369	Zeitraum von			zuteilen	配	1062
Wunde	傷	763	zehn Tagen	旬	64	zuwenden,		
Wunderkerze		372	Zeitung	報	1129	jemandem etwas	賜	819
wundervoll	妙	116	Zelle, Körper-/			zwanzig	廿	903
Wünschelrute		48	Pflanzen-		349	Zweck	旨	429
würdig	賢	685	Zentrum	央	1277	zwei	二	2
Würfelchen			*Zepter*		139	*zwei Hände*		240
geschnitten, in		32	zerbrechlich	脆	1058	*Zweig*		247
Wurfpfeil	矢	927	Zeremonie	禮	1069	zweitens	乙	91
Wurzel	根	1086	Ziege, Berg-		403	*zweiter*		207
würzig	辛	1118	Ziegel		96	*Zwirn*		325
Wüste	漠	219	ziehen	拉	570	Zwischenraum	間	1205
Wüstenechse		364	zielen	瞄	222	Zwo	兩	1450
			Zimmer	屋	824	*Zylinderhut*		159
Y			*Zimmerdecke*		29	*Zylinderhut und*		
			Zinnen		316	*Seidenschal*		187
Yang	陽	986	Zoll, 100					
Yangtse	江	137	Chinesische	丈	776			

James W. Heisig / Timothy W. Richardson / Robert Rauther
Vereinfachte Hanzi lernen und behalten 1
Bedeutung und Schreibweise der häufigsten
chinesischen Schriftzeichen
2009. 472 Seiten. Fadenheftung
ISBN 978-3-465-04068-2
Klostermann RoteReihe Band 29

Nach dem großen Erfolg der Bücher von James W. Heisig und Robert Rauther zu den japanischen Kanji eröffnet dieser Band eine Reihe von Bänden zum Erlernen und Behalten der chinesischen Schriftzeichen, der Hanzi. Die seit Jahrzehnten bewährte, revolutionäre Methode von James W. Heisig führt behutsam in die phantasievolle Welt des bildhaften Gedächtnisses ein, erschließt das Reich der Schriftzeichen anhand kleiner Erzählungen und mnemotechnischer Elemente, die nicht mehr auswendig gelernt, sondern nur neu verknüpft werden. Diese Methode ist keine Krücke, sondern eine andere Art zu laufen: Die ermüdenden Wiederholungen und Schreibübungen entfallen. So ist es nicht nur möglich, die chinesischen Schriftzeichen zu lernen, sondern sie auch nachhaltig ins Gedächtnis zu brennen, sowohl in ihrer Bedeutung als auch in ihrer Schreibweise.

Vittorio Klostermann
Frankfurt am Main
Online: www.klostermann.de
E-Mail: verlag@klostermann.de

James W. Heisig / Robert Rauther
Die Kanji lernen und behalten 1
Bedeutung und Schreibweise
der japanischen Schriftzeichen
3., bearbeitete Auflage 2009. 512 Seiten
ISBN 978-3-465-04079-8
Klostermann RoteReihe Band 14

Wer die japanische Sprache beherrschen will, steht vor einer enormen Aufgabe: Er muss die Kanji erlernen, nahezu 2000 Schriftzeichen chinesischen Ursprungs. Was durch jahrelanges verzweifeltes Pauken kaum gelingt, das vermag die revolutionäre Methode dieses Buches innerhalb weniger Monate. Sie führt behutsam in die phantasievolle Welt des bildhaften Gedächtnisses ein, erschließt das Reich der Schriftzeichen anhand kleiner Erzählungen und mnemotechnischer Elemente. Was bisher nicht zu hoffen war – die Kanji lassen sich rasch lernen und behalten, sowohl in ihrer Bedeutung als auch in ihrer Schreibweise.

Den kostenlosen Download einer speziell entwickelten Software, mit der sich das in den Büchern Erlernte testen und weiter trainieren lässt, bieten wir unter www.Kanji-Gym.de an.

Vittorio Klostermann
Frankfurt am Main
Online: www.klostermann.de
E-Mail: verlag@klostermann.de

James W. Heisig / Klaus Gresbrand
Die Kana lernen und behalten
2., durchges. Aufl. 2008. 4. bis 6. Tausend
2009. 160 Seiten
ISBN 978-3-465-04056-9
Klostermann RoteReihe Band 19

Die Kana, also die Silbenschriften Hiragana und Katakana, sind die erste Herausforderung und auch das erste Abenteuer für alle, die Japanisch lesen und schreiben möchten. Für viele Lernende beginnt der Weg zu fließendem Japanisch jedoch mit hartem Drill, die fremd und abstrakt anmutenden Zeichen werden üblicherweise durch wochenlange Wiederholung erlernt. Dieses Buch zeigt einen anderen Weg: Kleine Geschichten helfen, sich die Zeichen schnell und doch dauerhaft zu merken. Diese von James W. Heisig entwickelte Methode ist seit Jahrzehnten bewährt und gerade für erwachsene Lernende viel effektiver als pures Auswendiglernen abstrakter Strichfolgen. Sie greift auf Erinnerungen und individuelle Assoziationen zurück – diese müssen nicht mehr auswendig gelernt, sondern nur neu verknüpft werden. Daher entfallen die ermüdenden Wiederholungen und Schreibübungen, das Lerntempo steigert sich spürbar: Die Hiragana und Katakana können in je drei Stunden erlernt werden. Lassen Sie sich verzaubern von der Schönheit der japanischen Schrift!

Vittorio Klostermann
Frankfurt am Main
Online: www.klostermann.de
E-Mail: verlag@klostermann.de